1+X 职业技术·职业资格培训教材

高级保卫师

一级

第2版

主　编　戴　民
副主编　赵渊明
主　审　孙廷华
编　者　戴　民　赵渊明　李长生　童勤久　伏　天
罗爱民　曹智英　徐志林　李江洪　于　军
何银松　刘晓新　吴珍喜　胡训珉　林同山
杨胜辉　朱清枫　张令奎　杨　鸣　颜国伟

中国劳动社会保障出版社

图书在版编目(CIP)数据

高级保卫师：一级/上海市职业培训研究发展中心组织编写. —2 版. —北京：中国劳动社会保障出版社，2012

1+X 职业技术·职业资格培训教材

ISBN 978-7-5045-9795-3

Ⅰ.①高… Ⅱ.①上… Ⅲ.①保卫工作-中国-技术培训-教材 Ⅳ.①D631.3

中国版本图书馆 CIP 数据核字(2012)第 169668 号

中国劳动社会保障出版社出版发行

(北京市惠新东街 1 号 邮政编码:100029)

出 版 人:张梦欣

*

北京市白帆印务有限公司印刷装订 新华书店经销

787 毫米×1092 毫米 16 开本 20.75 印张 391 千字

2012 年 7 月第 2 版 2019 年 11 月第 3 次印刷

定价: 48.00 元

读者服务部电话:(010)64929211/84209101/64921644

营销中心电话:(010)64962347

出版社网址: http: //www.class.com.cn

内容简介

本教材由人力资源和社会保障部教材办公室、中国就业培训技术指导中心上海分中心、上海市职业培训研究发展中心依据上海 1+X 高级保卫师（一级）职业技能鉴定细目组织编写。教材从强化培养操作技能、掌握实用技术的角度出发，较好地体现了当前最新的实用知识与操作技术，对于提高从业人员基本素质，掌握高级保卫师（一级）的核心知识与技能有直接的帮助和指导作用。

本教材在编写中根据本职业的工作特点，以能力培养为根本出发点，采用模块化的编写方式。本教材内容共分为 8 章，主要包括：人力防范、技术防范、应急处置、培训与管理、综合治理、职业道德、法律法规和保卫实用英语。

本教材可作为高级保卫师（一级）职业技能培训与鉴定考核教材，也可供全国中、高等职业技术院校相关专业师生参考使用，以及本职业从业人员培训使用。

改版说明

保卫员职业的1＋X职业技术·职业资格培训教材自2005年出版以来，受到了从业人员的重视和欢迎，在保卫员职业资格鉴定和职业技能培训中发挥了巨大的作用。随着保卫员职业的迅速发展和不断变化，从业人员需要掌握的职业技能有了新的要求。在此形势下，2010年，人力资源和社会保障部教材办公室、中国就业培训技术指导中心上海分中心、上海市职业培训研究发展中心联合组织有关方面的专家和技术人员，依据保卫员职业技能鉴定细目对本职业系列教材进行了改版工作，使教材能够适应社会的发展和行业的需要，更好地为从业人员和广大社会读者服务。

前　言

职业培训制度的积极推进，尤其是职业资格证书制度的推行，为广大劳动者系统地学习相关职业的知识和技能，提高就业能力、工作能力和职业转换能力提供了可能，同时也为企业选择适应生产需要的合格劳动者提供了依据。

随着我国科学技术的飞速发展和产业结构的不断调整，各种新兴职业应运而生，传统职业中也愈来愈多、愈来愈快地融进了各种新知识、新技术和新工艺。因此，加快培养合格的、适应现代化建设要求的高技能人才就显得尤为迫切。近年来，上海市在加快高技能人才建设方面进行了有益的探索，积累了丰富而宝贵的经验。为优化人力资源结构，加快高技能人才队伍建设，上海市人力资源和社会保障局在提升职业标准、完善技能鉴定方面做了积极的探索和尝试，推出了 1＋X 培训与鉴定模式。1＋X 中的 1 代表国家职业标准，X 是为适应上海市经济发展的需要，对职业的部分知识和技能要求进行的扩充和更新。随着经济发展和技术进步，X 将不断被赋予新的内涵，不断得到深化和提升。

上海市 1＋X 培训与鉴定模式，得到了国家人力资源和社会保障部的支持和肯定。为配合上海市开展的 1＋X 培训与鉴定的需要，人力资源和社会保障部教材办公室、中国就业培训技术指导中心上海分中心、上海市职业培训研究发展中心联合组织有关方面的专家、技术人员共同编写了职业技术·职业资格培训系列教材。

职业技术·职业资格培训教材严格按照 1＋X 鉴定考核细目进行编写，教材内容充分反映了当前从事职业活动所需要的核心知识与技能，较好地体现了适用性、先进性与前瞻性。聘请编写 1＋X 鉴定考核细目的专家，以及相关行业的专家参与教材的编审工作，保证了教材内容的科学性及与鉴定考核细目以及题库的紧密衔接。

职业技术·职业资格培训教材突出了适应职业技能培训的特色，使读者通过学习与培训，不仅有助于通过鉴定考核，而且能够真正掌握本职业的核心技术与操作技能，从而实现从懂得了什么到会做什么的飞跃。

职业技术·职业资格培训教材立足于国家职业标准，也可为全国其他省市开展新职业、新技术职业培训和鉴定考核，以及高技能人才培养提供借鉴或参考。

新教材的编写是一项探索性工作，由于时间紧迫，不足之处在所难免，欢迎各使用单位及个人对教材提出宝贵意见和建议，以便教材修订时补充更正。

人力资源和社会保障部教材办公室
中国就业培训技术指导中心上海分中心
上海市职业培训研究发展中心

目　录

第 1 章

人力防范

第1节　治安保卫工作规划与计划

一、治安保卫工作规划与计划的含义

从规划、计划的本义看，规划也是计划，是比一般工作“计划”更为长远的“计划”，都是对未来工作开展的一种设想性行为。从时间尺度来说，规划侧重于长远，计划侧重于短期，二者之间既有联系又有区别。同时，规划和计划随着工作内容和目标不同，各自在时间上不仅有长短之分，而且有范围大小之别。治安保卫工作规划和计划是确保完成治安保卫工作各项任务的基本思路和途径，治安保卫工作规划是在制定上比较全面、在时间上比较长远的发展计划，治安保卫工作计划是开展具体治安保卫工作或行动前，预先拟定的内容和步骤。因此，开展治安保卫工作都应从每个单位的实际情况出发，既要有规划也要有计划，我们平时所讲的“长有计划，短有安排”，实际上就是工作规划和计划的形象表述。

1. 治安保卫工作规划的含义

（1）治安保卫工作规划应具有实际性、可操作性以及效应性。

（2）治安保卫工作规划需要结合工作实际情况和主要矛盾，提出在今后一个阶段内应该落实的主要任务、主要方法和需要达到的预期目标。

（3）治安保卫工作规划从时间上说，一般都要在三年以上，甚至十到十五年，具有全局性、长远性、方向性、战略性和指导性的功能。

2. 治安保卫工作计划的含义

（1）治安保卫工作计划是根据实际情况，通过科学、准确地预测，提出在未来一定时期内的治安保卫工作目标及实现该目标的方法。

（2）治安保卫工作计划目标一般在一年、半年左右，范围往往仅涉及某个单位或某个具体事项。

（3）治安保卫工作计划，是预先拟定工作内容和实施目的的，较主观的思考安排，要充分考虑到每一个具体工作计划与整体工作规划之间的关系，为实现工作规划的目标奠定良好的基础。

二、治安保卫工作规划与计划的制订

制订治安保卫工作规划与计划要特别注意把握的要求是：阶段目标要实际，工作任务要明确，岗位责任要落实，运行操作要可行。

1. 治安保卫工作规划的制定

相对其他计划类公文而言，规划带有方向性、战略性、指导性，因而其内容往往要更具有严肃性、科学性和可行性。

（1）确定工作目标。由于规划是计划中最宏大的一种，从范围上说，工作目标大都是全局性工作或涉及面较广的重要工作项目，制定工作规划既不能过高也不能过低，应当尽可能地进行量化或具备测定考量的办法，使确定的目标依据充分、方向明确，切忌不切实际侃侃而谈或脱离实际空喊口号。

（2）确定工作任务。要充分考虑到现实和长远之间的关系，同时也要充分预估社会发展和治安环境改变所带来的变数，使任务能围绕工作目标而体现具体性和可操作性。

（3）确定工作措施。治安保卫工作规划要求在掌握大量可靠资料的基础上，根据党和国家的发展方针，结合具体单位工作实际，确定发展远景和总体目标，充分吸收各方面意见，以科学的态度，进行深入调查和周密测算，经过多种方案的研究、比较和选择，最终确定各项指标和措施。

（4）规划文体格式。治安保卫工作规划文体较严肃，所以通常是以“指示性通知”的形式来转发，其格式都是由“标题”和“正文”两部分组成，一般不必落款。规划的标题通常应当具备“四要素”：单位名称＋时间期限＋内容范围＋“规划”二字，如《××单位“十二五”期间治安保卫工作发展规划》。规划的正文一般都比较长，大致分为以下几方面内容：

1）前言，即有关的背景材料，也就是制定规划的起因和缘由。这是制定规划的依据，因此不能简单地罗列事实，而应把各项情况通过认真分析，找出其有利因素和不利因素，这样才能使下文所述的目标言之有据，具有可靠性。

2）指导方针和目标要求。是在前言的基础上提出的，是规划的纲领和原则，因此要用概要精练的语言阐述出来，既鼓舞人心，又坚定有力。

3）主要任务和工作措施。这是规划的主体和核心，是解决“做什么”和“怎样做”的问题，因此任务要提得明确，措施要提得概括有力。这部分写作通常有两种结构：对于全面规划或任务项目较多的规划，因其各项任务比较独立，一般采用以任务为主线的“并列式结构”（措施都在各自的任务之后分别提出）；对于专题规划或任务较单一的规划，因其任务项目较少，且项目之间的联系较大，一般采用任务、措施分说的“分列式结构”。

4）结尾，即远景展望和号召。这部分要写得简短、富有号召力。

2. 治安保卫工作计划的制订

（1）治安保卫工作计划是对一定期间治安保卫工作预先作出安排和打算，它是对工作规划的目标、任务进行分解，是近阶段开展治安保卫工作的指标性任务单，也是检验考评一个阶段治安保卫工作效果的测量仪，所以在制订时时间上不宜跨度太大。

（2）治安保卫工作计划要根据不同任务、不同时间和不同要求进行制订，深入、细致、全面的年度以及月度等治安保卫工作称为“计划”，切近工作实际且需短期完成的称为“安排”，事项重大或比较全面繁杂的治安保卫工作称为“方案”，比较简明、概括的治安保卫工作内容称为“要点”，对某项治安保卫工作有粗略、雏形的想法称为“设想”或“打算”，要防止事无巨细、面面俱到。

（3）计划文体格式。治安保卫工作计划也是由“标题”和“正文”两部分组成，标题一般由制订计划的单位名称、计划期限、计划内容和文种四要素组成。如计划尚未成熟或还未正式讨论通过，需在标题下面注明“讨论稿”“征求意见稿”字样。计划的正文一般包括以下几方面内容：

1）前言：或阐述依据，或概述情况，或直述目的，要写得高度概括，简洁明了，不必过于具体。

2）主体：即计划的核心内容，具体阐述“做什么”（目标、任务）、“做到什么程度”（要求）和“怎样做”（措施办法）三项内容，既要详尽、具体，又要条理清晰、层次分明。工作计划一般采取“并列式结构”（任务、措施分说）。

3）结尾：或突出重点，或强调有关事项，或提出简短号召，当然也可不写结尾。

三、治安保卫工作规划与计划的执行和落实

1. 分解目标

根据规划与计划主要内容和涉及的部门，对照总体工作目标，按部门、按时间将总体工作目标进行分解，提出阶段性工作目标和具体工作内容，或由相关部门和人员在总体工作规划和计划的框架下，结合实际，进行细化、部署和实施。

2. 明确责任

有效实施治安保卫工作规划与计划，关键是要落实各单位、各部门、各岗位的责任，要明确单位和部门的职责是什么，具体岗位责任是什么，把责任分解到部门，落实到个人，只有责任明晰，尽责尽职，才能使各项工作措施真正落到实处。

3. 加强检查

治安保卫工作规划与计划制订后，就要组织力量对各项工作推进情况进行检查。行之

有效的检查既能及时了解和发现在规划和计划实施中存在的问题，又能总结和调整相应的工作步骤，有针对性地提出下一步工作措施。在组织形式上可采取上级单位或部门开展由上至下的检查、组织下属单位或部门开展横向之间的检查、同行业之间的交叉检查以及其他形式的社会力量检查，在具体方法上可采取普查或抽查、暗访或明察、常规检查和突击检查等方式。

4. 落实奖惩

对治安保卫工作规划与计划执行落实情况应通过一个阶段进行综合评估，既肯定成绩，又要分析在实施工作中存在的主要问题和“瓶颈”环节，做到有奖有罚，特别是完成了年度工作或某项具体工作后，要及时点评总结，并积极开展评先创优，树立典型，弘扬先进，鼓舞斗志，以利于下一步工作开展。

第 2 节　安全保卫工作谈判

人的本质在于其社会性。谈判是伴随人类社会交往活动而产生的。人们的社会实践证明，谈判是一种有效的协调手段，已被广泛应用于社会生活的各个领域，人们越来越重视和关注谈判。

一、谈判概述

谈判，顾名思义，是通过“谈”和“判”的过程来构成的。谈就是交流，可以是双方也可以是多方的沟通。判就是作出选择，作出决定。可见，只有在沟通和交流的基础上，了解他方的需求，权衡得失，才能判定。我国以及美国、英国和法国等各国学者，对谈判都有自己的认识和论述，这里就不一一赘述。但是，他们对谈判的基本特点的认识是一致的，即谈判的目的性、相互性和协商性。谈判就是人们为了满足各自的需要，交换相互的意见，协调彼此的关系，从而争取达成一致认识的行为和过程。这个过程是在谋求利益、寻求合作、力求共识的动因驱使下来实现的。而安全保卫工作的谈判一般是指机关、团体、企业、事业单位和有关社会组织，为了满足安全的需求，与保安服务企业或保安培训机构间在满足各自利益的前提下，取得利益互惠的过程。

一般来讲，谈判有广义与狭义之分。广义的谈判是指除正式场合下的谈判外，一切协商、交涉、商量、磋商等，都可以看做谈判。因此，日常安全保卫工作中的督导、协调和劝导均是自觉或不自觉地在谈判。狭义的谈判仅仅是指正式场合下的谈判。本文所讲的安保工作的谈判，主要是从狭义角度而言的。

1. 谈判总是以某种利益的满足为目标，是建立在人们需要的基础上的，这是人们进行谈判的动机，也是谈判产生的原因。尼伦伯格指出，当人们想交换意见、改变关系或寻求同意时，人们开始谈判。这里，交换意见、改变关系、寻求同意都是人们的需要。这些需要来自于人们想满足自己的某种利益，这些利益包含的内容非常广泛，有物质的、精神的，有组织的、个人的等。当需要无法通过自身而需要他人的合作才能满足时，就要借助于谈判的方式来实现，而且，需要越强烈，谈判的要求越迫切。随着经济社会的发展，人们迫切需要保护自己的人身、财产安全，维护企业、事业单位和其他社会组织的治安秩序，安全保卫服务企业则应运而生，提供安全保卫服务的谈判也随之产生。这是经济社会发展到一定阶段的必然产物。

2. 谈判是两方以上的交流和交往活动，只有一方则无法进行谈判活动。而且只有参与谈判各方的需要有可能通过对方的行为而得到满足时，才会产生谈判。比如，安全服务的需求方与安全服务提供方的谈判，也就是商品交换中买方与卖方的谈判，只有买方或者只有卖方时，不可能进行谈判；当卖方不能提供买方需要的产品时，或者买方完全没有可能购买卖方想出售的产品时，也不会有双方的谈判。因此，至少必须有两方参与，这是进行谈判的先决条件。

3. 谈判是寻求建立或改善人们的社会关系的行为。人们的一切活动都是以一定的社会关系为条件的。就拿商品交换活动来讲，从形式上看是买方与卖方的商品交换行为，但实质上是人与人之间的关系，是商品所有者和货币持有者之间的关系。买卖行为之所以能发生，有赖于买方或卖方新的关系的建立。谈判的目的是满足某种利益，要实现所追求的利益，就需要建立新的社会关系，或巩固已有的社会关系，而这种关系的建立和巩固是通过谈判实现的。因此，并非所有的谈判都能起到积极的社会效果，尤其是失败的谈判可能会破坏良好的社会关系，这可能会激起人们改善社会关系的愿望，产生又一轮新的谈判。

4. 谈判是一种协调行为的过程。谈判的开始意味着某种需求希望得到满足、某个问题需要解决或某方面的社会关系出了问题。由于参与谈判各方的利益、思维和行为方式不尽相同，存在一定程度的冲突和差异，因而谈判的过程，实际上就是寻找共同点的过程，是一种协调行为的过程。解决问题、减少矛盾，不可能一蹴而就，总需要一个过程。这个过程往往不是一次，而是随着新问题、新矛盾的出现而不断重复，意味着社会关系需要不断协调，因此安全保卫工作的谈判更具有战略意义。

5. 任何一种谈判都选择在参与者认为合适的时间和地点举行。这是区分狭义的谈判和广义的谈判的一个很重要的依据。谈判时间与地点的选择实际上已经成为谈判的一个重要组成部分，对谈判的进行和结果都有直接的影响。尽管某些一般性的谈判不一定对此非常苛求，但至少企业之间、团体之间，乃至国家之间的谈判是这样的。安全保卫的购销谈判、安全保卫培训项目谈判、对外贸易谈判等都对时间和地点的选择十分重视。尤其是重大军事谈判，更注重地点的选择。美越战争，双方选择在法国巴黎进行和谈；朝鲜战争，中美双方在朝鲜三八线上的板门店举行谈判，谈判桌的放置，一半在三八线的左侧，一半在三八线的右侧；20 世纪 60 年代的中苏会谈，在各自代表的国家轮流进行。可见，谈判双方对谈判地点选择的重视。

综上所述，我们认为谈判是参与各方出于某种需要，在一定时空条件下，采取协调行为的过程。安保工作的谈判一般是指需要安保服务的客户与提供安保服务的企业间的谈判，安保工作的谈判也是一种商务谈判。

二、谈判准备

凡事预则立，不预则废。举行一场安全保卫工作的谈判，前期准备工作非常关键。安保谈判准备工作做得充分可靠，就会增强谈判者的自信，从容应对安保谈判中的变化，正确处理各种问题，从而在谈判中处于主动地位，为谈判奠定基础。安保谈判准备工作一般包括谈判的背景调查、组织准备和计划制订。

1. 安保谈判的背景调查

（1）安保谈判环境调查。安保谈判是在特定的社会环境中举行的，社会环境的各种因素，例如，政治环境、经济环境、社会文化环境、自然资源环境、基础设施条件、具体气候条件、相关地理位置等，都会直接或间接地影响安保谈判。因此，谈判人员必须对上述各种环境因素进行全面系统的调查分析，才能制定出正确的安保谈判的方针和策略。

（2）安保谈判对手的调查。对谈判对手的调查，是安保谈判准备最关键的环节。如果同一个事先毫无了解或了解不够的对手谈判，会导致极大的被动和困难，甚至会冒很大的风险。谈判对手的情况是复杂多样的，主要是调查分析对方的身份、企业的性质、资信的情况和履职的能力，参加谈判人员的权限和谈判的目的等情况。

（3）对谈判者自身的了解。古人曰：欲胜人者，必先自胜；欲论人者，必先自论；欲知人者，必先自知。因此，在安保谈判准备工作中，还应当正确了解和评估谈判者自身的状况。没有对自身的客观评估，就不会客观地认识对方的实力。

在自我评估中，要防止高估或低评自身实力的情况，而应既看到所具备的实力和优势，同时要客观地分析自己的需要和实现需要所欠缺的优势条件。

2. 安保谈判的组织准备

（1）安保谈判人员的选择。谈判人员的选择，是安保谈判组织准备的最关键的环节。没有良好素质的谈判人员，就不能完成艰苦复杂的谈判工作。因此，安保谈判人员在具有专业技能知识的同时，还应具备识、学、才等良好的综合素质。古人曰：学如弓弩，才如箭镞，识以领之，方能中鹄。因此“识”是谈判人员素质结构中最核心的内容，对整体素质起着决定性的作用。识主要包括：气质、性格、心理素质和思想意识等内容。

（2）安保谈判组织的构成。安保谈判组织构成必须遵循知识互补、性格协同和分工明确的原则，配备精通本专业的人员组成的一个素质过硬、知识全面、配合默契的队伍。一般由主谈人（或称谈判领导人）、安保商务人员、技术人员、财务人员、法律人员和翻译等辅助人员组成。主谈人负责整个谈判工作，领导谈判队伍，有领导权和决策权。安保商务人员要熟悉安保业务情况、市场情况和服务价格等，负责合同条款和价格的谈判，并制作合同文本。技术人员、财务人员和法律人员各司其职，分别提供技术、财务和法律方面的支持。

（3）安保谈判组织的管理。要使安保谈判成功，不仅需要组建一支优秀的谈判队伍，还需要通过有效的管理来提高谈判力，使整个谈判向正确的方向发展，最终实现谈判目标。安保谈判的组织管理主要是指谈判组织的负责人的直接管理和高层领导对谈判的管理指导。谈判组织的负责人要负责挑选好谈判人员，组建谈判团队；制订好谈判计划，明确目标策略；管理好谈判队伍，调节人员状态；把握好时间节奏，负责实施谈判。当然谈判组织的负责人也必须要知识全面、决策果断、管理有力。高层领导对谈判的管理指导，主要体现在确定安保谈判的方针要求和必要时对谈判人员的宏观调控。

3. 安保谈判计划的制订

（1）安保谈判计划的要求。安保谈判的计划必须具有合理性、实用性和灵活性。合理性是指要建立在周密调查和科学分析的基础上，能体现企业根本利益和发展战略，并能对谈判人员起到纲领性的指导作用。而合理应从理性的角度去把握，一是相对的合理，二是各方能接受的合理。实用性是要求安保谈判计划的内容力求简明、具体和清楚，使人们容易记住主要内容和基本原则。灵活性则是指在谈判中发生突然情况，为使自己取得主动，就必须使计划具有一定的灵活性。可以确定几个可供选择的目标，或第二套备用方案，谈判人员可视情况在权限允许的范围灵活处理。

（2）安保谈判计划的内容。安保谈判计划内容主要包括：谈判目标、策略、议程、地点和职责分工等内容。其中谈判目标的确定、谈判策略的部署和谈判议程的安排是谈判计划的重要内容。谈判目标一般分为三个层次：一是最低目标；二是可以接受的目标；三是最高期望目标。最低目标是商业机密，要严格保密。谈判策略是实现谈判目标的途径，因此，要根据可能出现的情况有所准备，灵活运用。

（3）安保谈判地点的选定。安保谈判地点的选定，一般有三种情况：一是在己方国家或公司所在地谈判。二是在对方国家或公司所在地谈判。三是在谈判双方之外的国家或地点谈判。三种情况各有利弊，不细赘述。但需要指出的是：谈判者要善于把握有利因素，克服地点的劣势，变不利为有利，以促成安保谈判的成功。

三、谈判沟通

1. 安保谈判语言的类型

安全保卫工作的谈判往往是以语言为载体，来实现沟通交流的。谈判的语言是多元化的，以不同的视角、不同的标准，可以分出不同的类型。然而，每一类型的语言均有自己适用的环境和条件，安全保卫工作谈判中，应当相适为宜、相机而行。

（1）根据不同的表达方式，安全保卫工作的谈判语言可以分为有声语言和无声语言。

在安保谈判中，有声语言一般称之为口头语言，是通过人的发音器官来表达的语言。有声语言是通过人的听觉来传递信息、交流思想的，具体有陈述语、祈使语、同情语、委婉语、幽默语、格言、成语等。

无声语言一般称之为肢体语言，又称行为语言或体态语言，是人通过形体、姿态等非人体发音器官来表达的语言。

在安全保卫工作的谈判中，科学、巧妙地运用有声语言和无声语言，可以产生相得益彰、事半功倍、理想默契的效果。

（2）依据语言表达的特征，安全保卫工作的谈判语言可分为专业语言、法律语言、外交语言、文学语言、军事语言和警务语言等。

1）专业语言。专业语言是指在保安谈判过程中，运用的与保安业务工作内容相关的一些专用或专门术语。例如：重点单位、重要部位等，这些专业语言的特征是简练、明确专一。

2）法律语言。法律语言是指安全保卫工作谈判过程中，所涉及的有关法律、法规的用语。例如：治安隐患、限期整改等，每种法律语言及其术语均有其特定的内涵，不能随意解释和使用。法律语言的特征是法定的强制性、通用性和规范性。通过运用法律语言，可以界定、分清谈判双方各自的权利和义务、权限和责任。

3）外交语言。一般称之为客套语言。外交语言是一种带有模糊性、缓冲性和圆滑性特征的弹性语言。在安全保卫工作的谈判中使用外交语言，既可以满足对方自尊的需要，又可以避免己方失礼；既可以说明问题、表明态度，又能使谈判进退有余，取得主动。例如，在安保谈判中常用的安全投入、双方互惠、力求双赢、有待研究、深表遗憾等，均属于外交语言。外交语言必须使用得当，如果过分使用，容易使对方产生误解，感到缺乏诚意。

4）文学语言。具有明显文学语言特征的语言属于文学语言。文学语言的特征是生动、活泼、优雅、诙谐、富于想象、有情调、范围广。在安全保卫工作谈判中运用文学语言，既可以生动明快地说明问题，又可以调节安保谈判的和谐气氛。

5）军事语言。明显带有命令特征的用语，属于军事用语。军事语言的特征是坚定、干脆、利落、简洁、自信、铿锵有力。在安全保卫工作的谈判中，适时使用军事语言，可以起到提高信心、稳定情绪、稳住阵脚、加速谈判进程的作用。

2. 安保谈判沟通运用语言艺术的原则

在安全保卫工作的谈判中语言的运用、举止的适宜，与谈判内容一样重要。善于运用语言，就会在把握好举止投足、控制好抑扬顿挫间，准确地表达出自己的意见。反之，过犹或不及，均会适得其反，背离初衷。因此，在安保谈判中，必须遵循一些运用语言的基本原则。

（1）客观性原则。客观性原则要求安保谈判中，表述思想、传递信息的语言必须是以客观事实为依据的，并能运用恰当的语言，表述好、提供好使对方信服的证据和论据。这是基础性原则。背离这一原则，无论多高水平的语言艺术，都只能是承诺，安全保卫工作的谈判也就失去了意义。

（2）针对性原则。针对性原则要求在安保谈判中，语言艺术的运用要具体分析，因情施策，有的放矢。不同的单位性质，不同的个人性格，不同的谈判态度，不同的年龄、性别和不同的时间场合，其需求和要求将会有所不同，安保谈判人员应当针对这些差异运用语言。差异分析得越细，谈判的效果就越好。

（3）逻辑性原则。逻辑性原则要求在安保谈判中，语言表述的概念要明确、判断要正确、证据要确凿、推理要符合逻辑，具有较强的说服力。提高谈判语言的逻辑性，既要求安保谈判人员具有一定的逻辑学知识，同时，要在谈判前做好充分准备，占有详细资料，并加以逻辑梳理，用富有逻辑性的语言在安保谈判中表述出来，使对方认识和理解。

（4）隐含性原则。隐含性原则要求在安保谈判中，要根据当时特定的环境和条件，用委婉而含蓄的语言来表达意见、传递信息。隐含性语言集中体现了语言运用的艺术性，除了在口语表达中，还可以直接表现在无声语言中，即无声的肢体语言，本身就蕴涵了某种感情和信息。

（5）规范性原则。规范性原则要求安保谈判语言的表述要文明、清晰、严谨、精确。第一，安保谈判的语言必须文明礼貌，遵循和符合安保行业的职业道德要求，不能使用粗言秽语。其二，安保谈判语言必须清晰易懂。应当使用标准普通话，不能应用方言、俗语或“黑话”。其三，安保谈判语言的表达必须准确严谨。特别是在谈判进入价格磋商阶段时，应当更加注意语言表达的准确性。要谨慎发言，用严谨正确的语言，准确地表述自己的意见，以维护自己的经济利益。

上述原则都是在安全保卫工作谈判的语言表达中必须遵守的。运用这些原则的目的都是为了提高语言艺术的说服力。每一项原则都是针对某一方面而言的，各有所指，各有所重，因此，在安保谈判的实践中，不能绝对化、狭隘地偏废某一方面，而应当将其有机结合、辩证统一地运用，才能增强安保谈判语言的说服力。

3. 安保谈判沟通的语言技巧

谈判是讲究技术或俗称有“诀窍”的。要掌握安全保卫工作谈判的“诀窍”比较困难，必须反复练习、总结，不断借鉴。在安保谈判中，运用有声语言的技术主要体现在听、问、答、叙、辩、说服等方面。因此，在谈判桌上必须随时注意这几方面技巧的运用，以便主动、准确地把握对方的言行与意图。

(1) 安保谈判中“听”的要诀与技巧。“听”是我们了解和把握对方观点和立场的主要手段与途径。美国科学家富兰克林曾经说过：“与人交谈取得成功的重要秘诀就是多听，永远不要不懂装懂。”作为一名安保谈判人员，应该养成耐心倾听对方讲话的习惯，这也是作为良好的谈判人员个人修养的标志。

“听”有两种形式，即积极地听与消极地听。所谓积极地听，就是在交谈中与说话者密切呼应，比如，表示理解或疑惑、支持或反对、愉快或难过等。所谓消极地听，就是指在交谈中，听者处于比较松弛的状态中，即处于一种随意状态中接受信息，比如，平时家庭中的闲谈、非正式场合的交谈等。积极地听既有对语言信息的反馈，也有对非语言信息，即表情、姿势等的反馈。而消极地听则往往不是同时具有这种明显的姿势反馈和表情反馈。

“听”的过程是会遇到障碍或干扰的。为了能够听得完全，听得清晰，必须克服下列障碍、干扰：

①由于需要“定位”，只注意与己有关的讲话内容，不顾对方的全部讲话内容。

②因精力不济、分散，或思路慢于对方，或观点不一，而造成的少听、漏听。谈判人员的精力和注意力的变化是有一定规律的。一般来说，谈判开始时精力比较充沛，但持续的时间较短，占整个谈判时间的8.3%～13.3%；谈判过程中，精力趋于下降，时间较长，约占整个时间的83%；谈判快要达到协议时，又出现精力充沛时期，时间也是很短，占3.7%～8.7%。

③凭借感情、兴趣的变化来理解对方讲话内容，从而曲解了对方的原意。一系列试验表明，积极地听对方讲话，其中只有三分之一的讲话内容是按原意听取的，三分之一的讲话内容是被曲解地听取的，还有三分之一则是丝毫没有被听进去。

④受收听者的文化程度、语言水平等的限制，特别是受专业知识与外语水平的限制，而听不懂对方的讲话内容。

⑤环境的干扰，常会使人们的注意力分散，形成听力障碍。

安保谈判中必须想尽办法克服“听力”的障碍和干扰，掌握“听”的要诀，提高收听效果。“听”的要诀与技巧主要包括：

①避免“开小差”，专心致志、集中精力地倾听。精力集中是倾听艺术的最基本、最重要的问题。心理学家研究证明，一般人说话的速度为每分钟120到180个字，而听话及思维的速度，则大约要比说话的速度快4倍左右。因此，往往是说话者话还没有说完，听话者就大部分都能够理解了。我们必须注意时刻集中精力倾听对方讲话，用积极的态度去听，主动与讲话者进行目光接触，并作出相应的表情，以鼓励讲话者。比如，可扬一下眼眉，或是微微一笑，或是赞同地点点头，或否定地摇摇头，也可不解地皱皱眉头等，这些动作配合，可帮助我们集中精力，起到良好的收听效果。

②通过记笔记来集中精力。谈判过程中，人的思维在高速运转，大脑接受和处理大量的信息，加上谈判现场的气氛又很紧张，所以只靠记忆是办不到的。记笔记，一方面，可以帮助自己回忆和记忆，而且也有助于在对方发言完毕之后，就某些问题向对方提出质询，同时，还可以帮助自己作充分的分析，理解对方讲话的确切含义与精神实质；另一方面，通过记笔记，给讲话者的印象是重视其讲话的内容，当停笔抬头望讲话者时，又会对其产生一种鼓励的作用。

③在专心倾听的基础上，有鉴别地倾听对方发言，去粗取精、去伪存真、抓住重点，收到良好的听的效果。

④克服先入为主的倾听做法。

⑤创造良好的安保谈判环境，使谈判双方能够愉快地交流。有利于己方的谈判环境，能够增强自己的谈判地位和实力。对于一些关系重大的安保谈判工作，如果能够进行主场谈判是最为理想的。如果不能争取到主场谈判，至少也应选择一个双方都不十分熟悉的中性场所。

⑥注意不要因轻视对方、抢话、急于反驳而放弃听。

⑦不可为了急于判断问题而耽误听。

⑧听到自己难以应付的问题时，也不要充耳不闻。安保工作谈判中，可能会遇到一些一时回答不上来的问题，这时，切记不可持一种充耳不闻的态度。要有信心、有勇气去迎接对方提出的每一个问题，用心领会对方每个问题的真实用意，找到摆脱难题的真实答案。培养自己急中生智、随机应变的能力，要多加训练、多加思考，以便自己在遇到问题时不乱、不慌。

（2）安保谈判中“问”的要诀与技巧。安保谈判中，如何“问”是很有讲究的。重视和灵活运用发问的技巧，不仅可以引起双方的议论，获取信息，而且还可以控制谈判的方向。

1）发问的方式。安保谈判中的发问方式有以下几种：

①澄清式发问。这是针对对方的答复，重新措辞，以使对方进一步澄清或补充其原先答复的一种问句。其作用在于确保谈判各方能在叙述“同一语言”的基础上进行沟通。

②强调式发问。该发问方式旨在强调自己的观点，强调本方的立场。

③探索式发问。这是针对对方的答复，要求引申或举例说明，以便探索新问题、新方法的一种发问方式。它不但可以进一步发掘较为充分的信息，而且还可以显示发问者对对方答复的重视。

④间接式发问。这是借助第三者的意图来影响或改变对方意见的发问方式。比如，“某某先生对你方能否如期履约关注吗?”

⑤强迫选择式发问。这种问句旨在将本方的意见抛给对方，让对方在一个规定的范围内进行选择回答。比如，“原定的计划，你们是本周实施，还是下周，请给我们答复”。在使用强迫选择式发问时，要语调平和。

⑥证明式发问。证明式发问旨在通过己方的提问，使对方对问题作出证明或理解，比如，“为什么要更改原已订好的计划?”。

⑦多层次式发问。这是含有多种主题的问句，即一个问句中包含有多种内容。比如，“您能否将这个协议产生的背景、履约的情况、违约的责任，以及双方的看法和态度谈一谈?”这种问句因含过多的主题而致使对方难以周全把握。许多心理学家认为，一个问题最好只含有一个主题，最多也不能超过两个主题，才能使对方有效地掌握。

⑧诱导式发问。这种问句旨在开渠引水，对对方的答案给予强烈的暗示，使对方的回答符合己方预期的目的。比如，“已经到期了，对不对?”这类问句几乎使对方毫无选择余地按照发问者所设计好的答案回答。

在安保谈判中，谈判的任何一方都应避免使用盘问式、审问式或威胁与讽刺的问句，以免影响双方关系。

2）不应发问的问题。安保谈判过程中并不是任何方面的问题都可以随意提问的。一般不应提出下列问题：

①带有敌意的问题。

②有关对方个人生活、工作方法的问题。多数国家和地区的人对于自己的收入、家庭情况、女士或太太的年龄等问题都不愿回答。我国情况相反，安保谈判时问候一下对方个人生活以及家庭情况等，往往容易拉近关系，从而博得对方的信任感和亲切感。

③对方品质和信誉方面的问题。

④故意表现自己而提问。要知道，故作卖弄的结果往往是弄巧成拙，被人蔑视。

3）发问的要诀。为了获得良好的提问效果，需掌握以下发问要诀：

①应该预先准备好问题，最好是一些对方不能够迅速想出适当答案的问题，以期收到意想不到的效果，同时，预先有所准备也可预防对方反问。

②在对方发言时，如果我们头脑中闪现出疑问，千万不要中止倾听对方的谈话而急于提出问题，这时我们可先把问题记录下来，等待对方讲完后，有合适的时机再提出问题。

③要避免提出那些可能会阻止对方让步的问题，这些问题会明显影响谈判效果。

④如果对方的答案不够完整，甚至回避不答，这时不要强迫地问，而要有耐心和毅力等待时机到来时再继续追问。这样做以示对对方的尊重，同时再继续回答对方问题也是对方的义务和责任，因为时机成熟时，对方也不会推卸。

⑤在适当的时候，我们可以将一个已经发生，并且答案也是我们知道的问题提出来，验证一下对方的诚实程度，以及其处理事情的态度。同时，这样做也可给对方一个暗示，即我们对整个交易的行情是了解的，有关对方的信息我们掌握也是很充分的。这样做可以帮助我们进行下一步的决策。

⑥既不要以法官的态度来询问对方，也不要问起问题来接连不断。

⑦提出问题后应保持沉默，闭口不言，专心致志地等待对方作出回答。

⑧要以诚恳的态度提出问题。这有利于谈判者彼此感情上的沟通，有利于谈判的顺利进行。

⑨注意提出问题的句式应尽量简短。

（3）安保谈判中“答”的要诀与技巧。安保谈判中回答的要诀应该是：基于谈判的需要，准确把握该说什么、不该说什么，以及应该怎样说。安保谈判中的回答是一个证明、解释、反驳或推销己方观点的过程。为了能够有效地回答好每个问题，我们应该：

1）回答问题之前，要给自己留有思考时间。安保谈判经验告诉我们，在对方提出问题之后，我们可通过喝一口水，或调整一下自己的坐姿，或整理一下桌子上的文件资料，或翻一翻笔记本等动作来延缓时间，考虑一下对方的问题之后再回答。

2）把握对方提问的目的和动机，再决定怎样回答。

3）不要彻底地回答问题，因为有些问题不必回答。在安保商务谈判中，对方提出问题或是想了解我方的观点、立场和态度，或是想确认某些事情。对此，我们应视情况而定。

对于应该让对方了解，或者需要表明我方态度的问题要认真回答，而对于那些可能会有损己方形象、泄密或一些无聊的问题，不必为难，不予理睬是最好的回答。我们回答问题时可以自己将对方问话的范围缩小，或者在回答之前加以修饰和说明，以缩小回答范围。

4）顾左右而言他。有时，对方提出的某个问题我方可能很难直接从正面回答，但又不能以拒绝回答的方式来逃避问题，这时，谈判高手往往用避正答偏的办法来回答。

5）对于不知道的问题，应坦率地告诉对方不能回答或暂不回答。

6）答非所问。答非所问在安保谈判中是对不能不答的问题的一种行之有效的答复方法。

7）以问代答。顾名思义，以问代答是用来应付谈判中那些一时难以回答、不想回答的问题的方式，如同把对方踢过来的球又踢了回去。

8）“重申”和“打岔”。安保谈判中，要求对方再次阐明其所问的问题，实际上是为自己争取思考问题的时间。打岔的方式是多种多样的，可以借口去洗手间，或去打个电话等。

（4）安保谈判中“叙”的要诀与技巧。安保谈判中的“叙”不受对方提出问题的方向和范围的制约，是带有主动性的阐述，是安保谈判中传达大量信息、沟通情感的一种方法，也是基于己方的立场、观点、方案等，通过陈述来表达对各种问题的具体看法，或对客观事物的具体阐述，以便让对方有所了解。

按照常理，在谈判中叙述问题、表达观点和意见时，应当态度诚恳，观点鲜明，语言主动、流畅，层次清楚、紧凑。但这只是就一般情况而言的，具体地讲，安保谈判中的叙述有以下几项技巧：

1）叙述应简洁、通俗易懂。安保谈判中的叙述在于让对方相信己方所言的内容均为事实，并使其接受己方的观点。为了达到这一目的，说出来的话要尽可能简洁、通俗易懂，使对方听了立即就能够理解。

2）叙述应具体、生动，使对方集中精神，全神贯注地收听。

3）叙述应主次分明、层次清楚。

4）叙述应基于客观事实，使对方相信。

5）叙述的观点要准确，力戒含混不清，前后不一。

6）叙述时发现错误要及时纠正，以防造成不应有的损失。

7）重复叙述有时是必要的。

总而言之，安保谈判中的叙述，应从安保谈判的实际需要出发，灵活把握上述有关叙述应遵循的原则，以便把握好该叙述什么、不该叙述什么，以及怎样叙述等。

（5）安保谈判中“辩”的要诀与技巧。安保谈判中的讨价还价集中体现在“辩”上。它具有双方辩者之间相互依赖、相互对抗的二重性。它是人类语言艺术和思维艺术的综合运用，具有较强的技巧性。作为一名安保谈判人员，为了获取良好的谈判效果，应注意以下几点有关“辩”的技巧：

1）观点要明确，立场要坚定。

2）思辨要敏捷、严密，逻辑性要强。

3）掌握大的原则，不纠缠小节。

4）态度要客观公正，措辞要准确犀利。

5）辩论时应掌握好进攻的尺度。

6）要善于处理辩论中的优势和劣势。当己方处于优势状态时，安保谈判人员要注意以优势压顶，滔滔雄辩，气度非凡，并注意借助语调、手势的配合，渲染己方的观点，以维护己方的立场；切忌表现出轻狂、放纵和得意忘形。要时刻牢记：安保谈判中的优势与劣势是相对而言的，而且是可以转化的。当我们处于劣势状态时，要记住这是暂时的，应沉着冷静、从容不迫，不可沮丧、泄气、慌乱不堪。在劣势状态下，只有沉着冷静，思考对策，保持己方阵脚不乱，才会对对方的优势构成潜在的威胁，从而使对方不敢贸然进犯。

7）注意辩论中个人的举止和气度。

四、谈判策略

1. 安保谈判策略的含义

谈判是合作的过程，也是实现自己利益的过程。参加谈判的双方或多方都会为自己的利益而倍加努力，据理力争的。谈判人员会根据有关情况，或显示自己的智慧，或摆出自己的实力，或借助天时地利以及经过思考选择的方法、措施来开展谈判。作为一种复杂的智力竞争活动，谈判高手无不借助谈判策略的运用来显示其才华。因此，谈判策略选用是否得当、能否成功，是衡量谈判者能力高低、经验丰富与否的主要标志。

什么是安保谈判策略呢？迄今为止，学术界对这个词还没有形成统一的被大家都公认的表述。我们认为，安保谈判策略是对谈判人员在谈判过程中，为实现特定的谈判目标而采取的各种方式、措施、技巧、战术、手段组合运用的总称。在具体的谈判过程中，安保谈判策略包含两层含义：参加安保谈判人员的行为方针和他们的行为方式。

安保谈判策略一方面表明安保谈判中所运用的单一方式、技巧、措施、战术、手段等都只是安保谈判策略的一部分。对于策略，谈判人员可以从正向来运用，也可以从反向来运用；既可以运用策略的一部分，也可以运用其几部分及大多部分的组合。另一方面，它还表明，安保谈判中所运用的方式、战术、手段、措施、技巧等是交叉联系的，难以再深入分割与分类。

多数安保谈判策略是事前预定的，它规定谈判者在一种能预见和可能发生的情况下应该做什么、不能做什么。谈判中所采取的许多策略，都要经历酝酿和运筹的过程。酝酿和运筹的过程，也是集思广益的互动过程。只有经历这一过程，才能选择准确、恰当的谈判策略。

2. 安保谈判战略与策略

有时，我们会用“安保谈判战略”一词。那么，安保谈判战略和策略究竟有什么不同呢？

谈判战略是相对谈判策略而言的。一般说来，安保谈判战略又称为安保谈判宏观策略，是指实现谈判总目标的原则性方案与途径。其目的主要是获取谈判的全局利益，实现谈判的长远利益。安保谈判战略具有完整性、层次性、阶段性、相对稳定性等特点。

安保谈判策略又称为安保谈判微观策略，是完成或实现谈判战略的具体方案、手段、战术的总称。实施安保谈判策略旨在赢得局部的或阶段性的利益。有时，安保谈判策略的实施，可能会暂时失去某些局部的利益，以服从整体利益和总体目标的需要。它具有派生性、单一性、应变性和针对性等特点。

安保谈判战略和谈判策略仅仅是一种理论上的区别。在谈判实践中，它们既对应存在又相互转化。应该注意的是，无论安保谈判战略还是策略，都不是谈判的最终目标。从一定意义上讲，它们都是解决问题的方式、方法。

3. 安保谈判策略构成要素

任何事物都有其特定性。这种特定性正是由诸要素所构成的特有的质的规定性。安保谈判策略的质的规定性包括其内容、目标、方式和要点四大方面。

（1）策略的内容。安保谈判策略的内容是指策略本身所要解决的问题，是策略运筹的核心。在安保谈判中，价格谈判策略本身所要解决的问题就是产品或服务的价值及其表现的认定。

（2）策略的目标。安保谈判策略的目标是指策略要完成的特定任务，表现为安保谈判本身追求什么、避免什么。在安保谈判中，价格谈判的目标表现为特定数量的高收益、低支出。

（3）策略的方式。安保谈判策略的方式是指策略表现的形式和方法。比如，在安保谈判中的价格让步策略，其采取的“挤牙膏”战术，就是一种典型的达到谈判目的的方式、方法。

（4）策略的要点。安保谈判策略的要点是指实现策略目标的关键点之所在。例如，安保谈判中的价格让步策略，运筹它的关键在于“让步”的学问和技巧。把握和运用好让的“度”是运用好这一策略的关键点。

需要注意的是，有的策略的要点不止一个。比如，“出其不意”这一策略的要点就有两个：一个是“快速”，以快制胜；一个是“新奇”，以奇夺人。

除上述四个主要的构成因素外，安保谈判策略的构成因素还包括策略运用的具体条件和时机。

4. **安保谈判策略的特征**

安保谈判策略不仅有其质的规定性，而且还有其独有的特征。这些特征是在长期的安保谈判实践经验和教训的基础上总结、概括出来的。其主要有：

（1）针对性。安保谈判是一种应对性很强的活动。只有谈判双方或多方为了满足某种需求才会坐到一起来交流、沟通和磋商。在安保谈判中，任何策略的出台都有其明显的针对性。它必然是针对谈判桌上的具体情形而采取的谋略和一系列举措。

在安保谈判中，谈判人员一般主要针对安保谈判的标的或内容、目标、手段、人员风格以及对方可能采取的策略等来制定自己的策略。有效的安保谈判策略必须对症下药，有的放矢。在安保谈判中，卖方为了卖个好价钱，一般会采取“筑高台”的策略，实施“喊价要高”的战术。针对这种情况，买方往往采取“吹毛求疵”的策略，实施“还价要低”的战术予以应对。策略与反策略的运用是安保谈判策略针对性最明显的体现。

（2）预谋性。安保谈判策略集中体现了谈判者的智慧和谋略。从一定意义上讲，安保谈判策略是谈判人员集体智慧的体现。在谈判中，策略的运用绝不是盲目的。无论遇到什么样的情况，出现何种复杂的局面，选择和使用什么样的应对策略，谈判人员事先已经进行了商讨与策划。策略的产生过程就是策略的预谋过程。

安保谈判策略的预谋性，既反映了谈判人员对主客观情势的分析、评估和判断，又在一定程度上检验了安保谈判调查情况的真实性和准确性。通常，安保谈判实战之前的模拟谈判，会修正谈判策略预谋的准确程度。在安保谈判中，如果没有事先筹划的应对策略，一定会处处被动，措手不及，致使只有招架之功，没有还手之力。

（3）时效性。几乎所有的安保谈判策略都有时间性和效用性的特点。一定的策略只能在一定的时间内产生效用或使效用最大化，超过这一特定的时间，安保谈判策略的针对性就会发生变化。

安保谈判策略的时效性表现在：

1）某种策略适合在安保谈判过程中的某个阶段使用。通常，疲劳战术比较适合对远距离出差的安保谈判者使用，或大多在谈判进程的初期或签约阶段使用。

2）在特定的时间或时刻之前使用。例如，最后通牒策略规定了具体的日期和时刻。在安保谈判中，对“报盘”之类的时间规定就属于这种情况。

3）在特定环境中使用才有预期的效果。这与安保谈判策略的针对性是一致的。

（4）随机性。在安保谈判中，无论考虑得多么周密，方案计划得多么详细，都会因时、因地、因环境而使一些事先谋划的策略失去意义，即不会产生预期的效果。在这种情况下，安保谈判人员必须根据谈判的实际情况、过去经验，因情施策，随机应变，采取适当的策略来解决实际的问题。因此，策略的随机性是从应用的角度而言的。

策略的产生与应用，是一个动态的依赖时空变化的随机过程，需随时吸收信息，及时作出反馈，调整谈判策略。当谈判无法深入时，可以采取“制造僵局”的策略。

随机性是指根据谈判过程的具体情况，改变策略表达的方式或做法。它丝毫不表示要彻底改变安保谈判事先确定的谈判目标。安保谈判策略必须服从于谈判的目标，策略是实现目标的手段。谈判人员应牢记“敌变我变，以不变应万变”。

（5）隐匿性。在具体的安保谈判实践中，谈判策略一般只为己方知晓，而且要尽可能有意识地保密。这就是安保谈判策略使用的隐匿性特征。

隐匿己方策略的目的在于预防对方运用反策略。在安保谈判中，如果对方对己方的策略或谈判套路了如指掌，对方就会在谈判中运用反策略应对自如，处于主动的地位，反而对己方不利。

（6）艺术性。艺术性特征是从隐匿性特征衍化而来的。安保谈判策略的运用及其效果必须具有艺术性。一方面，策略的运用要为自己服务，为实现己方的最终目标服务；另一方面，为了使签订的协议能保证履行，还必须保持良好的人际关系。人际关系好坏是判断安保谈判成功与否的标准之一。

尽管许多安保谈判策略有相对稳定的要点或关键点，但是，艺术地运用这些策略确实能体现出谈判人员水平的高低、技巧的熟练程度，以及运用是否得当等。

（7）综合性。安保谈判策略是一种集合和混合的概念，它包括了在谈判过程中对谈判方式、战术、手段、措施、技巧等的综合运用。迄今为止，还没有发现单一性很突出的谈判策略，因为谈判是一种复杂的心理过程，是一种纷繁的经济现象和社会交往现象，需要从客观实际出发，从不同的角度、用不同的眼光去看待和思考策略、运用策略。

五、谈判心理

如果说安保谈判思维是智力性因素，那么谈判心理则属于非智力因素，即所谓“情商”问题，一般是指情感、意志、性格等方面的构成。比如，谈判者的忍耐力、承受力、抗诱导力、掩饰力、独断力以及情绪的自控力等，都会对谈判产生不可估量的影响，是谈判学必须着力研讨的课题。比如，谈判中“少说多听”虽然是一种谋略智慧，更是一种性格的考验，许多人是根本做不到的，或者短时间尚可，时间一长就陷入“口若悬河”的误区。再比如，有些人经受不了别人的热情，在热情的关怀照料下就“找不着北”了。还比如，有些人经常陷入某种自尊心的“刚性”状态，经受不了任何“冒犯”“失礼”，或“伤害”“侮辱”，一旦面对则顿失常态。古人云：长袖善舞，多财善贾。其实，人生善舞在心态。下面仅就相关的问题略述一二。

1. 安保谈判的心理问题

安保谈判心理问题或禁忌是多方面的，我们将从两大方面分述：

（1）一般安保谈判心理问题和禁忌

一戒急。例如，急于表明自己的最低要求，像家庭主妇一样一见到便宜货就急于抢购；急于显示自己的实力；急于表明自己对市场、对技术、对产品的熟悉；急于显示自己的口才、风度甚至酒量等。这些行为容易暴露自己的“薄”“弱”“露”“洞”，即易陷于被动地位。

二戒轻。例如，轻易暴露所卖产品的真实价值；轻信对方的强硬态度；没有得到对方实实在在的交换条件就轻易作出让步；轻易放弃谈判等。“轻”的弊病：一是“授人以柄”，二是“示人以弱”，三是“假人以痴”，四是“小战即败”。这些都是自置窘境的心理弊病。

三戒狭。心理狭隘的人不适合参与谈判。例如，把个人感情带进交易之中，或自己的喜怒哀乐受人感染，或脾气急躁、一触即跳，或太在乎对方的礼仪、礼貌、言语、态度。这种人一般来说大都是“成事不足，败事有余”。

四戒俗。所谓俗就是小市民作风，例如，因对方有求于我就态度傲慢，一派施主之面孔；因有求于对方就鞍前马后、卑躬屈膝，令人不堪其肉麻之状。须知俗态大凡都要既失去谈判的利益，又失去谈判者的尊严。

五戒弱。俗话说“未被打死先被吓死”就是弱，例如，过高地估计对方的实力，不敢与对方的专家、老手正面交锋、据理力争；始终以低姿态面对对方，虚弱之态可掬，忠厚之状可欺。

六戒贪。贪酒、贪吃、贪色、贪财、贪玩、贪谀、贪功、贪权、贪虚荣等都是谈判之大忌，这些忌讳令多少精英功败垂成、毁于一旦、身败名裂。

（2）专业谈判心理禁忌

一戒盲目谈判。一切尚未知己知彼的谈判，一切尚未充分准备的谈判都不能盲目进入。

二戒自我低估。毛泽东有一句伟大的名言：在战略上藐视敌人，在战术上重视敌人。天下没有打不败的敌人，天下没有不可取胜的安保谈判。“高度重视——充分准备——方法得当——坚持到底”，这是取得安保谈判胜利的普遍法则，我们没有理由自我贬低、自我弱估。《哈佛谈判学》指出：谈判是知识和努力的会聚；谈判的目的在于得到我们需要的，并寻求对方的许可，就是这么简单。

三戒不能突破。此戒是指被对方抛出的一大堆数字、先例、原则或规定所唬住。须知没有不使用数字、原则的谈判，也没有不突破数字、原则的谈判，在双方的“谈”与

“判”中，事情在发展，情况在变化，利益在延伸。因此，要突破原有的思辨时空，与时俱进，开拓创新。

四戒感情用事。

五戒只顾自己。只顾自己的谈判大抵都是失败的谈判，双赢哲学是当今世界基本谈判哲学，当然，双赢不是利益的完全均衡。由“只顾自己”可能导致“拒不妥协”，这是一种误区，须知“没有妥协就没有谈判”，善于妥协是有智慧的表现。安保谈判的座右铭：理想的谈判就是对双方都有利益的谈判。

六戒假设自缚。据说哈佛商学院用了十年的时间研究出“原则谈判法则”，其核心就是打破立场的僵化，破除假设的自缚，寻求利益的合理分配。有哲人指出：主观臆断是一般人的通病。别让你的有限的经验成为永恒的事实，作为谈判者就是要冒风险，挣脱过去经历的束缚，对臆测提出疑问，从你现有的经验之中做些新的尝试。

七戒掉以轻心。安保谈判中始终不可掉以轻心，不仅获胜前不能掉以轻心，就是获胜后也不能掉以轻心。反之则功败垂成，或成而树敌。

八戒失去耐心。能耐能耐，能够忍耐才是有能耐。安保谈判也是一种耐力的竞赛，没有耐力素质的人，不易进入谈判。一路春光明媚的谈判，一般都含有某种危机在其中，所以，在充满云谲波诡的谈判桌上，忍耐性是一个不可忽视的制胜因素。

以上八戒是仅从谈判的心理因素上提出问题的，还有许多禁忌多属于谋略智慧性的，或属于谈判技术性的，此处不再赘述。

2. 安保谈判的心理要求

谈判无疑是人的一种社会活动，而一切社会活动都必须接受人际交往法则的制约，因此谈判对人的心理素质是有相当严格的要求的。所谓心理素质主要是指人的情感（包括情绪、态度等）、动机（包括需求、欲望等）和行为。

（1）对安保谈判者情感心理的要求

1）谈判中主要的情感表现。应该说在谈判活动中，人的情感表现是非常丰富的，归纳起来主要有喜、怒、忧、惊、悲、惧六种。

“喜”在谈判之初表现为“乐于合作”，在谈判中期表现为“进展满意”，在计谋得逞时表现为“沾沾自喜”，在各方满意时表现为“皆大欢喜”。

“怒”可以表现为“气恼于初”“愈演愈烈”和“不欢而散”。

“忧”在谈判中表现为一种较为持久的心理状态，“忧”是忧愁和顾虑的综合情绪。“忧”的理由很多：因对谈判胜算的无底，因谈判对手的高压气势，因本方的意见分歧，都会不断增加“自忧”的心理氛围。

“惊”是谈判中的惊讶与奇怪的感觉，这种感觉主要出现在始料不及的事情发生之时，而且这种事情多出在对手、助手、上司的言行所带来的后果上。

“悲”是愧悔、伤心、怅叹与委屈的混合情感流露，一般出现在两种情况下，一是“失算”，二是“被误解”。

“惧”是谈判中的一种畏缩、害怕的情绪。这种情绪主要出现在以下几种情况中：①讨价还价时；②使用“边缘政策”时；③做重大或陌生问题的决策时。

2）心理状况对谈判的影响。安保谈判者在谈判过程中表现出来的情感，肯定会影响谈判对手的心理和行为，但是这种影响我们也应从两个方面去理解。一是“个人情感的真实流露”，该喜则喜，该忧则忧，该愁则愁，该惧则惧，处于一种自然状态，给人一种“诚实”“实在”的感觉，从而使对手易于认可自己表述意见的真实性，收到积极的效果。但是它同样会带来消极的后果，也易使对方产生误会、误解，进一步扩大分歧，导致关系紧张，甚至会转移谈判焦点，促使谈判失败。二是“劣质性格”的情感表露，即一言不合就拍案而起，不会讲理，只会蛮横，或者是人身攻击，意气用事，这些只会带来难以弥补的过失。

3）明智的情感策略。明智的情感策略是指利用情感的发泄来影响对手的谈判立场，由于影响对手的情感发泄具有极强的目的性，所以它应该既是理性的、策略的个人情感行为，又是谈判人员常用来支持自己立场的有力手段，具体操作起来有以下两种方式：①以理智性的情感发泄影响对手。所谓“理智性”就是情感的自我控制性，所谓“控制”就是使情感能沿着谈判的功利目的、关系目的等去倾泻。②以策略性的情感疏泄影响对手。所谓“策略性”就是戏剧性，具有很强的导演性和演出性，即剧情需要什么情感，演员就表演什么情感。这里又有“软”“硬”两种不同的表现形式：软性的情感发泄包括愁、悲、惧和亲善等情感形式；硬性的情感发泄包括急躁、不满、气愤等表现形式。一般的谈判都需“软硬兼施”，各施其能、各得其所。

（2）对安保谈判者的动机要求。许多谈判学著作对谈判人员参加谈判的动机做了这样一些概括：为了完成任务，为了客户，为了企业，为了国家，为了风头，为了晋升，为了发财……我们在此不想做道德上的说教，但是必须明确地指出，不同的谈判动机会直接影响谈判的走向或成败。只代表个人利益的谈判可以允许各种动机的存在，而代表集体、国家利益的谈判则必须具有为国家、为集体的动机，否则一切谈判学理论都会塌陷。这是安保谈判人员必须具备的第一位的心理素质。

（3）对安保谈判者的行为要求。行为是情感、动机的外化，但又不完全是等同的，因此提出以下几点行为要则：

1）要为谈判准备必要的物质条件。商务谈判是一项精神高度集中、体力和脑力消耗都比较大的活动，为了保证谈判人员能以充沛的精力和饱满的精神投入到谈判中去，应该为他们准备必要的物质条件。这里所说的物质条件不仅是指谈判人员在衣、食、住、行等方面的生活条件，而且还包括样品、合同文本、有关技术资料、谈判场地、通信设备等方面的条件，因为这些条件是谈判得以顺利进行的物质基础。我们在进行这些准备时，总的要求是既要与谈判人员的身份、地位相适应，又要能满足谈判人员在工作和生活上的需要。

2）谈判人员之间要注意建立友好的人际关系。谈判人员并不是只讲物质利益的“经济动物”，而是一个有感情的人，他们也追求友情，希望在友好合作的气氛中共事。所以，无论是在双方谈判人员之间，还是在一方谈判小组内部，都要注意建立良好的人际关系。这就要求谈判人员一方面要注意在谈判过程中本着友好合作的态度，利用各种机会建立和发展双方的友情。如为对方举行宴会、邀请对方参加联欢活动、赠送礼品、回顾双方的愉快合作等。如果彼此之间建立起友情，相互信任感就会大大增强，让步和达成协议的可能性就会提高。另一方面，谈判小组内部也要建立起互谅互让、团结协作的关系。谈判小组内部各成员的年龄、性格、专长，甚至生活习惯都各有不同，在工作上存在不同意见，在生活习惯上有差异是很正常的事情，但如果我们不注意，很容易导致小组内部的矛盾和分裂，严重影响谈判小组整体作用的发挥。因此，在日常生活中，谈判小组成员应互相谅解、互相忍让、互相帮助，使全体成员都能感受到集体的温暖，产生归属感。在讨论问题时，要让各成员充分发表意见，并吸取各种意见中科学合理的东西；对于不能被采纳的意见，也不要全盘否定，而应委婉地加以拒绝；当某个成员在谈判中有过失时，也不要横加指责，互相埋怨，而是应尽快想出补救办法，帮助他总结经验教训，鼓励他继续好好干，这样做，会大大强化其将功补过的心理，使他能尽快地振作起来，在以后的谈判中更加努力工作。

3）要注意尊重谈判对手。在与谈判对手交往中，要处处注意对对方的地位、人格、学识、宗教信仰等表示尊重。例如，由身份对等的人出面接待，谈判中注意认真倾听对方的发言，不使用侮辱性语言，尊重对方的风俗习惯和宗教信仰，都可使对方感受到你对他的尊重，增加对方的好感。

4）适时地对对方所做的努力和工作成果表示赞赏。商务谈判人员和常人一样，都希望自己的工作富有成果，能得到别人的承认。在商务谈判中，适时地对对方的学识、见解表示佩服，对其主观上所做的努力和过人的能力表示赞赏，能使他心理上产生满足感和自豪感。

以上几点，对满足谈判者的需要是很有作用的。当然，在多数情况下，谈判者的各种需要，是很难得到全部满足的。此时，我们就应该注意对谈判者的某些需要进行诱导，如多强调导致某种情况的客观因素，或改变其对某些需要的重要性的认识等，使之在心理上得到平衡。

（4）安保谈判心理三要素

1）深沉。安保谈判者应冷静沉着、掩而不露、从容不迫地应对他所面临的问题，尽量避免喜怒冲动于表、急躁心切于行。深沉可以为思路清晰创造良好的心理基础。惊恐、冲动、忙乱是谈判之大忌。须指出的是，谈判者并不是要让人“感觉到”或自己“作出深沉的样子”，而是将深沉体现于处理问题的每一个细微思维活动之中，在行为、表情、言语与内心思维活动之间保持一段距离。

2）理智。安保谈判者对自己处理问题的能力必须非常清楚，对于无法处理、无法控制的问题，切不可丧失理智。换句话说，能处理的问题一定要冷静地处理好，不能处理的问题，必须寻求其他的途径解决。有的谈判者由于无节制性，结果本来清晰的思路也被对方设置的圈套扰乱了。

3）调节。安保谈判者须注意根据实际情况的变化和需要及时调节自己的心绪。一个人的心理平衡往往会因外部条件的变化，而受到干扰甚至被打破，因此安保谈判者要通过相应的调节，保持或重新建立起新的心理平衡。比如，当对手的谈判条件发生变化时，更换谈判人员时、改变谈判环境时、原有协议被新建议代替时、双方谈判实力对比发生变化时，都会对谈判者的心理状态和思维活动产生影响。这时，尽快调节自己的心理状态，是谈判者应对外界变化或实现自己企图的重要的心理基础。善于心理调节的谈判者，其思维方式虽然也会起伏变化，但他能见机行事，能抓住那些转瞬即逝的机会，“见风使舵”，而获得主动。

第3节　单位治安保卫工作需求编制

一、治安保卫工作需求编制的主要原则

1.“以岗定编，以人为本，确保重点，保证安全”的原则。

2. 防范设施遵循国家标准、行业标准和地方标准的原则。

3. 治安保卫职业教育和岗位培训费用纳入管理成本的原则。

二、治安保卫工作需求编制的组织形式

划分治安保卫等级是做好治安保卫工作需求编制的前提，也是提出预算决策的先决条

件，治安保卫等级决定了防范设施和防范手段的相应匹配。

1. 治安保卫工作等级

根据实际情况，将单位治安保卫工作分为若干等级，视单位重要程度划分为重点单位和一般单位，或根据内部部位不同，订立相应的等级。等级越高，防范设施标准和防范手段措施就相应增强，所投入的力量和经费预算也越大。如金融营业网点、金店，由于其点多面广，现金和金银饰品是犯罪分子抢劫的主要目标，一旦发生此类案件，往往影响大、性质恶劣。故在确定治安保卫等级时，要将重要单位、重点目标和要害部位定为一级治安风险等级。

2. 确定治安保卫机构等级

根据单位治安保卫机构等级需求来确定单位内部治安保卫机构等级，建立相应的治安保卫体制和机制。

（1）建立安全委员会。对重点单位相对集中的区域，且治安保卫工作对象相类似或有连带作用的，可建立安全委员会，由各单位分管治安保卫工作的负责人担任领导小组成员；指挥、协调和部署开展区域内治安保卫工作。

（2）建立独立的治安保卫机构。在此基础上，根据单位下属部门或重要部位分布状况确定一级或二级治安保卫机构。

（3）实行社会化、专业化管理。针对单位具体部位或某类具体事项，将治安保卫风险通过合同形式委托给专业单位，实行社会化、专业化管理，由专业单位的专门机构来承担治安保卫工作。如现金押运、贵重物品押运或大型活动安保等。

三、治安保卫工作需求编制的主要内容

1. 岗位设置

根据企业生产经营性质、范围、员工人数和治安保卫工作所涉及的治安、消防、维稳等岗位，设计岗位职数和胜任岗位所必需的知识、技能，在分析权衡的基础上，制定岗位需求设计。具体要求有：

（1）立足实际。严格执行法定的企业治安保卫工作职责，根据企业内部治安保卫工作任务的要求，进行定编、定岗、定员；同时充分考虑企业的生产经营情况，增设交通车辆管理、化学危险品管理和剧毒物品管理等专职岗位。

（2）因岗设人。根据所确定的岗位，确保重点、兼顾一般，合理分配人员，特别是重点部门或部位，在岗位人数分配上要有一定侧重。

（3）因人设岗。在巡逻执勤、维护秩序等工作上，在保证重要出入口和重点部门的力量外，针对现有治安保卫人数，根据任务来确定设置固定或机动巡逻岗位。

（4）统筹兼顾。在岗位设置中要充分考虑人防与物防、技防的关系，根据目标的重要程度和物防、技防的设置情况，综合考虑岗位设置。有的岗位可以由物防、技防完全替代，有的岗位需人防、物防和技防相结合，甚至采用报警、视频和指纹采集等两种以上技防设备来进一步提升治安保卫对象的安全性。

2. 成员组合

人是企业治安保卫工作的实际承担者，既要明确责任，分工负责，又要相互补位，形成合力，用最优化的组合来达到人力资源管理和使用效率的最大化，因此，在治安保卫人员配备上要注意把握以下几点：

（1）年龄层次结构。年龄结构要与岗位设置相适应，特别是在重要岗位开展巡逻值守的一线治安保卫队伍要优先考虑年轻力壮的人员，保证有充沛的体能来履行工作职责。

（2）文化知识结构。文化程度要与岗位职责相匹配，特别是某些岗位需要一定的文化知识，要积极创造条件为治安保卫人员营造良好的企业文化和团队文化。

（3）专业技能结构。要通过治安保卫职业教育和岗前、岗中培训，不断提高治安保卫队伍的业务素质和专业技能，进一步开发治安保卫人员的智力潜能，以提高治安保卫人员的专业技能。

（4）性格组合结构。不同岗位人员的性格组合，不仅有利于岗位设置，营造和谐的工作关系和氛围，同时有助于增强治安保卫队伍的凝聚力和战斗力。

四、治安保卫工作需求编制的管理理念

1. 在管理理念上，人力资源被视为是最宝贵的资源，经过开发的人力资源可以增值，给企业带来巨大的利润。

2. 在管理内容上，重点是开发人的潜能，激发人的活力，从而使各级治安保卫人员能积极、主动、创造性地开展工作。

3. 在管理方式上，采取人性化管理，充分考虑人的情感、自尊与价值。根据治安保卫的工作目标和个人状况，为其创造尽职环境，加强培训，不断调整职位，充分发挥个人才能。

4. 在管理手段上，要体现德、能、勤、绩，定期或不定期地开展评估分析，及时准确地提供奖惩依据。

5. 在管理层次上，为不同人力资源管理部门负责治安保卫方面工作的人员提供不同层面的有关企业发展、工作计划和工作决策的信息，使治安保卫工作与企业管理同步发展。

五、治安保卫工作经费预算

1. 预算原则

治安保卫工作经费预算应遵循“立足实际、放眼长远、确保重点、统筹兼顾”的原则，主要包括四层含义：

（1）与企业经济效益和综合费用预算相结合。

（2）与企业生产经营性质和承担的治安保卫工作相结合。

（3）与现有的治安保卫岗位设置、额定职数相结合。

（4）与提升企业治安保卫工作管理水平相结合。

2. 预算内容

（1）经常性开支。一是治安保卫人员的业务活动费用；二是物防、技防设施增添、折旧和维护费用。

（2）专项性开支。一是重大治安保卫任务的专项工作经费；二是物防、技防设施设备改造或增添费用。

3. 预算项目

（1）治安保卫办公设备设施费用预算。

（2）治安保卫装备费用预算。

（3）治安防范设施建设费用预算。

（4）治安保卫人员教育培训费用预算。

（5）治安保卫工作各项业务活动费用预算。

（6）治安保卫人员奖励费用预算。

（7）治安保卫人员其他福利待遇费用预算。

对聘用从事门卫、巡逻等值班守护工作的保安员还应将工资、奖金、养老、医疗基金及保险等项目纳入预算之内。

4. 预算方法

企业治安保卫工作费用预算一般采用综合预算和项目预算的方法。

（1）综合预算。根据治安保卫工作任务和目标，对治安保卫工作中拟增加的办公设施、装备配备、防范设施、教育培训等项目所需费用进行综合测算，时间跨度单位通常为一年。

（2）项目预算。项目预算是企业治安保卫工作针对某项具体业务活动或治安防范设施建设需支出较大资金的事前费用测算，一般是未纳入企业年度预算或虽纳入年度预算但发生新的情况需要及时调整的项目费用。

5. 注意事项

（1）预算前要合理设置岗位，全面评估现状，明确工作目标，防止随心所欲，脱离实际。

（2）预算要突出重点，防止面面俱到，因小失大。

（3）预算确定的工作项目内容要认真组织实施，防止纸上谈兵，敷衍了事。

（4）预算费用下拨后要合理分配，确保费用达到开展治安保卫工作预期的要求，防止私设小金库或挪作他用。

第4节　保卫队伍建设

重视和加强保卫队伍建设，树立忠诚、为民、公正、廉洁的核心价值观，是保卫工作健康科学发展的首要前提，是落实保卫工作的必然要求，更是维护内部平安、社会和谐的迫切需要。国务院《企业事业单位内部治安保卫条例》（以下简称《内保条例》）、《保安服务管理条例》（以下简称《保安条例》）都明确规定：单位内部治安保卫（安）人员应当接受有关法律知识和治安保卫业务、技能以及相关专业知识的培训、考核。所以，要加强队伍建设重要性、必要性认识，要用战略的眼光，谋划推进建设，为建设一支高素质的保卫队伍作出不懈的努力。

一、保卫概述

1. 保卫工作

保卫是一种社会现象，是人类社会发展到一定阶段的产物，它随着生产力的发展和生产关系的变革而产生和发展。因此，必须了解保卫工作的形成、变化、发展和要求。目前，国际上关于保卫业的性质大致分为三种：第一种是民间性质，以欧美保卫业为代表；第二种是完全政府性质，又叫做工商保卫，是准警察，以新加坡保安为代表；第三种是“政企合一”性质，它有很大的特殊性，处于民间和政府之间。

新中国的保卫（工作）产生于土地革命时期，发展于抗日战争时期，强化于新中国成立时期，规范于社会转型时期。新中国成立后，我国的机关、团体、企业、事业单位的保卫组织也经历了三次定位，从“公安机关的派出机构”到“公安机关的基层组织”再到“企事业单位治安防范的职能部门”的逐步演变过程。由于在新中国成立后到改革开放前，我国实行的是公有制经济，由此决定了保卫工作的对象和内容，就是保证国有和公有企业的人财物的安全，维护内部正常的治安秩序。市场经济就是法制经济，随着 1988 年《全民所有制工业企业法》的颁布，企业作为独立的法人，成为市场经济的主体，也成为企业治安保卫工作的主体，由于企业治安保卫工作的重要性，亦成为企业管理的重要内容。因此，企业可以根据实际需要，自建保卫组织，符合《上海市社会治安防范责任条例》的规定。同时，各省市在公安机关的监督管理下相继成立了保安服务公司。企业亦可根据需要，聘请以民事主体出现的承担具体保卫业务的专业保安公司，即形成需求、市场、职业培训、职业群体和服务对象的衔接。2004 年颁布的《内保条例》对单位内部治安保卫工作提出了明确的要求：一是单位有适应单位具体情况的内部治安保卫制度、措施和必要的治安防范设施；二是单位范围内的治安保卫情况有人检查，重要部位得到重点保护，治安隐患及时得到排查；三是单位范围内的治安隐患和问题及时得到处理，发生治安案件、涉嫌刑事犯罪的案件及时得到处置。

保卫工作从广义来说就是企业事业单位的内部治安保卫，是对企业人、财、物保卫的总称。保卫工作包含稳定、防盗、防抢、防破坏、防泄密、消防、反恐和处置突发事件八项具体工作。内保工作的性质有两条：一是从公安机关来讲，保卫工作是公安机关的一项基础性工作。因为企事业单位聚集了大量社会财富、集中了大量职工群众，涉及国计民生、公共安全和国家安全，从有公安工作以来，企业事业单位就一直是公安机关保卫的重点和服务对象。我国的保卫工作可以追溯到中国共产党建党初期，1927 年，中国共产党在上海建立了中央特科，保卫党中央负责人和领导机关的安全。1931 年，中华苏维埃共和国临时中央政府成立了国家政治保卫局，负责组织中央根据地的军工、造币、新闻、学校、医疗单位开展内部的防奸保密工作。新中国成立后，公安部成立之初只有五个局，其中就有经济保卫局。特别是全国人大颁布的《中华人民共和国人民警察法》第六条人民警察职责第十三款规定："指导和监督国家机关、社会团体、企业事业组织和重点建设工程的治安保卫工作，指导治安保卫委员会等群众性组织的治安防范工作。"公安部颁布的《公安派出所正规化建设规范》明确规定，"指导、监督辖区内的机关、团体、企业、事业单位的内部治安保卫工作"是派出所九大职责之一。二是就企业而言，保卫工作是企业事业单位的一项具体的行政管理工作。内部安全保卫是企业的一项基本职能，安全与否直接关系企业的生存发展，企业无论大小都会自觉不自觉地采取各种方法保护自己的财产和人员安全，为生产、经营、教学、科研秩序创造一个良好的治安环境。安全保卫和安全生产有相通之处，也有不同之处，安全生产侧重于加强生产过程中的安全监督管理，防止和减少生产安全事故；安全保卫侧重于对企业人财物保护和生产、经营、教学、科研环境的保护，涵盖面更广，两者的共同点是保障职工群众生命和企业财产安全，促进经济发展。2002 年 6 月 29 日全国人大颁布了《中华人民共和国安全生产法》。1988 年 8 月 1 日起实行的《中华人民共和国全民所有制工业企业法》第40条就明确规定："企业必须加强保卫工作，维护生产秩序，保护国家财产。"第56条第4款规定：政府有关部门依照法律、法规的规定，对企业实行管理和监督，维护企业正常的生产秩序，保护企业经营管理的国家财产不受侵犯。

治安保卫重点单位的内部安全保卫工作涉及国计民生、国家安全、公共安全，一般企事业单位的内部安全保卫工作涉及企业生产、经营、科研、教学，直接影响企业经济效益和广大职工群众的生活，具有业务的综合性，领域的广泛性，与生产经营、科研活动密切的相关性，队伍构成多元性，工作预防性5个特点。因此，各级党委、政府和企业事业单位历来高度重视企业事业单位安全保卫工作，2004年，温家宝总理签署了《企业事业单位内部治安保卫条例》，第一次以国务院行政法规形式规范了企业事业单位内部治安保卫工作。2007年5月30日，公安部部长办公会通过了《公安机关监督检查企业事业单位内部治安保卫工作规定》（公安部第93号令），自2007年10月1日起执行，使保卫工作进入了规范化、法制化时代。

2. 保卫部门

机构是实现职能和执行任务的组织形式。我国保卫工作的机构有公安机关的保卫部门、企事业单位的行业公安机构和机关、团体、企业、事业单位保卫组织，形成我国保卫工作体系，来完成各项安全保卫任务。

公安机关的保卫部门是公安机关的组成部分。它既直接承担着公安机关的专门保卫业务工作，又是保卫工作的指导和管理机构，代表公安机关指导和督察机关、团体、企业、事业单位的安全保卫工作。《内保条例》第三条明确规定："国务院公安部门指导、监督全国的单位内部治安保卫工作，对行业、系统有监管职责的国务院有关部门指导、检查本行业、本系统的单位内部治安保卫工作；县级以上地方各级人民政府公安机关指导、监督本行政区域内的单位内部治安保卫工作，对行业、系统有监管职责的县级以上地方各级人民政府有关部门指导、检查本行政区域内的本行业、本系统的单位内部治安保卫工作，及时解决单位内部治安保卫工作中的突出问题。"

企事业公安机构的性质，既不同于国家公安机关，又不同于企事业单位的保卫组织，它是本单位的一个职能部门，由所在单位列编、人员、经费的公安机构，有的称为公安局、公安分局、派出所，也有的称公安处或公安科。民警编制和所需经费由本单位负责解决。同时又是公安机关的派出机构，执行公安机关授予的职权，民警属于国家公安警种，着人民警察制服，享受人民警察的待遇，执行人民警察任务。企事业公安机构实行本单位党政和公安机关的双重领导，业务上以公安机关领导为主，其领导骨干的任免要征得上级公安机关的同意。目前，上海的企业或称行业公安机构大都已经归入国家行政序列（如金山、宝钢的原企业公安机构），基本实现了政企分开，但全国各地情况不一，仍处于由企业向政府的过渡时期。

机关、团体、企业、事业单位的保卫组织，统称单位保卫组织，它是单位内部治安保卫工作的职能部门，是负责本单位安全保卫工作的专门机构，并列入本单位编制。国务院《内保条例》明确规定：单位应当根据内部治安保卫工作的需要，设置治安保卫机构或者配备专职、兼职治安保卫人员。治安保卫重点单位应当设置与治安保卫任务相适应的治安保卫机构，配备专职治安保卫人员，并将治安保卫机构的设置和人员的配备情况报主管公安机关备案。

单位内部治安保卫机构、治安保卫人员应当履行下列职责：

（1）开展治安防范宣传教育，并落实本单位的内部治安保卫制度和治安防范措施；

（2）根据需要，检查进入本单位人员的证件，登记出入的物品和车辆；

（3）在单位范围内进行治安防范巡逻和检查，建立巡逻、检查和治安隐患整改记录；

（4）维护单位内部的治安秩序，制止发生在本单位的违法行为，对难以制止的违法行为以及发生的治安案件、涉嫌刑事犯罪案件应当立即报警，并采取措施保护现场，配合公安机关的侦查、处置工作；

（5）督促落实单位内部治安防范设施的建设和维护。

3. 保卫（安）人员

简单地说，保卫人员就是依法从事单位保卫工作的人员。保卫人员涵盖保安员，保安从属于保卫人员。保卫人员服务的领域主要是企业单位和居民小区。《保安条例》所称保安服务是指：

（1）保安服务公司根据保安服务合同，派出保安员为客户单位提供的门卫、巡逻、守护、押运、随身护卫、安全检查以及安全技术防范、安全风险评估等服务。

（2）机关、团体、企业、事业单位招用人员从事的本单位门卫、巡逻、守护等安全防范工作。

（3）物业服务企业招用人员在物业管理区域内开展的门卫、巡逻、秩序维护等服务。

根据《保安条例》的规定，保安人员的服务从业单位主要分为三类，第一类是保安服务公司；第二类是机关、团体、企业、事业单位招用人员从事本单位门卫、巡逻、守护等安全防范工作；第三类是物业服务企业招用人员在物业管理区域内开展的门卫、巡逻、秩序维护等服务。第二类、第三类又统称为自行招用保安员单位。目前，上海市现有各类保安服务从业单位 7 500 余家，从业人员约 28 万人，主要分布：保安服务公司 66 家（约 8 万人），其中公安保安公司 35 家（约 6.6 万人），社会保安公司 31 家（约 1.3 万人）；物业服务企业 2 400 余家（约 16 万人）；机关、团体、企业、事业单位 5 100 余家（约 4 万人）。除保安公司可派出保安员为客户单位提供门卫、巡逻、守护等服务外，物业服务企业保安服务活动只能以物业服务形式获得保安市场份额；机关、团体、企业、事业单位仅限于从事本单位内部门卫、巡逻、守护等安全防范工作，虽然单位总数多，但由于可聘用保安服务公司和物业服务企业来承担保安工作，对保安市场的冲击力较弱。

根据《内保条例》规定，对认真落实治安防范措施，严格执行治安保卫工作制度，在单位内部治安保卫工作中取得显著成绩的单位和个人，人民政府、公安机关有关部门应当给予表彰、奖励。单位治安保卫人员因履行治安保卫职责伤残或者死亡的，依照国家有关工伤保险、评定伤残、批准烈士的规定给予相应的待遇。

按照《保安条例》规定：年满18周岁，身体健康，品行良好，具有初中以上学历的中国公民可以申领保安员证，从事保安服务工作。申请人经设区的市级人民政府公安机关考试、审查合格并留存指纹等人体生物信息的，发给保安员证。提取、留存保安员指纹等人体生物信息的具体办法，由国务院公安部门规定。并明确规定：曾被收容教育、强制隔离戒毒、劳动教养或者3次以上行政拘留的；曾因故意犯罪被刑事处罚的；被吊销保安员证未满3年的；曾两次被吊销保安员证的，不得担任保安员。同时要求：保安从业单位应当定期对保安员进行考核，发现保安员不合格或者严重违反管理制度，需要解除劳动合同的，应当依法办理。

4. 保卫职业

职业是具有一定特征的社会工作类别。职业具有目的性、社会性、稳定性、规范性和群体性的特点。按照1999年5月颁布的《中华人民共和国职业分类大典》（以下简称“职业大典”）的划分，我国的职业共分8个大类、66个中类和413个小类。保卫职业属于职业大典的第三大类（编号为3—02［GB3—2］）。

保卫（安）是一个直接关系到公共安全、社会稳定的职业。近年来，上海从构建和谐社会、服务经济社会发展的高度，有序地推进保安服务业的发展，为上海率先建立社会主义市场经济奠定了治安基础，为“平安上海”的建设作出了积极贡献。上海市保安服务总公司成立于1985年，随着社会经济的发展，上海市保安业的发展方兴未艾，目前，已拥有相当规模和市场。企业从自身安全出发，自建的单位内部保安（卫）组织大量存在，与专业保安公司同时并存，各据市场。建工、百联等行业保安公司系统相继成立，由于了解本行业的情况，因此，已确立了在行业的主体地位，发挥了安全保卫的主导作用。随着经济社会的发展，这些队伍将更专业、更敬业，能为行业的发展奠定坚实的安全基础。

上海市保安服务总公司在人力守护、金融押运、专项护卫、技术防范、物防建设、保安器材研制和销售等方面构建起了覆盖全市的多功能的安全服务网络，成为全国规模最大的保安服务公司，是上海城市公共安全不可缺少的一支重要的治安维护力量。从可持续发展的视角来看，专业保安公司将成为保安市场的主体，市场占有率可达50%。而与其同步发展的以物业保安为主体的单位自建的保安组织（包括商贸场所、宾馆旅馆、娱乐场所等保安组织），也以其行业化和企业化的管理特性蓬勃发展，业已成为保安业发展的新的增长点，它催生和推进了保安服务业必将迈向市场化、职业化、专业化和社会化。

由于经济和社会发展的需求，政府和行政架构式的推进，垄断和属地化的管理，上海保安服务业取得了历史性的发展。然而，就像国企在市场经济中曾经显现的弊端一样，今天的保安业也暴露出诸多问题。诸如政企不分、管办合一，理念陈旧、素质偏低，规范滞后、管理乏力，垄断经营、制约发展等问题已经并正在成为保安服务业发展的瓶颈。综上情况说明，保安服务业的发展，还有待于从机制、体制和法制上予以科学架构、规范管理和有序发展，使其更加符合市场经济的规律，更快提升其职业素质。

因此，只有通过职业教育，才能全面系统地提升保卫队伍的整体素质。保卫职业资格反映了保卫人员适应职业岗位的需要及运用特定知识和技能的能力。《中共中央关于建立社会主义市场经济体制若干规定》指出：在我国实行学历文凭和职业资格两种证书制度。

保卫职业标准体系的建立，是实施保卫职业资格证书制度的前提和保证。实施保卫职业标准，旨在适应市场经济的需要，规范保卫职业标准，提升上海保卫人员的整体素质。实施保卫职业标准的过程，就是通过市场化运作，推动保卫职业培训的开展，逐步建立起保卫职业继续或终身教育培训机制，满足社会各层次、各领域对保卫（安）服务业的需求，创出品牌效应，逐步与国际同类先进职业教育接轨，使保卫职业培训成为培养现代型、复合型和开放型的保卫人才的过程，使保卫人员职业市场有序运行和规范配置，为上海经济和社会的可持续发展奠定治安基础。

保卫职业培训体系的主要特点：一是能力为本；二是培训内容体现基础性、针对性、实用性、递进性；三是教学模式体现知识与技能一体化。上海的保卫人员职业资格考试已历时8年，培养了2万多名各职业等级的保卫干部，这在全国是独一无二的。当前保安服务业正处于初级阶段，行业整体发展水平不高，特别是从上海市保安服务市场和保安队伍来看，我们和先进发达国家相比，和上海经济社会发展的形势、任务相比，还存在一些不适应、不匹配、不协调的地方。引导和规范保安队伍，使之真正成为社会所需，成为公安机关的左膀右臂，就显得尤为重要和迫切，因此，要不断深化保安服务行业建设，切实把保卫队伍培育、发展成为维护社会治安和公共安全的重要社会力量。随着《保安服务管理条例》的贯彻实施，上海市保安服务业已经有了新的发展，保卫人员的整体素质也有了新的提升。

二、保卫管理

管理是社会组织为实现预期的目标，以人为中心进行的协调活动。它包括以下含义：管理是为了实现组织未来目标的活动；管理的本质是协调；管理工作存在于组织中；管理工作的重点是对人的管理。作为保卫管理依据的《内保条例》就指出：为了规范企业、事业单位（以下简称单位）内部治安保卫工作，保护公民人身、财产安全和公共财产安全，维护单位的工作、生产、经营、教学和科研秩序，制定本条例。并明确要求：单位内部治安保卫工作贯彻预防为主、单位负责、突出重点、保障安全的方针。单位内部治安保卫工作应当突出保护单位内人员的人身安全，单位不得以经济效益、财产安全或者其他任何借口忽视人身安全。

保卫管理的主体是人，是保卫队伍，因此，必须树立“以人为本”的管理思想，学会运用心理学的理论和知识，来分析、说明、指导保卫活动中保卫人员个体和群体的行为，了解保卫人员的心理现象、需求，分析保卫人员心理过程、特征，进行必要的心理辅导与调试工作，以改善组织管理，建立健康文明的人际关系，最大限度地调动人们的积极性和创造性，使“管”和“理”形成良性互动，以达到提高工作绩效、工作质量，保障规定、规划、规范和标准的有效执行，以实现良好的管理效果的目的。

1. 马斯洛的需求层次理论

保卫人员的需求和组织管理的要求是一体的，通过辩证关系统一于每一位保卫人员的个体。然而，需求是有层次性和阶段性的。著名的马斯洛需求层次理论（Maslow's hierarchy of needs），亦称“基本需求层次理论”，是行为科学的理论之一，由美国心理学家亚伯拉罕·马斯洛于 1943 年在《人类激励理论》论文中所提出。该理论将需求分为五种，分别为：生理上的需求，安全上的需求，情感和归属的需求，尊重的需求，自我实现的需求。另外两种需求是：求知需求和审美需求。这两种需求未被列入到他的需求层次排列中，他认为这二者应居于尊重需求与自我实现需求之间，并力求探讨需求层次理论的价值与应用等。

（1）五种需求像阶梯一样从低到高，按层次逐级递升，但次序不是完全固定的，可以变化，也有种种例外情况。这就要求我们各级保卫组织的干部须清醒地看到：由于每一位保卫人员的经历、学历、智力和阅历都不尽相同，因此，保卫队伍的需求也必然呈现多元化、个性化的态势。但由于血缘、地缘或经历、年龄等因素的相近和相邻，也会产生部分保卫人员的共同需求，则更应及时了解需求信息，切实掌握工作主动性，有效落实相关措施。

（2）需求层次理论有两个基本出发点，一是人人都有需求，某层需求获得满足后，另一层需求才出现；二是在多种需求未获满足前，首先满足迫切需求，该需求满足后，后面的需求才显示出其激励作用。这就需要我们保卫业的经营者和管理者，能正确选择激励的内容，准确把握激励的时机，才能使激励起到事半功倍的作用。

（3）一般来说，某一层次的需求相对满足了，就会向高一层次发展，追求更高一层次的需求就成为驱使行为的动力。相应地，获得基本满足的需求就不再是一股激励力量。求职就是就业的需求，跳槽就是择业的需求，换岗就是提升的需求。因此，要及时、有效地了解和捕捉到保卫人员个体和群体的需求，才能实现有效的管理，达到保卫安全的目的。

（4）五种需求可以分为两级，其中生理上的需求、安全上的需求和感情上的需求都属于低一级的需求，这些需求通过外部条件就可以满足；而尊重的需求和自我实现的需求是高级需求，他们是通过内部因素才能满足的，而且一个人对尊重和自我实现的需求是无止境的。同一时期，一个人可能有几种需求，但每个时期总有一种需求占支配地位，对行为起决定作用。任何一种需求都不会因为更高层次需求的发展而消失。各层次的需求相互依赖和重叠，高层次的需求发展后，低层次的需求仍然存在，只是对行为影响的程度大大降低。

（5）马斯洛和其他的行为心理学家都认为，一个国家多数人的需求层次结构是同这个国家的经济发展水平、科技发展水平、文化和人民受教育的程度直接相关的。在不发达国家，生理需求和安全需求占主导的人数比例较大，而高级需求占主导的人数比例较小；在发达国家，则刚好相反。

2. 沟通和有效沟通的理论

（1）沟通的要素与基本结构。要想客观地了解保卫人员的需求信息、真实想法，就必须学会与保卫人员进行交流、沟通，形成认识和共识，以确保管理目标的实现，保卫工作的落实。沟通是人与人之间、人与群体之间思想与感情的传递和反馈的过程，以求思想达成一致和感情的通畅。沟通是为了一个设定的目标，把信息、思想和情感在个人或群体间传递，并且达成共同协议的过程。它有三大要素，即：①要有一个明确的目标；②达成共同的协议；③沟通信息、思想和情感。沟通的要素还包括沟通的内容、沟通的方法、沟通的动作。就其影响力来说，沟通的内容占 7%，影响最小；沟通的动作占 55%，影响最大；沟通的方法占 38%，居于两者之间。沟通对于管理所具有的功能包括：信息传递、情感交流、控制功能。

沟通的基本结构包括信息、反馈、通道三个方面，缺少任何一方都完不成沟通。沟通按具体结构划分可分为非正式沟通网络与正式沟通网络两种。通过对“小道消息”的研究发现，非正式沟通网络主要有集束式、流言式、偶然式等典型形式；正式沟通网络有链式、轮式、全通道式、Y 式等形式。沟通按信息流动方向分类可分为上行沟通、平行沟通和下行沟通三种。沟通按沟通方式分为语言沟通和非语言沟通，语言沟通包括口头语言沟通和书面语言沟通，非语言沟通包括声音语气、肢体动作。最有效的沟通是语言沟通和非语言沟通的结合。

沟通就是信息传与受的行为，发送者凭借一定的渠道，将信息传递给接收者，并寻求反馈以达到相互理解的过程。沟通既是人际的交流，也涉及组织之间的交流。松下幸之助有句名言："企业管理过去是沟通，现在是沟通，未来还是沟通。"管理者的真正工作就是沟通。不管到了什么时候，企业管理都离不开沟通。

（2）良好沟通应注意避免的错误

1）沟通不当。下面这些话你一定不会陌生："如果您的意思正是这样，那又为何不这么说?""我实在没听明白。"而通常这些话你根本就不会说出口，只是以皱眉或叹息的形式表达出来。从这一点可以看出，沟通的内容与接受的内容并非只字不差，因此，想办法填补两者的鸿沟是至关重要的。

2）表述不清。不能对沟通的内容进行清晰而有逻辑的思考。例如，当要表达"我们需要些信封"时却说"信封用完了"。不能理解对方的关注所在并正确地表达信息，以便获得对方的全部注意力和理解。例如，该用通俗上口的口语时，却用了晦涩拗口的学术语。如果你的信息没有得到清晰的表达，它便不能被听者正确理解和加工，有效的沟通也无从谈起。

3）印象错误。主要有三个方面最值得注意：

①外表：着装时不拘礼节，表明你要么对交流沟通的另一方漠不关心，要么你想先声夺人。破烂的牛仔裤和邋里邋遢的运动鞋与笔挺气派的西装给人以截然不同的印象。根据场合的不同，两种着装风格都会给人以完全错误的信息。

②措辞：不假思索地使用乡土俚语会得罪他人，也会扭曲信息。举个例说，私下里把顾客或主顾叫做"伙计"似乎给人以一种哥们义气的感觉。但它也不知不觉地传达出对别人的轻视。

③拖沓：不准时赴约表明你不把别人当回事。如果某人守时，别人就会认为他很在意，把别人放在心上；但如果总是迟到，就会给人这样的印象，即沟通的内容是不重要的。

以上所有这些都会传达出这样的一个信息，就是你没有真正把别人放在心上，抑或你即使把别人放在心上，也不会在乎他们的观点和需求。甚至在你开口说话之前，怎样才能防止产生沟通障碍，怎样才能树立正确的印象，仔细想想这两个问题，对保卫工作的沟通是大有裨益的。

4）不会聆听。即使你说话时人们在干些其他事，如看报，或者转着手上的笔，他们也会告诉你，他们在听你说话。但是，如果听者没有按你的要求行事，你就有理由怀疑，认为他们根本就没有把你的话听进去，因为他们把“听”和“听进去”混为一谈了。

如果人们没有聆听，他们也是有可能听到只言片语的，但会错失至关重要的部分。

举例说，如果某个教师看到学生在课堂上神游并去问他：“我说了些什么?”这个学生完全可以鹦鹉学舌般地复述一些，但他却没有真正地理解。

如果人们从你说话的内容和方式作出判断，认为你不可信，他们也不会认真听你说话。重要的不是你所传达信息的内容，而是把信息传达给对方所使用的方法，正是这一方法激励对方去聆听你欲沟通的内容。

(3) 良好沟通的体现。良好的沟通是建立在自信、尊重、谅解、适时和有效的基础之上的，主要体现在以下几方面：

1）自信的态度。一般经营管理事业相当成功的人士，他们不随波逐流或唯唯诺诺，有自己的想法与作风，但却很少对别人吼叫、谩骂，甚至连争辩都极为罕见。他们对自己相当了解，并且肯定自己，他们的共同点是自信，日子过得很开心，有自信的人常常是最会沟通的人。

2）体谅的行为。这其中包含“体谅对方”与“表达自我”两方面。所谓体谅是指设身处地为别人着想，并且体会对方的感受与需要。在经营“人”的管理事业过程中，当我们想对他人表示体谅与关心，只有我们自己设身处地为对方着想。由于我们的了解与尊重，对方也相对体谅你的立场与好意，因而做出积极而合适的回应。

3）适当的提示。产生矛盾与误会的原因，如果出自于对方的健忘，我们的提示正可使对方信守承诺；反之，若是对方有意食言，提示就代表我们并未忘记事情，并且希望对方信守诺言。

4）有效的告知。一位知名的沟通专家在分享他成功的经验时说道：“我在各个国际商谈场合中，时常会以‘我觉得’（说出自己的感受）、‘我希望’（说出自己的要求或期望）为开端，结果常会令人极为满意。”其实，这种行为就是直言不讳地告诉对方我们的要求与感受，若能有效地直接告诉你所想要表达的内容，将会有效帮助我们建立良好的人际网络。但要切记“三不谈”：时间不恰当不谈；气氛不恰当不谈；对象不恰当不谈。

5）善用询问与倾听。询问与倾听的行为，是用来控制自己，让自己不要为了维护权利而侵犯他人。尤其是在对方行为退缩、默不做声或欲言又止的时候，可用询问行为引出对方真正的想法，了解对方的立场以及对方的需求、愿望、意见与感受，并且运用积极倾听的方式，来诱导对方发表意见，进而对自己产生好感。一位优秀的沟通好手，绝对善于询问以及积极倾听他人的意见与感受。

一个人的成功，20%靠专业知识，40%靠人际关系，另外40%需要观察力的帮助。因此，为了提升我们个人的竞争力，获得成功，就必须不断地运用有效的沟通方式和技巧，随时有效地与“人”接触沟通，只有这样，才有可能使事业成功。

3. 心理压力与测试

（1）心理压力的基本常识

1）心理压力的含义。心理压力是个体在生活适应过程中的一种身心紧张状态，源于环境要求与自身应对能力不平衡，这种紧张状态倾向于通过非特异的心理和生理反应表现出来。压力是压力源和压力反应共同构成的一种认知和行为体验。人的内心冲突及与之相伴随的情绪体验是心理学意义上的压力。从心理学角度看，压力是外部事件引发的一种体验。

心理压力即精神压力，现代生活中每个人都有所体验，心理压力总的来说有社会、生活和竞争三个压力源。压力过大、过多会损害身体健康。现代医学证明，心理压力会削弱人体免疫系统，从而使外界致病因素引起肌体患病。现代生活的压力，像空气一样无时无刻不在挤压着人们。完全没有心理压力的情况是不存在的。我们假定有这样的情形，那一定比有巨大心理压力的情景更可怕。换一种说法就是，没有压力本身就是一种压力，它的名字叫空虚。无数的文学艺术作品描述过这种空虚感，那是一种比死亡更没有生气的状况，一种活着却感觉不到自己在活着的巨大悲哀。

为了消除这种空虚感，很多人选择了极端的举措来寻找压力或者说刺激，一部分人找到了，在工作、生活、友谊或者爱情之中；另一些人，他们在寻找的过程中甚至付出了生命的代价。比如有一部分吸毒者，在最开始就是被空虚推上绝路的。

心理压力的产生原因是复杂的，每一个人的压力都有所不同。正如中国的俗语所言，人人有本难念的经。但总体说来，可以将引起压力的原因归为四类：生活事件、挫折、心理冲突和不合理的认识。

心理压力是人类生活中一种必然的存在，各种各样的生活事件都能引起不同程度的心理压力。从大的方面说，战争、地震、水灾、火灾等灾害，都会给人们带来沉重的心理压力和负担。从小的方面讲，面临一次考试或考核，自己生病或亲友生病，也会给我们正常的生活带来意外的冲击和干扰，也都会成为我们心理压力的来源。

心理学家认为，情绪是个体对客观事物与主观需要关系的反映。对客观事物，个体总是先有一定的认识，伴之而来才产生情绪体验，认识在情绪中起主导作用。心理学上有一种认识——评估学说，即个体对事物有了认识，就会利用头脑中的旧经验来解释新输入的信息，进行评估，于是产生情绪体验。可见，个体对事物究竟体验为积极的情绪还是消极的情绪，在于怎样认识事物。而事物总有两面理：是是非非，好好歹歹，得得失失，你中有我，我中有你。正所谓“横看成岭侧成峰，远近高低各不同”。因此，心理卫生学家告诫人们：当个体在认识、思考和评价客观事物时，要注意从多方面看问题。如果从某一角度来看，可能会引起消极的情绪体验，产生心理压力，这时只要能够转换一个视角，常会看到另一番景象，心理压力也迎刃而解。

2）心理压力的来源。心理压力来源主要体现在三个方面：一是生物性压力源：躯体创伤或疾病、饥饿、性剥夺、睡眠剥夺、噪声、气温变化；二是精神性压力源：错误的认知结构、个体不良经验、道德冲突、不良个性心理特点；三是社会环境性压力源：由自身状况造成的人际适应问题。

3）心理压力的分类。心理压力一般有以下几类：一是一般单一性生活压力（其后效不完全是负面的）；二是叠加性压力（同时叠加压力、继时叠加压力）；三是破坏性压力：可以造成创伤后应激障碍（PTSD）和灾难综合征（DS）（三阶段：惊吓期、恢复期、康复期）。

4）心理压力的适应阶段。心理压力的适应一般有三个阶段。一是警觉阶段（发现了事件并引起警觉，同时准备战斗）；二是搏斗阶段（全力投入对事件的应对，或消除压力，或适应压力，抑或退却）；三是衰竭阶段（消耗大量生理心理资源，最后筋疲力尽）。

5）心理压力过大的表现

①生理方面：心悸和胸部疼痛、头痛、掌心冰冷或出汗、消化系统问题（如胃部不适、腹泻等）、恶心或呕吐、免疫力降低等。

②情绪方面：易怒、急躁、忧虑、紧张、冷漠、焦虑不安、崩溃等。

③行为方面：失眠、过度吸烟喝酒、拖延事情、迟到缺勤、停止娱乐、嗜吃或厌食、吃镇静药等。

④精神方面：注意力难集中，表达能力、记忆力、判断力下降，持续性地对自己及周围环境持消极态度，优柔寡断等。

每个个体或群体对心理压力的承受力和挫折感是不一样的，这些可以从心理测试中得到相关证明，受到相关启示，了解相关信息。公元6世纪初，南朝人刘勰的著作《新论·专学》中就提到了类似现代“分心测试”的思想。中国古代心理测量的思想中包含着典型的东方文化特点：定性描述及带有道德判断色彩。法国的心理学家比内提出应该从在普通学校学习的儿童中筛选出不适应的儿童，安排在特殊的班级里学习和教育。此举动导致了心理测验史上重大事件的发生——第一个智力测验的诞生。实验心理学的诞生是心理测验产生的另一个重要原因。实验心理学的诞生和发展，还给心理测量带来了另一个副产品：严格的标准化程序。标准化是现代心理测验的重要评价指标。

（2）心理测试的基本常识

1）心理测试的含义。心理测试是一种比较先进的测试方法，它是指通过一系列手段，将人的某些心理特征数量化，以此来衡量个体心理因素水平和个体心理差异的一种科学测量方法。

2）心理测试的内容

①能力测试

a. 普通能力测试主要包括思维能力、想象能力、记忆能力、推理能力、分析能力、数学能力、空间关系判断能力、语言能力等方面的测试。

b. 特殊职业能力测试：特殊职业能力是指那些从事特殊的职业或职业群的能力。该项测试的目的在于选拔具有从事某项职业的特殊潜能的人才。

c. 心理运动机能测试主要包括两大类，即心理运动能力测试和身体能力测试。

②人格测试：人格测试的目的是为了了解被试者的人格特质。

③兴趣测试：兴趣测试揭示了人们想做什么和喜欢做什么，从中可以发现被试者最感兴趣并从中得到最大满足的工作是什么。

3）心理测试应注意的问题

①要注意对被试者的隐私加以保护。在未征得被试者同意之前，不能公布被试者的心理测试结果。

②要有严格的程序。从心理测试准备，到心理测试实施，以至最后心理测试结果的评判，都要遵循严格的程序。

③心理测试的结果不能作为唯一评定的依据。根据不同标准，对心理测试结果的参考程度不同；另外，测试可以和面试、笔试等方式同时进行，结合多种方法，做出客观评价。

4）心理测试的原则

①要对个人的隐私加以保护。因为心理测试涉及个人的智力、能力等方面的个人隐私，这些内容严格来说应该只让被试者以及他愿意让人知道的人才能了解，所以，有关测试内容应该严加保密。

②心理测试以前，要先做好预备工作。心理测试选择的内容、测试的实施和计分，以及测试结果的解释都是有严格顺序的，一般来说，主试及测试者要受过严格的心理测试方面的训练。

③主试要事先做好充分的准备，包括要统一地讲出测试指导语；要准备好测试材料；要能够熟练地掌握测试的具体实施手续；要尽可能使每一次测试的条件相同，这样测试结果才可能比较正确。

5）心理测试的优点

①迅速。心理测试可以在较短的时间内迅速了解一个人的心理素质、潜在能力和他的

各种指标。

②比较科学。世界上目前还没有一种完全科学的方法，可以在短期内全面了解一个人的心理素质和潜在能力，而目前心理测试可以比较科学地了解一个人的基本素质。

③比较公平。员工招聘中往往会出现不公平竞争的倾向，但心理测试在一定程度上可以避免这种不公平性。因为通过心理测试，心理素质比较高的员工可以脱颖而出，而心理素质较低的应聘者，落选也感到心平气和，因为他们知道自己心理测试的成绩比较低。

④可以比较。员工素质的高低通过智力测试以后，他们的测试结果可以比较，因为用同一种心理测试的方法得出的结果有可比性，而其他的方法往往在不同的场合、不同的地点，没有可比性。

6）心理测试的缺点

①可能被滥用。心理测试虽然是一种科学的测量手段，但是也可以被人滥用。比如，有些人在员工招聘中滥用不合格的量表，反复使用某一种不科学的量表，这样得出的结论就不能令人满意。

②可能被曲解。有的时候，你测量了某一结果，你曲解以后，对某人的心理活动和以后的行为都可能产生不良结果。比如，有些人认为智商高就一定能成功，那么看到智商低的人，他就会产生一种鄙视感。

7）心理测试的注意点。心理测试要树立正确的测验观。

①测验是重要的心理学研究方法之一，只是决策的辅助工具。

②心理测试作为研究方法和测量工具尚不完善。心理测试的最大问题是理论基础不够坚实。

③科学地看待测试，防止乱编滥用。错误的测验观有：测试万能论、测试无用论、文化公平测试（只有相对的文化公平，没有绝对的文化公平）、心理测试即智力测验。

4. 心理防卫（御）机制

心理防卫机制或简称“心理防卫”，是心理学名词，是指自我对本我的压抑，这种压抑是自我的一种全然潜意识的自我防御功能，是人类为了避免精神上的痛苦、紧张、焦虑、尴尬、罪恶感等心理，有意无意间使用的各种心理上的调整。心理防卫机制本身越原始（原始的防卫机制是指童年生活经历所形成的防卫机制，保护自己可以说是原始防卫机制的本质），其效果越差；离意识的逻辑方法越远，则越近似于变态心理。在生理上，心理防卫机制被认为可以防止因各种心理打击，而引起的生理疾病或心理障碍，过分或错误地应用心理防卫机制可能带来心理疾病。

（1）自我防卫机制的特征

1）防卫机制不是蓄意使用的，它们是无意识的或至少是部分无意识的，真正的防卫机制是无意识进行的。

2）防卫机制是借支持自尊或通过自我美化（价值提高）而保护自己，以及防护自己免于受到伤害。从它的作用和性质来看，可分为积极的防卫机制和消极的防卫机制两种。

3）防卫机制似有自我欺骗的性质，即以掩饰或伪装我们真正的动机，或否认对我们可能引起焦虑的冲动、动作或记忆的存在而起作用。因此，自我防卫机制是借歪曲知觉、记忆、动作、动机及思维，或完全阻断某一心理过程，而防卫自我免于焦虑。实际上，它也是一种心理上的自我保护方法。

4）防卫机制本身不是病理的，它们在维持正常心理健康状态上起着重要的作用。但正常防卫功能、作用改变的结果，可引起心理、病理状态。

5）防卫机制可以单一地表达，也可多种机制同时使用。

（2）心理防卫机制的分类。按照心理成熟度分类，可分为以下几种：

1）自恋心理防卫机制：包括否定、歪曲、外射，它是一个人在婴儿早期常常使用的心理机制。早期婴儿的心理状态属于自恋的，即只照顾自己，只爱恋自己，不会关心他人，加之婴儿的“自我界限”尚未形成，常轻易地否定、抹杀或歪曲事实，所以这些心理机制即为自恋心理机制。一名成年人还运用“自恋机制”来进行自我心理防卫，是很危险的。

2）不成熟心理防卫机制：此类机制出现于婴儿期，成年人中出现于较轻的精神病患者，包括内向投射、退行、幻想等。

3）神经症性心理防卫机制：这是儿童的“自我”机制进一步成熟，在儿童能逐渐分辨什么是自己的冲动、欲望，什么是实现的要求与规范之后，在处理内心挣扎时所表现出来的心理机制。

4）成熟心理防卫机制：是指“自我”发展成熟之后才能表现的防卫机制。其防卫的方法不但比较有效，而且可以解除或处理现实的困难、满足自我的欲望与本能，也能为一般社会文化所接受。这种成熟的防卫机制包括压抑、升华、补偿、幽默等。

（3）常见的心理防卫机制。人类使用心理防卫机制时，有时是有意的，有时是无意的。这些心理防卫机制有些符合社会道德标准，有些则不符合；对生活的影响各不相同，有正有负。

1）否认（Denial）：指无意识地拒绝承认那些不愉快的现实以保护自我。它是最原始、最简单的心理防卫机制。意志薄弱而知识结构又单纯的人，常会情不自禁地使用否认机制。例如，小孩打破东西闯了祸，往往用手把眼睛蒙起来；癌症病人否认自己患了癌症；妻子不相信丈夫突然意外死亡；某些女孩被人强奸后，回忆起强奸过程会一片空白，或记忆不清楚，这就是无意中启动了否认。

2）反向：也称反应结构（Reaction formation），指意识性地采取某种与潜意识所完全相反的看法和行动，因为真实意思表现出来不符合社会道德规范或引起内心焦虑，故朝相反的途径释放。例如，对丈夫前妻留下的孩子怀有敌意的继母，往往特别溺爱孩子，企图证明她没有敌视孩子；再如，过分热情或自我吹嘘的行为是对被压抑在无意识中的那种不好与人交往或自卑的强烈冲动的一种反应。当某人希望照顾自己却明显地照顾别人、“恨”自己真正喜欢的某人或某事物，或者“爱”自己所恨的竞争对手或所不喜爱的职务。例如：某些人发现自己有同性恋倾向，无法接受，结果成为强烈的反同性恋者。

3）转移或称移置（Displacement）：在一种情境下是危险的情感或行动，转移到另一个较为安全的情境下释放出来。通常是把对强者的情绪、欲望转移到弱者身上。例如，对上级的愤怒和不满情绪，在家中对亲人发泄出来。

4）压抑或称抑制（Repression）：“压抑”是指当一个人的某种观念、情感或冲动不能被超我接受时，下意识地将极度痛苦的经验或欲望就被潜抑到无意识中去，以使个体不再因之而产生焦虑、痛苦，这是一种不自觉的主动性遗忘（不是否认事实），有时表现为口误或笔误。“抑制”则为有意识地进行同样工作。但需要注意的是，压抑在潜意识中的这些欲望还是有可能会无意识地影响人类的行为。例如，一位中年妇女的独生女18岁时死于车祸，事情发生在10月份。当时她非常痛苦，经过一段时间以后，她把这不堪忍受的情绪抑制、存放到潜意识中去，“遗忘”了。可以说感情留在意识之中，而观念却被忽视了。这些潜意识中的情绪不知不觉地影响她的情绪，果然她每年10月份均会出现自发抑郁情绪，自己不知道为什么，药物治疗也无效。

5）投射（Projection）：也称外射，是主观地将属于自身的一些不良的思绪、动机、欲望或情感，赋予到他人或他物上，推卸责任或把自己的过错归咎于他人，从而得到一种解脱。它包括严重的偏见、因为猜疑而拒绝与人亲热、对外界危险过分警觉。例如，一个学生平素学习不努力，考试作弊，则认为别的同学学习也不努力，考试善于作弊，而且与自己比较有过之而无不及。“以小人之心度君子之腹”也属于这种情况。例如：强奸犯认为受害者穿着暴露，才引发他犯罪。

6）摄入或称内向投射：与投射作用相反，指广泛地、毫无选择地吸收外界的事物，而将它们变成自己人格的一部分。由于摄入作用，有时候人们爱和恨的对象被象征地变成了自我的组成部分。如当人们失去他们所喜爱的人时，常会模仿他们所失去人的特点，使这些人的举动或喜好在自己身上出现，以慰藉内心因丧失所爱而产生的痛苦。相反，对外界社会和他人的不满，在极端情况下变成恨自己因而自杀。内投射也可能是自罪感的表现，他们常常模仿死者的一些性格特点来减轻对死者的内疚感。内投射或仿同的对象，常是所爱、所恨和所怕的人，尤其是父母。“近朱者赤，近墨者黑”即是摄入现象。

7）仿同或认同（Identification）：是指一种无意识的，有选择性地吸收、模仿或顺从另外一个一般是自己敬爱和尊崇的人或团体的态度或行为的倾向，以对方之长归为己有，作为自己行为的一部分去表达，以此吸收他人的优点以增强自己的能力、安全感以及接纳等方面的感受，掩护自己的短处。一般来说，仿同的动机是爱慕，是正常的心理现象，也是儿童早年的心理防卫机制，是未成熟的心理活动。例如：某人以与某富豪见过一面为荣。仿同有两种，一种近似模仿；另一种是利用别人的长处，满足自己的愿望、欲望，例如，一个不漂亮的女孩子喜欢和一个漂亮的女孩子做朋友，她可以为别人夸奖她的女友而感到自豪。仿同也可分为反感性仿同、向强暴者仿同、向失落者仿同。反感性仿同：一方面感到反感，另一方面又去仿同。向强暴者仿同：向恐吓者模仿，自己也变成一模一样地去威胁或欺负比自己更弱小的人，如加害学生等。向失落者仿同：有时一个人失去他（她）所爱的人时，会模仿所失去的人的特点，使其全部或部分地出现在自己身上，以安慰内心因丧失所爱而产生的痛苦。

8）升华（Sublimation）：被压抑的不符合社会规范的原始冲动或欲望另辟蹊径用符合社会认同的建设性方式表达出来，并得到本能性的满足。如用跳舞、绘画、文学等形式来替代性本能冲动的发泄。又如，有位保险公司的火灾调查员，每次听到哪里有火灾，就马上跑过去看，以便调查起火的原因，帮助公司鉴定，是否需要负责给予赔偿。这位职员每到火灾现场时，总会产生一种说不出的兴奋。因为他从小就有这种玩火的欲望，却不会随便去放火，变成纵火犯，反而善于利用，当了一名火灾调查员为公司服务，这可以说是升华作用典型之例。又例如：在学校被人欺负，所以就当了保安，经过努力，又考进入警校，以维护社会正义。

9）退行：也称为倒退、退化情感（Regressive Emotionality）。当人感受到严重挫折时，放弃成人的方式不用，而退到困难较少、较安全的时期——儿童时期，使用原先比较幼稚的方式去应付困难和满足自己的欲望。完全地放弃努力，让自己恢复对别人的依赖，从而彻底地逃避成人的责任，临床上歇斯底里和疑病症常见这种退性行为。短时间、暂时性的退行现象，不但是正常的，而且是极其需要的。譬如一个成年人，当遇到困难无法对付时，便觉得自己身上的“病”加重了，需要休息，以此来退回到儿童时期被人照顾的生活中去，这就是无意识地使用精神防御的退行机制。

10）幽默（Humor）：是指以有趣或可笑而意味深长的语言或行为来应付紧张的情境或表达潜意识的欲望。通过幽默来表达攻击性或性欲望，可以不必担心自我或超我的抵制，在人类的幽默（笑话）中关于性爱、死亡、淘汰、攻击等话题是最受人欢迎的，它们包含着大量受压抑的思想。

11）利他（Altruism）：替代性而建设性地为他人服务，并且本能地使自己感到满足。

它包括良性的建设的反向形成、慈善行为，以及对别人的报答性服务。利他与投射及发泄的区别在于，它为别人提供的是真的而不是想象的好处。它与反向的区别是，它让应用者至少部分地得到满足。

12）压制（Suppression）：虽然在意识中出现了想解决矛盾冲突的冲动，而在意识或半意识中却作出予以推迟的决定。这种机制包括在寻找困难时的一线希望、把已经认识到的不舒服感受尽量缩小、在困难面前想方设法予以推迟但并不回避。压制的人是这么说的"我明天会考虑这件事情的"，第二天也确实记得考虑此事。

13）预期（Anticipation）：为未来的内心不适感受作切合实际的预期或计划。

14）理智化（Intellectualization）：为在情感上让自我脱离压力事件，理智化通常不通过接受现实，而经由用有利于自己的理由来为自己辩解，将面临的窘境加以文饰，通过这种方法来合理化自己的行为或处境，隐瞒自己的真实动机或境遇。理智化包括为了避免与人发生亲热的感情，而对非生物给予太多的注意，或者为了免得表达出内心感情而去注意外界现实，或者为了避免感知整体而去注意无关的细节。强迫思维和行为也包括在内，虽然它们也可被认为是某种形式的内心置换。理智化包括以下机制：合理化、补偿、抵消、隔离、幻想、转化、分离。

①合理化（Rationalization）：又称文饰，指无意识地用一种通过似乎有理的解释或实际上站不住脚的理由来为其难以接受的情感、行为或动机辩护以使其可以接受。合理化有三种表现：一是酸葡萄心理，即把得不到的东西说成是不好的。二是甜柠檬心理，即当得不到葡萄而只有柠檬时，就说柠檬是甜的。三是推诿（Projection），此种自卫机制是指将个人的缺点或失败推诿于其他理由，找人担待其过错。三者均是掩盖其错误或失败，以保持内心的安宁。保卫工作中出现的推卸责任、掩饰过错、隐瞒问题均可以在此找到"心因"的归宿。

②补偿（Compensation）：指个人因身心某个方面有缺陷不能达到某种目标时，有意识地采取其他能够获取成功的活动来代偿某种能力缺陷，而弥补因失败造成的自卑感。例如，某女子因身体发育有缺陷而努力学习，以卓越成绩赢得别人的尊崇。

③抵消（Undoing）：这是指以象征性的事情来化解已经发生了的不愉快的事情，以补救其心理上不舒服的一种心理防卫术。健康的人常使用此法以解除其罪恶感、内疚感和维持良好的人际关系。如一个丈夫在娱乐城玩得太晚而回家很迟，他也许会为妻子带回较贵重的礼物来抵消他的愧疚之情。有时，抵消作用不是用来弥补已经发生了的事实，而是用来抵消自己内心的罪恶感，或自己以为邪恶的念头。比方说，妈妈照顾小孩，不小心让小孩碰到了门、撞到了桌角而哭起来，做妈妈的常常会用打门、打桌子的方式来哄小孩子。其实并不是做大人的相信门或桌子真会撞人，或者是打门或打桌子就帮小孩子出了气，只

不过是因为内心不安，觉得自己对孩子照顾不周，故总得做出一些事情来象征“我也尽了力”，以抵消其内疚。

④隔离（Isolation）：隔离是指将部分事实从意识境界中加以隔离，不让自己意识到，以免引起精神上的不愉快。此处所讲的部分事实，乃是指整个事情中的一部分，最常被隔离的是与事实相关的感觉部分。例如，不说人死了，而说仙逝或长眠等，这样感觉上不会感到太悲哀或不祥。

⑤幻想：幻想是指一个人遇到现实困难时，因为无力处理实际问题，就利用幻想的方法，任意想象应如何处理困难，使自己存在于幻想世界，以获得心理平衡，这也是思考上退行作用的表现。理想化作用对一个人的安全感有帮助，但会酿成虚幻的自尊，因为理想化作用带有浓厚的自我陶醉色彩。这种保护机制常被弱小者所用。理想化（Idealization）是幻想的表现之一，是指对另一个人的性格特质或能力估计做过高的评价，以获得安全感的现象。例如，“灰姑娘”型幻想，即一位在现实社会里备受欺凌的少女，坚信她有一天可以遇到诸如英俊王子式的人物，帮助她脱离困境。例如：被人揍后，因为无力反抗，幻想痛打敌人以满足自己的报复心理。

⑥转化：转化指精神上的痛苦、焦虑转化为躯体症状表现出来，从而避开了心理焦虑和痛苦。例如歇斯底里病人的内心焦虑或心理冲突往往以躯体化的症状表现出来，如瘫痪、失音、抽搐、晕厥、痉挛性斜颈等。患者自己对此完全不知不觉，转化的动机完全是潜意识的，是患者意识不能承认的。

⑦分离（Dissociation）：暂时而剧烈地改变自己的性格或某种感觉，以期避免情绪苦恼，与神经症性否认同义。它包括神游、癔症性转换反应、一种突然的毫无根据的优越感或漫不经心的态度，以及短期地否认自己的行为或感情。它也包括为了消除焦虑或苦恼而显得忙忙碌碌的行为、通过在舞台上表演来“安全”地表达本能欲望，以及为了麻木自己的不愉快感情，而短暂地滥用某种药物或利用宗教的“欢乐”。分离比歪曲较易为别人理解，也比较体谅别人，较发泄来得短暂。

了解防卫机制的各种表现，就能从心理学的视角较好地理解保卫人员的谋事、处事的心理过程、行为方式，并能及时化解可能产生的矛盾，有效地防止可能出现的心理问题，确保保卫队伍的和谐、健康和稳定，出色完成任务。

第 5 节　指挥与协调

在保卫工作中，随时都可能发生各种刑事案件、治安案件、治安灾害事故、自然灾害，甚至发生一些影响大、涉及面广的重大事件。在这种情况下，能否迅速组建保卫指挥系统，统一调配人力、物力和信息资源，及时发挥保卫队伍的整体战斗力，将直接决定保卫队伍能否有效处置紧急事件。因此，在处置突发事件或者大型保卫活动中，保卫指挥是影响整个保卫工作的关键环节。

一、保卫指挥的定义

保卫指挥，是指保卫部门领导者、管理者凭借其职权和个人影响力，运用命令、指示等形式，科学而又艺术地将所属组织和保卫人员统率起来，使他们服从一个统一意志，齐心协力地为完成各项任务，实现决策与计划目标而奋斗。

保卫指挥的含义主要有如下几个方面：首先，保卫指挥是保卫部门领导者、管理者或者专业指挥人员特有的一种职权，即“指挥权”。因此，指挥具有极大的权威性。其次，保卫指挥的核心是要求下属组织和保卫人员服从指挥者的统一意志，不允许各行其是，违抗命令。因此，指挥具有严格的纪律性和强制性。再次，保卫指挥是一门科学，也是一门艺术。指挥者只有科学而又艺术地进行指挥活动，才能把下属的积极性和聪明才智调动起来，齐心协力为完成各项任务、实现计划和决策目标而奋斗。如果既不讲科学又不讲艺术，就很难达到上述目标。最后，指挥员要想顺利地实现自己的指挥意图，不但要正确地运用自己的权力，而且要极大地发挥自己的影响力——学识、才能与品格，使下属保卫人员心悦诚服地服从自己的指挥。

二、保卫指挥的特点

1. 指挥节奏的快速性

保卫指挥要组织的大型保卫活动或者处置的突发事件是多种多样的，但是，不论是大型活动或者是突发事件，大都处于高度动态之中，有的甚至是瞬息万变，如果不能采取有效措施及时予以控制，就会给国家、社会、集体和人民造成难以弥补的损失。因此，指挥官在指挥上必须实现快速的指挥节奏，将若干个指挥环节环环相扣，不能有半点的犹豫和迟滞。

2. 行动措施的同步性

在处置规模较大突发事件或者组织大型活动的保卫指挥活动中，需要不同系统、地区的警务人员共同参与，各自的分工和采取的处置措施可能有所不同，但都要将其纳入统一的行动。有时指挥者需要同步下达多道指令、调动多处警力和采取多项处置措施，从而使处置行动能够统一协调、同步进行。

3. 指挥决策的应变性

保卫指挥活动应对的是突发事件或是预防突发事件，其中往往会出现许多意想不到的情况。因此，指挥机构或指挥官的决策具有极强的应变性和高度的灵活性，既要贯彻保卫指挥的基本原则，执行保卫指挥工作要点和基本程序，又要注意审时度势，及时、适当地调整指挥活动的程序和处置方式，以实现因情、因时、因地的应变指挥。

4. 指挥活动的风险性

在保卫指挥活动中，经常会发生意外和非常情况，由于人们的认识带有一定局限性和滞后性，指挥决策的失当或失误在所难免，决策的重大失误往往还会导致指挥活动的失败。所以，指挥活动存在着一定的风险。因此，指挥官在进行决策时要尽量减少、避免失误，同时也不能因为指挥活动客观上存在风险，就优柔寡断。这就需要指挥官加强对现场态势敏感性和前瞻性的科学判断，加强科学思维，并且具备良好的心理素质。

三、保卫指挥的原则

1. 统一指挥原则

保卫部门应建立统一的保卫指挥系统，保卫人员在现场要接受统一指挥系统的指挥，防止多头指挥、交叉指挥、指挥冲突。这个统一的指挥系统主要由保卫部门的主要领导牵头、中层领导为纽带、各级保卫队为执行主体组成。但是，保卫人员如果参与公安机关统一指挥、协调的各种勤务，则应接受公安机关和现场人民警察的统一指挥；如果参与当地党、政领导出面指挥协调的重大灾害事故、事件处置勤务，则应接受现场指挥部和指挥人员的统一指挥。

2. 及时指挥原则

保卫活动和突发事件的现场情况往往复杂多变，需要随时采取措施应对各种紧急情况。如采取措施不及时，贻误时机，将会导致严重后果。因而，及时作出指挥决策，在现场采取应急措施，是保证保卫勤务实施的关键环节。及时指挥要求指挥行为快速高效，现场指挥员要当机立断，必要时，也可以先处置后报告，不受正常指挥程序约束。

3. 科学指挥原则

在勤务现场复杂多变的情况下，指挥决策的科学、正确尤其重要。科学指挥即指挥决策要符合现场实际情况及变化规律，要有科学理论和依据。这就要求指挥员要深入调查、研究各种相关因素，正确判断现场情势，要掌握一定的决策理论和相关的业务知识，保证决策内容的科学性。

四、保卫指挥人员的素质与能力

由于保卫工作涉及行业多、任务杂、领域广，因而难以分门别类地对各种类型的指挥进行论述，通常情况下，对保卫指挥人员的素质与能力要求包括：

1. 指挥人员一般应是该级保卫部门的主要领导，如经理、安保部主任等，或是由上级授权的、在保卫队伍中具有指挥才能的其他主管人员、专业人员。

2. 指挥人员应当是决策与计划的制订者或参与者，并对决策与计划有透彻的了解。否则，指挥人员难以全面、准确地去指挥部属完成决策与计划所规定的保卫任务和目标。

3. 指挥人员应当是在保卫队伍中有威望的人。他不仅具有法定的职务权威，而且具有相当高的个人威信。他具有高尚的思想品德，他的行为被公认是广大保卫人员的楷模；他是保卫人员的贴心人，善于同保卫人员打成一片，乐于听取各方面的意见；他有高超的指挥才能，能够及时发现决策与计划执行中的偏差，采取相应措施，保证决策与计划沿着正确的方向前进。

4. 指挥人员除必须具备保卫领导应有的素质外，特别要求树立临危不惧、镇定自若、坚毅沉着、勇往直前的思想作风，这样才能有效地率领保卫队伍去实施决策与计划。

5. 指挥人员的指导思想，应该把对工作负责、对上级负责和对执行者——下属人员负责三者统一起来。对那种只对上级领导负责，而不对下级工作人员负责的偏向，必须纠正。

6. 指挥人员的自我意识要由“上级比下级高明”变为“下级的某些专长和解决具体问题的能力可能高于上级”，由“好为人师”变为“不耻下问”。

7. 指挥人员在指挥艺术方面，不仅要善于“发号施令”，而且要善于“唤起人心”，使广大保卫人员自觉自愿地去完成各项工作任务。

五、指挥对象的素质与能力

保卫指挥系统中的指挥对象，是指保卫指挥系统中处于被指挥地位的所有参与人员。对于这些人员的素质与能力的要求主要有以下几个方面：

1. 处警意识

保卫指挥系统中的指挥对象，在保卫指挥系统启动前应该在自己的本职岗位上完成其日常工作。而紧急指挥系统一旦启动，该系统的指挥对象就应立即从日常工作状态进入紧急活动的状态中。这种工作状态转变的快慢和顺利与否，有赖于指挥对象处警意识的有无和强弱。因此，为保证保卫指挥系统高效、快速地启动和运行，作为该系统的指挥对象应当随时做好紧急出动的准备，保持高度的警惕性，一旦需要，能随时积极主动地接受指挥，并根据实际情况创造性地完成任务。

2. 协同意识

在保卫指挥系统中，由于突发事件在性质、规模、人、事、物、时、空等方面不尽相同，相当一部分警情和事态的处置必须要有公安机关和保卫部门共同参与，需要警务人员与保卫部门的人员协同工作。为此，指挥对象应当具备较强的协同配合意识。

3. 服从意识

保卫指挥系统往往涉及保卫部门和公安机关的诸多单位，有些重大、特大型规模的保卫指挥系统需要动用的保卫人员达到成百上千，没有一个强有力的指挥系统就不能保障保卫指挥任务的完成，这就要求所有指挥对象必须强化服务意识，做到不论是本单位、本系统的指挥官还是外单位、外系统的指挥官，不论是职务高于自己的还是与自己相同甚至低于自己的，只要是经授权而成为保卫指挥系统中的指挥者，尤其是成为自己的指挥官，就应当无条件地服从命令，积极完成任务。

4. 法律素质

保卫指挥系统中，要求处置紧急事态的工作必须依法进行。所以，指挥对象应当具备较强的法制意识，依法开展各项工作。

5. 专业知识和技能

保卫指挥系统中按照指挥层次，可以分为决策层、协调层和执行层三个层次。该系统的被指挥者，尤其是基层单位的保卫人员必须非常熟悉和完全掌握自己的业务、本职工作的知识和技能，否则就难以完成指挥官交给的任务。因此，要求每个指挥对象要全面掌握相关的业务知识和专业技能。

上述对保卫指挥系统的指挥对象的要求包括思想意识和业务知识、技能等方面。要提高指挥对象上述诸方面的素质，还需要保卫部门在日常工作中注意加强培训。此外，保卫部门还应当按照紧急指挥预案进行演练，以提高其应用操作能力。

六、保卫指挥人员的指挥权限

保卫指挥人员的指挥权限是指，在保卫活动现场，谁有指挥权和保卫人员接受谁指挥两个方面的问题。明确指挥权限，有利于明确现场管理人员和各级指挥员的责任，有利于现场保卫人员请示、报告和接受上级指令。

1. 按照职级确定

由保卫部门独立指挥的大型活动或者处置的突发事件，现场指挥权应该按现场保卫人员的职务等级确定。勤务现场最高职务者对所属保卫人员具有最高指挥权，保卫人员应接受其指挥。

2. 按照权限确定

由保卫人员参与公安机关统一组织的各种勤务，或勤务现场有公安机关人民警察的，通常情况下，应当由公安机关的现场主要领导负责统一指挥。由当地政府统一组织的大型活动安全保卫工作，现场总指挥应当由当地政府的主要领导或者公安机关的主要领导担任。

3. 指挥情况报告

保卫人员接受非自己直接上级指挥人员的指挥，应尽快将接受指挥情况报告给自己的直接上级指挥人员。非勤务现场保安指挥人员直接指挥现场保卫人员，也应尽快将指挥情况通报保卫人员的直接上级指挥人员。

七、保卫指挥的方式

任何指挥活动，都要依托一种或几种指挥方式才能进行。保卫指挥方式，是指指挥官或指挥机构在大型保卫活动中和处置突发事件的指挥活动中采用的指挥方法与形式。按照指挥活动参与主体的成分、权力集中的程度、直接或间接的关系、管辖权的来源和指挥机关的状态等，保卫指挥的方式可以划分为不同的类型。

1. 联合指挥与独立指挥

按照指挥活动参与主体的成分来划分，保卫指挥可分为联合指挥和独立指挥两种方式。

（1）联合指挥。联合指挥方式是指不同系统、不同地区的单位或部门实施联合行动时的统一指挥形式。这种指挥方式多是在重大突发事件的处置或者大型保卫的指挥中采用。一般由党政机关统一领导，相关部门参加，组成联合指挥部实施统一指挥。参与联合指挥活动的各个单位在行动上有明确的分工，但地位是平等的，没有主从关系（不分地方、中央或军警、保卫人员等），建立的是在党政机关统一领导下的合成关系。

（2）独立指挥。独立指挥方式是指在已经明确紧急处置工作任务之后，参加保卫活动的保卫部门独立实施的指挥形式。这种指挥方式是根据大型活动或者突发事件的性质、规模和发展态势而确定的，在事件规模不大、情节相对简单、管辖归属明确的情况下，一般采用这种指挥方式。

2. 集中指挥与分散指挥

在保卫指挥活动中按权力集中的程度，可分为集中指挥和分散指挥两种指挥方式。

（1）集中指挥。集中指挥方式是指保卫指挥官或指挥机关集中掌握和使用指挥职权的指挥形式。这种指挥方式往往打破上、下级之间隶属关系，其基本特点在于指挥权高度集中，在保卫指挥活动中对警力、设备、物资、信息等资源，可以统一调度和使用。因此，这种指挥方式的指挥效能较高。

（2）分散指挥。分散指挥方式是指当突发事件需要在多处进行处置时，指挥官或指挥机关采用的多点协调的指挥形式。分散指挥方式可能会出现在以下几种情形：第一，有些事件出现一个主要现场之后，又发现多个关联现场；第二，有的事件或大型活动规模特别巨大，必须把一个庞大的现场划分为几个相对独立的部分，分头进行处置活动。在这些情况下，就必须采用分散指挥方式。

3. 逐级指挥与越级指挥

从上级与下级指挥机构的直接或间接关系看，可分为逐级指挥和越级指挥两种方式。

（1）逐级指挥。逐级指挥方式是指各指挥部门直接接受上一级指挥部门指令开展指挥活动的指挥形式。在保卫指挥活动中，如果接报的警情性质不十分严重，规模和影响都不太大，则可按逐级指挥的方式，由指挥部将指令下达给保卫部或者由保卫部下令保卫队进行处置。这样的指挥方式是在时间不十分紧迫的情况下采用的，其优点在于各辖区的指挥部门掌握情况都较为及时。

（2）越级指挥。越级指挥方式是指上级指挥官或指挥机构在特殊紧急的情况下，越过下级指挥机关直接调度警力的指挥形式。越级指挥可能是越过一级，也可能越过几级，其优点在于提高指挥指令下达的及时性和有效性。

4. 定点指挥与运动指挥

按照指挥机关位置的状态，可分为定点指挥和运动指挥两种指挥方式。

（1）定点指挥。定点指挥方式是指在指挥机关位置固定状态下的指挥形式。大多数保卫指挥活动都是在定点指挥方式下完成的。

（2）运动指挥。运动指挥方式是指指挥活动在运动中进行的指挥形式。突发事件发生后，在车辆上的指挥官和参谋班子已构成了保卫指挥部，在前往事发现场或由一个现场到另一个现场的途中，可随时接受上级指示、对现场保卫人员下达指令，在运动中完成指挥调度。这是执行指挥任务十分重要的一种指挥方式，因为它把指挥车既当成交通工具又当成指挥场所，在缩短指挥官与现场之间距离的同时，还缩短了指挥调度占用的时间。

5. 定格指挥与递进指挥

按照指挥级别规格的变化，可分为定格指挥与递进指挥两种指挥方式。

（1）定格指挥。定格指挥方式是指在整个指挥活动中，指挥机关的级别、规格始终不变的指挥形式。在此主要强调的是指挥机关的级别，由于保卫指挥机关都是临时组建的，没有明确的行政级别，担任指挥官的级别就成为人们区别指挥部级别的主要标志。在突发事件性质基本明确或涉及规模没有明显变化时，担任主要指挥官的级别一般不再变化，采用这种定格指挥的方式，有利于指挥。

（2）递进指挥。递进指挥方式是指在保卫指挥活动中根据处置阶段或警情的变化，逐次由较高级别的指挥官接替原指挥官，使指挥机关级别不断递进的指挥形式。采用这种指挥方式的情况通常有两种：第一，先期到达现场的可能是最基层的指挥官（如大队长或基层队长），他们主要负责迅速控制现场的任务。但由于级别较低、随行人员较少，受管辖权限的限制，随着处置规模的扩大，已经难以继续担负指挥任务，随后要由更高层次的指挥官接替现场指挥任务。对于大多数处置规模较大的突发事件，都是按照这种方式指挥的。有时这种逐级递进式变更指挥官的节奏很快，甚至在十几分钟内现场指挥官已由保安队长逐次更换为保安部经理、公安机关的处长、局长等。第二，由于对突发事件全面情况估计不足，随着掌握的警情越来越多、案情越来越复杂，原来的指挥班子已不能胜任指挥任务，必须由更高一级的指挥官接替指挥。

八、保卫指挥活动的内容

保卫指挥活动的内容，主要包括获取信息、行动谋划、组织协同和调度控制四个部分。信息是行动谋划的依据，行动谋划又要靠组织协同将其转化为实际操作，实际操作过程中的方向和进度又需要靠调度控制手段把握它的总体平衡。因此，这四个部分是密切相关的有机整体。

1. 获取信息

获取信息是指保卫指挥者通过主动或被动方式对警务信息进行采集和初步归纳整理的行为。在保卫指挥活动中，获取和利用信息是指挥活动的首要任务，也是下达指挥指令的基本依据。有些信息是通过群众上报或上级下达而被动获取的，有些信息则需要指挥者通过调用、检索和查找而主动获取，这就需要指挥者非常熟悉获取信息的渠道和内容，并由现场指挥部情报参谋专门负责此项工作。

（1）保卫指挥活动信息的来源。按照获得信息时信息存在状态或传递的方向，信息来源可分为静态信息来源和动态信息来源两大方面。静态信息来源主要有两个方面，即背景信息、预案信息。动态信息来源又可分成接报的警情和指挥指令两种类型。

1）静态信息

①背景信息。背景信息是指大型活动或者突发事件现场所涉及的社会环境方面的信

息。它属于在事态发生前已经被警方所掌握的信息，主要包括大型活动或者突发事件现场附近的居民居住状况、人口流量、商店分布、交通流量、医疗机构、危险物品单位以及水、电、气、热管线分布状况等。通过日常积累，这些信息被储存于计算机中，且处于相对稳定的静止状态。

②预案信息。预案信息是指为处置突发事件预先制订的处置方案的相关信息，其中包括可以出动的警力数量、警力方位、指挥官人选及各种紧急警务的处置方案信息。处置预案从横向上包括组织大型保卫活动、处置恐怖活动、治安突发事件、自然灾害等不同性质的预案；从纵向上分为决策层、指挥层和执行层三个层级的保卫指挥预案。

2）动态信息

①警情信息。警情信息是指有关突发事件事态的信息。它包括初步掌握的事件的性质、时间、地点、涉事人员、被侵害的对象、所造成的损失、所形成的事情态势和可能发展的趋势等。同时也包括随着时间的推移，有关事件性质的变化和事态发展的信息。

②指令信息。指令信息是指指挥者在指挥活动中对下级指挥机关、指挥官或保卫人员，以命令形式下达的行动信息。这种信息来源于上级对处置行动的指令，也包括下级执行指令后向上级汇报的信息。

（2）信息的采集。信息的采集是指将来自不同渠道的信息进行收集和初步整理的活动。在保卫指挥活动中，一般信息采集工作有四个阶段：第一是接到报警的信息，它所描述的事件的性质、规模和态势，决定了指挥者下一步调用信息的范围；第二是接到上级有关处置的指令或原则的指示；第三是指挥官根据警情和上级指示，进一步调用预案信息、相关的保卫专用信息或背景资料；第四是根据现场了解到的情况，把收集到的信息进行去伪存真的初步整理。由于初期获取的信息往往是不完整的，有时甚至是不符合事实真相的，如果依靠这种粗糙的、未经加工整理的信息作出指挥判断，将会给指挥活动带来巨大的损失。

2. 行动谋划

行动谋划是指保卫指挥官及其指挥机构在布置处置行动之前，对整体行动提出的构想和方案。行动谋划是整个指挥活动过程中的首要环节。

（1）行动谋划的主要内容

1）处置指挥意图。它是指挥者对处置行动的整体构想，是决定处置行动全局的总体思路。例如，对于可能发生的闹事事件，是在事件露头时立即控制在萌芽状态，还是待事件明朗化后协助公安机关进行有力的打击处置等。

2）处置指挥程序。它是处置指挥的基本步骤设计，主要由控制现场、组建指挥部、采取应急措施、调查访问、现场情况反馈等步骤构成。

3）处置谋略和基本措施。在谋划中考虑采用的措施的类型，指挥官要对其法律依据有充分的认识。谋略是为实现措施服务的，如为了实现协助公安机关抓捕现场犯罪分子的强制性措施，是正面强攻、迂回包抄，还是教育劝降等，这些都是谋略的设计。

4）设计警力的配备。包括保卫人员的数量、分工、装备和在现场的具体部署等。

（2）行动谋划的主要方法

1）要综合分析处置环境。这主要包括处置现场的地形、地物、建筑、交通、人群、危险物品、破坏情况和民俗民风等。通过分析处置环境，有利于提出适应环境的处置方案。

2）充分利用警务信息。在核实信息和纠正错误信息的基础上，根据预案的提示，制订针对现场人、物、事的处置方案。

3）认清处置对象。要在真正弄清处置的客体是什么样的嫌疑人、什么样的物品、什么样的险情或什么样的发展态势的基础上，作出针对性的处置方案设计。

4）利用指挥预案。在保卫指挥活动中，由于时间紧迫，制订行动方案必须是一个"速成"的过程，其主要手段就是对早已拟定的指挥预案进行选择、修改和充实。保卫指挥预案在突发事件处置的级别、性质分类、个案处置要点、指挥机构和警力、装备的构成等方面，已有实际操作性提示，各级指挥官必须掌握运用预案的知识和技巧，重点解决好为什么做，做什么，何时做（包括开始、中间、结束），何人做（包括单位、人选、配合、协调和监督），何处做（现场范围的划定、扩大、缩小、制高点控制等），如何做（包括步骤、方法、标准、目的以及注意事项等）。应该看到，指挥预案中行动措施和处置基本程序的内容一般较为充实，但是指挥预案又不可能代替指挥官完成指挥决策，这就要求指挥官及其参谋班子要根据特定的时间、地点、人员及案情等因素，迅速形成具有实用性和针对性的具体行动方案，并在实施过程中不断调整和完善。

5）完成行动方案的设计。即在综合分析处置环境、警务信息、处置对象和进一步充实指挥预案的基础上，完成行动方案的设计。通常情况下，针对一个处置对象要设计好两套或两套以上的方案，以便指挥者灵活运用。

（3）确定行动方案。确定行动方案是指保卫指挥活动中，指挥官对初步形成的若干指挥方案作出的具体选择和决断。指挥官作出的决定，是行动谋划最后完成的标志，但这不是简单地拍板定案，而是一个复杂的思索和决断的过程。由于在保卫指挥活动中，思索和决断所占用的时间是以"秒"为单位计时的，从谋划到作出决定一气呵成，没有明显的阶段，指挥官要利用一切手段迅速完成先期处置阶段的决策。在此，指挥官要运用同时占有多路信息的手段，对其加工整理、分析判断、综合利用、决定取舍；要运用启动预案的手段，利用其中的基本要素经过调整迅速形成几套基本方案，并迅速作出取舍决断；要根据上级的意图，并结合指挥官的经验，即使在没有任何技术和预案支持的情况下，也必须迅速作出基本符合现场情况的处置决断。指挥官在先期处置紧急措施的选择中，更多的是依靠这种决断方法。

3. 组织协同

保卫指挥活动中，组织协同是指指挥官根据处置行动方案做好保障准备和下达行动指令的活动。

（1）完成保障准备。主要是指完成以下三个方面的保障准备：第一，完成组织保障准备，即把临时组建的指挥机构、指挥官和参谋人员配备齐全；第二，完成警力保障准备，即把足够数量和应参与的保卫人员搭配、调集到位；第三，完成装备保障准备，即把完成处置任务必备的装备、防护用品、器材等落实到位。

（2）下达指令。可以利用通信设备下达指令，也可以通过在现场召集紧急会议向多个行动单位下达指令，还可以通过口头命令方式直接下达指令。在突发事件现场，经常采用会议、口头和无线通信的混合方式下达处置命令。处置命令的内容包括：各单位行动的目的、任务，应占据的空间，行动的时间，协同配合要领及应变处置的方法等。

4. 调度控制

（1）调度控制的含义。调度控制是指指挥官在处置行动中利用反馈机制，对指挥对象进行的指导、调遣、调控、监督等动态协调活动。这是指挥活动的核心内容和取得处置成果的关键步骤。

在保卫指挥过程中，调度是基本手段，控制是主要目的，最后应利用反馈机制实现控制。指挥官要站在全局的高度，通过指挥决策使得保卫指挥活动向着预定的目标前进。由于现场情况是复杂和瞬息万变的，为使处置活动不偏离正确的方向，就必须在处置行动中建立十分顺畅的反馈机制。也就是说，对每一个下达的指令都要有处置结果的回应，根据回应情况再继续下达调整的指令，如此不断往复，达到动态调控。

（2）调度控制的内容。在保卫指挥过程中，调度控制的内容包括：

1）指导。指导就是指挥官通过向指挥对象发出各种指示，传达指挥官处置行动的方针、意图、原则、方法、措施或谋略等，从而引导和规范处置行动进程的活动。这种活动的表现形式是发出各种指令，其作用在于对处置行为进行规范与指导。

2）调遣。调遣就是指挥官对指挥对象行动的时间、空间和具体任务，进行部署、调整或下达行动指令的活动。调遣的实质，就是在掌握大量保卫信息资源的前提下，把保卫资源（包括装备）分配到最需要的环节，以实现指挥者的处置行动意图。

3）调控。调控是指指挥官对指挥对象处置行为的进度或配合程度，进行协调和平衡的活动。由于指挥对象可能是上、下级多层对象或平级的多个对象，或者是许多部门构成的立体网状组织，如果某一个部门行动超前或滞后、位置突出或偏离、任务完成或遗漏等，都会对全局行动产生重大影响。而调控的目的就是要通过高效的反馈机制，及时下达修正处置进度或任务的指令，以保持处置活动的动态平衡。

4）监督。监督是指指挥官对指挥对象处置行为目的性和规范性进行检查和控制的活动。下级指挥官的部署是否能够正确理解上级的指挥意图，能否发挥其主观能动性，积极主动地按上级命令完成各自的工作任务，是保卫指挥活动成败的关键。可以说，失去监督机制的指挥活动，将是风险极大和难以取得良好效果的指挥活动。

（3）调度控制的方法。在保卫指挥过程中，调度控制的方法主要有：

1）掌握平衡。大型活动或者规模较大、性质较严重的突发事件，由于参与行动的人员较多，故需要注意相互之间行动上的协同。首先，是预先的组织协同，这种协同在计划组织阶段已有安排，在调度控制阶段则需注意各单位是否按原计划行动。其次，在指挥活动中，指挥官和指挥机构应当对各个单位在行动中的位置、采取措施的时机、战术动作等进行不断的调整，以限制进度过快、孤军深入的行为；敦促行动迟缓、落后于整体进度的行为；帮助遇到困难需要支援或重点指导的单位。

2）因势利导。从宏观上看，警情的变化可以分为“利我变化”和“不利我变化”两大类。这两类变化的性质、规模、急缓程度等是指挥官适时调整工作部署的主要依据。

①顺应利我变化因素。这种变化是指由于人为或自然因素的制约，指挥活动所指向的事态发生了有利于指挥活动顺利进行的变化。

②应对不利我变化因素。在指挥活动进行过程中，由于人为或自然因素的影响和制约，指挥活动所指向的事态发展可能会发生不利于保卫指挥活动顺利进行的变化。引发这种变化主要有三个方面：第一，人为因素。包括指挥员的决策失误或部署工作不到位、犯罪嫌疑人或肇事方情况突然变化或围观群众中又突然出现意外事件等。第二，自然因素。如事件现场突遇暴雨等。第三，复合因素。如设备事故引起的燃烧、爆炸、建筑物坍塌等，其中有人为的因素，也有自然的因素。在不利因素出现时，指挥官要及时调整原先的部署，其难点在于随着变化次数的频繁出现和变化幅度的增加，指挥官临场依靠预案的可能性越来越小，这就需要指挥官凭借自身丰富的经验，灵活机动地调度警力，采取得力的紧急措施，在保护群众和自身安全的原则下千方百计完成指挥任务。

（4）调度控制的重点。在保卫指挥过程中，调度控制的重点是指根据保卫活动现场或者突发事件现场变化情况，选择出原有部署需要调整的主要方面。也就是说，要找出调整的方向或调整的对象，主要包括两个方面：

1）整体性调整。整体性调整是指在指挥活动中，当所处置的突发事件发生了性质的重大变化时，对工作部署进行根本性、全局性的调整。例如，对球迷闹事突发事件处置的指挥活动中，指挥官先期掌握的情况只是肇事者局限于运动场内的情况，他们实施了对运动员、教练员的谩骂或呼喊口号等非暴力性的违法活动，但随着参与者愤激程度加深以及人数的急剧增多，闹事群体的活动范围突破了运动场的局限，走上街头，并迅速升级为阻断交通、烧毁汽车、抢砸商店等暴力性犯罪活动，此时指挥活动就应从以劝阻、教育、疏导为主要工作内容的原定工作部署上作全局性、整体性的调整，迅速转变为以协助公安机关打击暴力犯罪、恢复交通、灭火抢险、抢救受伤人员等为主要任务的新的工作方案和部署上，并按新的部署实施指挥。

2）局部性调整。局部性调整是指在指挥活动中，当所处置事件的事态仅仅发生了局部程度、规模或数量方面的变化时，工作部署仅需作出部分如警力、时空或装备方面的调整。例如，某部门因情况变化而出现明显警力不足的情形，应立即抽调机动警力予以支援；若因应对突发的特殊需要，某部门的交通工具、通信器材、照明设备、破拆工具等需增加时，则应立即视需要予以增加。局部调整是为了整体平衡，调整的关键在于指挥者能否及时捕捉到破坏整体平衡的症结，从而对症下药。

九、紧急事态处置过程中保卫指挥的基本应对措施

紧急事态处置指挥应对的情况是复杂多变的，指挥官在下达命令实施处置时，既要严格依法行事，又要讲究策略艺术，始终围绕处置效果这一终极目标去做文章。

1. 针对不同人员的处置措施

这里所说的人员包括范围很广，有涉案的犯罪嫌疑人、正在实施犯罪活动的犯罪行为人、违法人员、群体事件中被裹挟人员、需救助的受伤人员、需疏散的群众、围观群众等。针对不同情况和不同人员的身份，所采取的措施也截然不同。

（1）协助抓捕。在紧急事态处置过程中，公安机关的人民警察有权对违法犯罪嫌疑人采取盘查、拘留、抓捕等强制措施，保卫指挥人员可以指挥保卫人员协助人民警察抓捕违法犯罪分子。

（2）扭送。保卫人员在现场发现违法犯罪嫌疑人，应当立即采取包围、制伏、追捕等措施，抓获后要立即扭送至公安机关。

（3）隔离。隔离是指在紧急警务活动中采取的将涉案人员与被裹挟人员、围观群众等隔离开来的行动措施。例如，在群体性的械斗事件中，将当事双方人员隔离开来。

（4）急救。急救是指在自然灾害、治安灾害事故、治安突发事件、刑事案件等突发事件中，对受伤人员的抢救措施。对负伤者或暂时无法判断是否死亡的人员，应迅速组织有关部门进行现场急救或运送到就近医院抢救，并注意对所有人员受伤、中毒和送往医院情况进行登记，以便统一上报和进行追踪访问。

（5）疏散。疏散是指在突发事件处置中将现场群众有秩序地转移到安全地带的措施。例如，在爆炸、火灾、毒害等突发性事件现场，附近群众有继续炸伤、中毒、窒息以及烧伤的危险，指挥者要按照预案或临场紧急部署，积极组织好现场疏散工作。

（6）保护。保护是指在突发事件中，对被害人、目击证人或知情人等采取的安全保障措施。保护的方法是多种多样的，如带离危险地区、就地隔离保护等。保护的处所要精心选择，如应选择派出所、保卫部门或其他可靠地点；保护的时段要精心设计，待到事态平息或其人身危险消除时，再解除对其的人身保护；保护的消息应予以保密，否则就失去了保护的意义。

2. 针对物品的处置措施

在指挥活动中，涉及现场的物品是多种多样的，对不同性质的物品控制和处置的方法也应有所区别。

（1）抢救。抢救是指在灾害事故或其他突发事件中，将贵重物品（如机要文件、现金票证等）、危险物品（如易燃易爆物品、化学药品、放射性物品等）紧急转移到安全地带的措施。采取这种抢救措施，一方面是为了减少已造成的损失，另一方面是为了防止继发性灾害事故。

（2）维持现状。维持现状是指在处置突发事件中，对可能用于事件定性有关的痕迹物品采取保持其原始状态的措施。如可利用拍照、录像、测量、登记等方法固定其现状。

3. 针对现场事态的控制措施

此类措施并非针对某具体的人群或具体的物品、建筑、设施等，而是从整个事件双方力量的对比、对阵的态势和发展可能造成的后果等方面出发，采取的较大范围的重点控制措施。

（1）协助交警进行交通管制。交通管制是指在紧急警务先期处置阶段，公安机关依照《人民警察法》等法律法规对事发现场周边和相关沿线的交通，实行限制通行或禁止通行的强制性措施。保卫人员的职责主要是协助交警部门进行交通管制。

（2）协助公安机关封闭现场。封闭现场是指在突发事件现场周围一定范围内，对人员或物品的出入进行限制的强制性措施。封闭现场的主要方法就是设立警戒线；根据需要可命令现场管制范围内的人员在限定时间内离开现场；查验进入现场的人员的身份证件；对不服从管制的人员采取治安教育措施等。

（3）排除险情。在突发事件现场的处置中，经常需要排除各种险情。由于险情的类别繁多，排除险情的措施和要求也不尽相同。

1）被埋压人员的抢救。当发生爆炸、着火、建筑事故等事件时，往往会出现人员被埋压的险情，指挥者的首要任务就是全力指挥抢救行动。

2）放射事故险情的排除。放射事故按性质可分为责任事故、技术事故和其他事故三类，按级可分为一般事故、重大事故和特大事故。事故等级与放射性强度和剂量当量有关。事故应急处理应从以下方面着手：第一，立即撤离现场人员、封锁现场；第二，切断一切可能扩大污染范围的环节，会同有关部门开展检测，严防对食物、畜禽及水源的污染；第三，对于可能受到放射性同位素污染或者受到放射损伤的人员，立即采取应急救援措施，在采取有效个人安全防护措施的情况下，组织人员彻底清除污染并根据需要实施紧急救护及处理措施；第四，经专业人员处理，现场污染状况尚未达到国家有关规定的安全标准以前，不得解除现场封锁。

3）现场火险的排除。保卫指挥官在现场处置中，若发现有发生大规模火灾的险情，一方面，要紧急调动保卫人员，为消防部门迅速赶赴现场灭火创造条件；另一方面要迅速组织人员撤离。如果原先已经扑灭的火灾又死灰复燃，应立即全力组织灭火；对正在燃烧的火场，要配合消防部门组织灭火，现场指挥官要尽可能协调好灭火与抢救伤员和保护物证的关系，特别要记录清楚死者原始位置和姿态，伤者送往救护单位的去向，为分析案情做好准备。灭火与保护现场往往是相互矛盾的，指挥官要在排除火险的进程中，善于把握尺度，力争把人员和证据的损失减少到最低程度。

4）毒害物质险情的排除。所谓毒害物质是指凡少量进入人畜体内，能与机体发生生物物理或生物化学作用，扰乱或破坏机体的正常生理机能，引发人畜等机体组织、器官发生暂时或永久病理变化，导致机体功能障碍、疾病甚至死亡的物品。其中，短时间内即能致人畜死亡或产生严重中毒症状的物品称为剧毒物品。凡是对人体、动植物体、纤维制品、金属等能造成强烈腐蚀的物品称为腐蚀物品。这类突发事件，主要有因事故造成的大量泄漏和人为有意投毒两种类型。无论是哪种类型现场，指挥官都必须掌握排除毒害品和腐蚀物品险情的指挥要领：第一，要迅速报警，并且进行先期应急处置；第二，封锁现场、抢救伤员、疏散群众、维护秩序，特别要做好现场知情人和伤员的调查登记工作；第三，针对毒源、腐蚀源的可疑物品，由专业人员采取措施予以临时性封闭、遮盖处置，切断或控制毒源的扩散，并向下风方向或下游地区保卫机关进行通报，防止继续发生危害；第四，迅速组织对现场有害物质检验，在判明毒物或腐蚀品种类后，有针对性地进行现场消毒和排污，染毒区域较大的现场，要划片进行，不得出现遗漏；第五，对现场中疏散出的中毒或染毒人员，除由医疗部门急救之外，警方应组织力量对伤员进行调查访问。为查明事由获取信息，对体检确认没有中毒离去的人员，要逐一进行追踪访问。

5）易燃物品引发险情的排除。易燃或可燃物品是指具有遇明火、静电火花发生爆燃或在一定条件下能自行分解爆炸的可燃气体、易燃液体、易燃固体、氧化剂、有机过氧化物、易自燃物、遇湿易燃物等物品。在紧急处置指挥中，要注意掌握排除险情的要领：第一，要迅速报警，并且进行先期应急处置；第二，实施现场管制，及时向邻近单位和周围居民发出通告，疏散受到威胁的群众；第三，要防止一切点火源、静电火花和各种明火的产生，要切断遇水、遇酸爆炸物品的危险源，密闭空间要通风，尽力避免形成爆炸性混合气体；第四，必须实施统一指挥，严格现场纪律，任何人都不得擅自行动，要依靠消防专业队伍对气化、液化泄漏物进一步做消除险情的处置。

十、保卫工作中人际关系协调的方法

1. 保卫人员各种人际关系的协调

（1）协调的概念。协调是人的社会性的内在要求。人都是生活在一定的社会关系之中，如经济关系、政治关系、思想关系、文化关系、法律关系等。人与人之间关系的复杂性要求通过加强协调来维护社会正常的工作秩序、生活秩序等。所谓协调，就是领导者针对管理活动中已经发生的人、财、物等诸元素的不平衡状态，通过协商与调节等有效手段，使各元素之间保持一定的比例、和谐地配合、正常地运转并发挥有效的功能，以保证决策、计划、目标的实现。

（2）保卫部门人际关系方面的协调

1）保卫部门人际关系冲突的主要表现及其危害。在保卫部门内，存在着人、财、物以及环境等多种不协调现象，其中大量的表现为人际关系的冲突，具体表现是：领导班子成员之间关系的冲突；上级领导与下级领导成员之间关系的冲突；两个职能部门领导（成员）之间关系的冲突；领导与所属保卫人员之间关系的冲突；本系统（部门）与外系统（部门）之间关系的冲突等。

冲突，其含义相当于我们平常所说的意见分歧、矛盾、不团结、扯皮、步调不一致，甚至闹无原则的纠纷和争斗。

按照现代管理科学，在任何一个组织中，冲突是不可避免的，只是程度不同而已。单位的领导者不应躲避冲突，而应按照科学的态度与方法去协调冲突。如果冲突协调得好，则不会影响管理活动的正常进行；如果冲突协调不好，任其发展与泛滥，就会扩大组织内耗，甚至使组织人心涣散，四分五裂，任务无法完成，目标无法实现。因此，正确协调保卫部门内各类人际关系冲突，是各级保卫部门及其领导者的一项重要职责。

2）保卫部门人际关系冲突的成因。在保卫部门内产生人际关系冲突的原因是多方面的：一是认识上的，即人们在执行决策与计划过程中，彼此间对某些事物和问题看法不同而导致冲突。二是利益上的，即由于上下组织之间、部门之间、领导相互之间、领导与部属之间利益分配不合理而导致冲突。三是沟通上的，即有关组织和保卫人员相互之间“鸡犬之声相闻，老死不相往来”，各自封闭，缺乏必要的信息沟通，久而久之，形成偏见和误解而导致冲突。四是心理上的，即人们的情感、情绪、气质、性格、嗜好、态度、信仰、价值观等的差异，由于没有获得适当的调节而导致冲突。五是非正式组织的存在，如果领导者处置不当，也会导致冲突。六是领导素质与作风方面的缺陷，也会导致冲突。七是体制上的弊端，造成执行中发生问题，而不同人对问题所持的观点、态度不一而导致冲突。八是角色差异，即人们在组织中所担任的职务不同而对事物的了解、认知程度有异而引发的冲突。

3）保卫部门人际关系协调的基本原则。一是整体利益原则。“顾大局，识大体”，这是协调一切人际关系的首要原则。如果背离了这一原则去处理人际关系，那么建立起来的所谓“良好人际关系”，实际上是一种以满足个人私利和小集团利益为核心内容的庸俗人际关系，它必然会损害组织的最高利益和绝大多数人的正当利益。这是一种病态的人际关系，潜伏着更深重的人际关系危机，是不可取的。二是“对事不对人”的原则。“对事”，就是对工作问题，提倡民主讨论，各抒己见，为探索真理而敢于争辩，但不要形成人身攻击，意气用事。三是互相理解的原则。有人说：“理解是沟通两颗心灵的桥梁；同情是打开对方心扉的钥匙。”这话很有哲理。在协调人际关系中，要提倡多理解、多同情，这样有些“疙瘩”自然就解开了。四是平等互助、互谅互让的原则。保卫部门内的人际关系，都是同志式的平等互助关系，因此，平等互助原则是处理一切人际关系（包括上下级关系）的基本原则。如果以等级观念对待下级，自认高人一等，或企图从与他人的关系中为自己捞取更多的好处，只讲索取，不讲奉献等，都难以建立、巩固和发展正常的良好人际关系。人际关系中，尤其是领导与被领导关系，更应提倡互谅互让。互谅互让不是放弃原则，而是“大事清楚，小事糊涂”，不必事无巨细，斤斤计较，坚持互谅互让的原则将有益于缓和矛盾，消除紧张气氛。五是及时疏导的原则。实践表明，有些单位人际关系紧张，冲突频繁且逐步“升温”，绝非一朝一夕所致。这同平时对人际关系上发生的障碍没有及时疏导有极大关系。相反，有些单位虽然也不断发生人际关系冲突，但领导者注意抓苗头，及时疏导，使关系及时恢复和谐状态。冲突——及时疏导——和谐——再冲突——再及时疏导——再和谐……循环往复，以至无穷，这是人际关系良性发展的规律。“及时疏导”是保障人际关系良性发展的基石。

4）保卫部门人际关系冲突的调节和处置。人际关系冲突一旦发生，作为组织和主管领导者应如何正确调节和处置呢？第一，应当查明情况，找出原因，实事求是，分清是非与责任。第二，要努力控制参与冲突的范围，不要让更多的人员卷入冲突，不要让冲突步步升级。第三，按照管理的权限，谁主管谁负责冲突的调节与处置。第四，要根据冲突的轻重程度，采取相应的调节方法。程度轻者，由主管领导或政工干部对冲突的当事人逐个谈心，通过批评教育加以平息，使双方统一思想，重归于好；程度较重或相当严重者，如果经领导批评教育无效，则应采取行政措施将冲突一方调离，或将冲突双方均调离本单位、本部门。第五，因人际关系冲突而引发的违反政纪、法纪行为，则应辅之以必要的纪律制裁，直至追究必要的法律责任。

（3）保卫部门非人际关系方面的协调。保卫部门内除人际关系方面的协调外，还有许多非人际关系方面的协调，主要是保卫决策与计划执行过程中发生的任务与人力、财力、物力的不相适应，从而影响了任务的顺利完成。对于此类不协调的问题，一般采取下列对策：

1）属于保卫力量与任务不相适应的，一是从提高保卫人员的素质入手，发挥他们潜在的能力；二是削减管理机关的人员去充实和加强基层；三是尽量压缩非保卫方面的事务，集中精力搞好正业，以保证保卫决策、计划目标的实现。

2）属于机构与任务不相适应的，对互相扯皮的机构要坚决合并，对形同虚设、不起作用的机构要"砍掉"，不轻易设置编制外形形色色的非正式机构。

3）属于领导班子与任务不相适应的，需弄清事因，对症下药。如果是领导班子结构不合理，则根据需要与可能的原则，逐步加以调整，使之保持动态中的相对合理；如果领导班子中出现非正式组织，则主管上级领导要予以重视，加强教育与控制，发挥其积极因素，防止其消极因素滋生蔓延，一旦形成宗派山头，则应采取组织措施适时瓦解；如果属于领导成员间对某些问题认识上有分歧，则需采取个别谈心或学习务虚，本着求大同、存小异的原则处理。

4）属于财力、物力同任务不相适应的，采取挖潜、节约的方针，把每一笔钱用在关键点上，在现有装备条件下，尽最大努力把工作搞上去。

5）属于决策、计划本身的问题，则应迅即向决策、计划主管机关和领导反映，请求对决策、计划进行必要的调整。

6）属于环境干扰问题，则应派得力领导或其他干部登门拜访，交流信息，疏通关系，以求得环境对保卫人员和保卫工作的支持。

2. 沟通

（1）沟通的含义。沟通是指为了实现某种目标，通过信息、思想、情感在个人或群体之间的传递，使相互之间达成协议、合作或者理解的过程。我们常见到的沟通方式有：①面对面的交流；②打电话；③发传真；④寄信件；⑤发电子邮件；⑥作报告等。

（2）沟通的特点。第一，随时性——我们所做的每一件事情都是在沟通；第二，双向性——我们既要收集信息，又要发出信息；第三，情绪性——信息的收集会受到传递信息方式的影响；第四，互赖性——沟通的效果是由双方决定的。

（3）沟通的结果

1）有效沟通。有效沟通的意义主要有：有利于建立广泛而且良好的人际关系，为以后各项工作的开展与合作创造基础；有利于营造一种健康向上、宽松和谐的环境氛围，使沟通双方有一种相互信任感、责任感和奋发向上感，由此产生满意和愉快的情感，并且进一步激发相互间的工作热情，促进大家不断提高工作效率与工作质量；有利于增强工作的自信心和创造力；有利于增强个人的信誉度等。

2）无效沟通。无效沟通可能会导致的结果：事业受损失；影响家庭和睦；个人信誉降低；身心疲惫；失去热情和活力；产生错误和浪费时间；自尊和自信降低；团体合作性差；失去创造力。研究表明，造成沟通困难的因素有：缺乏自信，主要由于知识和信息掌握不够；人的记忆力有限；对于重点的强调不足或条理不清楚；不能做到积极倾听，有偏见，先入为主；按自己的思路去思考，而忽略别人的需求；准备不足，没有慎重思考就发表意见；失去耐心，造成争执；时间不足；情绪不好；判断错误；语言不通。

（4）沟通的技巧

1）做好沟通前的准备工作。这些工作包括：

①对自我有正确的分析和认识。包括正确认识自身优势和劣势，正确认识自己所面临的环境、机会以及威胁。

②设定通过沟通所要实现的目标，包括：最高目标、最低目标、现实目标。

③考虑可能存在的潜在的争执，原因是什么。

④弄清自己如果不能达到目标会采取什么样的行动。

2）努力建立相互之间的信任，这是有效沟通的基础。正确建立信任的方式包括：善于发现自己和别人的共同特点；乐于在困难的情况下给别人提供帮助；宽容大量，在别人出错误的时候给予适当的提醒；适当表达自己对别人的关心；愿意合作并保持言行一致；努力学习，提高知识和技能，并展示能力和水平；实事求是，不要夸大其词，更不要说谎；暴露一定的脆弱之处；保持适合自己的优雅仪表和风度。

3）积极聆听对方讲话。积极聆听是指全神贯注地倾听对方讲话，理解内容，与讲话者一起去体验，感受整个过程。这是一种相互交流技巧，可以通过学习和锻炼得到提高。

积极聆听的作用主要有：有利于获得更多信息帮助；把谈话继续下去；处理不同的意见；有效发表自己的意见；保持友好的沟通气氛等。

积极聆听的技巧主要有：倾听对方的发言并且主动做出回应，回应可以使用“热词”，例如，“是吗?”“没错”“太好了!”“真的?”“啊哈”等；如果谈话的过程中出现暂时障碍，可以提示一些有利于进一步交流的问题；简要重复谈话的部分内容，如简单重复一个重要字或一句重要的话，改编并摘要说过的话等；进行归纳总结；表达感受；及时确认等。

妨碍积极聆听的错误做法主要有：当别人讲话时，你在想自己的事；听别人讲话时，不断比较与自己想法的不同点；打断别人的讲话；催促讲演者结束他的讲演；当别人讲话时谈论其他的事情；忽略过程而只要结论；仅仅听那些自己想听的或希望听的事和内容等。

4）清楚而合适地阐述自己的观点。清楚而合适地阐述自己的观点具体包括：清楚而合适地阐述自己的计划、设想；提出符合既定需求的建议，对这个建议的描述要注意简洁明了；正确分析或者解释自己计划、设想的理由；强调相互之间的共同利益，促进对方思想的转化等。

5）正确处理异议，促进相互理解。主要做法有：态度友好，语气平和地表达异议；双方都能够阐明各自所担心的问题；有条件地做出让步；积极并愿意解决问题；共同研究解决问题的方案；对事不对人，不揭短，不指责；达成双赢的目的，大家都获益。

6）加强相互之间的合作。具体的方法有：采取积极合作的态度；按既定的方针处理相关问题；发现变化及时沟通；善于表达谢意，如发现别人对自己工作的支持要表达感激之情，对于别人的工作结果和额外的帮助要真诚地表示感谢，对于合作者的杰出工作和非凡的成果要有所回报等；赞美对方工作取得的成绩；以合适的方式为双方合作的成功举行庆祝等。

第 6 节　指导防范

一、指导防范的基本要素

根据“预防为主、单位负责、突出重点、保障安全”的内保工作方针，指导防范的基本要素应当具备前瞻性、针对性、可行性、操作性和时效性等特征。

1. 指导防范的基本含义

（1）单位的主要负责人对本单位的内部治安保卫工作负责。

（2）公安机关指导和监督本行政区域内单位的内部治安保卫工作。

（3）行业主管部门指导和检查行政区域内本行业、本系统单位的内部治安保卫工作。

2. 指导范畴

根据单位的性质、地位和对社会经济发展的作用，对指导工作进行定位，使指导工作有的放矢，重点把握单位开展内部治安保卫工作的规划、过程和结果。

（1）责任性。责任性指在生产经营过程中，单位为确保内部人员生命安全和国家财产安全，采取行之有效的行政管理行为所体现出来的意识。

（2）连带性。连带性指单位在其他社会场所有权使用的安全措施行为。

（3）公益性。公益性指单位在生产、经营、储存、运输及使用有毒有害、易燃易爆物品过程中，所采取的社会公共安全行为。

（4）保密性。保密性指为维护国家安全和社会稳定，所必须遵守的保密制度。

3. 指导要领

（1）针对性。根据单位内部结构、管理模式以及生产经营和治安状况，发现存在的问题，并提出切实可行的解决办法。

（2）合法性。在制定内部治安保卫制度过程中，不得与现行的法律、法规、规章制度相抵触；在建立治安防范设施过程中，应当依照相关标准执行，不得随意降低标准。

（3）可操作性。指导防范要注重实效，使单位内部治安保卫工作在原有基础上有所提高，防止不切实际地夸夸其谈。

二、当前在指导防范工作中存在的薄弱环节

随着我国现代化建设步伐加快，城市化进程高速发展，重点单位、重要部位和水、电、气等能源管线呈现点多、线长、面广等特点，保护这些涉及国计民生、国家安全和公共安全的相关设施显得尤为重要。但由于历史原因，单位治安保卫在机构设置、责任意识、工作措施等方面依然存在不少问题，需要进一步改进。

1. 存在的主要问题

（1）单位治安保卫守护力量薄弱。部分单位对治安保卫工作投入较少，造成保卫工作机构不健全、人员未落实、经费无保障。

（2）单位治安保卫责任体系未理顺。单位内部治安保卫工作责任不明确，奖惩不分明。

（3）执行治安保卫制度不严格。某些单位的治安保卫制度不健全、欠完善、未落实，甚至不少单位在内部结构、管理模式和生产经营进行调整后，治安保卫制度条款一成不变，基本流于形式。

（4）治安防范设施不达标。一些单位在筹建、扩建或搬迁过程中，未将治安保卫基本设施与项目建筑同规划、同设计、同施工。某些单位在治安防范设施投入上欠账较多，往往一个项目投入到位后，因缺乏维护或自身损耗，待投入下一个项目时，原项目又成为新的治安隐患。

（5）未形成反恐工作长效机制。部分单位负责人对应急预案不熟悉，未组织开展相关

演练，只安排一名年老体弱的同志担任重要部位夜间值守工作，甚至关键部位工作人员不了解岗位要求和应急工作内容，反恐意识薄弱。

2. 原因分析

（1）重点单位、重要部位治安保卫力量与繁重的治安保卫任务不相适应。部分重点单位未设置专门保卫机构，合署办公现象较为普遍，有的对外挂牌保卫处（科），而实际仅是单位一个工作小组，更多的是将治安保卫工作归并至党委办公室或行政办公室，将治安保卫机构与人事、行政、安全生产、质检、后勤保障、物业管理等部门合并办公，一名治安保卫人员往往身兼数职，工作难免顾此失彼，严重影响保卫机构发挥职能作用，不利于治安保卫工作的具体落实。

（2）治安保卫人员职业素质与工作岗位要求不相适应。重点单位治安保卫人员中，大专以上学历的不足50%，通过国家保卫人员职业资格培训，取得一至五级保卫人员职业资格证书的约占10%。因此，提高保卫人员的职业素质和治安防范技能的工作任重道远。

（3）治安防范设施与国家标准、行业标准及地方标准要求不相适应。近几年来，上海市公安机关治安部门积极会同市技术监督局制定了十余部关于党政机关、水务系统、电力系统、金融机构、学校和医院等单位的技术防范设施相关标准，但部分重点单位的物防设施依然不符合国家标准、行业标准和地方标准，例如技防设施安装不到位，紧急报警、视频监控、周界及入侵探测报警等不严密，存在少项目、数量不足等情况，还有部分设备由于缺乏维护保养现已经不能使用。

（4）单位制度建设和应急预案与严峻的反恐形势不相适应。部分单位在配置年度治安保卫设施预算过程中，按部就班，缺乏预见性，造成内部防范设施预算投入不足，一些重要部位、设备在设计、建设时，仅仅防范擅自闯入，缺乏长远规划，而反恐工作形势却日益严峻。例如，部分单位在生产经营过程中，化学物品和油气等重要管道线过长，且有老化现象，爆、冒、滴、漏等事故时有发生。

三、指导防范常规方法

1. 开展风险评估

对指导对象进行全面的治安风险评估，查找治安保卫工作中存在的治安隐患和薄弱环节，为有效指导防范奠定扎实基础。在风险评估工作中，要针对不同行业、不同单位所开展的生产经营活动性质，从内部生产流程、储存运输、供应销售等各个环节进行分析研判，从而找出薄弱环节，以最大的安全系数来应对可能发生的案件和事故，确保重点单位、重点部位及各个工作环节的安全。

2. 加强安全检查

安全检查是指导防范工作的有效手段，利于及时发现问题、明确指导方向、总结经验得失。同时，要针对党政机关、国防军工、（水、电、气等）能源供应、金融企业等行业特点，制定检查流程和检查内容，通过安全检查及时了解基层单位治安保卫工作状况，提出整改隐患的具体措施和要求。

3. 分类分级指导

（1）分类指导。按单位性质和防范工作重点对单位进行分类，根据每一类单位的特点，会同有关部门制定相应的安全管理措施和方法；同业性质单位的防范工作，严格执行国家标准、行业标准和地方标准。

（2）分级指导。按照一定风险等级标准划分级别，指导监督不同级别单位，采用不同的标准。主要分为两类：一是从重点单位和一般单位来进行横向分级指导；二是从本行业系统中进行纵向分级指导。

4. 丰富指导形式

为促进单位积极开展内部治安保卫工作，通常采取现场指导、定期指导、日常指导和专项指导等形式，也可采用书面通报、组织研讨和交流活动等方式；同时，定期组织学习培训，通过学习法律法规和业务知识、模拟实战训练演练，不断提高基层治安保卫人员业务水平和处置能力。

5. 督促隐患整改

通过开展各种形式的安全检查，采取召开现场会、通报批评、书面责令整改和提请上级部门协调解决等方法，对单位内部存在的治安隐患进行督促整改。

6. 建立联防机制

指导相关单位会同属地公安机关或与相邻单位建立群防群治队伍，对单位重要部位开展联动巡查和管控，加强守望相助。此项机制对变电站、输油管道阀站、液化加气站等单位开展防范有重要作用。

2

第 2 章

技术防范

第1节　技术防范标准化工作

一、技术防范与标准化

1. 标准化是技术防范行业发展的重要基础

技术防范标准化工作既是一项政策性、技术性很强的综合性基础工作，也是我国公共安全科技发展战略的重要组成部分。因此，我们要以与时俱进的精神状态，把思想统一到为维护和促进我国经济可持续发展的基础上来。在保卫工作实践中，自觉地用科学发展观来理解、掌握和指导技术防范工作，用标准化、规范化推进技术防范工作跨越式发展，促进技术防范标准化工作和技术防范标准应用的广度和力度，从而使国家安全、国计民生安全、公共安全得到充分保障。

2. 开展标准化工作是公共安全社会经济发展的需要

改革开放以来，我国经济建设迅速发展，安全防范的需求日益增加，特别是智能建筑业的迅速兴起，社区安防工作的迫切需求，以及涉及国家安全、国计民生安全、公共安全的重点要害单位、部门、部位安全风险的加大和防范措施要求的加强，促进了安全防范工作的发展和提升，技术防范已成为安全防范工作不可或缺的重要支持，技术防范行业也已发展成为一个独立的社会经济产业。目前，生产研制安全技术防范产品的企业，从事安全技术防范工程设计、施工、软件开发、系统集成的企业已遍及全国各地。而技术防范行业的进一步做大做强，必须紧紧依靠标准化的有力支撑，才能持续不断地发展。因此，研究、制定、宣传、贯彻、监督技防产品和工程的技术规范、标准，已成为公共安全和社会经济发展的迫切需求，也是技术防范工作的当务之急。

二、标准化工作

1. 标准与标准化

2001年12月11日，中国正式加入WTO，这标志着我国的改革开放进入一个新阶段，我国将在更广的范围、更深的程度上融入世界经济一体化的进程。我国的经济将在国际大背景下运行，直接面对来自全世界的对手开展的激烈竞争。国际范围内正在进行新一轮的结构调整，企业生产、经营方式不断创新，信息技术的广泛应用，应对发达国家利用“技术性贸易壁垒（Technical Barriers to Trade，TBT）”手段的制约，这些都将对我国的经济发展和社会管理产生深远的影响，也必然给标准化工作提出新的要求，从而使标准化工作愈显重要。可以说，加入 WTO 后，对促进我们依照《中华人民共和国标准化法》，积极主动开展标准化工作，有更加迫切的需要。在这里首先需要了解标准与标准化的基本概念。

（1）标准。标准是为了在一定的范围内获得最佳秩序，经协商一致制定并由公认机构批准，共同使用和重复使用的一种规范性文件。从某种意义上说，标准是一个领域或一个行业通用的技术、服务或程序合同。

（2）标准化。标准化是为了在一定范围内获得最佳秩序，对现实问题或潜在问题制定共同使用和重复使用的条款的活动，主要包括标准的编制、发布和实施标准的过程。标准化的主要作用在于为了其预期目的而改进产品、过程或服务的适用性，防止贸易壁垒，并促进技术合作。标准化工作的任务是制定标准、组织实施标准和对标准的实施进行监督。标准化的基本目的是使社会以尽可能少的资源、能源消耗，谋求尽可能大的经济效益、社会效益和最佳秩序。

2. 我国的标准化体系

根据《中华人民共和国标准化法》，我国的标准化体系为四级。分别为国家标准（代号“GB”）、行业标准（如公共安全行业代号为“GA”）、地方标准（如上海市代号为“DB31”）、企业标准（代号“Q”）。国家标准、行业标准、地方标准还分为强制性标准和推荐性标准两类。推荐性标准在标准代号后加“/T”，如“GB/T”“GA/T”“DB31/T”。在标准代号之后是标准发布的年代（版本）号。例如，GB 50394—2007 表示这个国家标准是在国家标准中顺序为第 50 394 个，并于 2007 年发布的。

国家鼓励企业制定严于国家标准、行业标准、地方标准的企业标准。企业标准既可以包括工程标准、服务标准、产品标准、试验方法标准、验收标准，也可以包括管理标准，如质量管理体系标准等。企业标准都应是强制性标准。

3. 我国的标准中对用词的规定

我国的标准中对要求严格程度不同的用词进行了规定。表示需要强制达到的要求，用“应”；表示禁止的要求，用“不应”；表示推荐的要求，用“宜”；表示不推荐的要求，用“不宜”；表示在一定条件下有选择的要求，用“可”。

4. 技术防范领域常用的标准

目前，在技术防范工程系统领域主要应用的国家标准有：《安全防范工程技术规范》（GB 50348—2004）、《入侵报警系统工程设计规范》（GB 50394—2007）、《视频安防监控系统工程设计规范》（GB 50395—2007）、《出入口控制系统工程设计规范》（GB 50396—2007）、《文物系统博物馆安全防范工程设计规范》（GB/T 16571—1996）等。其中，《安全防范工程技术规范》（GB 50348—2004）是技术防范工程领域覆盖范围最大、权威性最高的标准，也是最常用的标准。

《安全防范工程技术规范》（GB 50348—2004）将防护对象分为高风险对象和普通风险对象两大类。高风险对象包括文物保护单位、博物馆、银行营业场所、重要物资储存库、民用机场、铁路车站等。普通风险对象包括通用型公共建筑中的办公楼建筑、宾馆建筑、商业建筑（商场、超市）、文化建筑（文体、娱乐）和住宅小区等。

技术防范工程系统领域主要应用的公共安全行业标准有：《银行报警监控联网系统技术要求》（GB/T 16676—2010）、《文物系统博物馆风险等级和安全防护级别的规定》（GA 27—2002）、《银行营业场所风险等级和防护级别的规定》（GA 38—2004）、《安全防范系统通用图形符号》（GA/T 74—2000）、《安全防范工程程序与要求》（GA/T 75—1994）、《安全防范工程费用预算编制办法》（GA/T 70—2004）、《安全防范系统验收规则》（GA 308—2001）等。

此外，上海还按照国务院《企业事业单位内部治安保卫条例》的规定，根据上海地区企事业涉及国计民生安全、国家安全、公共安全的风险特点和防范措施的需要，制定了一批适合上海地区安全防范管理特点的地方标准，主要有《重点单位重要部位安全技术防范系统要求》系列（DB 31/329.1—DB 31/329.17）。这个系列标准是在对安全防范建设要求进行了充分的风险评估和专家论证后，对技术防范系统设计、施工建立的技术规定。目前，这个系列标准包括了展览会场馆、剧毒化学品和放射性同位素集中存放场所、金融营业场所、公共供水、电力系统、学校和幼儿园、城市轨道交通、医院、零售商业、党政机关、旅馆和商务办公楼、通信单位、燃气单位、公交车站和停车场（库）、监管场所、港口码头等重点单位和重要部位。

这些技术防范系统建设的国家标准、公共安全行业标准、地方标准的制定和贯彻执行，将对规范涉及国计民生安全、国家安全、公共安全和其他相关产业的安防工程建设，提高安全防范效果，控制安全风险，避免重复建设、重复施工和资源浪费，使重点、要害部门的保护得到应有的安全保障等方面起到重要的规范和促进作用。

三、安全防范工程标准及要求

1. 普通风险对象中通用公共建筑安全防范工程标准的一般规定

（1）根据国家标准《安全防范工程技术规范》（GB 50348—2004）的规定，办公楼建筑、宾馆建筑、商业建筑（商场、超市）、文化建筑（文体、娱乐）等都属于普通风险对象中的通用公共建筑。普通风险对象中通用公共建筑新建（包括扩建和改建）安防工程应根据具体建筑物不同的使用功能和建筑物的建设标准进行工程设计及系统配置，并根据其安全管理要求、建设投资、系统规模、系统功能等各个要素，将普通风险对象中通用公共建筑新建（包括扩建和改建）安防工程所达到的防护程度由低至高分为基本型、提高型、先进型三种类型。

(2) 通用公共建筑的安防工程宜按照下列规定选择和确定设防区域或部位

1) 周界。周界包括建筑物单体、建筑物群体外层周界、楼外广场、建筑物周边外墙、建筑物地面层、建筑物顶层等。

2) 出入口。出入口包括建筑物、建筑物群周界出入口、建筑物地面层出入口、办公室门、建筑物内或/和楼群间通道出入口、安全出口、疏散出口、停车库（场）出入口等。

3) 通道。通道包括周界内主要通道、门厅（大堂）、楼内各楼层内部通道、各楼层电梯厅、自动扶梯口等。

4) 公共区域。公共区域包括会客厅、商务中心、购物中心、会议厅、酒吧、咖啡座、功能转换层、避难层停车库（场）等。

5) 重要部位。重要部位包括重要工作室、财务出纳室、建筑机电设备监控中心、信息机房、重要物品库、监控中心等。

2. 普通风险对象中“基本型”通用公共建筑安防工程的要求

(1)“基本型”通用公共建筑安防工程的周界防护应符合下列规定

1) 通用公共建筑地面层的出入口（正门和其他出入口）、外窗宜有电子防护措施。

2) 通用公共建筑顶层宜设置实体防护设施或电子防护措施。

(2)“基本型”通用公共建筑安防工程中，建筑物的各层安全出口、疏散出口安装出入口控制系统时，应与消防报警系统联动。在火灾报警的同时应自动释放出入口控制系统，不应设置延时功能。疏散门在出入口控制系统释放后应能随时开启，以便消防人员顺利进入实施灭火救援。各层通道、电梯厅和自动扶梯口应预留视频安防监控系统管线和接口。

(3)“基本型”通用公共建筑安防工程中，建筑物公共区域的避难层、功能转换层应视实际需要预留视频安防监控系统管线和接口。会客区、商务中心、会议区、商店、文体娱乐中心等宜预留视频安防监控系统管线和接口。

(4)“基本型”通用公共建筑安防工程中重要部位的防护应符合下列规定

1) 通用公共建筑重要工作室应安装防盗安全门，可设置出入口控制系统、入侵报警系统。

2) 通用公共建筑大楼设备监控中心应设置防盗安全门，宜设置出入口控制系统、视频安防监控系统和入侵报警系统。

3) 通用公共建筑信息机房应设置防盗安全门，宜设置出入口控制系统、视频安防监控系统和入侵报警系统。

4）通用公共建筑楼内财务出纳室应设置防盗安全门、紧急报警装置，宜设置入侵报警系统和视频安防监控系统。

5）通用公共建筑重要物品库应设置防盗安全门、紧急报警装置，宜设置出入口控制系统、入侵报警系统和视频安防监控系统。

6）通用公共建筑中开设的银行营业场所的安防工程设计，应符合有关标准的规定。

（5）监控中心可设在值班室内。

3. 普通风险对象中“提高型”通用公共建筑安防工程的要求

（1）普通风险对象中“提高型”通用公共建筑安防工程周界的防护应符合下列规定

1）通用公共建筑地面层的出入口（正门和其他出入口）、外窗宜有电子防护措施，并宜设置视频安防监控系统。

2）通用公共建筑顶层宜设置实体防护设施或/和电子防护措施。

（2）通用公共建筑楼内各层门厅宜设置视频安防监控装置。

（3）通用公共建筑各层安全出口、疏散出口安装出入口控制系统时，应与消防报警系统联动。在火灾报警的同时应自动释放出入口控制系统，不应设置延时功能。疏散门在出入口控制系统释放后应能随时开启，以便消防人员顺利进入实施灭火救援。

（4）通用公共建筑各层通道宜设置入侵报警系统或/和视频安防监控系统。

（5）通用公共建筑电梯厅和自动扶梯口宜设置视频安防监控系统。

（6）通用公共建筑公共区域的防护应符合下列规定

1）通用公共建筑避难层、功能转换层宜设置视频安防监控系统。

2）通用公共建筑停车库（场）宜设置停车库（场）管理系统，并视实际需要预留视频安防监控系统管线和接口。

3）通用公共建筑会客区、商务中心、会议区、商店、文体娱乐中心等宜设置视频安防监控系统。

（7）通用公共建筑重要部位的防护应符合下列规定

1）通用公共建筑重要工作室应设置防盗安全门、出入口控制系统，宜设置入侵报警系统。

2）通用公共建筑大楼设备监控中心应设置防盗安全门、出入口控制系统，宜设置视频安防监控系统和入侵报警系统。

3）通用公共建筑信息机房应设置防盗安全门、出入口控制系统，宜设置视频安防监控系统和入侵报警系统。

4）通用公共建筑楼内财务出纳室应设置防盗安全门、紧急报警系统、入侵报警系统，宜设置视频安防监控系统。

5）通用公共建筑重要物品库应设置防盗安全门、紧急报警系统、出入口控制系统，宜设置入侵报警系统和视频安防监控系统。

6）通用公共建筑中开设的银行营业场所的安防工程设计，应符合有关标准的规定。

(8)“提高型”通用公共建筑安全技术防范系统的组建模式为组合式。监控中心应为专用工作间，其面积不宜小于 30 m^2，宜设独立的卫生间和休息室。

4. 普通风险对象中“先进型”通用公共建筑安防工程的要求

(1) 通用公共建筑周界的防护应符合下列规定

1）通用公共建筑地面层的出入口（正门和其他出入口）、外窗宜有电子防护措施，并宜设置视频安防监控系统。

2）通用公共建筑顶层宜设置实体防护设施或/和电子防护措施。

(2) 通用公共建筑楼内各层门厅宜设置视频安防监控装置。

(3) 通用公共建筑各层安全出口、疏散出口安装出入口控制系统时，应与消防报警系统联动。在火灾报警的同时应自动释放出入口控制系统，不应设置延时功能。疏散门在出入口控制系统释放后应能随时开启，以便消防人员顺利进入实施灭火救援。

(4) 通用公共建筑各层通道应设置入侵报警系统或/和视频安防监控系统。

(5) 通用公共建筑电梯厅和自动扶梯口应设置视频安防监控系统。

(6) 通用公共建筑公共区域的防护应符合下列规定

1）通用公共建筑避难层、功能转换层应设置视频安防监控系统。

2）通用公共建筑停车库（场）应设置停车库（场）管理系统和视频安防监控系统。

3）通用公共建筑会客区、商务中心、会议区、商店、文体娱乐中心等应设置视频安防监控系统。

(7) 通用公共建筑重要部位的防护应符合下列规定

1）通用公共建筑重要工作室应设置防盗安全门、出入口控制系统，宜设置入侵报警系统。

2）通用公共建筑大楼设备监控中心应设置防盗安全门、出入口控制系统，宜设置视频安防监控系统和入侵报警系统。

3）通用公共建筑信息机房应设置防盗安全门、出入口控制系统，宜设置视频安防监控系统和入侵报警系统。

4）通用公共建筑楼内财务出纳室应设置防盗安全门、紧急报警系统、入侵报警系统，宜设置视频安防监控系统。

5）通用公共建筑重要物品库应设置防盗安全门、紧急报警系统、出入口控制系统，宜设置入侵报警系统和视频安防监控系统。

6）通用公共建筑中开设的银行营业场所的安防工程设计，应符合有关标准的规定。

(8)“先进型”通用公共建筑安全技术防范系统的组建模式为集成式。监控中心应为专用工作间，其面积不宜小于50 m²，应设独立的卫生间和休息室。

5. 普通风险对象中“通用型”公共建筑安防系统的组建模式、系统构成、系统功能以及各子系统的设计要求

普通风险对象中“通用型”公共建筑安防系统的组建模式、系统构成、系统功能以及各子系统的设计除满足国家标准《安全防范工程技术规范》(GB 50348—2004)的规定之外，还应符合相关标准的规定。例如，对于入侵报警子系统，工程设计还应按照《入侵报警系统工程设计规范》(GB 50394—2007)标准的规定；对于视频安防监控子系统，工程设计还应按照《视频安防监控系统工程设计规范》(GB 50395—2007)标准的规定等。

四、重点单位、重要部位安全技术防范建设和设施的配置标准

1. 重点单位、重要部位安全技术防范系统的设计原则

重点单位、重要部位安全技术防范系统的设计原则应符合《安全防范工程技术规范》(GB 50348—2004)第3章的规定。安全技术防范系统的设计、施工程序应符合《安全防范工程程序与要求》(GA/T 75—1994)的规定。安全技术防范系统建设应纳入工程建设的总体规划，并应综合设计、同步施工、独立验收、同时交付使用。

2. 治安保卫重点单位、重要部位分类

根据国务院《企业事业单位内部治安保卫条例》的规定，治安保卫重点单位、重要部位主要有：重要新闻单位、交通枢纽、国防科研单位、电信单位、金融单位、水电能源供应单位、重点文物保护单位、教育科研医疗单位等11大类。治安保卫重点单位、重要部位必须按照标准要求设置必要的技防设施，实施对重点保护的要求。

3. 根据上海市地方标准《重点单位重要部位安全技术防范系统要求》系列(DB 31/329)的规定，重点单位、重要部位技防设施应按以下要求配置

(1) 金融营业场所重要部位安全技术防范系统配置。金融营业场所包括银行（自助银行、现金自助服务设备）、信用社、邮政储蓄、证券、保险等。根据上海市地方标准《重点单位重要部位安全技术防范系统要求　第3部分：金融营业场所》(DB 31/329.3—2005)的要求，金融营业场所重要部位安全技术防范系统由视频安防监控系统、远程安防监控系统、入侵报警系统、出入口控制系统、声音复核装置、电话来电显示系统、实体防护装置组成。各系统组件、设备的安装区域或覆盖范围详见表2—1。

表 2—1 **金融营业场所重要部位安全技术防范设施基本配置**

序号	项目		安装区域或覆盖范围	配置要求
1	视频安防监控系统	彩色摄像机	营业网点、自助网点门外	强制
2			营业网点、自助网点出入口	强制
3			现金自助服务设备处	强制
4			营业网点、自助网点运钞车交接款处	强制
5			营业网点现金柜台处	强制
6			营业网点营业厅客户区域	强制
7			自助网点出入口刷卡处	强制
8			营业网点内通道、电梯轿厢内	推荐
9			安防中心控制室、计算机室	强制
10			营业网点现金清点处	强制
11			营业网点现金暂存处	强制
12		控制、记录与显示装置	安防中心控制室、离行式单体现金服务设备处	强制
13	远程安防监控系统		自助网点处	强制
14	入侵报警系统	入侵探测器	营业网点与外界相通的出入口	强制
15			营业网点二层（含二层）以下与外界相通的窗户、玻璃幕墙处	强制
16			现金自助服务设备处、自助网点内部加、取款处	强制
17		紧急报警装置	营业网点现金柜台处	强制
18			营业网点、自助网点安防中心控制室	强制
19			自助网点内部加、取款处	强制
20		控制、记录系统	安防中心控制室或出入口通道处、离行式单体现金服务设备处	强制
21	出入口控制系统		自助网点处	推荐
22			营业网点现金暂存处	推荐
23	声音复核装置		营业网点现金柜台处	强制
24	电话来电显示系统		营业网点电话总机或对外公开的服务、咨询电话	强制
25	实体防护装置	防尾随联动互锁安全门	营业网点现金柜台出入口	强制
26		金属防护门或防盗安全门	营业网点出入口和自助网点内部加、取款处出入口	强制
27		防盗栅栏金属网罩	营业网点二层（含二层）以下与外界相通的窗户、玻璃幕墙，现金柜台内所有对外通风口	强制
28		防弹（复合）玻璃	营业网点现金柜台	强制
29		收银槽	营业网点现金柜台	强制

（2）电力系统重要部位安全技术防范系统配置。电力系统包括10 MW以上的发电厂、电力调度部门、变电站（所）、重要用户配电站、重要办公场所、重要物资仓库、供电营业站、过江（海）电缆隧道等。根据上海市地方标准《重点单位重要部位安全技术防范系统要求　第5部分：电力系统》（DB 31/329.5—2005）的要求，电力系统重要部位安全技术防范系统配置由视频安防监控系统、入侵报警系统、出入口控制系统、电话来电显示记录系统、电子巡查系统、实体防护装置组成，详见表2—2。

表2—2　　电力系统重要部位安全技术防范设施基本配置

序号	项目		安装区域或覆盖范围	配置要求
1	视频安防监控系统	彩色摄像机	发电厂厂区的出入口	强制
2			发电厂的主厂房、办公楼、机动车车库出入口	推荐
3			发电厂的机电炉集中控制室、网控室、升压控制区域出入口	强制
4			发电厂的主要通道、周界、发电机组运转层、电梯轿厢	推荐
5			发电厂的油码头、煤码头、重要物资仓库、氢站	强制
6			调度部门的调度室、机动车车库出入口	强制
7			调度部门的楼房、通信机房出入口	推荐
8			调度部门的主要通道、电梯轿厢、周界	推荐
9			220 kV（含）以上变电站的出入口	强制
10			安防中心控制室的出入口	强制
11		控制、记录、显示装置	安防中心控制室	强制
12	入侵报警系统	入侵探测器	有周界围墙的发电厂、调度部门楼房等封闭屏障处	强制
13			变电站和重要用户配电站周界围墙等封闭屏障处	推荐
14			35 kV（含）以上变电站和重要用户配电站的出入口及一楼与外界直接相通的窗户、风口	强制
15			过江（海）电缆隧道的出入口	强制
16			重要办公场所	强制
17		紧急报警装置	发电厂的警卫室和调度部门的调度室	强制
18			安防中心控制室	强制
19		防盗报警控制器、告警器、终端图形显示装置	安防中心控制室	强制
20	出入口控制系统		发电厂电气控制室、信息中心、通信机房的出入口	强制
21			发电厂、调度部门、重要办公场所的出入口	推荐
22			调度部门的调度室、重要用户配电站的出入口	强制

续表

序号	项目			安装区域或覆盖范围	配置要求
23	电话来电显示、记录系统	来电号码显示		电话总机、公开对外的电话	强制
24		来电通话记录		对外公开服务、咨询的电话	强制
25	电子巡查系统			发电厂油煤码头、重要物资仓库、氢站及其他重要部位	推荐
26				调度室楼房周围、重要物资仓库以及其他重要部位	推荐
27	实体防护	防盗安全门或金属框玻璃防暴门		发电厂信息中心、6 kV（含）以上开关室、电缆层的出入口	推荐
28				重要用户配电站的出入口	强制
29				重要办公场所的出入口	强制
30				调度部门的调度室和安防中心控制室出入口	推荐
31		金属防护门或防盗安全门		变电站的出入口	强制
32		防盗栅栏		无人值守的变电站、重要用户配电站与外界相通的一二层的窗户和风口	强制
33				重要办公场所的窗户	强制

（3）24小时营业商店重要部位安全技术防范系统配置。24小时营业商店包括所有以自选销售为主，零售小量应急性商品、日常生活用品的昼夜不间断营业的商店。根据上海市地方标准《重点单位重要部位安全技术防范系统要求　第9部分：零售商业》（DB 31/329.9—2008）的要求，24小时营业商店重要部位安全技术防范系统配置由视频安防监控系统、入侵报警系统、实体防护装置组成，详见表2—3。

表2—3　　24小时营业商店重要部位安全技术防范系统的组成及设施基本配置

序号	项目		安装区域或覆盖范围	配置要求
1	视频安防监控系统	彩色摄像机	与外界相通的出入口	推荐
2			收银柜台	强制
3			通道、商品货架	推荐
4		控制、记录与显示装置	仓库、办公区	强制
5	入侵报警系统	紧急报警装置	收银柜台	强制
6			敞开式商品货架区	推荐
7			仓库	推荐
8		防盗报警控制器	仓库	强制
9	实体防护	防盗保险柜	大数额现金存放处	强制

（4）车辆加油（气）站重要部位安全技术防范系统配置。车辆加油（气）站包括所有为机动车、非机动车加注成品油、燃气商品的营业站点。车辆加油（气）站重要部位安全技术防范系统配置根据上海市地方标准《重点单位重要部位安全技术防范系统要求 第9部分：零售商业》（DB 31/329.9—2008）的要求，由视频安防监控系统、入侵报警系统、实体防护装置组成，详见表2—4。

表2—4　车辆加油（气）站重要部位安全技术防范系统的组成及设施基本配置

序号	项目		安装区域或覆盖范围	配置要求
1	视频安防监控系统	彩色摄像机	卸油区	强制
2			收银处	强制
3			加油（气）泵岛区	强制
4	入侵报警系统	入侵探测器、声光告警器	非24小时经营的财务室存放防盗保险柜处	强制
5		紧急报警装置	收银处	强制
6			财务室、防盗保险柜存放处	强制
7			非24小时经营的值班室	强制
8	实体防护	防盗安全门、金属防护门、钢栅栏窗	财务室	强制
9			防盗保险柜存放处	强制
10			仓库	强制
11		夹贴防爆膜玻璃	收银处	推荐
12		防盗保险柜	财务室或收银处	强制
13		密闭盖和锁具	埋地油罐计量口、卸油口	强制

（5）中小学、幼儿园重要部位安全技术防范系统配置。中小学、幼儿园包括完全中学、高级中学、初级中学、中等职业技术学校、九年一贯制学校、小学、幼儿园、托儿所等。中小学、幼儿园重要部位安全技术防范系统配置根据上海市地方标准《重点单位重要部位安全技术防范系统要求 第6部分：学校、幼儿园》（DB 31/329.6—2006）的要求，由视频安防监控系统、入侵报警系统、电话来电显示系统、实体防护装置组成，详见表2—5。

表 2—5 中小学、幼儿园重要部位安全技术防范设施基本配置

序号	项目		安装区域或覆盖范围	配置要求
1	视频安防监控系统	彩色摄像机	校园出入口	强制
2			校园门外 25 m 范围	推荐
3			校园主要通道、周界	推荐
4			寄宿制中小学、幼儿园集体宿舍楼的出入口	强制
5			行政、教学楼的通道、电梯厅、电梯轿厢	推荐
6			会场、食堂、体育场馆内和出入口	推荐
7			安防中心控制室	推荐
8		控制、记录与显示装置	安防中心控制室	强制
9	入侵报警系统	入侵探测器	学生宿舍在校园内的寄宿制中小学、幼儿园周界墙（栏）处	强制
10		入侵探测器、声光告警器	档案室、有线广播（电视）中心、专用电脑教室、计算机网络管理中心、财务室	强制
11		紧急报警装置	门卫室、校（园、所）长室、安防中心控制室	强制
12		防盗报警控制器	安防中心控制室	强制
13		终端图形显示装置	安防中心控制室	推荐
14	电话通信系统	来电号码显示	对外公开的电话	强制
15		来电通话记录	对外公开的电话	推荐
16	实体防护	防盗安全门、金属防护门、钢栅栏	校园出入口、围墙（栏）	强制
17			档案室、有线广播（电视）中心、专用计算机教室、计算机网络管理中心、财务室	强制
18			安防中心控制室	强制

（6）旅馆重要部位安全技术防范系统配置。旅馆包括设有 15 间（套）客房或 50 个床位以上的旅馆、旅游饭店、宾馆、酒店、招待所、留宿浴场、公寓式酒店，以及度假村、培训中心、农家乐、会员制俱乐部和休闲娱乐等场所。旅馆重要部位安全技术防范系统配置根据上海市地方标准《重点单位重要部位安全技术防范系统要求　第 8 部分：旅馆、商务办公楼》（DB 31/329.8—2007）的要求，由视频安防监控系统、入侵报警系统、出入口控制系统、声音复核装置、电子巡查系统、电话通信系统、实体防护装置组成，详见表 2—6。

表2—6　　旅馆重要部位安全技术防范系统配置

<table>
<tr><th>序号</th><th colspan="2">项目</th><th>安装区域或覆盖范围</th><th>配置要求</th></tr>
<tr><td>1</td><td rowspan="19">视频安防监控系统</td><td rowspan="18">彩色摄像机</td><td>三星级以上（含）旅游饭店的正门外</td><td>强制</td></tr>
<tr><td>2</td><td>候车区</td><td>强制</td></tr>
<tr><td>3</td><td>地下停车场（库）与外界相通的出入口</td><td>强制</td></tr>
<tr><td>4</td><td>三星级以上（含）旅游饭店地下停车场（库）层与层之间的车辆通道</td><td>强制</td></tr>
<tr><td>5</td><td>三星级以上（含）旅游饭店的地下停车场（库）电梯厅</td><td>强制</td></tr>
<tr><td>6</td><td>停车场（库）内</td><td>推荐</td></tr>
<tr><td>7</td><td>与外界相通的楼栋出入口</td><td>强制</td></tr>
<tr><td>8</td><td>面积大于60 m^{2}的前厅（大堂）</td><td>强制</td></tr>
<tr><td>9</td><td>电梯轿厢、底层楼梯出入口、地下停车场（库）楼梯出入口</td><td>强制</td></tr>
<tr><td>10</td><td>三星级以上（含）旅游饭店的底层电梯厅</td><td>强制</td></tr>
<tr><td>11</td><td>其他楼层电梯厅、楼梯出入口和非客房通道</td><td>推荐</td></tr>
<tr><td>12</td><td>餐厅、酒吧、会议及康乐设施场所的楼层电梯厅、楼梯出入口和主要通道</td><td>强制</td></tr>
<tr><td>13</td><td>客房通道</td><td>强制</td></tr>
<tr><td>14</td><td>自动扶梯出入口</td><td>强制</td></tr>
<tr><td>15</td><td>避难层楼梯出入口</td><td>强制</td></tr>
<tr><td>16</td><td>总台接待处、收银处、外币兑换处</td><td>强制</td></tr>
<tr><td>17</td><td>贵重物品寄存处</td><td>强制</td></tr>
<tr><td>18</td><td>安防中心控制室</td><td>强制</td></tr>
<tr><td>19</td><td>人脸识别系统终端</td><td>安防中心控制室</td><td>推荐</td></tr>
<tr><td>20</td><td rowspan="5">入侵报警系统</td><td>入侵探测器</td><td>周界围墙封闭屏障处</td><td>推荐</td></tr>
<tr><td>21</td><td>入侵探测器、声光告警器</td><td>设备层、财务出纳室、水泵房和房屋水箱部位、配电站</td><td>强制</td></tr>
<tr><td rowspan="2">22</td><td rowspan="2">紧急报警装置</td><td>总台接待处、收银处、外币兑换处、财务出纳室、贵重物品寄存处、小件行李存放处</td><td>强制</td></tr>
<tr><td>安防中心控制室</td><td>强制</td></tr>
<tr><td>23</td><td>防盗报警控制器</td><td>安防中心控制室</td><td>强制</td></tr>
<tr><td>24</td><td colspan="2">出入口控制系统</td><td>贵重物品寄存处、小件行李存放处</td><td>推荐</td></tr>
<tr><td>25</td><td colspan="2">声音复核装置</td><td>总台接待、收银处、外币兑换处</td><td>推荐</td></tr>
<tr><td>26</td><td colspan="2">电子巡查系统</td><td>配电房、锅炉房、电梯机房、空调机房、油库、总机房、计算机房、闭路电视中心、停车库（场）、避难层、各楼层出入口以及其他重要部位</td><td>强制</td></tr>
</table>

续表

序号	项目		安装区域或覆盖范围	配置要求
27	控制、记录、显示装置		安防中心控制室	强制
28	电话通信系统	来电号码显示	对外公开的直线电话	强制
29	实体防护	防盗安全门、金属防护门、防盗栅栏	财务出纳室、客房门	强制
30			安防中心控制室	强制

（7）医院重要部位安全技术防范系统配置。医院重要部位安全技术防范系统配置根据上海市地方标准《重点单位重要部位安全技术防范系统要求　第11部分：医院》（DB 31/329.11—2007）的要求，由视频安防监控系统、声音复核装置、入侵报警系统、出入口控制系统、机动车停车场（库）管理系统、通信显示系统、电子巡查系统、实体防护装置组成，详见表2—7。

表2—7　医院重要部位安全技术防范设施基本配置

序号	项目		安装区域或覆盖范围	配置要求
1	视频安防监控系统	彩色摄像机	医院周界	推荐
2			医院出入口	强制
3			运钞车停放处	强制
4			运钞车交接款通道	强制
5			机动车停车场（库）出入口	强制
6			医院内主干道	推荐
7			机动车停车场（库）内	推荐
8			门（急）诊部、住院楼出入口	强制
9			门（急）诊部、住院楼各楼层出入口	强制
10			门（急）诊部、住院楼各楼层电梯厅、自动扶梯口	强制
11			电梯轿厢内	推荐
12			门（急）诊候诊区域	推荐
13			门（急）诊预检处	强制
14			门（急）诊大厅内	强制
15			急诊护士台、住院病区护士台	强制
16			收费窗口处	强制
17			药房窗口处	强制
18			门（急）诊补液室内	推荐
19			验血采（抽）血处	推荐

续表

序号	项目		安装区域或覆盖范围	配置要求
20	视频安防监控系统	彩色摄像机	手术室外等候区域	推荐
21			重症监护室外等候区域	推荐
22			新生儿病室内	强制
23			太平间出入口	强制
24			住院病区膳食加工配制区域	强制
25			药库、国家管制的麻醉类和精神类药品集中存储场所	强制
26			病史室、病理室内	强制
27			重要实验室（含高致病性病原微生物实验、存储场所）出入口	强制
28			计算机网络管理中心	强制
29			易燃易爆品集中存储场所	强制
30			医院配电站出入口	强制
31			医院配电站内	推荐
32			安防中心控制室	强制
33		彩色摄像机、声音复核装置	医患纠纷接待室	强制
34		处理/控制、记录与显示设备	值班室	推荐
35			安防中心控制室	强制
36	入侵报警系统	入侵探测器	药库、国家管制的麻醉类和精神类药品集中存储场所	强制
37			档案室	强制
38			防盗保险箱（柜）存放场所	强制
39			重要实验室（含高致病性病原微生物实验、存储场所）	强制
40			易燃易爆品集中存放场所	强制
41		紧急报警装置	门卫室	强制
42			院长办公室	推荐
43			门（急）诊预检处	强制
44			急诊护士台、住院病区护士台	强制
45			医患纠纷接待室	强制
46			收费窗口	强制
47			重要实验室（含高致病微生物实验、存储场所）	强制
48			病史室、档案室、计算机网络管理中心	推荐
49			安防中心控制室	强制

续表

序号	项目		安装区域或覆盖范围	配置要求
50	入侵报警系统	处理/控制/管理设备	独立设防区域	推荐
51			安防中心控制室	强制
52		终端图形显示装置/记录设备	安防中心控制室	强制
53	出入口控制系统	识读/执行设备	收费窗口	强制
54			重要实验室（含高致病性病原微生物实验、存储场所）	强制
55			计算机网络管理中心	推荐
56			重要设备机房（含锅炉房）出入口	推荐
57			档案室	强制
58			药库、国家管制的麻醉类和精神类药品集中存储场所	强制
59			易燃易爆品集中存储场所	强制
60			安防中心控制室	强制
61		联网显示/编程/管理/控制设备	安防中心控制室	强制
62	机动车停车场（库）管理系统		机动车停车场（库）出入口	推荐
63	通信显示系统		医患纠纷接待室、医院领导办公室、总值班室电话	强制
64	电子巡查系统		重要设备机房（含锅炉房）区域	推荐
65			住院楼各楼层	推荐
66			药库、国家管制的麻醉类和精神类药品集中存储场所	推荐
67			机动车、非机动车停车场（库）周边	推荐
68	实体防护装置	防盗防火安全门/防盗栅栏	收费窗口处出入口	强制
69			病史室、病理室	强制
70			档案室	强制
71			计算机网络管理中心	强制
72			药库、国家管制的麻醉类和精神类药品集中存储场所	强制
73			防盗保险箱（柜）存放场所	强制
74			重要实验室（含高致病性病原微生物实验、存储场所）	强制
75			易燃易爆品集中存储场所	强制
76			安防中心控制室	强制

（8）商务办公楼重要部位安全技术防范系统配置。商务办公楼重要部位安全技术防范系统配置根据上海市地方标准《重点单位重要部位安全技术防范系统要求　第8部分：旅馆、商务办公楼》（DB 31/329.8—2007）的要求，由视频安防监控系统、入侵报警系统、

出入口控制系统、电子巡查系统、实体防护装置组成，详见表 2—8。

表 2—8　商务办公楼重要部位安全技术防范系统配置

序号	项目		安装区域或覆盖范围	配置要求
1	视频安防系统	彩色摄像机	正门外候车区	推荐
2			停车场（库）出入口	强制
3			地下停车场（库）电梯厅、楼梯出入口	强制
4			办公区域与外界相通的出入口	强制
5			电梯轿厢	强制
6			办公区域各楼层的楼梯出入口、电梯厅或主要通道	强制
7			商场、康乐设施场所、租赁用会议室的楼层出入口	推荐
8			总服务台	强制
9			安防中心控制室	强制
10	入侵报警系统	入侵探测器	周界围墙封闭屏障处	推荐
11		入侵探测器、声光告警器	财务出纳室	强制
12			各业主及租赁单元内	推荐
13			水泵房和房屋水箱部位、配电站（所）	强制
14		紧急报警装置	各业主及租赁单元内	推荐
15			总服务台、安防中心控制室	强制
16		防盗报警控制器	各业主及租赁单元内	推荐
17			安防中心控制室	强制
18	出入口控制系统		单位重要部门	推荐
19	电子巡查系统		配电房、锅炉房、电梯机房、空调机房、停车库（场）、各楼层出入口以及其他重要部位	强制
20	控制、记录、显示装置		安防中心控制室	强制
21	实体防护	防盗安全门、金属防护门、钢栅栏	安防中心控制室、财务出纳室	强制
22			业主及租赁单元	推荐

（9）展馆重要部位安全技术防范系统配置。展馆重要部位安全技术防范系统配置根据上海市地方标准《重点单位重要部位安全技术防范系统要求　第 1 部分：展览会场馆》（DB 31/329.1—2005）的要求，由视频安防监控系统、声音复核装置、入侵报警系统、出入口控制系统、金属探测系统、X 射线安全检查系统、电话来电显示和语音记录系统、电子巡查系统、实体防护装置组成，详见表 2—9。

表 2—9　　　　展馆重要部位安全技术防范系统基本配置

序号	项目		安装区域或覆盖范围	配置要求
1	视频安防监控系统	彩色摄像机	展馆、封闭式停车场（库）出入口	强制
2	视频安防监控系统	彩色摄像机	安防中心控制室出入口	强制
3	视频安防监控系统	彩色摄像机	一类展馆内特殊展品展区、展品装卸区、展品储存库出入口	强制
4	视频安防监控系统	彩色摄像机	一类展馆内主要通道	强制
5	视频安防监控系统	彩色摄像机	一类展馆室外展区	强制
6	视频安防监控系统	彩色摄像机	一类展馆内非主要通道	推荐
7	视频安防监控系统	彩色摄像机	二类展馆内主要通道、展区、展品装卸区、展品储存库、室外展区出入口	推荐
8	视频安防监控系统	彩色摄像机	展馆电梯轿厢内	推荐
9	视频安防监控系统	控制、记录与显示装置	安防中心控制室	强制
10	入侵报警系统	入侵探测器	展馆出入口、与外界相通的窗户	强制
11	入侵报警系统	入侵探测器	展馆财务室	强制
12	入侵报警系统	入侵探测器	一类展馆展品储存库	强制
13	入侵报警系统	入侵探测器	一类展馆特殊展品展区	强制
14	入侵报警系统	入侵探测器	展馆周界围墙等封闭屏障处	推荐
15	入侵报警系统	紧急报警装置	安防中心控制室	强制
16	入侵报警系统	紧急报警装置	一类展馆特殊展品展区、展品储存库、财务室、室外展出三级以上文物或特殊展品	强制
17	入侵报警系统	紧急报警装置	展馆主出入口内隐蔽处	推荐
18	入侵报警系统	防盗报警控制器	展馆中心控制室	强制
19	出入口控制系统		一类展馆展品储存库	强制
20	出入口控制系统		安防中心控制室	推荐
21	金属探测系统		一类展馆主出入口	推荐
22	X 射线安全检查系统		一类展馆主出入口	推荐
23	电话来电显示和语音记录系统	来电号码显示	展馆电话总机、公开对外的电话	强制
24	电话来电显示和语音记录系统	来电通话记录	公开对外的电话	强制
25	电子巡查系统		一类展馆特殊展品的室外展区	推荐
26	电子巡查系统		一类展馆重要部位	强制
27	实体防护装置	防盗防火安全门	展馆展品储存库、中心控制室、财务室	强制
28	实体防护装置	防盗栅栏	展馆通风口	强制
29	实体防护装置	防盗栅栏	一类展馆室外展区特殊展品	推荐
30	实体防护装置	防爆展柜	一类展馆特殊展品	强制

第2节　安全技术防范行业管理的基本要求

安全技术防范系统已被广泛应用于公安机关刑事侦查、治安管理、交通管理等各项工作以及社会日常生活中，技术防范在调动社会资源，预防、制止犯罪，增强公众安全感，提高社会面控制能力，降低警务成本等方面发挥出了重要作用。自2004年以来，全国开展了以城市报警与监控为重点的安全技术防范系统建设。据不完全统计，到2008年年底，各地已建成的报警系统超过26万个，安装监控摄像机270余万台。这些系统在辅助公安机关预防打击违法犯罪、服务民生的同时，也对安全技术防范的法律地位、安全技术防范涉及的区域、安全技术防范信息的使用和管理等行业管理建设提出了更高的要求。以下将近年来政府部门对安全技术防范行业管理主要要求和内容做一概述。

一、安全技术防范和产品（系统）的管理

1. 基本概念。安全技术防范是指运用科学技术手段，预防、发现、监控、制止违法犯罪或者重大治安事件的活动。安全技术防范系统是指由安全技术防范产品和其他相关产品所构成的具有视频监控、入侵探测与报警、出入口目标识别与控制等个体功能的部分，或者由上述具有个体功能的部分组成、集成的具有综合功能的整体。安全技术防范产品，是指用于防抢劫、防盗窃、防爆炸等防止国家、集体、个人财产以及人身安全受到侵害的专用产品。

2. 安全技术防范产品管理。为规范安全技术防范产品的管理，2000年6月16日由原国家质量技术监督局和公安部联合以政府令（第12号）的形式发布了《安全技术防范产品管理办法》，并于2000年9月1日起实施。

《安全技术防范产品管理办法》规定了入侵探测器、防盗报警控制器、汽车防盗报警系统、报警系统出入口控制设备、防盗保险柜（箱）、机械防盗锁、楼寓对讲（可视）系统、防盗安全门、防弹复合玻璃、报警系统视频监控设备共10类产品为安全技术防范产品。

安全技术防范产品的管理分别实行工业产品生产许可证制度、安全认证制度和生产登记制度。对同一类安全技术防范产品的管理，不重复适用上述三种制度。

实行工业产品生产许可证制度的安全技术防范产品的管理，按照国家有关工业产品生产许可证制度的规定执行。实行工业产品生产许可证管理的安全技术防范产品，未取得工

业产品生产许可证的，禁止生产和销售。但目前暂无安全技术防范产品列入该制度。

实行安全认证制度的安全技术防范产品的管理，按照国家有关安全认证制度的规定执行。实行安全认证强制性监督管理的安全技术防范产品，未获得安全认证的禁止销售和使用。目前，安全技术防范产品列入该制度管理的有：入侵探测器（包括室内用微波多普勒探测器、主动红外入侵探测器、室内用被动红外探测器、微波与被动红外复合入侵探测器、磁开关入侵探测器、振动入侵探测器、室内用被动式玻璃破碎探测器等）、防盗报警控制器、汽车防盗报警系统、防盗保险柜（箱）。

实行生产登记制度的安全技术防范产品，未经公安机关批准生产登记的，禁止生产和销售。目前，安全技术防范产品列入该制度管理的有：入侵探测器（包括张力式电子围栏入侵探测器、高压电子脉冲式探测器、泄漏电缆入侵探测器、光纤围栏入侵探测器等）、报警系统出入口控制设备（包括目标识别、信息处理、控制、执行的设备和系统）、机械防盗锁［包括用于防盗安全门、金库门、防盗保险柜（箱）、机动车防盗的专用锁等］、楼寓对讲（可视）系统（包括各类可视、非可视楼寓对讲设备和系统、楼寓对讲复合报警功能的设备系统）、防盗复合玻璃（包括各类防弹、防破坏的玻璃）、报警系统视频监控设备（包括视频入侵、视频探测、视频传输、视频控制、视频存储、视频显示等视频安防监控设备系统）。

另外，防盗安全门、视频安防监控系统用摄像机（镜头）、显示终端、矩阵控制器、视频安防监控系统光端机、电子巡查系统、电子防盗锁等产品（系统）列入形式检验的管理方式。

《安全技术防范产品管理办法》明确规定："公安机关是安全技术防范工作的主管部门，在质量技术监督部门指导下，具体负责安全技术防范产品质量行业监督管理工作。"

销售安全技术防范产品的单位或者个人，应当进行进货验证，验明生产企业的产品质量检验合格证明和工业产品生产许可证证书或者安全认证证书或者生产登记批准书。生产、销售安全技术防范产品的企业，必须严格执行质量技术监督法律法规的有关规定，保证产品质量符合有关标准的要求。安全技术防范产品质量检验机构必须经省级以上质量技术监督部门或者会同公安机关审查认可并考核合格，在授权的产品质量检验范围内从事检验活动。安全技术防范产品质量国家监督抽查由国家质量技术监督局组织实施，行业监督抽查由国家质量技术监督局批准后由公安部组织实施，地方监督抽查由地方质量技术监督部门组织实施或者会同地方公安机关组织实施。安全技术防范产品质量日常监督检查由地方质量技术监督部门和公安部门在各自的职责范围内依法组织实施，并避免重复检查。

二、安全技术防范系统的建设

安全技术防范工作要纳入当地经济和社会发展规划，并列入社会综合治理和突发公共事件应急管理体系。公共安全的广场、公园、城市主要道路，治安复杂的区域路段、路口、地下通道、过街天桥、隧道、大型桥梁等社会公共区域，以及法律、行政法规规定的治安保卫重点单位、场所和部位等应当安装和使用技术防范系统。安全技术防范系统由所在单位负责建设。在建设项目新建、改建、扩建时，安全技术防范系统应与建设项目综合设计、同步施工、独立验收。

三、安全技术防范系统安装、运营单位应当具备的条件

从事安全技术防范系统安装、运营的单位应有中华人民共和国的法人资格，有与从事安全技术防范系统安装、运营相适应的注册资本，有与从事安全技术防范系统安装、运营相适应的专业技术人员，应当依法取得法律、行政法规规定的专业资格，单位法定代表人、主要管理人员、专业技术人员不得有因故意犯罪被刑事处罚、因违反治安管理行为被行政拘留或者被劳动教养、收容教育、强制隔离戒毒等不良记录，有与从事安全技术防范系统安装、运营相适应的技术设备和场所，有健全的安全管理制度和岗位责任制等。

四、安全技术防范系统安装、使用和运营单位的职责

安全技术防范系统安装、运营单位应当对安全技术防范系统相关资料立卷归档，依法管理，履行保密义务。安全技术防范系统中使用的安全技术防范产品，应当符合法律、行政法规、规章的规定，符合国家标准、行业标准的要求。

已安装的安全技术防范系统，其功能性能指标应当满足风险等级和防护级别的要求，符合国家标准、行业标准的要求。在社会公共区域安装具有视频监控的安全技术防范系统，应当设置明显标志。

安全技术防范系统的设计方案应当通过可行性论证，并在施工前报公安机关备案。安全技术防范系统竣工后，由建设单位按照国家相关规定组织验收。未经验收或者验收不合格的，不准投入使用。安全技术防范系统的运营单位应当建立健全运营制度，规范系统操作规程，制定相关应急预案，加强对系统使用者的业务指导和培训。安全技术防范系统运营单位应当保证系统的安全有效，接到报警信息应当予以复核。当确认为警情的，应当立即报告所在地公安机关。

建设单位应当定期委托授权的中介机构对已安装安全技术防范系统进行合格评定，保证系统效能的发挥。

五、安全技术防范系统运行安全和保密要求

使用安全技术防范系统信息时，不得泄露国家秘密、商业秘密和个人隐私，不得侵犯公民、法人和其他组织的合法权益。安全技术防范系统安装、运营单位及其工作人员，对工作中知悉的或者依照法定程序获取和使用的涉及国家秘密、商业秘密、个人隐私的用户信息，以及用户明确要求保密的资料、信息、技术等，应当保守秘密。

安全技术防范系统运营单位应建立值班监控、信息保存、信息使用、操作规范等管理制度。显示、储存、传输重要系统信息时应当采取信息保全和加密等措施。负责监控安全技术防范系统的工作人员，应当严格遵守操作规范和相关管理制度，保障系统信息的安全。

六、安全技术防范系统信息调取、查看、复制、使用

公安机关因行政执法工作需要，或者行使侦查、检察、审判职权的机关因刑事司法工作需要，或者发生社会安全、自然灾害、事故灾难、公共卫生等突发事件需要，并具有突发事件调查、处置权，在按照规定调取、查看、复制、使用安全技术防范系统时，相关单位应当予以配合。

七、禁止行为

实行工业产品生产许可证管理的安全技术防范产品，未取得工业产品生产许可证的，禁止生产和销售。

实行安全认证制度的安全技术防范产品的管理，按照国家有关安全认证制度的规定执行。实行安全认证强制性监督管理的安全技术防范产品，未获得安全认证的禁止销售和使用。

实行生产登记制度的安全技术防范产品，未经公安机关批准生产登记的，禁止生产和销售。

安全技术防范系统的安装、运营单位及其工作人员不得擅自拆除、损坏或者挪用系统设备、设施，不得无故中断或者妨碍系统的正常使用，不得自行改变系统的用途、适用范围，不得擅自修改、删除、破坏系统正常程序和记录，不得有其他影响安全技术防范系统运行安全的行为。

任何单位和个人未经许可，不得擅自查看、复制、买卖、传播安全技术防范系统信息，不得非法使用、传播安全技术防范系统信息资料，不得故意隐匿、毁弃安全技术防范系统采集的涉及违法犯罪活动的信息资料，不得有其他违法使用安全技术防范系统信息的

情形。

在关系国家安全、涉及国家秘密的场所、部位不得聘请外商独资、中外合资、中外合作企业从事安全技术防范系统的安装、运营活动。

八、处罚

对于违反《安全技术防范产品管理办法》规定，有下列行为之一的，由县级以上公安机关责令其限期改正；拒不改正的，根据情节轻重予以警告或者处以1万元以下罚款；有违法所得的，处以违法所得1倍以上3倍以下、最高不超过3万元罚款。

1. 未经公安机关批准登记，擅自生产实行生产登记制度的安全技术防范产品的。

2. 销售实行生产登记制度的安全技术防范产品，但该产品未经公安机关批准生产登记的。

对于未经许可擅自从事安全技术防范系统安装、运营的由县级以上人民政府公安机关予以取缔并没收违法所得。擅自在社会公共区域安装安全技术防范系统的，由县级以上人民政府公安机关责令拆除。违反有关规定，转借、转租的，由县级以上地方人民政府公安机关责令限期改正，并可对单位和直接负责的主管人员和其他直接责任人员进行罚款处罚。有违法所得的，没收违法所得；情节严重的，由发证机关吊销其许可证。通过欺骗、贿赂等不正当手段取得《安全技术防范服务许可证》的，由发证机关吊销其许可证，申请人在3年内不得再次申请该行政许可，并处以罚款，有违法所得的，没收违法所得。

技防建设单位有下列行为之一的，由县级以上地方人民政府公安机关责令限期改正或者停止使用；逾期不改正的，处以警告和罚款；情节严重的，对直接负责的主管人员和其他直接责任人员依法给予处分：应当安装安全技术防范系统而拒不安装的；安全技术防范系统应当经过设计方案论证和备案而没有论证或者备案的；投入使用的安全技术防范系统未经验收或者验收不合格；投入使用的安全技术防范系统未按照规定进行定期合格评定，或者合格评定不合格仍继续使用的。

安全技术防范系统的安装、运营单位，有下列行为之一的，由县级以上地方人民政府公安机关责令限期改正并对单位处以罚款；有违反治安管理行为的，依法给予治安管理处罚；构成犯罪的，依法追究刑事责任：使用不符合相关法律、行政法规、规章规定或者国家标准、行业标准的产品的；安全技术防范系统的安装、运营不执行国家标准、行业标准的；泄露安全技术防范系统秘密的；接收报警信息后不复核，或者确认为警情不报警的；拒绝、阻碍有关单位或者依法使用安全技术防范系统的；跨省级行政区域从事安装、运营不进行备案的。

违反上述有关规定构成犯罪的，依法追究刑事责任。

第 3 节　信息安全防护

一、我国政府信息安全管理机构

我国政府对信息安全非常重视，全国人大、国务院和有关部委相继对计算机网络安全工作作出规定，从法律、法规上保护计算机网络的安全，对于打击计算机网络犯罪、保护信息的安全、维护网络用户的合法权益，起到了重要的作用。

为加强对信息化工作的领导，我国成立了国家信息化领导小组，由国务院领导亲自任组长，中央国家机关有关部委的领导参加小组的工作。为了强化计算机网络安全工作的领导，国家信息化领导小组对信息产业部、公安部、安全部、国家保密局等部门在信息网络安全的管理方面进行了职能分工，明确了各自的责任，对于保障我国信息化工作的正常发展，保护信息的安全起到了重要的作用。

现任国家信息化领导小组的成员包括：国务院总理温家宝任国家信息化领导小组组长，国务院副总理李克强、中宣部部长刘云山、国务院副总理张德江、中央军委副主席郭伯雄、国务委员兼公安部部长孟建柱任国家信息化领导小组副组长。领导小组成员还包括中央、国务院和军队有关部门的主要负责人。

1. 国家公安机关

根据《计算机信息网络国际互联网安全保护管理办法》的规定，公安部负责计算机信息网络国际互联网的安全保护工作，其公共信息网络安全监察局具体履行安全管理职能，以法律、法规的实施对计算机网络实行监督，加强对计算机网络的安全管理，消除计算机网络隐患，防范黑客攻击和计算机病毒对我国信息网络的侵害。

公安机关公共信息网络安全监察机构的主要职能如下：

（1）依法加强对互联网络的安全管理。各地公安机关公共信息网络安全监察部门督促、监察和指导互联网单位建立计算机网络安全管理机构，制定安全工作规章制度，落实安全责任制，培训计算机网络安全管理人员，增强全社会计算机网络安全意识和安全防范能力。

（2）依法加强对重点要害部门计算机信息系统安全的监督和检查。各地公安机关公共信息网络安全监察部门要对重点要害部门的计算机信息系统的防窃密、防黑客攻击和防计算机病毒的能力进行测试和检查。如果有漏洞，应及时提出整改措施，消除隐患，确保重要信息的安全。

(3) 研究制定公共信息安全政策和技术防范措施。采取有效措施积极防范黑客攻击和计算机病毒对我国信息网络的侵害。各地公安机关公共信息网络安全监察部门要经常开展“防窃密、防病毒、防攻击”的教育和技术指导。防范政策和技术要及时，使预防工作有法可依，有章可循。

(4) 掌握信息网络违法犯罪的动态，提供犯罪证据，打击违法犯罪行为。要坚决打击利用计算机网络从事危害社会活动，以及传播有害信息和黄色淫秽内容的活动，对危害计算机网络安全的行为要调查取证并交司法部门处理。

为加强对信息网络安全工作的指导，公安部的公共信息网络安全监察局设有中国网络信息安全网站。

2. 国家安全机关

根据《中华人民共和国国家安全法》的规定，国家安全机关是国家安全工作的主管机关，在计算机网络信息安全管理工作中，负责侦查计算机网络上危害国家安全的事件，打击利用计算机网络进行阴谋颠覆政府、分裂国家、推翻社会主义制度的犯罪行为。

3. 国家保密机关

(1) 国家保密局的职能。依据《计算机信息系统保密管理暂行规定》（国保发［1998］1 号），国家保密局主管全国计算机信息系统的保密工作，其主要职能如下：

1) 研究制定计算机网络保密工作的规划、政策、规章制度和技术标准，指导计算机网络信息的保密工作。

2) 依据《涉及国家秘密的通信、办公自动化和计算机信息系统审批暂行办法》（中保办发［1998］6 号），负责对涉及国家秘密的计算机信息系统工程法案的审批和投入使用前的验收。

3) 依法对公共信息网络中信息涉密情况和相关保密法规的执行情况进行检查，消除隐患，堵塞泄露国家秘密的渠道。

4) 负责对党政机关、重点部门和要害部位计算机网络保密情况进行监督、检查，确保国家秘密的安全。

5) 负责对涉密计算机信息系统设备的保密性能进行监测。

6) 负责组织对计算机网络保密技术的研究、开发和成果鉴定，并组织、实施对计算机网络保密技术检查。

7) 负责对涉密计算机网络施工单位的资质进行审查。

8) 依法组织协调有关部门对计算机网络上泄露国家秘密的行为进行查处。

(2) 网络保密管理的原则。国家保密机关的网络保密管理分为对公共信息网络保密管理和对涉密信息网络保密管理。

1）国家保密机关对公共信息网络保密管理的原则

①控制源头。保证保密信息不上公共信息网，管住秘密信息的源头。

②加强检查。对已经上公共信息网的信息要进行经常性的检查，发现公共信息网上有涉密信息，应立即删除并查清来源，严肃处理泄密人员。

③明确责任。信息网络的保密工作在管理上要层层建立责任制，责任到人，发生泄密事件，就要追究责任。

④落实制度。把有关公共信息网络保密管理的制度落到实处，做到用制度管理网络，确保在信息网上不发生泄密。

2）国家保密机关对涉密信息网络保密管理的原则

①同步建设。涉密信息网络必须与保密设施同步规划和建设，在网络建设的过程中把保密措施和管理规划同步建立起来。

②严格审批。涉密信息网络工程方案要经保密机关审批，建成后验收合格，才能投入使用。

③注重防范。涉密系统从建设到投入使用都必须进行保密防范，保密防范的经费要占涉密网络建设经费的15%左右。

④规范管理。对涉密网络要建立起一套严格的管理制度，管理的内容既包括对系统的管理，也包括对人的管理。在一定的条件下，更重要的是对人的管理。

（3）新修订的保密法对计算机网络保密管理提出的新标准。随着国际国内形势的变化和信息化建设的快速推进，国家秘密的存在形态和运行方式发生了巨大变化，保密工作的对象、领域和环境发生了深刻变化，信息公开与信息安全之间出现了一些矛盾冲突，窃密、泄密违法行为日益复杂多样，保密工作中出现了一些新情况和新问题。

2010年4月29日，国家主席胡锦涛签发了第28号主席令，宣布《中华人民共和国保守国家秘密法》已修订通过，自2010年10月1日起施行。针对近年来计算机网络泄密高发趋势，新修订的保密法对计算机网络保密管理提出了许多新标准。例如：

1）按照涉密程度不同，计算机信息系统将采取不同强度的管理措施。

2）网络运营商、服务商有责任配合有关机关调查泄密事件，发现泄密事件要及时报告。

3）新修订的《中华人民共和国保守国家秘密法》第48条明确列举了12项禁止事项，其中一半以上与加强计算机网络的保密管理有关，以下行为将严禁：

“第7项：在互联网及其他公共信息网络或者未采取保密措施的有线和无线通信中传递国家秘密。

第8项：将涉密计算机、涉密存储设备接入互联网及其他公共信息网络。

第9项：未采取防护措施的情况下，在涉密信息系统与互联网及其他公共信息网络之间进行信息交换。

第10项：使用非涉密计算机、非涉密存储设备存储、处理国家秘密信息。

第12项：将未经安全技术处理的退出使用的涉密计算机、涉密存储设备赠送、出售、丢弃或者改作其他用途。”

上述事项中有些行为是未采取相关措施时被禁止的，如在有线和无线通信中传递国家秘密；在涉密信息系统与互联网之间进行信息交换；将退出使用的涉密计算机、涉密存储设备赠送、出售、丢弃或者改作其他用途。而有些行为是被无条件禁止的，如在互联网及其他公共信息网络中传递国家秘密；将涉密计算机、涉密存储设备接入互联网及其他公共信息网络；使用非涉密计算机、非涉密存储设备存储、处理国家秘密信息。

4）这次保密法的修订改“结果论”为“行为论”，规定不论是否产生泄密实际危害后果，只要发生列举的12项严重违规行为之一，都将依法追究责任。同时，也加大了处分监督力度，对不依法给予处分的，保密部门应当提出纠正建议；对不依法处分违规者的机关、单位有关领导人员，要依法追究其责任。

4. 国家密码管理机关

根据《商用密码管理条例》（国务院令第273号）的规定，国家密码管理委员会主管全国商用密码的管理工作。商用密码管理工作遵循“统一领导、集中管理、专控经营、满足使用”的原则。

（1）国家密码管理委员会的职能。国家密码管理委员会的主要职能是对商用密码工作进行宏观管理，包括以下内容：

1）制定发展商用密码的方针、政策和条例。

2）制定发展商用密码的发展规划。

3）审批商用密码的研制计划和编用原则。

4）审批商用密码的出口政策。

5）研究决定商用密码发展中的重大问题。

（2）国家密码管理委员会办公室的职责。国家密码管理委员会办公室是国家密码管理委员会的日常工作机构，主要负责全国商用密码管理的日常工作。其职责如下：

1）委托省、自治区和直辖市商用密码管理机构的具体工作。

2）指定单位承担商用密码的科研任务。被指定的单位必须具有相应的技术力量和供研究使用的设备。

3）组织专家按照商用密码的技术标准和技术规范来审查、签订商用密码的科技成果。

4）指定商用密码的生产单位。由于密码是一种特殊的商品，因此未经许可，任何单位不得生产。生产单位必须具有与生产商用密码产品相适应的技术力量，确保商用密码产品质量的生产设备、生产工艺和质量保证体系。

5）指定对商用密码进行质量检测的资格检测机构，保证商用密码产品合格。

6）指定销售商用密码产品的单位。未经许可，任何单位或个人不得销售商用密码产品。

7）批准组织或个人在中国境内使用商用密码产品。未经批准，使用商用密码是违法行为。

8）会同有关部门查处违反商用密码管理工作的违法行为。

综上所述，国家密码管理委员会主要承担制定方针、政策，审批规划、原则等重大问题，而指定科研任务、检测机构、销售单位，批准商用产品、查处违法行为等日常管理工作主要由国家密码管理委员会办公室承担。

二、我国信息安全产品测评认证机构

1. 测评认证的概念

在信息安全的测评认证活动中，测试、评估、认证三者之间紧密相关但又有不同的概念。

按照规定的程序，对产品、材料、设备、工艺或服务的一种或多种特性进行判定性的技术操作称之为测试。

对测试（或检测）产生的数据进行分析判断，形成结论的技术操作称之为评估。

第三方依据程序对产品、过程、服务符合规定的要求给予书面保证（证书），用于评价产品质量和企业管理水平称之为认证。这里的第三方必须和供方（生产者）及需方（购买者）无关，并双方充分信任。认证按强制程度分为强制性认证和自愿性认证两种，按认证对象分为产品质量认证和质量管理体系认证。

列入强制性产品认证目录内的产品，必须经国家指定的认证机构认证合格，取得相关证书并加施认证标志后，方能出厂、进口、销售和在经营服务场所使用。

2. 国家信息安全测评认证工作的必要性

随着全球信息化的发展，信息技术已经成为使用面最广、渗透性最强的战略性技术。由于信息安全产品和信息系统固有的敏感性和特殊性直接影响着国家的安全和经济利益，因此各国政府纷纷颁布标准，并建立起一套行之有效的信息安全测评认证体系，对新产品的研制、生产、销售、使用和进出口实行严格、有效的管理。

我国既面临着信息化的发展机遇，同时也面临着安全方面的挑战。发展与安全是我国信息产业发展过程中必须认真考虑的战略问题。由于我国信息基础设施中的大部分设备依赖进口，信息安全产业刚刚起步，国外信息安全产品未经检验就进入我国，直接威胁着我国的信息安全，严重制约了我国信息产业的发展，这与我国政治、经济的发展极不相称。因此，在我国建立一套完整、科学的信息安全测评认证制度、加强对信息安全产品测评认证机构的建设非常重要。

为适应信息化的发展，各发达国家均已建立起一套行之有效的信息安全产品测评认证体系。这个体系一般由跨部门的专家组成测评认证管理委员会，并有一个国家级的测评认证中心和各个授权测评实验室组成管理和服务的体系。美、英、德、法、澳、加、荷等国先后建立了国家信息安全测评认证体系。

3. 我国信息安全产品测评认证体系的建立

近几年，我国有关部门对全球信息安全发展态势进行了积极跟踪和研究，并分别实施了一些信息安全产品的评价、许可或采购管理制度，对信息安全的保障工作起到了积极作用。

从 1997 年开始，我国正式启动并逐步建立了信息安全产品测评认证体系。在国家有关部门的领导下，在中国国家信息安全测评认证管理委员会、中国产品质量认证委员会的监督下，这个体系由中国信息安全产品测评认证中心及其授权的分支机构组成。国家信息安全测评认证管理委员会是测评认证工作的监督管理机构，其成员由信息安全有关的部门、使用部门和研制开发部门等的相关人员组成。管理委员会根据国务院产品质量监督行政主管部门的授权，代表国家对信息安全产品测评认证机构运作的独立性、测评认证活动的公正性、科学性和规范性进行监督。

2004 年 10 月，国务院颁发了《关于建立国家信息安全产品认证认可体系的通知》，(国认证联［2004］57 号，以下简称《通知》）决定成立国家信息安全产品认证管理委员会，并决定“国家对信息安全产品实施统一的认证制度。根据信息安全产品的安全性和应用的领域，统一的认证制度分为强制性认证和自愿性认证两种认证方式。对于重要的信息安全产品实行强制性认证，凡列入强制性认证目录内的产品，未经认证合格不得出厂、进口、销售和使用。对于虽未列入强制性认证目录，但在特定领域和具有一定等级保护要求的网络、系统中应用的信息安全产品，应通过实施自愿性认证保证相应的安全需求。”

《通知》决定：“认证机构要与检查机构、检测实验室分离。认证机构与相关信息安全产品的执法机关不得存在任何行政隶属和经济利益关系。”

根据该决定，“中国信息安全产品测评认证中心”改为“中国信息安全产品测评中心”，专门从事信息技术安全测试和风险评估。

4. 中国信息安全产品测评中心

中国信息安全产品测评中心（以下简称测评中心）是我国专门从事信息技术安全测试和风险评估的权威职能机构。依据中央授权，测评中心的主要职能包括：负责信息技术产品和系统的安全漏洞分析与信息通报；负责党政机关信息网络、重要信息系统的安全风险评估；开展信息技术产品、系统和工程建设的安全性测试与评估；开展信息安全服务和专业人员的能力评估与资质审核；从事信息安全测试评估的理论研究、技术研发、标准研制等。

测评中心是国家信息安全保障体系中的重要基础设施之一，在国家专项投入的支持下，拥有国内一流的信息安全漏洞分析资源和测试评估技术装备；建有漏洞基础研究、应用软件安全、产品安全检测、系统隐患分析和测评装备研发等多个专业性技术实验室；具有专门面向党政机关、基础信息网络和重要信息系统开展风险评估的国家专控队伍。

测评中心开展的具体业务有：信息安全产品测评（分为信息安全产品分级评估、信息安全产品认定测评、源代码安全风险评估等），对信息系统的安全性测试、评估和认定等。

5. 中国信息安全认证中心

2006 年 11 月 17 日，“中国信息安全认证中心”正式成立，指定为信息安全产品强制性认证指定认证机构（唯一的一家），国家统一的信息安全认证认可体系开始正式建立与实施。

中国信息安全认证中心的主要业务有：依据国家信息安全管理的法律法规、《中华人民共和国认证认可条例》及实施规则，在指定的业务范围内，对信息安全产品实施认证，并开展与信息安全有关的管理体系认证和人员培训、技术研发等工作。具体包括：

（1）在信息安全领域开展产品、管理体系等认证工作。

（2）对认证及与认证有关的检测、检查、评价人员进行认证标准、程序及相关要求的培训。

（3）对提供信息安全服务的机构、人员进行资质培训、注册。

（4）开展信息安全认证、检测技术研究工作。

（5）依据法律、法规及授权从事其他相关工作。

2009 年 4 月 27 日，国家质检总局、财政部、国家认监委联合发布公告，决定从 2010 年 5 月 1 日起，对防火墙、安全操作系统、安全数据库系统、反垃圾邮件、入侵检测系统等 8 类共 13 种产品，在《中华人民共和国政府采购法》规定范围内实行强制性认证。未获得强制性认证证书和未加施中国强制性认证标志的，不得进入政府采购领域。

对信息安全产品的安全测评和认证是国家的一项强制性要求，其根本目的在于规范信息安全产品的发展，维护国家的信息安全和利益。

三、其他国家级信息安全保障机构

1. 国家计算机病毒应急处理中心

国家计算机病毒应急处理中心是2000年5月在计算机病毒防治产品检验中心的基础上成立的。

（1）国家计算机病毒应急处理中心的主要工作任务。主要工作任务是充分调动国内防治计算机病毒的力量，快速发现病毒疫情，快速作出反应，快速处置，及时消除病毒，防止计算机病毒对我国计算机网络和信息系统造成重大的破坏，确保我国信息产业安全、健康发展。

我国政府非常重视计算机病毒的防治工作。1996年天津市公安局和天津市技术监督局建立了我国第一家计算机病毒防治产品检验中心。检验中心依照国家质量技术监督局的要求，成立了办公室、资料室、样品室、设备维护室、单机产品检验室、网络产品检验室、质量监督室。工作人员经过上岗前业务、法律法规的严格培训，通过政府有关部门的考试和考核，并取得了上岗的资质证书。

检验中心成立之后积极开展了对在我国销售的计算机病毒防治产品检验的质量认证工作，同时收集了几万种病毒，经过分析之后选出危害性较大、在国内流行的病毒标本，建立了中国计算机病毒标本库，并将该库分为基本病毒标本库、流行病毒标本库、压缩病毒标本库及变形病毒标本库。这是我国最具有权威性的中国计算机病毒标本库。检验中心与计算机病毒防治的国际组织和国内防治计算机病毒产品的科研、生产厂商建立了联系，已经收集了我国流行的计算机病毒的渠道，加强了对计算机病毒的监视工作。检验中心对获取的信息及时上报公安部，并对病毒扩散的趋势和应采取的应急对策提出意见，已经多次处理了在我国发生的计算机病毒事件。

我国的计算机病毒防治工作已经依法走上了法制的轨道。1994年2月，我国政府颁布了《中华人民共和国计算机信息系统安全保护条例》，明确了由公安部主管全国的计算机信息系统安全保护工作，同时规定由公安部归口管理对计算机病毒和危害社会公共安全及其他有害数据的防治和研究工作。此后，又颁布了《计算机病毒防治管理办法》；相继出台了一些法规、规章和技术标准。在新修改的《中华人民共和国刑法》中，对故意制造、传播计算机病毒的行为规定了相应的处罚。这些法律法规和标准对扼制计算机病毒的发展、打击网络犯罪、规范计算机病毒防治工作提供了法律依据。国家计算机病毒应急处理中心依据这些法律法规，积极开展计算机病毒的防范工作和计算机网络的救护工作，并取得了一定的成绩。

（2）国家计算机病毒应急处理中心的主要职能

1）发现、收集在我国流行的计算机病毒。

2）建立、维护中国计算机病毒流行列表。

3）对计算机病毒进行解剖、分析，向国家计算机网络应急技术处理协调中心（CNCERT）和公安部提交病毒疫情分析报告。

4）经主管机关授权后发布计算机病毒疫情。

5）为国内用户提供计算机病毒防治的解决方案，指导用户建立和实施计算机病毒防治措施。

6）为政府有关部门制定我国计算机病毒防治的政策、法规和标准提供技术支持。

7）为遭受计算机病毒攻击破坏的我国计算机用户提供后援服务。

8）根据法律规定，协助、配合公安机关打击利用计算机病毒进行的各种犯罪活动。

9）建立与国内计算机病毒防治专家联系机制。

10）建立与国际计算机病毒防治研究机构进行技术合作和信息交换机制。

11）培训我国从事计算机病毒防治工作的技术与管理人员。

12）协助计算机病毒防治产品检验中心的检验工作。

2. 国家计算机网络应急技术处理协调中心（CNCERT）

国家计算机网络应急技术处理协调中心为国家重要部门的计算机网络系统、为国家计算机网络应急处理体系的成员提供计算机网络应急处理服务和技术支持，并与国际计算机安全组织机构进行交流。

（1）国家计算机网络应急技术处理协调中心的具体工作目标

1）建立国家重要部门的计算机网络应急处理服务队伍。

2）建立国家级的计算机网络应急处理的信息发布与技术支持平台。

3）促进国内计算机网络应急处理工作的交流与合作。

4）为国家计算机网络信息处理工作提供决策、支持。

5）参与计算机网络应急处理的国际合作与交流。

通过应急处理协调中心网络可以为广大计算机网络用户提供安全警报、安全技术、安全工具、安全建议、病毒预告、标准法规、产品测评和教育培训等服务。

（2）国家计算机网络应急处理体系（见图 2—1）

四、各级单位信息安全管理机构

在我国，计算机安全管理组织有四个层面，即各部委计算机安全管理部门、各省计算机安全管理部门、各基层计算机安全管理部门（系统管理部门）以及系统经营单位。其中，直接负责计算机应用和系统运行业务的单位为系统经营单位，其上级单位为系统管理

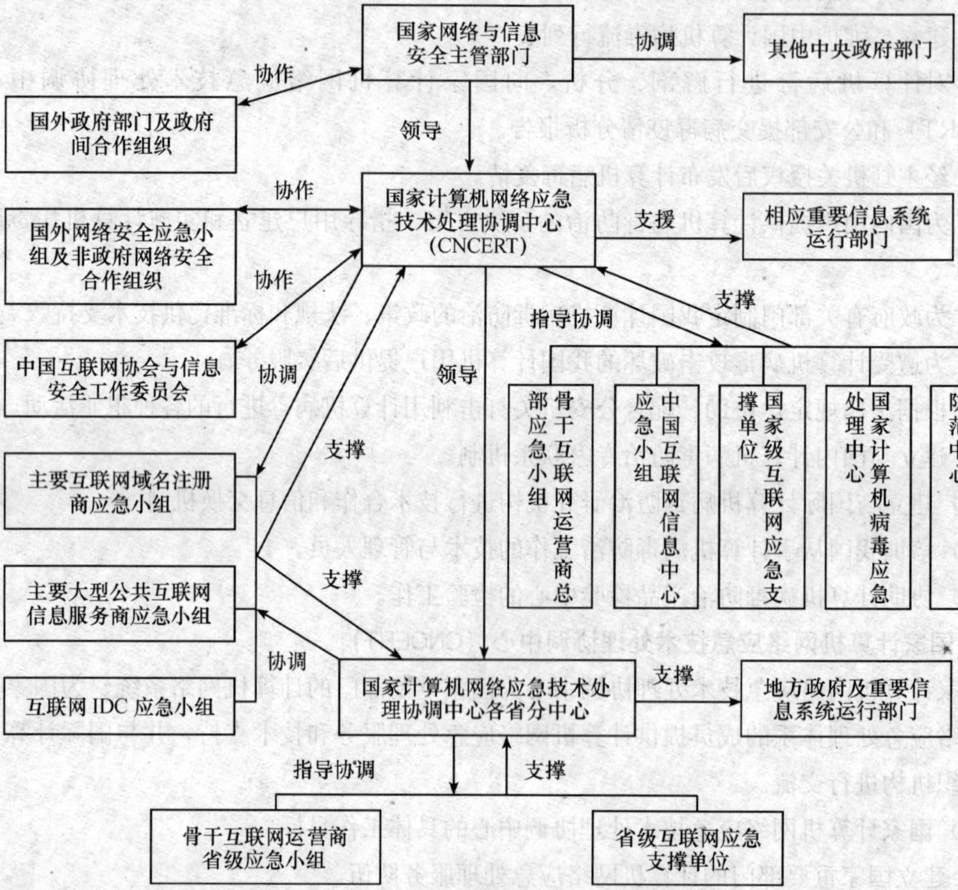

图 2—1　国家计算机网络应急处理体系

部门。国内外计算机信息系统安全方面已经发生的问题表明，仅有计算机安全监察组织而无安全管理组织，计算机安全管理体制是不完善的。计算机信息系统安全治理的重要性和严肃性，需要安全治理机制的权威性。因此，单位的最高领导必须主管计算机安全工作，同时建立适应本单位需要的安全工作组织机制，建立一个从上到下完整的安全组织体系。

单位对信息的安全管理包括以下四个方面。

(1) 要有专门的组织机构负责安全工作的管理。

(2) 要有专门的管理人员进行具体的操作。

(3) 要有一套规章制度约束人们的行为。

(4) 要有完备的安全技术设施，对安全工作提供技术支持。

信息安全的管理要分三个层次，每一级都要有明确的责任制。

(1) 要有一个决策机构，负责宏观管理。

(2) 设置一个常设机构，负责日常工作。

(3) 要有各类安全工作人员，负责落实规章制度和技术规范。

凡对信息系统有安全要求的单位，必须成立相应的安全组织机构。安全组织的规模大小应与其系统的规模相适应，各使用单位应当根据单位的实际需要配置适当人选，一般都至少是“三结合”组成，即配备必要的领导干部、行政管理人员和技术人员。安全组织要承担起制订、落实规章制度，配置安全设备，保证信息安全管理工作正常开展的责任。

安全组织机构的成立应与信息系统的建设同步进行，信息系统建成之后，马上就要有专门的机构负责信息系统的安全管理工作。

安全组织机构对信息系统的安全管理工作是垂直的，网络延伸到哪里，信息安全管理工作就要管到哪里，下一级信息安全组织机构必须无条件地接受上一级安全组织机构的领导。安全组织的名称有叫“信息安全领导小组”“信息安全管理小组”等，不是绝对的。安全组织的负责人在有些企业中被称为“首席信息安全官（CISO）”。不论名称叫什么或机构规模有多大，但安全组织的基本职能是一致的，即保证信息系统的安全。

1. 信息安全领导小组

单位信息安全领导小组是单位信息安全工作最高领导决策机构，不隶属任何部门，直接对单位最高领导层负责。领导小组是常设机构，有例会工作制度。领导小组负责本单位、本系统信息安全工作的宏观领导。

(1) 领导小组的成员

1) 单位信息安全领导小组组长由单位主要领导担任。

2) 其他成员由系统管理、系统分析、通信、软件、硬件、保卫、保密、人事、监察等有关方面的负责人担任。

(2) 领导小组的职能

1) 制定与信息安全有关的长远规划、建设，研究信息安全工作的资金投入、安全（技术、管理）策略、资源利用，处理信息安全的重大事故，决定信息安全的人事问题。

2) 根据国家信息安全的有关法律、法规、制度和规范，结合本单位的实际，批准本单位信息安全方面的规章制度、实施细则、安全目标岗位责任制。

3) 领导本单位信息系统的安全工作，并监督整个信息系统安全体系的日常工作。当设备和设施分布在不同地点时，要在各地区指定安全负责人（专职或兼职），安全负责人要接受本单位信息安全领导小组和信息安全领导小组办公室的领导。

4) 任命本级和所属安全机构的负责人，以及各类安全工作人员。

5) 领导本单位所属的信息安全工作机构，定期召开信息安全工作会议，研究布置工作，解决重大问题。

6）定期向单位最高领导层汇报信息安全工作情况，力求得到最高领导层对信息安全工作的支持。

7）审核批准安全年报、安全教育计划和教育培训计划。

8）表彰信息安全工作先进者，处置违规行为。

（3）领导小组决策的主要内容

1）审核系统安全管理人员的各种安全报告，并作出相关的决定。

2）决定信息系统和信息的安全等级。

3）决定信息系统是否要采取安全措施。

4）作新的信息安全风险评测，决定是否增加安全措施。

5）决定所采用安全保护措施的资金投入量。

6）批准系统安全管理人员草拟或修改的各种安全策略手册。

7）公布本单位信息安全规章制度。

8）仲裁本单位信息安全事故的责任。

9）决定系统安全管理人员的任免。

10）形成决定性的意见，以信息安全领导小组的名义，用决策决定书的形式公告。

（4）领导小组决策的依据

1）系统信息安全管理员提供的报告。

2）信息安全现状报告。

3）新的安全风险分析报告。

4）本单位新增加的安全保密防范措施。

5）单位信息安全事故初步分析报告。

6）新增加安全措施的经费报告。

7）新增加安全措施的效益估计。

8）信息的安全现状及对单位（企业）效益的影响。

2. 单位安全策略顾问委员会

单位安全策略顾问委员会以单位信息安全领导小组成员为核心，邀请本单位或社会上与信息安全、法律政策、行政（企业）管理、技术专家、企业策划等有关专家学者参加，组成智囊团，对单位信息安全领导小组负责。

委员会定期或不定期为信息安全管理提供安全动态、面临的风险、先进技术、改进建议、采取措施，接受咨询。单位安全策略顾问委员会是非常设机构，没有例会工作制度。

3. 单位信息安全领导小组办公室

单位信息安全领导小组办公室是在单位信息安全领导小组直接领导下进行工作，除此不受任何组织、部门的领导。办公室为常设机构，有例会工作制度，负责处理本单位信息安全管理的日常工作。

（1）办公室组成人员

1）单位信息安全领导小组办公室主任负责组织、处理信息安全方面大量的日常工作。由于有些工作技术性比较强，因此要由懂技术的单位信息中心主要负责人担任，或由单位安全负责人担任，但应有一名懂技术的信息中心领导担任副主任，负责技术管理工作。

2）其他人员由系统管理、系统分析、通信、软件、硬件、保卫、保密、机要、监察和人事等有关方面的工作人员组成。

（2）办公室职能

1）接受信息安全领导小组的直接领导，处理信息安全的日常工作。

2）制定本单位信息安全的工作制度、安全目标和各级工作人员的权限、岗位职责。

3）定期向单位信息安全领导小组汇报工作，报告工作计划。

4）与国家有关信息安全工作的主管部门、技术部门建立日常工作联系，及时报告重大事件，并协助有关部门做好处理工作。

5）制定本系统安全操作规程制度。

6）负责管理各类安全管理人员，定期或不定期组织安全教育或培训。

7）定期检查各部门的安全工作，及时通报检查结果和违章行为。

8）负责安全事故调查，起草安全事故报告，提出处理意见。

9）听取所属单位安全领导小组（负责人）的工作汇报，对报告中的重大问题及时报告单位安全领导小组。

10）对本级和本级所属安全工作人员进行工作业绩考核，并提出工作人员称职、不称职或表彰、处罚的意见。

11）起草年度信息安全工作报告和有关信息安全宣传、教育、培训计划。

12）审阅控制台操作记录、系统日志、系统报警记录、系统统计活动、警卫报告、加班报表以及其他与安全有关的材料，发现问题及时做出补救决定。

13）管理、检查、监督、分析系统运行日志和系统监督文档，定期对系统作出安全评价。

14）制定、管理和定期分发系统及用户的身份识别号码、密钥和口令。

15）根据国家和上级保密工作规定，审查系统操作人员对系统信息的使用，审查系统对外发表的信息，防止发生泄密。

16）采取切实可行的措施，防止系统操作人员泄露系统信息和破坏、篡改数据，防止未经许可越权使用系统资源。

17）建立必要的系统访问批准制度，监督、管理系统外维修人员对系统设备的检修及维护。

18）采取切实可行的措施，防止计算机设备被损坏、改换和盗用。

19）定期做信息系统的漏洞检查，向本单位安全领导小组提供信息安全管理系统的风险分析报告，提出相应的对策和实施计划。

20）负责存取系统和修改系统授权以及系统特权口令。

五、单位信息安全管理制度

建立健全单位安全管理制度是安全管理保障体系的基础和关键。规范化的安全管理，能够最大限度地遏制或避免各种计算机危害，是保障计算机信息网络系统安全的最重要环节。

1. 安全管理制度的类型和内容

安全管理制度分为安全事务管理制度和安全技术管理制度两大类。

（1）安全事务管理制度

1）保密制度和信息安全等级保护制度。

2）人事管理制度。人事管理制度包括人员审查制度、安全培训制度、岗位安全考核制度、人员调离规定。

3）环境安全保护制度。环境安全保护制度包括实体安全配置规定（按照有关国家标准及行业标准制定）；设备管理、维护制度；安全检查制度；危险品管理制度等。

4）计算中心出入管理制度。

5）应急计划与备份。应急计划与备份应包含以下内容：

①应急计划所采取的具体步骤和每个步骤的内容，如如何使用备份设备、紧急情况下的关机步骤等。

②与执行应急计划有关人员的姓名、住址、电话以及有关职能部门的联系方式。

③定期进行应急计划实施演习。

④必须备份的基本数据文件，如操作系统、数据库管理系统、应用程序等，各单位根据实际情况定出的需要备份的数据文件。

⑤备份方式、备份周期、转储周期、备份地点、备份可靠性检验。

6）日志审计制度。审计工作应长期不间断地进行，对实体安全、信息安全、系统安全进行全面审计，定期与公安机关网监部门共同对重要信息网络系统进行安全检查。

7）安全保护管理工作、经验、范例、事故、案件等安全事件报告制度。制度种类较多，但对于重要的信息系统来讲，健全的安全管理规章制度是系统安全的基础和保障。本文不可能对所有制度的具体内容都列举详细，只能略举一二。例如，各单位要制定信息安全各岗位的考核制度，定期对不同岗位的人员进行考核。考核包括政治思想和业务技术等多个方面，不仅要考核相关人员的业务理论水平和实际操作技能，还应包括以下信息安全方面的考核。

①是否坚持在指定的计算机或终端上操作。

②是否在运行的机器上做与工作无关的操作。

③是否越权运行程序，是否查阅无关的信息。

④是否有操作异常，是否及时上报。

⑤系统密码是否失密。

（2）安全技术管理制度

1）严格的技术文件管理制度。严格的技术文件管理制度包括计算机系统软、硬件的技术文件，如说明书、操作手册、数据结构文档、数据库结构文档、检测与鉴定文本等，要有保存、备份制度和传递、借阅手续规定。

2）严格的操作规程。严格的操作规程，如制定系统运行记录编写制度。运行记录包括系统名称、姓名、操作时间、处理业务名称、故障记录及处理情况等。

3）完备的系统维护制度

①对系统进行维护时应采取的数据保护措施。

②对系统进行维修时必须记录故障原因、维修对象、维修内容和维修前后状况等。

③必须建立完整的维护记录档案。

4）媒体安全管理制度。媒体安全管理制度包括软盘、U 盘、硬盘、光盘及其他移动存储设备的领取、使用、安装、存放的管理规程以及出入库的核准手续和完备记录。

5）软件安全管理制度

①系统软件应采取的安全措施，如操作系统发生故障时不应暴露口令、授权表等重要信息。

②应用软件应提供的安全控制功能，如安全人员应定期用存档的源程序与现行运行的程序进行对照，以有效防止对程序的非法修改。

③软件开发过程以及连带的测试、交付与使用不得留有隐患，不得擅自扩散，所有资料、草稿、图纸、记录媒介都要安全妥善处理，未经鉴定验收的软件不得投入运行。

④对软件的二次开发或任何修改必须有详细、规范的书面记载，记载修补部位、修改内容、增加功能、修改人、修改日期等。

6）计算机病毒防治制度。计算机病毒防治制度包括专人负责处理病毒防治；配置防病毒硬件、软件和及时升级制度；一般严禁外来盘上机，对必须使用的外来盘（新购软件或空盘，借出机房使用而还回的以及所有在机房外使用过的磁盘都是外来盘）一律进行严格的病毒检测清除以后才能上机。

7）网络安全控制制度

①专人负责网络安全的防护、管理。

②严格审查控制上网信息，严格控制共享信息范围。

③未经网络主管领导许可，不得改变网络拓扑结构、网络配置或网络参数。

④严禁由网外路由器向网内进行信息传送。

⑤网络资源、传输加密的范围和办法。例如，什么情况下要采取存储加密、传输加密、存取控制、数字签名及验证等安全措施。

⑥严格上网纪律。例如，未经批准不得擅自上网，不得接受已被取消入网资格的用户入网，发现异常及时报告等规定。

2. 安全管理制度的制定

单位安全管理制度的具体制定，可以根据信息系统规模大小、本单位特点及重要程度的具体分析有所侧重，可以制定一个完整的信息安全管理制度。综合以上各主要方面的内容，也可以分别制定各类管理制度，形成一套完整的信息系统安全管理制度体系。

相关链接

某单位计算机信息系统安全管理制度（节选）

第二章　设备管理制度

第十条　因工作需要，公司员工确需购买计算机设备或配件的，可向计算机安全管理小组提出申请，如有符合需求的可调配设备，由申请人填写“计算机设备调配表”；若无可调配设备，由申请人填写“计算机设备购买申请表”。交所在部门经理签字并报公司分管领导审批后再行调配或采购。

第十一条　凡登记在案的计算机设备，由计算机安全管理小组统一管理并张贴计算机设备卡。计算机设备卡作为相应设备的标志，各终端用户有义务保证设备卡的整洁与完整，不得遮盖、撕毁、涂画等。

第十二条　计算机设备安全管理实行“谁使用谁负责”的原则。凡分公司或合作单位自行购买的设备，原则上由分公司或合作单位自行负责；但若有需要，计算机安全管理小组可协助处理。

第十三条　严禁擅自移动和装拆各类设备及其他辅助设备；严禁擅自请人维修；严禁擅自调整部门内部计算机信息系统的安排。

第十四条　设备硬件故障或重装操作系统等问题由计算机安全管理小组进行处理。首先由该设备终端用户填写《计算机设备维修申请表》，在收到《计算机设备维修申请表》后，计算机安全小组应及时调集力量予以处理。未填写《计算机设备维修申请表》而要求维修，计算机安全管理小组可以不予处理。

第十五条　原则上，计算机设备在规定使用年限内不再重复购买，达到规定使用年限后，由计算机安全管理小组会同相关部门对其审核后处理。在规定使用年限期间，计算机终端用户因工作需要发生调动或离职，部门领导需监督责任人将计算机及相关设备及时退回计算机安全管理小组，由计算机安全管理小组再行支配。

第十六条　设备出现故障无法维修或维修成本过高，且符合报废条件的，由设备终端用户提出申请，并填写《计算机设备报废申请表》，由部门经理签字后报计算机安全管理小组。经计算机安全管理小组对设备使用年限、维修情况等进行鉴定，将报废设备交有关部门处理，如报废设备能出售，应将收回的资金交公司财务入账。同时，由计算机安全管理小组对报废设备登记备案、存档。

第三章　数据管理与保密制度

第十七条　计算机终端用户计算机内的资料涉及公司秘密的，应该为计算机设定开机密码或将文件加密；凡涉及公司机密的数据或文件，非工作需要不得以任何形式转移，更不得透露给他人。离开原工作岗位的员工由所在部门经理负责立即将其所有工作资料收回并保存，同时取消该员工的账户和密码。

第十八条　涉及公司核心机密的计算机终端，不得和公共网络（internet 网）连接，不准使用软盘、U 盘、移动硬盘、可读写光盘等移动载体和设备下载任何文件。其他用户不得以任何方式访问该计算机终端。

第十九条　工作范围内的重要数据（重要程度由各部门经理核定）由计算机终端用户定期更新、备份，并提交给所在部门经理，由部门经理负责保存。各部门经理在一个季度开始后 10 天之内将本部门上一季度的工作数据交行政人事部汇集后统一采用磁性介质或光盘保存。

第二十条　计算机终端用户务必将有价值的数据存放在除系统盘（操作系统所在的硬盘分区，一般是 C 盘）外的盘上。计算机信息系统发生故障，应及时与计算机安全管理小组联系并采取保护数据安全的措施。

第二十一条　终端用户未做好备份前不得删除任何硬盘数据。对重要的数据应准备双份，存放在不同的地点；对采用磁性介质或光盘保存的数据，要定期进行检查，定期进行复制，防止数据丢失；做好防磁、防火、防潮和防尘工作。

第四章　操作管理

第二十二条　凡涉及业务的专业软件由使用人员自行负责。严禁利用计算机干与工作无关的事情；严禁除维修人员以外的外部人员操作各类设备；严禁非计算机安全管理小组人员随意更改设备配置。

第二十三条　所有进入网络使用的软盘、U盘、移动硬盘，必须经过安全小组人员同意和检测、杀毒；未经检测、杀毒的磁盘，绝对禁止上网使用。对造成“病毒”蔓延的有关人员，要追究责任并严格按照有关条款给予经济和行政处罚。

……

六、单位信息安全工作人员

单位信息安全工作人员包括信息安全员、系统安全员、网络安全员、设备安全员、数据库安全员、数据安全员、防病毒安全员、机房安全员、警卫人员和防火安全员。

1. 单位信息安全工作人员的条件

由于各类信息安全工作人员的工作岗位处于信息系统的核心敏感部位，因此信息安全工作人员要有比较高的政治素质和业务水平，应具备以下条件。

(1) 政治可靠，对单位忠诚。

(2) 工作认真负责，有敬业精神。

(3) 处理问题公正严明，不徇私情。

(4) 熟悉业务，具有一定的实践经验。

(5) 从事网络系统操作或管理的工作人员应是具备一定实践经验的网络高级工程师。

2. 单位信息安全工作人员的管理原则

对信息安全工作的管理，主要体现在两个方面：一方面是对机器设备的管理，另一方面是对各类安全工作人员的管理。在某种意义上说，对人的管理比对机器设备的管理更重要。因此，对安全工作人员的管理应是全方位的，主要体现在以下几个原则。

(1) 人员审查的原则。对担任信息安全的工作人员，在录用前必须进行审查。审查的内容有：对申请人的学术、资格证明、学历证书、身份证书进行认证，对其经历的完整性、准确性进行检查，当然也必须包括政治思想方面、业务技术能力方面和身体状况方面的审查和背景调查。

(2) 人员培训的原则。对从事信息安全的工作人员应进行上岗前的培训，使其掌握基本的技能；岗中定期培训，不断更新观念，掌握新技术。培训的内容包括法律法规、职业道德、技术、业务、各种操作规程和安全方面出现新问题的对策等。

(3) 持证上岗的原则。信息安全管理是一项非常重要的工作，要求工作人员具有较高的政治素质和业务水平。因此，各类安全工作人员必须经过认真的培训，严格的考试（考核），取得证书后，才能上岗。没有合格证书的人员不能从事信息安全工作。

(4) 人员考核的原则。对从事信息安全工作的各类人员要从思想作风、工作态度、遵守规章制度、业务能力等方面进行定期考核。合格者，进行表扬或奖励；不合格者，进行教育或调离岗位。

(5) 签订保密协议的原则。信息安全工作涉及国家或单位的秘密，信息安全工作人员必须签订保密协议，承诺其对系统应尽的安全保密义务，保证在岗工作期间和离岗后的一定时期内，均不得违反保密协议，泄露系统秘密。除此之外，保密协议还应当包括违反协议或安全规定时应承担的责任。

(6) 两个以上的原则。权力分散有利于抵御来自内部的威胁，在条件许可的情况下，领导者派两个或两个以上的人员共同进行有关信息安全方面的工作，工作之后共同签字。

(7) 经常换岗的原则。任何人都不能在一个与信息安全有关的工作岗位上工作时间太长，工作时间过长会产生工作“麻痹症”或被少数不忠诚者钻空子，对信息系统造成威胁，因此工作岗位应经常轮换。

(8) 权力分散的原则。权力不能过于集中在一个人或几个人手中，在信息安全工作中，有的工作不能由一个人担任，权力的分散便于相互制约。

(9) 权力最小的原则。安全工作人员活动所涉及的范围应是受到限制的，而且应限制在最小的（权限）范围之内，不能超越权限访问。

(10) 人员离岗的原则。单位必须有人员调离的安全管理制度，人员调离的同时马上收回钥匙、移交工作、移交所有技术手册和系统资料、更换口令（包括其本人的或有可能接触的其他用户口令）、取消其用过的所有账号。因工作需要或因不适合做信息安全管理工作而调离岗位的，必须由领导找其谈话，向被调离的工作人员申明其保密义务。

3. 单位信息安全工作人员的岗位职责

(1) 信息安全员的职责。信息安全员主要负责信息网络系统的信息安全和保密信息的管理。其主要职责是：

1）负责涉密信息网的信息安全，监督检查涉密信息的报送、接受和传输的安全性。

2）负责监督检查信息网对外发布的信息，保证其符合安全保密规定。

3）负责监督检查各部门涉密信息的安全保密措施，防止泄密事件的发生。

4）负责监督检查信息网对国际互联网上国家禁止的网站的非法访问及有害信息的侵入。

5）负责协助有关部门对网络泄密事件进行调查与技术分析。

（2）系统安全员的职责。系统安全员主要负责信息网络操作系统及服务器操作系统的安全及管理。其主要职责是：

1）负责信息网络操作系统和服务器操作系统的安装、运行和维护、管理，保障系统安全、稳定地运行。

2）负责对用户的身份进行验证，防止非法用户进入系统。

3）负责用户的口令管理，建立口令管理规程和检验创建账户机制，避免口令泄露。

4）负责实时监控系统，发现异常现象及时采取措施，恢复系统的正常运行状态。

5）负责对系统各种硬、软件资源的合理分配和科学使用，避免造成系统资源的浪费。

（3）网络安全员的职责。网络安全员主要负责信息网络系统的安全保密工作。其主要职责是：

1）负责信息网络系统及其网络安全保密系统的运行与维护，发现故障及时排除，保障系统安全、可靠地运行。

2）负责配置和管理访问控制表，根据安全需求为各用户配置相应的访问权限。

3）负责网络审计系统的管理和维护，认真记录、检查和保管审计日志。

4）负责检查系统的安全漏洞和隐患，发现安全隐患及时进行修复或提出改进意见。

5）负责实时对系统进行非法入侵检测，防止和阻止“黑客”入侵。

（4）设备安全员的职责。设备安全员负责对专用计算机安全保密设备（如防火墙、加密机、干扰仪等）的管理使用和维护。其主要职责是：

1）负责设备的领用和保管，做好设备的领用、进出库、报废登记。

2）负责设备的正确使用和安全运行，并建立详细的运行日志。

3）负责设备的清洁和定期的保养维护，并作好维护记录。

4）负责设备的维修，制订设备维修计划，作好设备维修记录。

5）负责对安全保密设备密钥的管理与注入。

（5）数据库安全员的职责。数据库安全员负责数据库管理系统的安全及维护管理工作。其主要职责是：

1）负责数据库管理系统的安装、备份和维护，保证系统安全、正常地运行。

2）负责定期检查系统的运行情况，检测并优化系统性能。

3）负责检查数据库系统的用户权限，防止非法用户的侵入和越权访问。

4）负责定期检查数据库数据的完整性和可用性，发现系统故障及时排除，做好系统恢复。

（6）数据安全员的职责。数据安全员负责信息网络中运行数据的安全。其主要职责是：

1）负责信息网络数据的安全，保障信息的保密性、完整性和可用性。

2）负责对信息网络数据备份与灾难恢复系统的维护与管理，实时对重要数据进行安全备份。

3）负责对信息采集、传输及存储的技术手段和工作环境以及介质管理各环节的监督检查，发现问题和漏洞时及时解决。

4）负责定期对重要数据存储备份介质的检查，防止数据丢失或被破坏。

（7）防病毒安全员的职责。防病毒安全员负责信息网络系统的计算机病毒的防护工作。其主要职责是：

1）负责计算机防病毒软件的购置、保管、发放、安装和升级。

2）负责信息网络系统的计算机病毒的防护，在病毒发作日前及时发布公告，并采取必要的预防措施。

3）负责定期对信息网络系统进行病毒检测，发现系统被计算机病毒感染时及时杀毒。

4）负责计算机病毒防护知识的宣传教育工作。

（8）机房安全员的职责。机房安全员负责计算机机房的安全与管理。其主要职责是：

1）负责计算机机房的防火、防水、防静电、防雷击和防辐射等安全设施的管理。

2）负责计算机机房的内部装修，落实电磁波防护等技术规范与技术要求。

3）负责计算机机房配电系统、空调系统的维护与管理。

4）负责计算机机房进出口的控制及监控系统的维护与管理。

5）负责对本单位计算机机房及所属各部门计算机机房安全性的检查，发现问题或隐患时及时提出整改意见和书面报告。

（9）警卫保安人员的职责。警卫保安人员负责计算机机房周边环境的良好有序，保障机房安全。其主要职责是：

1）坚持 24 小时值班制度，对机房周边及机房的进出口进行安全监控或巡视。

2）检查进入机房工作人员的证件，证件符合要求者方能进入机房。

3）对来机房工作的外部人员，帮助联系接待人，并检查有关证件，履行登记手续后，由接待人员带入机房。

4）检查来机房参观人员的手续，清点人数，登记后由机房接待人员带入机房。

5）检查从机房携带外出物品的证明和实物，手续齐全方可放行。

6）检查机房工作人员下班后是否关窗锁门，是否关闭有关电源，与防火安全员共同进行安全、防火检查。

7）检查下班后或节假日加班人员领导批准加班的手续，没有或手续不全者，则要求离开机房。

8）在值勤中发现问题要及时报告有关领导，紧急情况应先处理然后再报告。

（10）防火安全员的职责。防火安全员负责对工作人员的防火教育和机房火灾的预防工作。其主要职责是：

1）根据国家有关法规、条例，制定机房消防安全工作规章制度。

2）对机房工作人员进行消防安全教育，培训灭火常识。

3）熟悉机房消防设施，能熟练使用灭火设备。

4）制订机房灭火方案，定期组织演练。

5）配合有关单位定期对配电系统进行测试、检查。

6）定期或不定期进行以配电系统为重点的消防安全检查，及时清理易燃物品，消除火险隐患。

7）待机房工作人员下班后，与警卫人员联合进行安全、消防检查。

8）向领导及时报告火险隐患，没有整改前，要采取有效措施，防止发生火灾。

第3章

应急处置

第 1 节　单位反恐预案的制定与演练

“9·11”事件以来，恐怖活动受到了各国政府和人民前所未有的重视。人们发现，恐怖活动可以制造大量的人员伤亡和财产损失，并且深刻地影响到国家政治、经济政策的变化和国际政局的走势。单位恐怖活动防范工作的重要环节，就是反恐处置预案的制定与演练。反恐处置预案是处置恐怖活动的计划，包含了处置的策略、方式和方法。根据不同性质的恐怖活动，单位应制定不同的反恐处置预案并加以演练。

一、恐怖活动与反恐预案的制定

1. 恐怖活动

虽然至今为止，大规模杀伤性武器尚未被用于恐怖活动中，但常规武器所导致的严重后果已足以引起民众心理的极度震撼和恐慌，一旦恐怖分子手中握有大规模杀伤性武器，其后果谁都难以预料。恐怖分子不断地在试图掌握大规模杀伤性武器。武器危险指数排行榜中，放射性炸弹位列第一，生化武器次之，核武器第三。恐怖主义活动的实质在于，它将无辜民众挟为人质，进而敲诈政府。

2. 反恐预案的制定

恐怖活动发生后，各有关部门应当立即采取行动，以最快的速度、最合适的方法进行处置，将恐怖活动所造成的损失降低到最低程度。这种处置需要有可作为依据和可供参考的计划，即预案。一套完整的预案是对处置预备和处置实施的一系列预先设计和安排，是决策活动的继续和决策指挥的具体化。预案的制定必须建立在对恐怖活动和处置活动客观情况的准确掌握和研判之上，否则制定的预案不仅难以付诸实施，而且会造成处置行动的失误和混乱。

（1）反恐预案的设计原则。反恐预案的设计应遵循三个原则：一是系统性原则。在预案的制定过程中，应将可能出现的事件的表现形态、运动规则和变化过程作为一个整体进行综合考察和研究，以分析、研究可能出现的各种情况，作出有针对性的判断和对策建议。凡是可能影响全局的细节、部门、区域或部位，都要给予充分考虑，以确保预案的系统性关联。二是超前性原则。预案除了对各种状况包括各种危险因素进行系统设计外，还要对各种状况的发展变化、相互影响等情况予以考虑，以保证预案在较长时间内的稳定性。三是可操作性原则。可操作性是指预案的设计首先是建立在对本单位或本部门的特点、条件和能力等实际情况的精准把握上，其次是预案所设计的各种处置方法、手段和设施均可在实战中得到应用并发挥作用。

（2）反恐预案的内容结构。根据处置的先后顺序，反恐预案的内容结构可分为先期处置预案、中期处置预案和后期处置预案。先期处置预案是根据事件先期发生情况而拟订的处置预案，包括初步判明事件的性质、保护现场、维持秩序及控制现场周边事态、发现及缉捕嫌疑人等。中期处置预案是根据事件的发展事态而拟订的处置预案，包括不同情境下的处置措施、抢险救灾、现场勘察与嫌疑人的发现与缉捕、现场周边秩序的维护、新闻宣传及记者接待等。后期处置预案是根据事件发生到尾声阶段而拟订的处置预案，包括现场秩序的恢复、涉案人员和证据的移送等。需要指出的是，先期、中期和后期处置预案并不意味着有界限分明的区别，三个时期的预案实际上是一个整体，彼此既不可分割，同时也是你中有我、我中有你。

二、反恐预案的制定

单位反恐预案的制定可从两个角度进行：一个是根据恐怖活动人员的主要袭击手段进行预案的制定，另一个是按照易受恐怖袭击的单位和活动进行预案的制定。所有预案均需把握两个前提性的要素：一是立即报警，二是配合公安机关的行动。

1. 袭击手段类预案的制定

恐怖活动的袭击手段主要有爆炸、投毒和劫持人质等。爆炸和投毒类的恐怖活动往往会造成大量的人员伤亡和财产损失，而除了自杀性恐怖袭击分子以外，现场难以抓获恐怖分子。劫持类的恐怖活动以无辜者为人质，敲诈政府或单位，整个过程中人质始终处于极度的危险状况。

（1）爆炸类恐怖活动的预案制定。爆炸类恐怖活动大致有三种情况：一是实弹爆炸。这类爆炸恐怖袭击往往具有一定的针对性，袭击过程非常隐蔽，而且大部分的爆炸袭击事件事先并不预告。爆炸袭击现场往往十分混乱，伤亡惨重。实弹爆炸中，炸弹的爆炸形式分别有人体携带者视情引爆或投掷，安置于特定目标处的炸弹定时爆炸或触发引爆。二是邮件炸弹，包括信件炸弹和包裹炸弹。这类爆炸恐怖袭击的目的是针对特定人或不特定人的攻击。三是爆炸恐吓，恐吓者通常通过电话、信件、网络或口头发出爆炸信息，大部分的爆炸恐吓附有要求或警告，常见的是钱财勒索。

根据爆炸类恐怖活动的三种情况，可从先期、中期和后期三个方面分别进行预案的制定。第一二种爆炸类恐怖活动的预案制定，要着眼于爆炸前炸弹的处置和爆炸后的现场处置。我们知道，至今为止，爆炸仍然是杀伤力最大的恐怖袭击方式，而爆炸大多由炸弹引发。当面临炸弹或可疑物体时，预案应该强调下列要点：报告警方是首选的处置方式之一；单位职工应该具备的如何配合警方以及自我保护的素质和技能；迅速沿安全路线离开或协助疏散人员；如何避免干扰可疑物体；任何轻率的处理或不适当的行动，都可能触发炸弹；任何不能确认或无人认领的物体，都应视为可疑物体；现场可能藏有超过一件以上的可疑物体；哪个组织负责整个事件，组织的领导人是谁，组织的责任是什么；任何时候都要抢救伤者。第三种爆炸类恐怖活动即爆炸恐怖恐吓的预案制定，其要点基本上与上述相同，但还需要注意：搜寻炸弹和疏散人员是降低损失乃至实现零伤亡的最重要的两个步骤；获悉爆炸恐怖恐吓时，如有可能，应尝试去了解并记住炸弹或可疑物体的位置、形状、爆炸时间、恐吓内容，尝试确定恐吓者的身份和目的、恐吓电话的号码及背景声音，恐吓者的性别、年龄及身体、说话特征等。

（2）投毒类恐怖活动的预案制定。毒品的种类非常之多，后果往往非常严重。有的毒品即刻致人死命，有的毒品的毒性则相对缓慢一些。不是所有的单位都具备识别毒品及处置中毒事件的知识和能力，但预案必须突出现场情况的处置：现场人员的紧急疏散；中毒人员的抢救，包括医院的救送和简单的现场救治；现场的封锁；现场的保护和嫌疑人的查询。对于一些可能扩散或影响到社会的投毒类恐怖活动，已经涉及政府层面的处置了，所以情况的报告应持续进行。

（3）劫持人质类恐怖活动的预案制定。单位发生劫持人质类恐怖事件，劫持者和人质基本上有三种状况：一是劫持者和人质都是外来人员，二是劫持者和人质都是本单位人员，三是劫持者或人质是本单位人员。预案的制定应考虑到这三种情况。谈判是解决劫持人质类恐怖活动的首选方法。预案应围绕事件的解决而制定。劫持谈判大多由专业人员承担，但无论专业人员是否到达现场，预案应该制定为现场降温的诸种设想，同时要求现场无关人员远离现场。因为劫持者手中或身上可能有爆炸物品，现场无关人员可能会干扰谈判。预案应该表明，一般情况下劫持者并不会立刻杀害人质，目睹劫案的现场人员虽然有足够的时间报警，但仍要在第一时间报警。如果人质为本单位人员，预案应作这样的指导和建议：身为人质，在确认能够保护自己的情况下，选择脱逃、报警甚至搏斗等，否则不要去激化现场气氛，不要去刺激、激怒和抗拒劫持者；当劫持者开始屠杀时，人质必须立即判明是否坚决反抗；记住现场情况和劫持者特征，这是在劫持者逃离现场、人质尚未受到致命伤害的情况下，人质提供给警方的最大帮助。有一种特殊的情况，预案不能不考虑到，即出现“9·11”性质的自杀式劫持案，预案应当建议坚决反抗是唯一正确的选择。因为劫持者并不想作任何的谈判，并不要任何物质的东西，他们需要的是同归于尽。

2. 受害单位类预案的制定

大型活动及重点单位、重要部位特别容易受到恐怖活动的袭击，这是因为大型活动参与人数较多，防范环节薄弱，是恐怖分子理想的作案目标。而重点单位和重要部位关系到国计民生，一旦恐怖袭击得手，将给民众以极大的心理恐慌。许多大型活动是由企事业单位举办的，许多重点单位和重要部位又是属于企事业单位的范畴，因此大型活动及重点单位、重要部位的反恐是企事业单位面临的重要任务。

(1) 大型活动反恐预案的制定

1) 大型活动的概念和常见的类型。大型活动是指在规模上有较多人员参加、有较大社会影响力的社会性活动。根据上海市的有关规定，大型活动主要包括在公园、风景游览区、游乐园、广场、体育场（馆）、展览馆、俱乐部、公共道路、居民生活区等公共场所举办的下列活动：在各公园、文化馆（站、宫）、俱乐部举办的室内有 3 000 人、室外有 5 000 人参加的各种联欢活动；在露天广场或街道举办的有 30 个以上摊位的商品展销或物资交流会；规模较大的国际体育比赛和国内埠际比赛；外国文艺团体和兄弟省、市著名演员来沪的演出活动；每天有 5 000 人（次）观摩的各种展览会和其他重要展览活动。

2) 预案的设计

①划分安全风险等级。确定安全风险等级，目的是根据不同等级确定不同的反恐工作。初步研究认为，确定安全风险的因素有：第一是规格系数。根据出席活动的领导级别分为若干个等级，分别对应一定的分值，如党和国家领导人、外国国家元首参加的活动分值为最高分，没有领导和政要参加的活动分值为“0”。第二是规模系数。按照每天现场参加活动的人员数确定分值，如 10 万人以上的活动为最高分，1 000 人以下的活动分值为“0”。第三是危险系数。按照活动本身的激烈程度和危险性确定分值，如飞机飞行表演的危险系数应大于体育比赛，体育比赛中足球比赛的危险系数应高于篮球比赛等。第四是国际形势系数。如近期有无战争、国际恐怖事件等。

②系数及相应的防范活动。将以上各项的分值相加，根据总分归入相应的安全风险等级，如一级安全风险活动、二级安全风险活动、三级安全风险活动等。根据不同的安全风险等级，明确不同的工作要求和安全保卫组织，配备不同的安全保卫力量和安全防范设备器材。

③预案的设计要点。设计要点包括发生恐怖袭击前的预防和袭击后的处置。恐怖袭击前的预防，应着眼于出席人数符合规定的控制、出入口的安全检查、紧急出口通道的安全畅通、紧急避难点的设置和各类设施的安全运行。恐怖袭击后的处置，应着眼于人员特别是重要人员的迅速撤离、紧急出口通道的畅通措施、周边交通的疏导、现场的保护、抢险救灾和嫌疑人员的追寻等。

(2) 重点单位和重要部位反恐预案的制定

1) 重点单位和重要部位反恐工作的特点。重点单位和重要部位是单位反恐的重点所在，这些单位是社会稳定的根基、经济发展的依托、国计民生的命脉和人才荟萃的中心。

重点单位和重要部位面临的反恐形势是较为严峻的，这跟重点单位和重要部位的性质和特点具有很大的关系。如前所述，重点单位和重要部位面临的恐怖威胁大大高于一般单位，因为造成的后果非一般单位可比；加之重点单位和重要部位所生产、储存、使用的易燃易爆等危险物品在遭遇恐怖袭击后，更加剧了后果的严重性。但也要看到，重点单位和重要部位的反恐工作具有良好的基础和条件，国家对重点单位和重要部位的治安保卫工作极为重视，而其本身各类治安保卫制度严密，治安保卫组织齐全，防范设施先进，防范资源雄厚。

2）预案的设计。重点单位和重要部位应结合本单位的性质、业务状况、人员特点和资源优势，制定严密的反恐预案。反恐预案的设计要点有：一是充分反映本单位及周围的基本情况，包括单位的反恐要地所在、单位人员的动态、单位的治安保卫制度、周边的治安状况等；二是发生恐怖袭击后，处置的组织架构、指挥人员及其职责、参与处置的部门职责及如何协调、处置的设施及其他物资保证、出入口及道路的控制、抢险救灾的程序、与警方等政府部门的配合协调等。

三、预案的演练

预案是否有效，除了在真正的恐怖活动中经受考验之外，更多的验证是根据预案进行实战演练，即根据预案的场景设置，进行模拟实战的处置。单位反恐预案制定完成以后，重要的问题就是不断地进行预案的演练和预案的完善。演练的目的是检验预案的可行性、有效性，以进一步完善预案和提高有关人员的处置意识及处置能力。单位如果有多套预案，就要对所有预案进行演练。

1. 演练的内容

反恐预案演练，第一步是检验演练的场景是否符合实战的情境要求，制定的预案是否符合有关部门的要求，是否符合系统性、超前性和可操作性的制定原则，是否涵盖了先期、中期和后期的处置阶段，是否符合单位的实际情况。第二步是检验预案设置的措施是否有效、实用和具有针对性，预案所设置的问题是否全面以及问题的解决是否具有实际效果，预案涉及的有关设施是否完好。第三步是对预案进行评估，发现预案的不足并能提出解决问题的思路和方法。

对演练中存在不足的预案需要加以修改，而修改后的预案需要再次通过演练进行有效性和可行性的检验，如此反复。预案的演练也包含了有关人员处置意识及处置能力的检验。特别需要说明的是，预案涉及的单位人员可能有所变动，预案涉及的设施可能有所老化、缺失或出现故障，单位的周边环境可能发生变化，恐怖活动可能出现新的情况，所以有必要经常性地举行预案的演练，不断地进行预案的完善及修改。

2. 演练的方法

通过科学的演练方法，可以提高参与演练人员的素质，提高预案的完善程度。科学的演练方法，需要演练人员具备相关的知识和技能，并且整个演练过程中引入不受干扰的监督机制。演练可以是系统的全面演练，必要时也可以进行有选择的重点内容的演练；可以进行预告性的演练，更要举行无告知的演练。

第2节　危机事件处置

对危机管理理论的研究与实践，是企事业单位必须要考虑的课题。对于企事业单位来说，其规模越大、现代化水平越高，则潜在的突发事件种类就越多，各种突发事件发生的频率就越高，危险性也就越大，突发事件有可能上升为危机事件。

本节将从危机概念，危机前、危机中、危机后要考虑的核心问题和制订本企事业单位危机管理计划五大方面，从理论上和实践上对危机管理进行阐述。探讨危机管理的意义在于，吸取国内外危机管理经验，总结一套较为实际的维护管理方法，为企事业单位提供危机事件处理的思路和方法，以便提升应急指挥体系的能力，包括信息获取能力、快速反应能力、组织协调能力、决策指挥能力、防灾减灾能力、综合服务等能力。

一、危机概述

1. 危机的概念

《辞海》对危机的解释是：危机是“潜伏的祸机，指生死成败的紧要关头”。就社会组织而言，危机则是指由于组织自身、公众的行为或自然的力量导致组织环境恶化而突然发生的可能给组织造成人力、财力、物力的损失或严重损坏组织形象，使组织陷入困境的危险。因此，组织处理突发事件、处理危机的能力如何，是关系到组织生死存亡的大事。

2. 危机类别

在我国的《国家突发公共事件总体应急预案》和《中华人民共和国突发事件应对法》中，根据突发公共事件的发生过程、性质和机理，突发公共事件主要分为以下四类。

（1）自然灾害。自然灾害主要包括水旱灾害、气象灾害、地震灾害、地质灾害、海洋灾害、生物灾害和森林草原火灾等。

（2）事故灾难。事故灾难主要包括工、矿、商、贸等企事业单位的各类安全事故，交通运输事故，公共设施和设备事故，环境污染和生态破坏事件等。

（3）公共卫生事件。公共卫生事件主要包括传染病疫情，群体性不明原因疾病，食品安全和职业危害，动物疫情，以及其他严重影响公众健康和生命安全的事件。

（4）社会安全事件。社会安全事件主要包括恐怖袭击事件、经济安全事件和涉外突发事件等。

按照性质、严重程度、可控性和影响范围等因素，一般将各类突发公共事件分为四级：Ⅰ级（特别重大）、Ⅱ级（重大）、Ⅲ级（较大）和Ⅳ级（一般）。

3. 危机管理理论

危机管理的概念是美国学者于20世纪60年代初提出的。作为一门学科，危机管理是决策学的一个重要分支，并首先被运用于外交和国际政治领域。随着社会的多元化发展，城市功能日趋复杂多样，各种突发公共事件的发生逐渐呈现出上升态势。在这种大背景下，现代危机管理范畴不断扩展，从单一的政治危机领域发展到社会整体的各个层次，涉及自然灾害、经济领域、政治危机、文化冲突等多个方面。西方当代危机管理理论已经趋于成熟，具有如下特征。

（1）研究和实践的内容从单一的政治危机扩展到公共管理的各个领域。这是因为现代社会是一个大系统，牵一发而动全身，任何领域的突发事件都有可能带来公共管理领域的危机。

（2）研究和实践目的由原来的政治目标转变为建立整合的公共危机管理体系，实现有效的危机管理，维护稳定，确保经济、社会的正常发展。

（3）研究和实践的重点从原来重视危机现场应对到危机的全生命周期，尤其重视危机前的准备及预警研究和计划。

（4）研究方法上的立体分层研究体现了当代危机管理研究多元化和全面融合的趋向：从单纯定性研究到定性、定量相结合；在个体层面上运用心理学、博弈论；在组织层面上运用组织理论、管理理论；在社会层面上运用社会学、政治学、经济学等。

目前，我国的危机管理研究还处于初级阶段，应该充分借鉴西方发达国家的现有理论成果和实践经验，深入地思考我国危机管理体系的建设问题，根据我国当前的实际情况，在应急管理立法、机构设置、突发事件预警、信息传递机制、全社会合作协调等方面逐步发展和完善。同时，企事业单位的危机研究和实践更是滞后于经济、社会的发展，更是在一个起步阶段。

4. 危机事件的特征

对国内外重大城市突发事件的比较和分析表明，当前城市突发事件具有以下主要特点。

（1）不易察觉性。突发事件发生之前通常没有什么明显的征兆，或者由于征兆信息零散，不足以引起相关人员的注意。这种情况下，即将到来的突发事件往往不易被政府或各级管理机构察觉而未做出必要的预警。例如，震惊世界的美国“9·11”事件就完全没有被美国当局所事先察觉，以至于带来不堪想象的恶劣后果。

(2) 突发性。突发事件往往在人们未曾预料的时候突如其来地爆发，发生的时间、地点、形式以及公共危害程度等都很难预见，具有很大的偶然性和随机性，令管理机构防不胜防。

(3) 危害性。由于突发事件常常是在人们毫无防备的情况下发生的，因此很容易给社会环境带来一定程度的破坏，严重的甚至危及人们的财产和生命安全。有时，即使突发事件已经被有效控制，但由于信息披露不及时等原因也可能造成人们心理上的恐慌和精神上的痛苦。2003 年暴发的“非典”疫情事件，其危害迅速扩散至全国乃至世界其他国家和地区，对社会造成了难以估计的损失，其间该事件对普通民众心理上的打击和影响也是巨大而持久的。

(4) 紧迫性。突发事件的突发性决定了此类事件一旦发生就很可能出乎正常的社会秩序和人们惯常的思维模式，如果不对其作出迅速的决策和采取有效的措施，随着事件破坏力的进一步升级，很可能会造成不良影响并迅速蔓延至整个地区甚至全国、全球，后果不堪设想。

(5) 高度复杂性。突发事件带来的问题往往是那些不常发生的或出人意料的非结构化问题，因此处理突发事件而进行的决策一般都属于非程序化决策，有时无法用经验性的知识和方法来对待。这是因为，突发事件的诱因错综复杂，包括历史、经济、政治、文化、环境、社会等多方面的因素。突发事件发生后，人们难以判断其影响范围、危害程度、解决途径等，对突发事件指挥管理机构的决策能力和组织能力的要求很高。一旦处理不善，又可能带来新的、更为复杂的问题。

(6) 社会性。突发事件的爆发所造成的巨大影响，不仅直接作用于社会民众，而且往往会通过各种信息途径迅速传播，成为整个社会关注的焦点和热点。危害巨大的突发事件可能引起严重的社会危机，对社会基本的价值和行为准则产生威胁，甚至会影响到整个社会的稳定。

(7) 舆论的关注性。现代社会，大众传播十分发达，组织危机常常会成为舆论关注的焦点、热点，成为媒介捕捉的最佳新闻素材和报道线索。有时候它会牵动社会各界，乃至在世界上引起轰动。所以说，危机对组织带来的影响是非常深刻和广泛的。

在现实生活中，危机往往是由两种、三种甚至四五种因素共同引发，所以不能机械地、简单化地寻找原因，而应整体分析，对症治疗。

5. 企事业单位处置危机事件的指导思想

（1）以人为本。无论是从企事业单位最高决策者的角度考虑，还是从具体执行部门的角度考虑，应急的最高原则都应该是保护人民的生命安全。坚持以人为本，就是在任何情况下都要确保人身安全，绝对不能拿生命冒险。任何应急救援活动的首要目标和应急措施都要首先保障人的生命安全，既包括受到突发事件破坏影响的人民群众的生命安全，还要充分考虑到应急队伍自身的安全。

（2）重在预防。企事业单位突发事件应急指挥系统不仅具有对突发事件应急响应和处置的功能，同时其常设部门（保卫结构）更要重视突发事件的预警和预防，在事故即将形成或没有爆发之前，采取应变措施防范和阻止由预警期进入到应急响应期；事故发生和扩大蔓延之前，通过预警期的活动能迅速提高警备级别，动员准备力量，加强应急处置能力，把事故控制在应急预案所策划的特定类型或指定区域，确保事故在演化成危机前进入到恢复期。

（3）及时响应。由于突发事件的突发性、紧迫性和破坏性等特征，其社会危害扩散效应显著，应急响应速度与事故危害程度紧密相关，对突发事件早期的应急救援工作对保护人员生命和财产安全、减小社会危害的意义重大。所以，突发事件一旦发生，企事业单位应急指挥决策机构必须在极短的时间内作出正确的应急反应，争取一切控制事态发展的主动权。

（4）统一指挥。企事业单位突发事件应急指挥系统的组织结构在具体实践过程中，可能根据实际采用的运行模式的不同而略有区别。但是，在突发事件应急处置时，所有具体的应急响应执行部门和机构都必须服从最高应急指挥机构或授权企事业单位的统一指挥和资源调配，以确保各部门既能够充分发挥自身的专业作用，又能够相互协调配合，提高整体效能。

（5）应急联动。在具体的突发事件应急过程中，单靠主管职能部门一个部门的力量往往很难解决问题。应急实践中，企事业单位的突发事件应急指挥最高决策机构应急委员会应根据事故类型对相应的主管职能部门授予其调动其他相关专业部门参与配合应急行动的权力，实现突发事件的应急联动，各部门发挥自身专业优势，部门间分工协作、资源互补。同时，也要联络政府有关部门（如消防、公安、安监、急救中心、疾病控制中心，包括社区等），以取得他们的帮助和协作。

二、危机事件前要考虑的核心问题

1. 制订应急计划

在危机发生之前做好准备——制订完善的计划，以便一旦出现危机即刻能作出反应，这是减少危害的有效措施。计划应包括对付各类不同危机的不同方法，安排好危机前、危机中、危机后在各个工作环节中负责处理各种问题的适当人选，同时让这些人员事先了解面对不同危机时他们的责任和应该采取的措施。这项工作也涉及其他部门，所以往往是保安部难以独立完成的。

根据有关法律、法规、规章及其有关部门的要求，以及本地区的实际情况，企事业单位组织制订危机管理计划和应急预案。具体规定突发事件应急管理工作的组织指挥体系与职责和突发事件的预防与预警机制、处置程序、应急保障措施以及事后恢复与重建措施等内容。应该认识到，事先周密的应急计划制订是控制潜在危机花费最少、操作最为简捷的方法，而不应在组织已遭受危机的打击后，再亡羊补牢。

(1) 制订应急计划应先考虑的问题

1) 潜在的危机有哪几类。

2) 危机一旦突发，将会影响的公众有哪些，他们会受怎样的影响。

3) 以什么方式、何种程序与有关公众进行沟通，沟通的渠道畅通了吗。

4) 危机发生后各环节的合适人选是谁，他们都该做些什么呢。

5) 各环节人选知道怎么做吗。

(2) 应急计划的主要内容。针对上述问题，应急计划的主要内容应包括

1) 对组织潜在的危机形态进行分类和作风险分析。

2) 明确各类危机处理的“总指挥”人选。

3) 确认危机处理过程中各环节的具体人选，明确分工与各自职责。

4) 指导与控制。

5) 预警。

6) 培训和演习。

7) 应急处置与救援。

8) 建立有效的沟通网络。

9) 生命安全。

10) 财产保护。

11) 社区影响和协调。

12) 管理和后勤。

13) 事后恢复与重建。

(3) 常见的危机事件

1) 火灾（所有要求消防部门出动的真实火灾）。

2) 自然灾害。

3）客人死亡（除自然原因）。

4）武装抢劫。

5）任何与公众名人或其他公众形象有关的事件。

6）炸弹威胁（需要或者进行了疏散的）。

7）员工严重受伤或永久性伤害。

8）员工因公死亡。

9）多起食物中毒或生病。

10）多起受伤（客人或者员工）。

11）强奸。

12）严重的客人遇袭事件。

13）恐怖活动（包括敌方侦察活动）。

14）灾难性技术故障。

15）或者任何其他需要危机管理小组关注的事件。

2. 分析危险（威胁）源

危机管理是对危机的产生、发展、变化实施的有效控制，为此，事先要对可能发生的危机作出预测、分析。预测包括可能发生哪些危机，危机可能具备的性质及规模，危机对各方面可能带来的影响。保安专业人员需要根据组织具体情况，按轻重缓急把危机分类。

（1）A类。A类指很可能发生的危机，如劳资纠纷、信任危机、工作场所暴力等。

（2）B类。B类指有一定可能发生的危机，如被诈骗、威胁、抢劫、水灾等。

（3）C类。C类指很少发生但又不是不可能发生的危机，如投毒、爆炸、杀人、飓风、游行示威、工伤死亡等。

企事业单位应当对本行政区域内容易引发自然灾害、事故灾难和公共卫生事件的危险源、危险区域进行调查、登记、风险评估，定期进行检查、监控（具体分析方法详见风险评估章节）。

3. 预防措施

企事业单位各有关职能部门，如人事部、行政办、工会、保卫部、安全监督部应当掌握并及时处理本企事业单位存在的可能引发社会安全事件的问题，及时调解处理可能引发社会安全事件的矛盾纠纷，防止矛盾激化和事态扩大。

企事业单位要定期检查本企事业单位各项安全防范措施的落实情况，及时消除事故隐患；并对生产经营场所、有危险物品的建筑物、构筑物及周边环境开展隐患排查，及时采取措施消除隐患，防止发生突发事件。

为交通工具和有关场所配备报警装置和必要的应急救援设备、设施，注明其使用方法，并显著标明安全撤离的通道、路线，保证安全通道、出口的畅通。定期检测、维护其报警装置和应急救援设备、设施，使其处于良好状态，确保正常使用。

4. 培训和演练

企事业单位应当建立健全突发事件应急管理培训制度，对有关部门负有处置突发事件职责的工作人员定期进行培训。应当整合应急资源，建立或者确定综合性应急救援队伍。企事业单位有关部门可以根据实际需要设立专业应急救援队伍。处理危机是一项重要工作内容，但由于危机并非经常发生，所以大多数工作人员，对处理危机都缺乏经验。可组织短训班专门对有关人员进行培训，内容包括模拟危机，让受训学员做出迅速的反应，以锻炼他们面对危机、处理问题的能力；向他们提供各种处理危机的案例，让他们从各类事变中吸取经验和教训，帮助他们在心理上做好处理各种危机的准备。危机的发生是很难预测的，因而危机管理应常备不懈，各种方案、计划、培训都不能一劳永逸，应常备常新，万万不可心存侥幸。

将危机应急方案在组织内部广泛宣传，并进行实战性演习。可以以小册子、宣传品等形式，将应急计划内容发给全体员工；并通过培训或学习，使员工对危机发生的可能性以及应付办法有足够的重视与了解。

在这里，危机应急计划的培训和学习尤为重要。通过学习，可以使每个成员熟悉他们在危机中的任务和位置；并通过各环节人员之间的相互作用，使任务的互助性和操作性更务实；另外，通过演习，调动、组合、部署相关人员，当危机真的来临时，管理人员能驾轻就熟，提高时间效率。

培训与演习可使用不同的学习和演习方法，包括如下几个方面。

(1) 背景阅读与研讨。即通过对应急计划中危机发生环境的理解与体会，加深对危机的认识，并能在危机一旦来临时能形成一种“条件反射”。

(2) 录像观摩与案例学习。用录像（包括对同类危机的记录和场景模拟）形象地展示危机的内容与处置措施，通过典型案例的分析评议，使员工进一步明确位置感与责任区。

(3) 计算机模拟危机训练和沙盘演习。

(4) 实战性小组演习与整体性学习。对企事业单位而言，实战性演习还应包括信息传播沟通渠道与组织的反应性行动两个方面；另外，对应急方案的宣传也可运用图表、卡通等形式，简便、易懂，实用性更强。

5. 监测与预警

(1) 工作要求。企事业单位应建立统一的突发事件信息系统，应当建立或者确定本地区统一的突发事件信息系统，汇集、储存、分析、传输有关突发事件的信息，并与上级和人民政府及其有关部门、专业机构和监测网点的突发事件信息系统实现互联互通，加强跨部门、跨地区的信息交流与情报合作。

企事业单位应当按照国家有关规定向上级和人民政府报送突发事件信息。企事业单位报送、报告突发事件信息，应当做到及时、客观、真实，不得迟报、谎报、瞒报、漏报。

积极从有关政府部门（如安全局、公安局、消防局）和专业机构（如安全咨询公司）收集突发事件信息。企事业单位建立专职或者兼职信息报告员制度，规定员工报送突发事件信息。员工应当向部门通报突发事件信息，部门应当及时向安全主管部门和上级报告突发事件信息。

主管部门应当及时汇总分析突发事件的隐患和预警信息，必要时组织相关部门、专业技术人员、专家人员进行会商，对发生突发事件的可能性及其可能造成的影响进行评估；认为可能发生重大或者特别重大突发事件的，应当立即向上级主管部门及人民政府报告，同时做到：

1）责令本企事业单位的应急救援队伍、负有特定职责的人员进入待命状态，并动员后备人员做好参加应急救援和处置工作的准备。

2）调集应急救援所需物资、设备、工具，准备应急设施和避难场所，并确保其处于良好状态，随时可以投入正常使用。

3）加强对重要部位和重要基础设施的安全保卫，维护社会治安秩序。

4）采取必要措施，确保交通、通信、供水、排水、供电、供气、供热等设施的安全和正常运行。

5）及时向员工发布有关采取特定措施避免或者减轻危害的建议、劝告。

6）转移、疏散或者撤离易受突发事件危害的人员并予以妥善安置，转移重要财产。

7）关闭或者限制使用易受突发事件危害的场所，控制或者限制容易导致危害扩大的公共场所的活动。

8）法律、法规、规章规定的其他必要的防范性、保护性措施。

按照突发事件发生的紧急程度、发展势态和可能造成的危害程度，可将可以预警的自然灾害、事故灾难、社会安全恐怖事件和公共卫生事件的预警级别分为一级、二级、三级和四级，分别用红色、橙色、黄色和蓝色标示，一级为最高级别。当上述危机事件即将发生或者发生的可能性增大时，企事业单位应当根据有关法律、行政法规和企事业单位规定的程序，发布相应级别的警报，决定并宣布企事业单位进入预警期，同时向上级和人民政府报告。

（2）三级、四级警报的工作措施。发布三级、四级警报，宣布进入预警期后，企事业单位应当根据即将发生的突发事件的特点和可能造成的危害，采取下列措施。

1）启动应急预案。

2）责令有关部门和负有特定职责的人员及时收集、报告有关信息，向上级和政府反映情况，加强对突发事件发生、发展情况的监测、预报和预警工作。

3）组织有关部门、机构和专门人员，随时对突发事件信息进行分析评估，预测发生突发事件可能性的大小、影响范围和强度以及可能发生的突发事件的级别。

（3）一级、二级警报工作措施。发布一级、二级警报，宣布进入预警期后，企事业单位应当针对即将发生的突发事件的特点和可能造成的危害，采取下列一项或者多项措施。

1）责令应急救援队伍、负有特定职责的人员进入待命状态，并动员后备人员做好参加应急救援和处置工作的准备。

2）调集应急救援所需物资、设备、工具，准备应急设施和避难场所，并确保其处于良好状态、随时可以投入正常使用。

3）加强对重点人物、重要部位和重要基础设施的安全保卫，维护社会治安秩序。

4）采取必要措施，确保交通、通信、供水、排水、供电、供气、供热等公共设施的安全和正常运行。

5）及时向员工和公众发布有关采取特定措施避免或者减轻危害的建议、劝告。

6）转移、疏散或者撤离易受突发事件危害的人员并予以妥善安置，转移重要财产。

7）关闭或者限制使用易受突发事件危害的场所，控制或者限制容易导致危害扩大的公共场所的活动。

8）法律、法规、规章规定的其他必要的防范性、保护性措施。

对即将发生或者已经发生的危机事件，企事业单位应向上级主管部门和政府报告。

有事实证明不可能发生突发事件或者危险已经解除的，发布警报的企事业单位应当立即宣布解除警报，终止预警期，并解除已经采取的有关措施。

6. 成立危机管理委员会

大中型组织应设危机管理委员会，这是顺利处理危机的组织保证。危机管理委员会的人员应包括企事业单位的最高领导、人事部负责人、工程部负责人、保安部负责人、公关经理、营运部门领导等。如果组织有分支机构，每个分支机构、子公司、分厂都应向委员会派一名代表，以便发生问题时能迅速在各地协调行动。

危机管理委员会的作用：全面、清晰地对危机发展趋势作出准确预测；确定有关处理策略和步骤；安排调配组织现有的人力、财力、物力，明确责任，落实任务；启动信息沟通网络，与传媒及目标公众保持顺畅联络；对危机处理过程中各项工作做指导和咨询。

危机管理委员会应配置的设备与材料有：足够的通信设备（包括内、外线电话和无线电通信工具），各类图纸（包括平面图、建筑施工图、水电线路图、社区方位图等）、员工名册，重要人物的地址、联系电话及应急车辆、人员，各类专用设备等，以保证危机处理能有条不紊地进行。

此外，还可以根据危机内容和可能的发展趋势，确定是否聘请外部专家介入对危机的处理，有些危机只有靠专业的、经验丰富的专家，才能得到组织和控制。

7. 危急事件处理中心

危急事件处理中心是集中处理危急事件的地方。在这里，本地危急事件处理小组将按照从事故指挥者和其他人员处所获得的信息来作出一些决定。不论企事业单位的规模大小，每一个企事业单位都应指定一处区域作为紧急情况发生时决策人的集结地。应该指定一处非企事业单位区域作为候选集结地，以备原集结地无法使用时之用。危急事件处理中心资源包括：

（1）通信设备和通讯录行动日志。

（2）危急事件处理计划（多份）。

（3）状况板。

（4）危急事件处理小组人员名单及其工作描述。

（5）对反应小组有帮助的技术信息和数据。

（6）建筑物安全系统信息。

（7）处理问题时所需的信息和数据资料。

（8）通讯录。

（9）备用电、通信和照明系统。

（10）应急物资。

（11）电视机和电视信号，用于收看和收听国际和当地新闻。

（12）录像机和DVD。

（13）喇叭扩音器。

（14）直线和分机电话、录音电话。

（15）装有互联网软件和设备的个人电脑。

（16）相应的地图和建筑平面图。

（17）传真机。

（18）危急事件行动记录本。

（19）挂图板和记号笔。

（20）基本办公用品（如桌子和椅子）。

（21）壁钟（2个）。一个设定本地时间，另一个设定为事故发生时间。

8. 印发危机管理手册

将危机预测、危机情况和相应的措施以通俗易懂的语言编印成小册子，可以配一些示意图，然后将这些小册子发给全体员工。另外，还可以通过录像、卡通片、幻灯片、企业安全周刊、在工作场所悬挂危机处理指引和为员工配备口袋卡片等多种形式向员工全面介绍应付危机的方法，让全体员工对出现危机的可能性及应付办法有足够的了解。

9. 建立处理危机关系网

根据预测的组织可能发生的危机，与处理危机的有关企事业单位联系，建立合作网络，以便危机到来时能很好地合作。这些企事业单位有医院、消防队、公安部门、邻近的驻军、相关的科研企事业单位、同行业兄弟企事业单位、保险公司、银行等。在平时就要通过互相沟通使这些单位了解组织的基本情况，以及在危机中组织会向其寻求哪些帮助等。

三、危机事件中要考虑的核心问题

1. 发生危机的处理

（1）要首先搞清是什么人，在什么时间、地点，发生了什么事，事故的原因是什么，按这些要点迅速查明危机的基本情况。有可能的话，可以在目击者的协助下进行调查。

（2）迅速拿出原定计划付诸实施。估计危机可能产生的后果和影响，如人身伤亡的数量、程度，应送什么样的医院治疗，设备损坏的情况，公用设施损坏的程度及其他财产损失，以便找到迅速控制事态的最有效方法。

（3）查看事故现场，看危机是在继续发展还是得到了有效控制，控制情况如何；若还在进一步发展，要迅速查明原因，并明确怎样控制事态发展，找到处理危机的方法。

（4）预测事故危机发展的前景，现有解决方案实施的效果及可能造成的影响；如不能制止还将如何发展，会引发什么样的新问题。

（5）同事故见证人保持联系，记下其姓名、所在单位的名称、地址及证件号码，必要时可请公安机关加以协助。

（6）保护现场，收集物证。无论是什么原因引起的事故，都应及时收集物证，组织专家检验、测定。在结果没出来之前，有引起事故嫌疑的产品应通知销售部门暂停出售。这样做事先不要过于声张，以免造成不必要的形象损害。这个时候要具体问题具体分析。

2. 应急处置与救援

（1）突发事件发生后，履行统一领导职责或者组织处置突发事件的危机领导小组应当针对其性质、特点和危害程度，立即组织有关部门，调动应急救援队伍和社会力量，依照危机管理计划规定和有关法律、法规、规章的规定采取应急处置措施。

1）组织营救和救治受害人员，疏散、撤离并妥善安置受到威胁的人员以及采取其他救助措施。

2）迅速控制危险源，标明危险区域，封锁危险场所，划定警戒区，实行交通管制以及其他控制措施。

3）立即抢修被损坏的交通、通信、供水、排水、供电、供气、供热等设施，向受到危害的人员提供避难场所和生活必需品，采取医疗救护和卫生防疫以及其他保障措施。

4）禁止或者限制使用有关设备、设施，关闭或者限制使用有关场所，中止人员密集的活动或者可能导致危害扩大的生产经营活动以及采取其他保护措施。

5）启用本企事业单位设置的财政预备费和储备的应急救援物资，必要时调用其他急需物资、设备、设施、工具。

6）组织员工参加应急救援和处置工作，要求具有特定专长的人员提供服务。

7）保障食品、饮用水、燃料等基本生活必需品的供应。

8）采取防止发生次生、衍生事件的必要措施。

（2）针对事件的性质和特点，依照有关法律、行政法规和国家其他有关规定，采取下列一项或者多项应急处置措施。

1）强制隔离使用器械相互对抗或者以暴力行为参与冲突的当事人，妥善解决现场纠纷和争端，控制事态发展。

2）对特定区域内的建筑物、交通工具、设备、设施以及燃料、燃气、电力、水的供应进行控制。

3）封锁有关场所、道路，查验现场人员的身份证件，限制有关区域内的活动。

4）加强对易受冲击的核心企事业单位的警卫，在重点部位、最高领导办公室、机要部门等区域附近设置临时警戒线。

5）建立健全应急通信保障体系，建立有线与无线相结合、基础电信网络与机动通信系统相配套的应急通信系统，确保突发事件应对工作的通信畅通。

（3）组织应在第一时间将所有已知信息告知政府和社区领导，寻求他们的理解与支持。这类特殊人员一般都处于权威地位，如政府部门权威人士、行业专家、专业机构、消费者协会等。社会组织如能与他们保持良好的沟通与了解，他们极大可能会采取理解、支持的态度（至少不会以反对者的身份指责组织）。而且，这类公众很可能会在危机中成为第二信息来源，其发出的信息对组织与公众影响力是不容忽视的。因此说，政府和社区领导的意见往往会对危机处理起到决定性的作用。

（4）尽快调查并公布真相，澄清事实。危机发生之后，社会组织在迅速抢救受害公众，减轻危机影响程度，并尽快将最新情况告诉公众的同时，还须尽快查明危机根源。如果是组织自身的原因，就应勇于承担过失和责任，向公众道歉；如果是其他因素所致，也应将事实告诉公众，减轻组织自身的压力。

在这里，尽量邀请技术权威机构介入对危机事件真相的调查与论证，可提高信息的可信度，对于减少谣传、寻求传媒与公众的理解尤有好处。可惜的是，许多组织往往不能正确对待社会活动家、行业专家及专业机构的批评和建议，一味强调所谓的合法性、科学性，试图忙于尽快洗刷清白。这样，反而给人一种漠视社会利益，有逃脱责任之嫌，可能会造成更大的被动。

(5) 慎重处理危机中有关人员的伤亡事宜。正所谓“人命关天”，一旦出现人员伤亡事故，当事组织务必要引起足够重视，充分认识到受难者家属在危机事件中的处境。

3. 通信

通信对任何工商业都是非常重要的。通信失灵可能会导致灾难性的后果，会因此而中断重大商业活动。将紧急情况通知处于危险中的人员，通知下班员工和职工家属有关企业的紧急情况，以协调应急响应行动，与客户和供应商保持联系。

(1) 应急计划。应急计划是对所有可能的临时或短期的通信完全中断做出准备。

1) 考虑企业日常活动的所有通信情况，包括通过语音和数据的传输以应对通信中断。

2) 考虑可能的通信中断对行动的影响。

3) 明确企业应急通信重点，确定哪个通信重点应该首先被恢复。

4) 制定应急通信系统的恢复程序。

5) 与通信运营商沟通应急响应通信能力，制定通信服务恢复程序。

(2) 应急通信。应急通信是考虑紧急情况下企业可能履行的功能及所需要的通信支持系统。

1) 考虑下列人员之间的通信

①应急响应人员之间。

②响应人员与事故指挥之间。

③事故指挥与应急行动指挥中心之间。

④事故指挥与员工之间。

⑤应急行动指挥中心与外部响应机构之间。

⑥应急行动指挥中心与员工家属之间。

⑦应急行动指挥中心与客户之间。

⑧应急行动指挥中心与媒体之间。

2) 通信的方法

①人员传递。

②电话。

③对讲机。

④传真。

⑤微波通信。

⑥卫星电话。

⑦拨号调制解调器。

⑧局域网。

⑨手势信号。

（3）家庭通信。在紧急情况下，人们往往想了解家人的安全情况。因为在此情况下，照顾亲人总是人们最关注的事情。此时，应为员工和家人建立联系渠道，鼓励员工从事如下活动：

①在与家人分开或自己受伤时如何与家人取得联系。

②在紧急情况下，与身在外地的所有家人取得联系。

③在紧急情况下，如果无法回家，确定一个地点会见家人。

（4）通知。制定通知程序，让所有的员工都知道在发生紧急情况时如何发出通知，即将通知程序告知所有的员工，并对负有特定通知任务的员工开展培训。

1）在各电话附近、员工公告牌及其他显眼的地方张贴应急电话。

2）关键应急响应人员（包括企业内、外）的电话号码表要保持更新。

3）注意收听国家气象部门发布的有关龙卷风、飓风和其他恶劣天气的警告。

4）事先知道政府对通知工作的要求。如果紧急情况会影响公众的安全和健康必须立即通知当地基层政府。

5）准备通过公众传播系统发布通知。

（5）警告。建立警告系统，在紧急情况时警告相关人员。

1）警告系统

①应让企业内部所有人员能够看见或听见。

②配备辅助的电力供应。

③有独特并且能辨认的信号。

2）应注意的问题

①警告时考虑丧失行动能力人员的需求，如用快速闪光来警告有听觉障碍的人员。

②当警告发出后，让人们熟悉响应程序。

③制定程序警告客户、合同方、来访者和其他不熟悉企业警告系统的人员。

④每月至少测试一次警告系统。

3）经常测试通信系统。

某研究所在一次演习的过程中发现对讲机系统失灵，限制了应急行动中心和事故指挥之间的联系，但是应急管理组并未提供备份的通信系统。幸运的是，该问题在演习的过程中被发现而得以解决。

4. 生命安全

紧急情况下保护所有人员的安全和健康是排在第一位的。

（1）疏散预案。疏散是常见的保护措施。在发生火灾时，企业人员被紧急疏散到预定的地点往往是非常必要的。在发生龙卷风时，可能时对整个社区疏散，而且时间可能要持续好几天。制定疏散政策和程序应考虑下列问题：

1）确定疏散的必要条件。

2）建立明确的指挥链。确定有权命令疏散的决策人员，安排“疏散监督人员”帮助其他人员疏散并统计疏散人数。

3）制定具体的疏散程序。建立人数统计系统，考虑员工疏散的需要，同时考虑社区疏散的需求。

4）制定程序帮助丧失行动能力的人员或非中国人员疏散。

5）张贴疏散程序。

6）在疏散的过程中，指定人员应保持某些关键设施的运行或中止，而且应该知道何时停止作业和自行疏散。

7）与地方应急管理办公室协调应急疏散预案。

（2）紧急疏散线路、出口及集合地点。确定首选和备选的疏散线路与出口，清楚标记并有良好的照明。安装应急照明灯，以防疏散过程中电源的中断。确保疏散线路与紧急出口：

1）足够宽敞，能够容纳较多被疏散人群。

2）任何时候都能保持畅通并且没有障碍。

3）不会对疏散人员构成额外的危害。

4）组织企业外的人员评价疏散线路的合理性。

（3）人员集中和统计。在决定某地需要疏散之后，准确统计疏散人口。

1）确定疏散人群的集中区域。

2）疏散后统计人数。将最新知道的人员和地点通知应急行动中心（集中区域的混乱会导致出现不必要的危险，如对人员的继续搜救）。

3）建立非职工统计方法，如供应商和客户。

4）制定进一步疏散预案，以防事故扩大。包括将职工送回家或其他安全地带。

（4）避难所。在紧急情况下，最好的避难方式包括企业内部避难和企业外部避难。

1）考虑启用避难所的条件，如龙卷风警报。

2）确定企业内部和社区避难所的位置，制定人员接送程序。

3）制定必需品如水、食品的供应程序和医疗救治程序。

4）如果合适，任命避难所管理人员。

5）与地方权力部门协调该预案。

（5）培训和信息

1）培训。为员工开展疏散、避难和其他安全措施的培训，每年至少进行一次。下列情况时，需要培训：

①新上岗员工。

②疏散监督人员、避难所管理人员和其他有特殊任务的指定人员。

③引进新材料、新设备和新工艺。

④应急程序被更新或修订。

⑤演习结果表明员工培训有待加强。

2）信息

①提供应急信息，如检查表和疏散图。

②在醒目地点张贴疏散图。

③考虑客户和其他来访者的信息需求。

（6）家庭准备。考虑帮助员工在发生突发性事件时家庭做出的准备。这样有利于增强员工的个人安全感，从而有利于企业重新恢复运行。在家里做好准备的人员在工作上会更加负责。在一间护理室内发生的一起天然气爆炸和火灾引发了疏散，现场大多数病人都是丧失行动能力的人。因为这些员工都经过了针对这种场景的培训，因此所有病人都得到了及时而安全的疏散。搜寻和营救只能由受过正规培训并且配备有专业设备的人员来执行，没受过培训的人员进入受损或受污染的设施会造成重伤或死亡。

5. 危急事件处理程序

（1）召集本地危急事件处理小组。

（2）开始登录、联系并采取行动。

（3）确认威胁事件类型。

（4）对危急事件作出判断，包括对最终可能造成后果的预测。

（5）确定处理危急事件的目标。

（6）如果需要，可通知业主公司。

（7）将计划中没有阐明的责任交给本地危急事件小组。

（8）通知当地政府官员和法律部门。

（9）准备和发送原始事故报告。报告应包括如下内容：

1）事故的性质、详情、发生时间、日期和地点。

2）遭受的损失/伤亡情况。

3）确认受害者身份。

4）是否为胁持人质/拐骗事件。

5）确认恐怖分子的身份及证件号码，使用的武器或任何有其他描述性的资料。

6）恐怖分子提出的要求或发表的声明。

7）当地估价，包括对企事业单位运作的影响。

8）由当地政府部门采取的行动。

9）企事业单位为了保护其他员工和财产而采取的预防措施。

10）对媒体的发言内容。

11）企事业单位方要采取的行动。

12）关于处理危急事件的会议时间表。

（10）确定与恐怖分子谈判的策略。

（11）确定本地政府对于处理危急情况的潜在能力。

6. 财产保护

保护设备、设施和重点记录对紧急情况结束后的恢复行动是非常关键的。

（1）策划时的考虑

1）制定程序

①消防。

②容器泄漏。

③关闭或隔断门窗。

④关闭设备。

⑤覆盖或保护设备。

⑥将设备移到安全地带。

2）辨识需要备份的资源、设备、配件和供应。

3）指定并授权人员监督和关闭设备。

4）获取保护程序的资料，保存并便于手头利用，保证紧急情况时的使用。

（2）保护系统

1）建立异常情况的侦查系统，为财产保护提供警告和保护。应主要包括：

①消防系统。

②照明保护系统。

③水平监控系统。

④溢流探测设备。

⑤自动切断系统。

⑥应急供电系统。

2）咨询财产保险人有关特殊的保护系统。

（3）减灾。想办法减轻紧急情况所造成的影响，如搬迁位于洪水区和地震带的设施。同时采取措施降低紧急情况出现的概率，如改进工艺和替换有害物质。

1）物理上的加固措施，如：

①加固以增强抗震与防风的能力。

②建设防洪墙或其他防洪设备，形成“耐洪”设施。

③安装消防喷淋装置。

④所有外部门窗均应安装防风暴门窗。

2）非结构性减灾措施，包括：

①利用阻燃材料和家具。

②加固在紧急情况时容易松动或倒塌的轻型结构。

③将重物或易碎物品放在较低位置。

④将文件柜和文件置于低层，或将它们锁定在一起。

⑤在打字机、计算机和电视监视器下面铺垫维可牢尼龙带。

⑥将工作站放在远离窗口的地点。

⑦在窗户上安装窗帘或百叶窗，并且能够盖住窗户，以防窗户玻璃在破碎之后扎伤职工。

⑧将热水器固定在墙板或墙柱上。

⑨咨询建筑工程师或社区官员有关其他的信息。

（4）关闭设施。关闭设施往往是最后的选择，但是经常会遇到。关闭不当或无组织地关闭会导致混乱、人身伤害或财产损失。有些设施的关闭非常简单，如关闭设备、阀门和警报等；而有些设施的关闭需要经过复杂的程序。

1）制定设施关闭程序。与部门领导合作制定设施关闭程序，包括如何关闭及如何运行关键设施。应明确：

①设施必须关闭的条件。

②谁来下达命令。

③谁来执行。

④设施的部分关闭对其他设施的影响如何。

⑤关闭与恢复的时间间隔。

2）培训并张贴设施关闭程序。

（5）保护记录

1）重点保护的记录。包括：

①财务和保险信息。

②工程计划与图纸。

③产品清单和说明。

④职工、客户和供应商数据库。

⑤配方与商业秘密。

⑥个人档案。

2）保存重点记录对于迅速恢复非常关键。对重点记录的分析包括：

①将行动按功能分类，如财务、生产、销售和行政管理。

②确定维持商业运行的核心功能，如财务、生产和销售等。

③辨识实现核心功能所需要的最低信息，如保持客户的支持可能需要得到财务报告。

④明确哪些记录包括核心信息，位置在哪儿。

⑤利用和获取信息所需要的设备和物质是哪些。

⑥制定程序保护和接触重要记录。在众多的方法中可以考虑：

a. 用标签标记重要记录。

b. 备份计算机系统。

c. 复制记录。

d. 密封保存在场外不易受损的场所。

e. 加强计算机的安全性。

f. 将记录转移到安全的预备设施。

g. 由服务部门备份。

h. 建立备用电源。

7. 社区

企业与社区的关系会影响到对人员与财产的保护乃至恢复行动的能力。本单位讨论应急行动预案时应邀请外部机构参与。

（1）社区参与

1）与社区的领导、第一响应人员、政府机构、社区机构和公共部门保持对话，包括：

①地区领导。

②消防、警察。

③地方应急策划委员会成员。

④应急管理部门。

⑤公共工作部门。

⑥红十字协会。

⑦医院、应急医疗人员。

⑧电话公司。

⑨电力设施。

⑩煤气公司。

⑪自来水公司。

⑫邻近组织。

2）定期与社区应急人员会见，评审应急预案和程序，讨论将要或预防的紧急情况，说明你对社区福利的关注。

3）确定企业在出现社区范围的紧急情况时能为社区提供的帮助。

4）寻找共同兴趣点，确认能够共享的资源和信息。

5）开展建立信心的活动，如组织群众赴企业参观，与社区的响应组织一道开展走一遍的演习。

6）邀请社区消防、警察和应急管理人员参与企业的演习与训练。

7）会见邻近机构，确定在紧急情况下如何相互帮助。

（2）互助协议

1）为避免紧急情况下的混乱和冲突，地方应急响应组织应该与企业签署互助协议。这些协议包括：

①确定援助的类型。

②确定启动互助协议的指挥顺序。

③确定通信程序。

2）在开展培训与演习时尽可能邀请这些机构参与。

3）互助协议可以明确规定在紧急情况下所需要的一系列的活动或资源，如：

①消防和危险品响应。

②避难空间、应急储备、应急供应及医疗支持。

③疏散之后能够提供财产与人力支持的邻近企业。

（3）社区服务

1）发生全社区范围的应急时，常常需要企业帮助社区。这些帮助包括人员，设备，避难所，培训，储备，饮食设施，应急行动中心设施，食品、衣物，建筑材料，资金，交通。

2）当无法预测社区对公司资源的需求时，深入考虑社区应急对公司应急责任的影响，在紧急情况发生之前考虑为社区服务的机会。

（4）公共信息。当紧急情况超出了企业范围时，社区将会要求了解事故的性质，是否会危及公众的安全或健康，采取了哪些解决问题的措施，采取了哪些预防事态发展的措施。

1）确定哪些人会关心紧急情况的发生及发展信息，包括：

①公众。

②媒体。

③职工与退休人员。

④协会。

⑤合同方和供应商。

⑥客户。

⑦股东。

⑧应急响应机构。

⑨管理部门。

⑩官员。

⑪特殊利益团体。

⑫邻居。

2）社区可能想了解以下内容：

①企业是做什么的。

②危害是什么。

③为紧急情况做出了哪些准备。

④现场紧急情况对社区的影响如何。

⑤社区对企业有何要求。

四、危机事件后要考虑的核心问题

1. 危机发生后将会触及各类公众的利益，对此应分别处理

（1）对内部员工

1）应将事故情况及组织对策告诉全体员工，使员工同心协力共渡难关。

2）如有人员伤亡，应立即通知其家属，并提供条件满足其家属探望、吊唁的要求，组织周到的医疗和抚恤工作，由专人负责；如果是设备损失应及时清理。

（2）对事故受害者

1）对受害者应明确表示歉意，慎重地同他们接触，冷静地倾听受害者的意见和他们提出的赔偿要求。这时即使他们的意见并不完全合理，也不要马上与之辩论、讨论；即使受害者本身要对事故负有一定责任，也不应马上予以追究或一推了之，或立刻诉诸法律。

2）应该同受害者坦诚、冷静地交换意见，同时谈话中应避免给人造成推卸责任、为本组织辩护的形象。

3）在处理事故的过程中，没有特殊情况，不要随便更换负责处理事故的人员和探望受害者的人员，以便保持处理意见的一致性和操作的连续性。

（3）对新闻传播媒介。大众有权知晓他们认为有必要知晓或传播的信息，公开、坦诚的态度和积极主动地配合是处理媒体关系的关键，也只有这样，才能取得新闻朋友的信任和支持，更何况组织与公众的沟通也只有借助媒体的支持才有可能进行。因此，社会组织应该非常乐意，且能够与媒体作更深层次的沟通（让媒体成为危机事件的新闻咨询顾问）。

在紧急情况下，媒体与公众的联系最重要。所以，应与媒体建立并保持良好的关系，了解媒体的特殊需求和兴趣，说明人身保护和应急预案。

1）确定在紧急情况下如何通过媒体向公众传播信息。

①确定训练有素的紧急发言人和替补人员。

②建立媒体发布区域。

③制定保安程序。

④制定程序确保向公众发布的信息是完整、准确并经过批准的。

⑤确定采用合适并有效的方法传递技术信息。

⑥准备企业的背景内容。

2）在紧急情况下为媒体提供信息时，一定要做到：

①各媒体信息获取的机会均等。

②适当时候召开新闻发布会和答记者问，为地方与国家媒体提供均等的机会。

③注意媒体的时间限制。

④确保媒体代表的人身安全。

⑤保存媒体发布的信息。

⑥尽可能向媒体提供所需要的信息。

3）一定不要做的事情

①不要猜测事故。

②不允许未经授权的人员发布信息。

③不要隐瞒事实和误导媒体。

④不要指责事故的发生。

4）媒体发布消息时应说明谁参与了紧急事件，发生了什么，包括时间、地点、原因和过程。

（4）对上级领导部门。危机发生后，应及时向组织的直属上级领导汇报情况。汇报时，不能文过饰非，不允许歪曲真相、混淆视听。在处理过程中应定期将事态的发展、处理、控制情况，以及善后处理情况向上级报告。事故处理结束后，应将详细的情况、解决的方法及今后预防的措施、组织应承担的责任形成综合报告，送交上级部门。

（5）对企事业单位所在的社区。对于社区，如果是火灾、毒物泄漏等给当地居民确实带来了损失的，组织公关部门应向当地居民登门道歉，根据事故的性质也可以挨门挨户道歉。必要时可以在全国性或地方性的报纸上刊出致歉广告，直到给予经济赔偿。这种致歉广告应该面向有关公众，告知他们急需了解的情况，明确表示组织敢于承担责任、知错必改的态度。

此外，对在外地发生的危机，如有必要应派人到有关企事业单位去处理。例如，霞飞事件中，当企事业单位听说新闻媒介要对其产品曝光时，马上派负责人乘飞机到北京了解情况，澄清事实，承担责任。

2. 恢复与重建

恢复和重建生产经营，重振企业，实现企业的最基本需要；保持人员就业，恢复基本生产。

（1）恢复策划。考虑与销售商接触并达成协议，包括：

1）紧急情况之后的服务、记录的保存、设备的维修、土方工程等。

2）与保险人讨论财产与商业恢复政策。

3）确定关键作业，制定预案恢复关键作业。具体包括：

①设备的修复和更换。

②作业迁移到其他地点。

③临时开展某些作业。

4）为企业拍照或录像并存档，并定期更新这些档案。

（2）持续管理。可以设想并非所有的应急关键人员在紧急情况发生时都能够参与应急行动。为确保及时作出恢复决定，应咨询企业法律部门有关法律法规的要求，保持应急管理的连续性。制定如下程序：

1）确保指挥链的形成。

2）保持关键人员的继位顺序。

3）迁移到备用总部。

在设计演习场景时应考虑上述因素。

（3）保险。很多公司在遭受损失之后才发现保险不够，没有保险会造成破坏性的财务困难。与保险顾问讨论如下问题，满足不同人员的需要。

1）财产如何评估。

2）企业保险政策是否达到法规的要求。

3）投入的保险额应该是多大。

4）我们的保险政策覆盖哪些险种。

5）哪些是可以扣除的。

6）在出现损失时，根据政策规定我们应该怎么做。

7）保险公司会要求我们提供哪些材料，这些材料是否在安全地点，在出现紧急情况时能否提供。

8）在出现不可抗力时，保险能赔偿哪些损失，不可抗力赔偿的前提条件是什么。

9）保险是否赔偿因为商业中断而造成的收入损失；我们的保险覆盖是否足够；覆盖时间有多长；因为民事权力部门的命令而中断商业所造成的收入损失赔偿，覆盖的时间又有多久。

10）因为客户不能及时恢复造成的收入损失赔偿，在恢复经营之后的覆盖程度如何。

11）应急管理预案对我们的保险费率有哪些影响。

（4）员工援助。员工是企业最宝贵的财富，在紧急情况发生之后，企业应尽力支持他们。企业能够提供的服务种类包括：

1）预付现金。

2）继续发放薪水。

3）弹性工作时间。

4）缩短工作时间。

5）提供危机咨询。

6）启动护理方案。

7）小孩日托。

（5）恢复行动。紧急情况结束之后，立即开展恢复行动。

1）必要时组建恢复队伍，明确恢复行动的重点。

2）继续保障人员与财产的安全，评估仍然存在的风险，保持事故现场的治安。

3）向职工简要通报工作的进展。

4）保存详细记录。考虑对所有决定的录音，对损失与破坏情况拍照或录像。

5）统计所有与损失相关的费用，将采购和修复的具体工作排序。

6）按照程序通知职工家属有关人员的人身与财产现状，通知不在岗人员有关工作现状，通知保险人和合适的政府机构有关工作现状。

7）保护未受损财产。关闭建筑物出入口，消除烟雾、水和废物，防止设备受潮，恢复喷淋系统，加固财产的安全性能，恢复电力。

8）开展调查。与合适的政府机构协调。

9）开展抢救行动。将未受损财产分离出来，保护受损设备，直到保险理赔人员到现场查看取证。但是如果受损设备严重挡道并且将该设备暴露并不会造成不良后果，可以将受损设备移开。

10）编制受损物品清单。通常与保险理赔人员共同编制，或者在有价值的物品数量较大时与救助人员共同编制。

11）重建设备，重置财产。对于重大修复工作，与保险理赔人员和合适的政府机构共同评审修复预案。

12）评估受损财产价值，评估因为生产经营的中断所造成的影响。

13）与客户和供应商保持联系。

五、制订企事业单位危急事件处理计划指引

每年的危急事件都会对人的生命及财产造成重大损失，但是如果我们提前计划，可以降低伤亡和财产损失，并能从灾难中迅速恢复。

这个指引分为组建编制队伍、危害与能力分析、制定预案和实施预案四大步骤，为危急事件管理提供一些建议。各种类型、规模的企事业单位都可以使用这个指引，因为它的建议适用范围较广。

企事业单位危急事件处理计划按照特定区域、不同的行业和涉及人员的不同，内容也是多种多样。自己的方案应该按照自身的条件进行仔细的评估。使用以下指引可以帮助我们更加明确地制订、修改、整理我们的计划方案，以确保其发挥应有的作用。

完成本地危急事件处理计划以后，应将复印件及本地地图一并转交给当地的公安和消防部门，供其审查。

如果企事业单位已经有了这种计划，那么要使用这个指引去作适当的修改和更新。

1. 组建编制队伍

编制队伍的组建取决于企事业单位的运作、需求和资源的具体情况。最好能组织一批人员共同参与编制工作。这样能吸取大家的意见，促进编制工作顺利有效地开展，同时还能使大家对危机管理工作有一定的了解。

（1）有必要委任某人或组成某个专门小组去制订危急事件处理计划。通常可能是由一到两个人起草计划，但要充分征求图 3—1 中各类人员的意见。

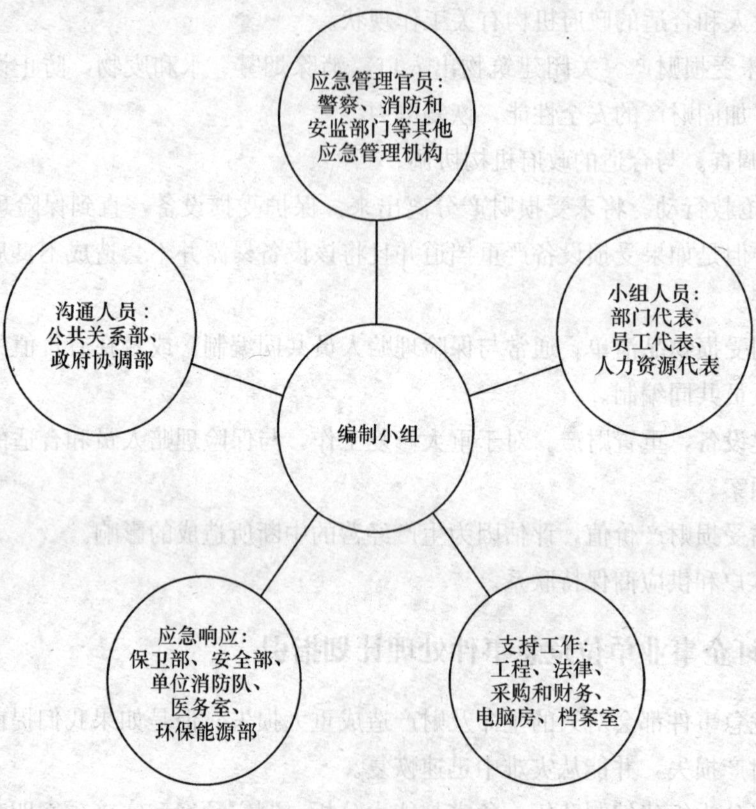

图 3—1　需征求意见的人员

（2）制订方案小组的规模大小由企事业单位的日常运作、需求以及资源来决定。鼓励小组成员积极参与，以加强制订计划过程的可见性和思想高度。

（3）发布任务陈述。让总经理发布任务陈述以证明企事业单位对这个计划所要承担的责任。

（4）制定时间表并做预算。制定一个工作时间表并设定指定计划的最后期限。如时间有更改，必须要有详细说明。

2. 危害与能力分析

该步骤详细介绍了如何收集企业内部和外部的现状信息，包括潜在危害和紧急情况；如何分析企业面临事故的脆弱性，明确企业需要配置的紧急处理能力。

（1）企业能力（现状）分析

1）回顾内部现有预案和政策。需要调研的资料包括：

①疏散预案。

②消防预案。

③安全卫生预案。

④环境保护预案。

⑤保安程序。

⑥保险程序。

⑦财务与采购程序。

⑧员工手册。

⑨危险品预案。

⑩安全评估程序。

⑪风险管理预案。

⑫资金投入方案。

⑬互助协议。

2）联系外部机构。会见政府、社区和公共设施机构或部门，咨询有关潜在的紧急情况和现有的应急响应资源。资源信息的来源包括：

①地方政府或社区行政管理办公室。

②地方应急管理委员会。

③消防部门。

④警察部门。

⑤应急医疗服务机构。

⑥红十字协会。

⑦国家气象部门。

⑧规划部门。

⑨电话公司。

⑩电力设施。

⑪邻近工商企业。

3）法规与规程分析。分析国家和地方法律法规与规章，如：

①职业安全卫生法律法规。

②环境保护法律法规。

③消防法律法规与规程。

④地震、气象、地质灾害等安全规程。

⑤交通法规。

⑥地区区划法规。

⑦应急合作规定。

4）分析关键产品、服务和行动。评估紧急情况对企业的影响，确定哪些系统必须备份。相关信息主要包括：

①公司产品或服务所需要的设备设施。

②产品和服务的供应商，尤其是在只有单一来源时。

③生命线服务，如电力、水、下水道、汽油、电话和交通。

④设施运行所需要的关键作业、操作人员和设备。

5）内部资源和能力分析。紧急情况所需要的资源和能力包括：

①人员。人员包括消防兵、危险品响应队伍、应急医疗服务、保安、应急管理小组、疏散队伍、公共信息官员。

②设备。设备包括消防设备、抑制设备、通信设备、急救供应、应急生活必需品供应设备、警告系统、应急电力设备、污染消除设备。

③设施。设施包括应急行动中心、临时医疗区域、避难区域、急救站、消毒设施。

④组织能力。组织能力包括培训、疏散预案，员工支持系统。

⑤备份系统。企业应提供下列服务：

a. 职工薪水花名册。

b. 通信。

c. 产品。

d. 客户服务。

e. 运输与接受。

f. 信息支持系统。

g. 应急电力。

h. 恢复支持。

6）外部资源分析。在紧急情况下需要大量的外部资源。很多时候，企业应与下列单位建立必要的关系：

①地方应急管理办公室。

②消防部门。

③危险物质响应机构。

④应急医疗服务机构。

⑤医院。

⑥省和地方警察部门。

⑦社区服务组织。

⑧公用设施部门。

⑨合同方。

⑩应急设备供应单位。

⑪保险机构。

7）保险要求

（2）对企事业单位面临的现实危害（危险源）进行分析。下一步骤就是分析单位的脆弱性——各种紧急情况的可能性和对单位的潜在影响。利用脆弱性分析图，通过数值系统详细说明紧急情况的可能性，评估事故的影响和所需要的资源，分值越低越好。

1）潜在紧急情况表。紧急情况表的第一列列出了本单位面临的所有可能的紧急情况，包括由地方应急管理办公室所辨别出来的紧急情况。同时，应考虑：

①单位内部可能出现的紧急情况。

②社区可能出现的紧急情况。

③下列是应考虑的其他因素

a. 历史情况。在本社区、本单位及其他单位以往发生过的紧急情况，如火灾、极端天气、危险物质泄漏、交通事故、地震、飓风、龙卷风、恐怖主义、公共设施受损。

b. 地理因素。单位所处地理条件所产生的影响有哪些，请注意邻近洪水区域，地震断裂带和大坝；邻近危险化学品的生产、储存、使用和运输企业；邻近重大交通干线和机场；邻近核电厂。

c. 技术问题。如果某个过程或系统出现故障会产生什么样的后果，可能包括火灾、爆炸和危险品事故；安全系统失灵；通信系统失灵；计算机系统失灵；电力故障；加热和冷却系统失灵；应急通知系统失灵。

d. 人的因素。如果员工出错会导致什么样的后果，是否对员工开展安全培训，他们是否知道在紧急情况下采取何种措施。人的因素可能是因为下列原因造成的，如培训不足、保持不足、粗心大意、错误作业、物质滥用、疲劳。

e. 物理因素。哪些紧急情况可能是因为设施和建筑物造成的，能否提高物理设施安全性。考虑：设施建设的物理条件，危险工艺、副产品和易燃品的储存，设备的布置，照明，紧急通道与出口，避难场所邻近区域。

f. 管制因素。单位对哪些紧急情况或危害有管制措施。彻底分析紧急情况时，应考虑发生如下情况的后果：进入禁区，电力损失，通信线缆中断，主要天然气管道断裂，水害，烟害，结构损失，空气或水污染，爆炸，建筑物倒塌，通道堵塞、人员密集拥挤踩踏，化学品泄漏。

2）紧急情况的可能性估计。在可能性一列，表明了各类紧急情况发生的可能性。这虽然是一个主观性指标，但是非常实用。可能性等级从 1 到 5，1 表示可能性最低，5 表示可能性最高，详见表 3—1。

表3—1　　可能性和严重性分析表1

紧急类型	可能性	人的影响	财产影响	营业影响	内部资源	外部资源	共计
	高5—1低	高5—1低			弱5—1强		
恐怖袭击							
火灾							
死亡							
员工严重受伤或永久性伤害							
武装抢劫							
炸弹威胁							
爆炸							
群体性事件							
多起食物中毒或生病							
灾难性技术故障							
自然灾害							
其他危害							

①评价对人的潜在影响。分析各种紧急情况对人的潜在影响——可能的伤害和死亡，在人的影响一列打分。等级从1到5，1表示最低，5表示最高。

②评价对财产的潜在影响。考虑对财产的破坏和损失，同样在财产一列按1到5打分。应考虑：置换财产、临时置换成本、修复成本。

③评价对生产经营的影响。考虑紧急情况造成的潜在市场损失，在营业影响一列填入适当的数值。1表示最低影响，5表示最高影响。评价影响包括经营的中断；员工不能上班；客户不能到达企业；公司违反缔结的合同；面临罚款，处罚和法律纠纷；核心物资供应的中断；产品分配的中断。

④评价内部和外部资源。下一步评价响应的资源与能力。为内部与外部资源分别打分，分值越低表明效果越好。为此，应考虑每一种潜在紧急情况从发生、发展到结束所需要的资源。对每一种紧急情况应询问如下问题：

a. 所需要的资源与能力是否配备齐全。

b. 外部资源能否在需要时及时到位，是否还有其他可以优先利用的资源。如果答案是肯定的，则进入下一步评价；如果答案是否定的，明确需要整改的地方。

例如，制定额外的应急程序，开展额外的培训，获取额外的资源，制定互助协议。

⑤各栏叠加。各紧急情况的总分值越低越好。即使是主观分值，进行比较也会有助于

策划和确定资源利用的优先顺序——明确工作目标。

在评价资源时，社区工作人员如警察、医护人员、消防人员等都应牢记各自响应的工作的职责。否则，自己将会成为受害者或不能作出及时、有效的响应，也就可能延误企业应急响应行动。

危害包括自然灾害与技术或人为危害。分析以历次事故、案件与当地治安现状、经济情况与自然灾害发生情况为基础，对事故（案件）的类型、破坏程度与危害区域等信息进行简明扼要的分析。分析结果可以矩阵法表示，作为是否制作专项预案及调动资源情况的依据，详见表 3—2。

表 3—2　　　　**可能性和严重性分析表 2**

危害	发生的可能性			严重性		
	不常发生	有时发生	经常发生	低	中	高
恐怖袭击	√					√
火灾	√					√
伤害事故		√				√
刑事案件		√			√	
治安事件			√	√		
群体性事件		√				√
食物中毒	√					√
能源危机		√			√	
自然灾害		√			√	
其他危害	√				√	

3. 制订预案

（1）预案的组成部分

1）概述。概述简要介绍应急预案的概况，便于管理人员的理解包括：

①预案的目标。

②企业应急管理方针。

③预案的权威性和核心人员的职责。

④可能出现的紧急情况。

⑤应急响应行动的管理地点。

2）应急管理要素。本部分主要介绍企业应急管理的核心要素，包括：

①指挥与控制。

②通信。

③生命安全。

④财产保护向社区延伸。

⑤恢复与重建。

⑥行政与后勤。

这些要素在第二部分有详细介绍，核心要素是企业救援行动和应急程序的基础，目的是保护生命，财产和环境。

3）应急响应程序。应急响应程序说明了企业如何开展应急响应工作。尽可能制定应急响应程序检查表，这样便于高层管理人员、部门领导、响应人员和普通员工迅速采取行动，确定必要行动是哪些。

①现状评估。

②保护员工、客户、来访者、设备、重要记录和其他财产，尤其是事发遣散天内的记录和财产。

③恢复生产经营。

④有很多的紧急情况，如炸弹威胁或龙卷风，需要制定具体的行动程序，此时其功能有：警告员工和客户，与职员和社区沟通，企业内全员疏散，响应活动管理，启动并运行应急行动中心，消防，行动终止，保存重要记录，恢复行动。

4）支持文件。紧急情况下所需要的文件可能包括：

①应急电话通讯录。电话通讯录应尽可能与钱包的尺寸相当，列出所有现场和场外应急人员的电话、简要职责和 24 小时联系电话。

②建筑物与现场地图。包括公共设施阀门，水龙头，主要水阀，水管线，主要天然气阀，天然气管线，电闸，变电站，污水管线，各建筑物的位置（包括建筑物名称、街道名称和编号），平面布置图，警告与公告，消火栓，消防控制系统，楼梯，指定的逃生路线，控制区域，危险物质（包括化学品与清洗物品），贵重物品。

③资源清单。列出紧急情况所需要的重要资源（如设备、供给、服务），与其他机构或政府部门签署的互助协议。在紧急情况下，所有人员应该知道：我应该做什么，我应该向哪里去。有些企业应该制定如下内容：

a. 应急疏散程序并明确线路。

b. 在疏散之前终止关键作业或采取必要行动的程序。

c. 疏散之后涉及所有员工、来访者和合同方的工作程序。

d. 指定员工的救援与医疗责任。

e. 报告紧急情况的程序。

f. 明确规定了责任的人员和部门的名称。

(2) 制订过程。制定过程中应该按照如下步骤操作:

1) 分析面临的挑战,明确工作重点。确定具体的工作目标,指定工作任务清单,落实具体的时间和人员。根据脆弱性分析,确定解决问题的方法和困难。

2) 撰写预案。将预案按章节分配给每一位编写组的成员,确定每一章节的最佳结构。指定各项工作的时间进度表,提供充足的时间,但不能太长以至于延迟工作的完成。

3) 制订培训计划。落实制订企业应急培训计划的人员或部门。有关具体要求见第四步。

4) 与外部机构协调一致

①将本企业已经开始制定应急预案的情况通知相关的地方政府部门。即使官方没有提出具体要求,他们的建议和信息也可能会非常有益。明确省和地方政府对紧急情况通报的要求,将相应要求纳入企业应急程序。确定需要与外部机构签署的互助协议。具体工作细节如下:

a. 企业应急响应的通道与大门有哪些。

b. 向谁汇报,如何汇报。

c. 怎样辨别这些部门或人员。

d. 企业如何与外部机构和人员沟通。

e. 谁负责应急响应活动。

②确定在紧急情况下,有哪些权力部门的人员应该进入现场。

③明确丧失行动能力人员的需求。如为盲人应安排一位陪伴人员,以防万一疏散时走失。

④应急预案还应遵守政府的法规。要保持与政府的具体要求一致,因为政府的规定有时会进行调整,重点与非重点的要求可能会有些变化。

5) 与公司的其他官员保持联系。了解他们对紧急通告的要求,互助合作的条件,紧急情况下如何相互帮助,关键人员的姓名、电话号码,然后将这些信息纳人工作程序。

6) 评审、培训和修订。将第一稿发放给各编写组成员审校,必要时修订。在第二次审校时,开展桌面演习,参与人员包括公司管理人员和应急管理人员。在一间会议室内,设计一个事故场景,各位参与人员讨论各自的职责,针对事故场景作出反应。通过充分讨论,找出交代不清或重复的内容,并作出响应的修订。

7) 争取最终批准。经会议讨论后,向最高层领导和高层管理人员汇报,以便获取书面的批准。

8）预案的发放

①将预案装订好，并且将每一份都编号。收到预案的个人都必须签字，并且对后续改进负责。确定预案的哪一部分适合提交政府（有些内容涉及公司的商业秘密或个人签名的隐私、电话号码或电台频率等，这些可以保密），向下列人员发放预案的最终稿：

a. 最高层领导和高层管理人员。

b. 公司应急响应关键人员。

c. 公司总部。

d. 公司应急响应部门（组织）。

②应急响应核心人员家中应备份应急预案。

③通知应急响应人员有关培训计划。

④完善应急相应预案。可以将各单项应急预案整合为一个综合性应急预案，如消防或安全卫生预案。

4. 实施预案

预案实施不仅指在紧急情况时的执行，还包括在脆弱性分析时提出的建议的落实，将预案融入公司的整体活动，对员工进行培训和对预案进行评审。

（1）将应急预案融入公司的整体活动。应急预案必须成为公司文化的一部分，创造机会建立应急意识；培训和教育人员；测试应急程序；动员各级管理人员、各部门和社区参与应急策划。将应急管理工作变成日常工作的一部分。测试应急预案的完善性时应询问如下几个问题：

1）应急预案所规定的高层管理人员的职责是否得到他们的认可和支持。

2）应急管理的理念是否纳入公司的计划，包括人事和财务计划的支持。

3）公司在评价员工和工作分工的时候怎样更好地说明应急管理责任。

4）是否有合适的途径来传播公司的应急信息，如公司短讯、员工手册或邮件等。

5）有哪些可视的方式，如安全张贴画之类帮助记忆。

6）应急预案的评审与更新的参与机构和人员及其水平如何。

（2）开展培训。所有在企业工作或访问的人员都应接受培训，包括定期组织员工讨论会或评审会、技术培训、应急响应设备的使用、疏散演习、全面演习等。在制订培训计划时应考虑下列基本要求。

1）策划。明确制订培训计划的责任，考虑员工、合同方、来访者、管理人员和应急响应责任人员等的培训需求。

①在 12 个月以内的培训对象、培训教师、培训活动、各期培训时间、各期培训的评价建档，详见表 3—3。

表 3—3　　　　　　　　12 个月各期培训建档

月份	1	2	3	4	5	6	7	8	9	10	11	12
管理人员启蒙/评审												
合同方启蒙/评审												
社区或媒体启蒙/评审												
管理人员桌面演习												
响应队伍桌面演习												
走一遍桌面演习												
功能演习												
疏散演习												
全面演习												

②既可以利用附件的培训和演习图表来设计培训活动，也可以自己设计。

③考虑如何动员社区参与培训。

④各次培训活动之后评审培训效果，包括对响应人员和社区的培训效果。

2）培训活动。培训可以采取各种形式：

①启蒙与讨论。定期开展讨论会，提供信息，回答问题并确定需求和关注点。

②桌面演习。应急管理人员聚集一堂，讨论各自的应急响应职责，针对应急响应情况如何作出反应。这是成本效益优化的方式，在确定更多培训需求之前，解决重复和交代不清的问题。

③走一遍演习。应急管理人员和响应人员实际实行各自的应急响应功能。该活动涉及更多的人员，比桌面演习更加彻底。

④功能演习。主要测试应急响应的各项功能，但不必要求同时进行，如应急医疗、紧急通告、警告和通信、设备的使用。要求各响应人员评价应急系统并辨识存在的问题。

⑤疏散演习。让所有人员通过疏散线路到达指定的地点，该程序应适应于所有测试人员。要求参与人员提出在疏散过程中发现潜在的不安全因素，如楼道散布了废物、通道充满了烟雾。应急预案应根据意见修改。

3）员工培训。全员培训的内容一般包括：

①个人的职责。

②威胁、危害信息和防护措施。

③通报、警告和通信程序。

④在紧急情况下如何确定家庭成员所在的位置。

⑤应急响应程序。

⑥疏散和避难的职责与程序。

⑦一般应急设备的位置和使用。

⑧应急程序的终止。

培训计划可以考虑在脆弱性分析的过程中发现的问题。

（3）预案的评审与修订

1）企业的应急预案每年至少要审核一次。应考虑如下问题：

①怎样动员各级各部门管理人员参与预案的评审和更新。

②在脆弱性分析时发现的问题和不足是否得到充分的重视。

③各位应急管理和响应人员是否理解各自的职责，新成员是否受过培训。

④应急预案是否根据企业的布局变化而更新，是否适应新的工艺。

⑤企业的布置图和记录是否保持最新。

⑥企业的风险有无变化。

⑦预案中的人员姓名、头衔和电话是否正确。

⑧是否逐渐将应急管理融入企业的整体管理。

⑨社区机构和组织在预案里面是否适当体现，他们是否参与了预案的评审。

2）除了年度评审之外，在下列时间还应开展评审和修订：

①每次培训和演习之后。

②每次紧急情况发生之后。

③人员或职责发生变化之后。

④企业的布局和设施发生变化之后。

⑤政策和程序发生变化之后。

3）变更之后一定要通知相关人员。

4）在新选地址时，应分析所在区域的风险。如果地址可行则修订现有的应急预案。

第3节　企事业单位突发公共安全事件应急预案编制

企事业单位常常会遇到各类突发公共安全的紧急情况，如水灾、危险品事故、火灾、传染病疫情、爆炸、劫持人质等。其中，社会安全类突发事件，也会造成职工、客户和公众伤亡，或导致生产、工作、科研、教育等业务活动被迫中断，造成物质损失，损坏企事业单位的公共形象等。为降低社会安全类突发事件造成的损失，必须制定应急预案以提高应急处置能力。制定应急预案是提升应急处置能力的基础，企事业单位应当重视应急预案的制定工作。

一、公共安全类突发事件的类型、含义与特征

1. 突发公共事件的类型

由于我国公共安全的基础工作薄弱，又处在经济转轨、社会转型和迅速发展的历史阶段，所以重大、特大事故时有发生。突发公共事件，是指突然发生，造成或者可能造成重大人员伤亡，财产损失，生态环境破坏和严重社会危害，危及公共安全的紧急事件。根据突发公共事件的性质、演变过程和发生机理，突发公共事件主要分为自然灾害、事故灾难、公共卫生事件和社会安全事件四类。

(1) 自然灾害。自然灾害主要包括水旱灾害、气象灾害、地震灾害、地质灾害、海洋灾害、生物灾害和森林草原火灾等。

(2) 事故灾难。事故灾难主要包括工、矿、商、贸等企业的各类安全事故、交通运输事故、公共设施和设备事故、环境污染和生态破坏事件等。

(3) 公共卫生事件。公共卫生事件主要包括传染病疫情、群体性不明原因疾病、食品安全和职业危害、动物疫情以及其他严重影响公众健康和生命安全的事件。

(4) 社会安全事件。社会安全事件主要包括恐怖袭击事件、经济安全事件、涉外突发事件、治安突发事件等。

2. 治安突发事件的含义

治安突发事件是社会安全突发事件中的一种，具体表现为恐怖袭击事件、重大刑事案件、治安案件、群体性械斗、群体性事件等。企事业单位不仅要加强对自然灾害、事故灾难的预防，也要加强对治安突发事件的预防和处置。因为企事业单位是恐怖袭击的对象之一，而绑架、爆炸、纵火、投毒、凶杀等刑事案件在企事业单位也时有发生，群体性械斗事件是企事业单位不可忽视的问题。

3. 治安突发事件的特征

治安突发事件具有自然灾害、事故灾难、公共卫生等突发事件的共同特征。了解它们的特征，有利于人们防范和处置威胁我们生存安全的突发事件。

(1) 突发性。治安类突发事件爆发的时间、规模、发展态势和危害程度，往往突如其来，出乎人们的意料，一旦爆发，其破坏能量被迅速释放，并呈快速蔓延之势。

(2) 公共性。治安类突发事件的影响和涉及的主体具有公共性，往往因为迅速传播而引起公众的关注，成为公共热点并造成公共损失、公众心理恐慌和社会秩序混乱。也就是

说，突发治安类突发事件是在一个开放的、动态的、回应的社会系统中，受到公众严重关注，引起社会重大反响。

（3）不确定性。治安类突发事件的发生原因、变化趋势、负面影响、造成的后果等都无规则可循，瞬息万变，难以准确预测和把握。治安类突发事件的个案各不相同，即使是同样的事件，发生的时间、地点、原因及变化趋势也各不相同并千变万化。

（4）信息的有限性。由于治安类突发事件的随机性和不确定性，很多信息是随着事态的发展而演变的。而时间的紧迫性，使得决策者掌握的信息不全面，得到的信息不及时，并且在信息的反馈和处理过程中，信息的准确性和有效性也难以保证，信息显得尤为珍贵。

治安类突发事件的突发性、公共性、不确定性、信息有限性的特征，是单位处置突发事件有较高难度的原因，也对单位处置治安突发事件提出以下基本要求：一是必须争分夺秒地投入处置，时间就是生命，延误时机就是增加伤亡。二是必须发动并依靠方方面面的力量，才能控制住现场，减少人员伤亡和财物损失，单枪匹马的个人力量难以扭转乾坤。三是必须以公安民警及保安作为专业力量并发挥骨干作用，才能有效地处置治安突发事件；如果是外行参与处置工作，现场将出现惊慌失措的情景。四是必须按部就班地处理现场的一切事务，有序才能获得有效的工作及高效的结果。而编制应急预案，投入训练是单位具备处置治安突发事件基本能力的保障。

二、应急预案的含义、特征、管理与作用

1. 应急预案的含义

为对付某种灾害情况的发生，减少灾害带来的损失，应当进行充分的防灾、减灾准备。除了要遵守法规、加强日常的管理外，还需要建立应急管理体系和进行应急预案的编制，并且由应急预案统领预防、处置、善后的各项行动。

应急预案，就是应急计划，是针对可能的突发公共事件，为保证迅速、有序、有效地开展应急救援行动、降低人员伤亡和经济损失而预先制订的有关计划或方案。企事业单位应急预案是企事业单位根据有关法律、法规和本单位应对突发事件的实际所制定的预案。

应急是应对特大、重大事故灾害的危险问题而提出的，应急反映了灾害后果的严重性，以及处置灾害时间的紧急性。应急预案是在辨识和评估潜在的重大危险、事件类型、发生的可能性及发生过程、事件后果及影响严重程度的基础上，对应急机构与职责、人员、技术、装备、设施（备）、物资、救援行动及其指挥与协调等方面预先做出的具体安排。它明确和规范在治安类突发事件发生之前、发生过程中以及刚刚结束之后，谁负责做什么，何时做，以及相应的策略和资源准备等。从操作层面上看，应急预案是赋予权利义

务的规章制度，它将为处置治安突发事件工作的展开提供制度保障。应急预案是告知应急处置方法的操作手册，它将为处置治安突发事件工作提供操作的知识、能力。应急预案是标准化的反应程序，它为规范、有序、高效处置治安突发事件工作提供程序保证，使应急救援活动能按照计划和最有效的步骤来进行。

企事业单位制定应急预案目的是使处置工作有序、高效、正确，达到最大程度地减少损失、维护稳定、保障发展的效果。

2. 应急预案的特征

与其他预案同样，应急预案属于事先谋划的处理可能发生的问题计划，但是不同的预案在适用对象、处置原则、处置措施及程序等方面有比较大的区别。治安类突发事件预案的特点是：

（1）假定事件将会发生。制定应急预案的一个重要前提是事件将会发生。从全局而言，治安类突发事件的发生是必然的，但某一企事业单位是否发生治安类突发事件是不确定的。对具体单位而言，治安类突发事件的发生是概率问题，但是每个企事业单位不能排除发生治安类突发事件的可能。因此，所有单位的安全工作必须建立在“将会发生”的假设基础之上。

应急管理涉及预防、应急响应和事后调查处理与整改，应急预案的对象主要是在应急响应阶段，即使是应急准备工作也是强调针对事件发生的准备。

（2）应急预案的主要功能是建立统一、有序、高效的运行机制。治安类突发事件往往诱因复杂，形势多变，激化迅速，而且突发事件的时间及空间分布范围难以把握。每一次应急响应都是一个复杂开放的大系统，使这个系统能够快速、高效运行的关键是多机构的联合指挥与协调，其基础是应急运作体制、机制。

企事业单位的预案是单位的一种工作制度，编制预案就是建立制度，通过制度形成突发事件处置的体制、机制。所以，预案的主要内容是建立突发事件处置的体制、机制。

应急体制主要是应急组织体系。应急体制建设，包括建立应急管理组织机构，负责应急管理、组织、协调、联络工作；建立承担不同应急救援任务的应急功能部门；确定应急指挥人员；建立应急救援队伍。

应急运作机制，是指应急组织体系中各部分之间相互作用的方式和规律。由于紧急状态具有突发性和不确定性，应急机制的重点在于快速、灵活地协调各部门、组织、资源、行动之间的关系。应急运作机制有统一指挥、分级响应、属地管理、公众动员四个基本原则。应急预案的重点是应急响应的指挥协调。

（3）应急指挥的核心是控制。应急指挥的核心就是应用反馈机制，合理应用应急力量和资源，把握时机，采取常规与非常规措施，尽早切断事故的正效应链。应急响应的直接目标是控制事态向灾害方向继续发展。一切措施都是控制，只有控制才能减少损失、减少伤亡。控制必须是多方面，包括紧急状态下的媒体导向和公共关系处理等。强化控制力度，防止事件向危机方向转化；对已出现的危机，将其破坏力和影响范围都控制在最低级别是控制的重要内容。

（4）强调预案的培训、宣传和演练。针对预案目标与内容的培训、宣传和演练是应急预案管理的基础，没有经过培训和演练的任何预案文件只是束之高阁的一纸空文。预案不仅是让人看，更重要的是要在实践活动中得以切实应用。因此，应急预案中列入的所有功能和活动都必须经过培训演练，包括切实提高领导干部在内的各类应急工作人员的意识和能力，熟悉和掌握应急响应程序和方法。在培训和演练中发现的问题可以成为预案修改更新的参考。

3. 应急预案的管理

有些单位用复制、粘贴的方法制定应急预案，又将预案锁进抽屉而长时间将其遗忘。这是一种倾向性的现象，反映了应急预案制定人缺乏应急预案管理意识，是一种就预案论预案的孤立、静止的思维方式。

预案管理，是指通过对信息的分析，预测事物的发展趋势，识别可能带来的威胁，并对这些情况制订相应的预备性处置方案。一旦预测的情况发生，就可以按照预定的方案行动；同时，根据具体的事态发展及时调整行动方案，以控制事态的发展，将可能发生的损失降至最低，维护整体利益和长远利益。

预案管理的主要内容有预案的编制、预案的演练、预案的选择、预案的评估、预案实施过程中的动态调整、预案的修订等。虽然应急预案表现为一个文件，但是应急预案的编制不是仅仅写一篇文章，它是从信息分析开始经过预案成文到预案修订的完整过程，单位保卫机构应当在实施应急预案管理活动的指导下开展预案编制工作。

4. 应急预案的作用

应急预案的作用是处警不慌、处置不乱、应对有策，减少损失到最小程度。具体作用表现为：

（1）应急预案确定了应急救援的范围和体系，使应急准备和应急管理不再是无据可依、无章可循。尤其是培训、演习、准备等活动都是围绕应急预案而展开，没有应急预案，所有的培训、演习、准备活动将失去方向。

（2）制定应急预案有利于作出及时的应急响应，降低损害后果。应急行动对时间要求十分敏感，不允许有任何拖延。应急预案预先明确了应急各方的职责和响应程序，在应急力量和应急资源等方面做了大量准备，可以指导应急救援迅速、高效、有序地开展，将事故的人员伤亡、财产损失和环境破坏降到最低限度。

(3) 应急预案是应对各种突发重大事件的响应基础。对那些事先无法预料的突发事件或事故，预案可以起到基本的应急指导作用，成为应急救援的“底线”。

(4) 应急预案整合社会处置资源，便于与上级、政府有关部门的协调。

(5) 应急预案有利于提高全社会的风险防范意识。应急预案的编制，有利于各方了解可能面临的重大风险及其相应的应急措施，有利于促进各方提高风险防范意识和能力。

三、应急预案的类型及体系

1. 应急预案的类型

要根据不同的预案类型和预案级别来确定预案的具体内容，并使用科学的编制方法，才能编制出一个成功的预案。不同类型的预案，其侧重点和表现形式也不尽相同，如防范恐怖袭击预案和防范群体性事件预案的内容就不尽相同。因此，有必要了解预案的分类。

(1) 按照应急应对的类型划分。突发事件是预案的对象，不同类型突发事件的发生机理不同。所以，针对不同类型的突发事件要建立不同应急预案，如自然灾害应急预案、事故灾难应急预案、公共卫生事件应急预案、社会安全事件应急预案等。

(2) 按照预案的编制与执行主体划分。按照预案的编制与执行主体的行政级别划分，预案可划分为国家、省、市和县级四类。

(3) 按预案适用范围和功能划分。按预案适用范围和功能划分，预案可分为以下四类：

1) 综合预案。综合预案是总体、全面的预案，以场外指挥与集中指挥为主，侧重在应急救援活动的组织协调。例如，2006 年 1 月 8 日，国务院发布的《国家突发公共事件总体应急预案》。

2) 专项预案。专项预案主要是针对某种特殊和具体的事故而制定的应急预案，如《国家处置城市地铁事故灾难应急预案》《国家地震应急预案》。

3) 现场预案。现场预案是以现场设施或活动为具体目标而制定和实施的应急预案。以场内应急指挥为主，它强调预案的现场操作和微观细节操作方面的内容。重大事故发生首先波及企业（现场）内部，当事故能量比较大时，就可能影响企业（现场）以外。此时，事故的控制单靠一个企业来完成就不可能了，需要政府、组织等相关社会力量来帮助。所以，应急预案也相应分为企业（现场）应急预案和政府应急预案。现场应急预案由企业负责，场外应急预案由各级政府主管部门负责。

4) 单项预案。单项预案是临时性应急行动方案，如针对临时组织的大型集会的保卫工作而制订的预案等。

(4) 按照预案的性质划分。按照预案的性质，预案可分为两类：一是指导性预案，如国家级和省级预案等；二是操作性预案，如现场预案和专项预案等。

（5）按照时间特征划分。按时间特征，预案可划分为常备预案和临时预案，临时预案即单项预案。

2. 应急预案的体系

（1）国家应急预案体系。全国性突发公共事件应急预案体系包括：

1）突发公共事件总体应急预案。突发公共事件总体应急预案是总纲，是国务院应对特别重大突发公共事件的规范性文件，如《国家突发公共事件总体应急预案》。

2）突发公共事件专项应急预案。突发公共事件专项应急预案是应对某一或某几种类型突发公共事件而制定的应急预案，如国家自然灾害救助应急预案、国家地震应急预案等。

3）突发公共事件部门应急预案。突发公共事件部门应急预案是有关部门根据总体应急预案、专项应急预案和部门职责为应对突发公共事件制定的预案。例如，《铁路防洪应急预案》《农业重大自然灾害突发事件应急预案》《重大沙尘暴灾害应急预案》《重大气象灾害预警应急预案》《风暴潮、海啸、海冰灾害应急预案》《赤潮灾害应急预案》《中国红十字总会自然灾害等突发公共事件应急预案》《建设系统破坏性地震应急预案》《铁路破坏性地震应急预案》等。

（2）省应急预案体系

1）省级总体应急预案。省级总体应急预案是省应急预案体系的总纲，是省人民政府应对各类特别重大、重大突发公共事件的规范性文件，如《广东省突发公共事件总体应急预案》。

2）省专项应急预案。省专项应急预案主要是省人民政府及其有关部门为应对某一或某几种类型突发公共事件而制定的应急预案，如《浙江省重大火灾事故应急预案》《浙江省地震应急预案》《浙江省民用航空紧急事件应急救援预案》等。

3）省级行政机构下属部门应急预案。省级行政机构下属部门应急预案是省人民政府有关部门根据总体应急预案、专项应急预案和部门职责，为应对突发公共事件制定的预案，如《江西省公安厅地震应急预案》《陕西省民政厅地震应急预案》等。

4）突发公共事件地方应急预案。突发公共事件地方应急预案，即市、县、乡（镇）政府（及其他）应急预案。具体包括各地级以上市人民政府制定的突发公共事件总体应急预案、专项应急预案和部门应急预案，各县（市、区）、镇人民政府制定的突发公共事件应急预案等。

（3）国家部门应急预案体系。例如，中国人民银行属于国务院领导下的国家机关，履行两大政府职能，即制定和实施货币政策。人民银行的应急预案体系包括五个层次：

1）总体应急预案。银行总体应急预案确定人民银行应急处置的指挥体系、操作指南以及与应急处置相关的主要原则、标准和程序等。总体应急预案以人民银行发文颁布施行。

2）部门应急预案。银行部门应急预案的实施需要其他部门、单位的参与或协作，由各司局、分支行和企事业单位提出立项、修订意见，经过一系列程序修订后，以人民银行发文颁布，并向国务院完成备案程序。

3）专项应急预案。银行专项应急预案的实施不需要其他部门、单位的参与或协作，针对人民银行依法行政所必需的重要计算机业务系统、网络通信系统所面临的突发事件风险，由各司局、分支行和企事业单位提出立项、修订意见，征求相关司局、单位意见，报经人民银行应急预案领导小组同意，以人民银行发文颁布。

4）内部应急预案。银行内部应急预案是针对各自机关内部工作制定的应急预案，包括为确保机关正常工作而针对自然灾害、事故灾难、突发公共卫生事件和突发重大刑事案件、群体性事件而制定的内部规章制度。内部应急预案由各职能部门或单位自行制定施行，报本单位办公厅（室）备案，修订和解释亦同。

5）分支机构预案。银行分支机构预案是各分支行、企事业单位根据自身应急处置机制建设的需要，制定的与上级单位应急预案相衔接的上级单位预案的分预案、子预案及次级预案等。分支机构应急预案由各分支机构、企事业单位按照上级单位要求，自行制定和确定发文形式，报上一级单位相关部门和办公厅（室）备案。

（4）企事业单位应急预案体系。企事业单位的应急预案划分为总体应急预案、部门应急预案、专项应急预案，内部应急预案、单项（其他）预案，以保证预案文件体系的层次清晰和开放性。

1）总体应急预案。因为所有灾害不能穷举，企事业单位首先要做一个整体预案，从总体上阐述本单位的应急方针、政策、应急组织结构及相应的职责，应急行动的总体思路等。这个整体预案要包括目标、职责、组织架构、相应角色、决策机制、启动预案的基础条件等各方面内容，预案中一定要明确沟通、汇报、指挥、协调等各方面机制。总体预案也是综合预案，是预案体系的顶层设计，通过综合预案可以很清晰地了解单位应急体系的基本构架及预案的文件体系，它是各部门应急管理工作的基础。企事业单位要分析可能面临的各类治安突发事件，然后根据不同情况制定相应预案，进行预先准备和安排。所以，单位除了制定总体应急预案，还应当制定多种处置特定类型突发事件的预案。

2）部门应急预案。部门应急预案是部门针对某种具体、特定类型的紧急事件的预案，其实施需要其他部门、单位的参与或协作。治安类突发事件的处置，如防恐怖袭击、防火灾等需要其他部门、单位的参与或协作；由保卫部门制定，以单位名义发布的预案，如

《某单位灭火和应急疏散预案》。部门应急预案是在综合预案的基础上充分考虑了某特定危险的特点，对应急的形式、组织机构、应急活动等进行了更具体的阐述，具有较强的针对性。

3）专项应急预案。专项应急预案由各职能科、股、室针对特有的突发事件单独起草、制定。专项应急预案的实施不需要其他部门、单位的参与或协作，是在部门应急预案的基础上，根据具体情况需要而编制，针对特定场所，通常是风险较大场所或重要防护区域等所制定的预案。例如，在《防恐怖袭击预案》下编制的宾馆门卫防汽车炸弹冲撞预案，或者某重大危险源的场内应急预案等。专项预案具有更强的针对性和对现场具体救援活动更具体的操作性。

4）内部应急预案。内部应急预案是由各职能部门针对自身的内部工作制定的应急预案，包括为确保本部门正常运作而针对突发重大刑事案件、群体性事件而制定的内部规章制度。内部应急预案由各职能部门或单位自行制定施行，报本单位备案，修订和解释亦同。

5）单项（其他）预案。单项（其他）预案是针对大型公众聚集活动（如经济、文化、体育、民俗、娱乐、集会等活动）和高风险的建设施工活动（如城市人口高密度区建筑物的定向爆破、水库大坝合龙、城市生命线施工维护等活动）而制订的临时性应急行动方案。单项预案内容主要是针对活动中可能出现的紧急情况，预先对相关应急机构的职责、任务和预防性措施作出的安排。

四、应急预案的内容[①]

1. 总体应急预案

总体预案的内容比较周全，因此篇幅一般都比较长，结构也比较规范。预案一般由总则、分则、附则三个部分组成。总则部分包括制定预案的目的、工作原则、编制依据、目前现状和适用范围等内容。分则部分包括组织机构与职责，预测、预警，应急响应，后期处理，保障措施，宣传、培训和演习。附则部分包括名词术语定义与说明、预案目录、预案管理、监督检查与奖惩、制定与解释等内容。

（1）总体应急预案中总则的主要内容。总则部分包括制定预案的目的、工作原则、编制依据、目前现状和适用范围等内容。无论是何级或何类型的应急救援体系，首先必须有明确的目的、方针、原则和适用范围，作为开展应急救援工作的纲领。它们反映的应急救援工作的优先方向、政策、范围和总体目标，应急的策划和准备，应急策略的制定和现场

① 本教材提供应急预案的案例，可登录 www. class. com. cn/datas/6/gjbws. rar 进行下载。

应急救援及恢复都应当围绕目的、方针和原则开展。社会安全事件类应急预案应符合国家制定的相关法律、法规、规章及技术标准要求。根据突发事件的危害程度和影响范围，依照国家有关规定和上级应急预案等，对突发事件进行分级。应针对不同类型的突发事件明确具体事件的分级标准，应急处置工作的目的、工作原则、编制依据、适用范围等，内容应简明扼要。

例如，《某大学高等技术学院突发事件处置预案》总则中有关突发事件处置目的、适用范围的内容是：为贯彻市教委、市公安局、某大学关于做好学校安全工作的指示精神，切实做好突发事件的处置，特制定本预案。又如，《××云大医院院内突发事件应急预案》总则中有关突发事件处置目的、适用范围的内容是：为了提高应对院内突发事件的应急及反应能力，最大限度地减少人员伤亡，降低突发事件造成的损伤，特制定本预案。

（2）总体应急预案中分则的主要内容

①关于组织机构与职责的主要内容。一般应明确本预案所涉及突发事件应急指挥机构的组成情况。指挥机构应设置相应的应急处置工作组，明确各应急处置工作组的设置情况和人员构成情况。同时，明确应急指挥机构、各应急处置工作组和相关人员的具体职责，明确本预案所涉及各有关部门的应急工作职责。

②关于预警和预防的主要内容。关于预警和预防的主要内容包括信息监测与报告，预测、预警支持系统，预警级别及其发布等。

应急预案针对的突发事件可以实施预警的，需要明确以下内容：根据实际情况进行预警分级；明确预警的发布程序和相关要求；明确预警发布后的应对程序和措施。预警结束，明确结束预警状态的条件、程序和方式。

关于信息报告，应明确本单位 24 小时应急值班电话；明确本预案所涉及的突发事件发生后，本单位内部和向上级单位进行突发事件信息报告的程序、方式、内容和时限；明确本预案所涉及的突发事件发生后，向政府有关部门、电力监管机构进行突发事件报告的程序、方式、内容和时限。

应急响应包括响应分级。根据突发事件分级标准，结合企业控制事态和应急处置能力明确具体响应分级标准、应急响应责任主体及联动单位和部门。针对不同级别的响应，响应程序分别明确下列内容，并附以流程图：应急响应启动条件（应分级列出）；响应启动：宣布响应启动的责任者；响应行动：包括召开应急会议、派出前线指挥人员、组建现场工作组及其他应急处置工作小组等；各有关部门按照响应级别和职责分工开展的应急行动；向上级单位、政府有关部门及电力监管机构进行应急工作信息报告的格式、内容、时限和责任部门等。

③关于应急响应的主要内容。应急响应包括分级响应、信息共享和处理、基本响应程

序、指挥与协调、新闻报道、应急结束。

企业应急响应能力的体现，应包括需要明确并实施在应急救援过程中的核心功能和任务。这些核心功能既具有一定的独立性，又互相联系，构成应急响应的有机整体，共同完成应急救援的目的。

应急响应的核心功能和任务包括分级响应程序（原则上按一般、较大、重大、特别重大四级启动相应预案），信息共享和处理，通信，指挥和协调，紧急处置，应急人员的安全防护，群众的安全防护，社会力量动员与参与，事故调查分析、检测与后果评估，新闻报道，应急结束 11 个要素。

当然，根据企业风险性质的不同，需要的核心应急功能也可有一些差异。

④关于后期处置的主要内容。后期处置包括善后处置、社会救助、保险与补偿、调查和总结。

后期处置应当明确下述内容：后期处置、现场恢复的原则和内容；负责保险和理赔的责任部门；事故或事件调查的原则、内容、方法和目的；对预案及本次应急工作进行总结、评价、改进等内容。

⑤关于保障措施的主要内容。保障措施包括通信与信息保障，应急支援与装备保障，技术储备与保障，宣传、培训和演习，监督检查等。

（3）总体应急预案中附则及附录的主要内容。附则包括有关术语、定义，预案管理与更新，国际沟通与协作，奖励与责任，制定与解释部门，预案实施或生效时间等。附录包括相关的应急预案、预案总体目录、分预案目录、各种规范化格式文本等。

这里需要特别指出的是，多数小型企业管理人员身兼数职，职能部门也肩负着多项职责。因此，小型企业在编制应急预案时不能完全按照大型企业的模式来进行，应当更加注重预案的简洁性和实用性；要立足于本企业的风险隐患特点，在辨识和评估潜在重大危险、治安突发事件类型、事件发生的可能性、事件后果以及影响严重程度的基础上进行。小型企业应强化现场应急处置方案的编制工作，重视关键环节、重点岗位、重要目标应急预案的制定，加强应急预案培训和演练，提高企业管理及从业人员的危机意识、现场处置和防灾避险、自救互救的能力。

2. 部门应急预案

企事业单位部门应急预案是针对具体的装置、场所或设施、岗位所制定的应急处置措施，它的内容布局相当于习惯称呼的现场处置方案。部门应急预案应具体、简单、针对性强的特点。现场处置方案应根据风险评估及危险性控制措施逐一编制，做到事故相关人员应知应会，熟练掌握，并通过应急演练，做到迅速反应、正确处置。部门应急预案的主要内容包括以下几个方面：

（1）目的与事故特征。主要包括：

1）危险性分析，可能发生的事故类型。

2）事故发生的区域、地点或装置的名称。

3）事故可能发生的季节和造成的危害程度。

4）事故可能出现的征兆。

（2）应急组织与职责。主要包括以下内容：

1）基层单位应急自救组织的形式及人员构成情况。

2）应急自救组织机构、人员的具体职责，应同单位或车间、班组人员工作职责紧密结合，明确相关岗位和人员的应急工作职责。

（3）应急处置。主要包括以下内容：

1）事故应急处置程序。根据可能发生的事故类别及现场情况，明确事故报警、各项应急措施启动、应急救护人员的引导、事故扩大及同企业应急预案衔接的程序。

2）现场应急处置措施。针对可能发生的火灾、爆炸、危险化学品泄漏、坍塌、水患、机动车辆伤害等，从操作措施、工艺流程、现场处置、事故控制，人员救护、消防、现场恢复等方面制定明确的应急处置措施。

3）报警电话及上级管理部门、相关应急救援单位的联络方式和联系人员，事故报告的基本要求和内容。

小型企业在编制应急预案时要立足于本企业的风险隐患特点，把侧重点放在各自具体的救援行动上，根据单位的风险和实际情况，对预案的内容进行合并、增加、重新排列或适当的删减等。

小型企业应强化现场应急处置方案的编制工作，重视关键环节、重点岗位、重要目标应急预案的制定，加强应急预案培训和演练，提高企业管理及从业人员的危机意识、现场处置和防灾避险、自救互救的能力。

某些单位在制定预案时，容易存在内容制定不细、步骤制定格式化、现场设定过于简单的误区，制约了预案应用的实际操作性。

五、应急预案编制过程

要编制一个完善的应急预案，一般要做好下面五个步骤：组建应急预案编制队伍、开展危险与应急能力分析、预案编制、预案评审与发布、预案实施。

1. 组建应急预案编制队伍

预案从编制、维护到实施都应该有各级各部门的广泛参与。在预案实际编制工作中往往由编制组执笔，但是在编制过程中或编制完成之后，要征求各部门，包括高层管理人员、中层管理人员、人力资源部门、工程与维修部门、安全卫生和环境保护部门、邻近社区、市场销售部门、法律顾问、财务部门等的意见。编制人员要总结各方面的意见最终制定出合适的预案。

2. 开展危险与应急能力分析

(1) 要分析法律法规。分析国家法律、地方政府法规与规章，包括安全生产与职业卫生法律、法规，环境保护法律、法规，消防法律、法规与规程，应急管理规定等。分析是为了防止预案之间和预案与法律之间产生矛盾，保障预案与法律之间的一致。

(2) 要进行风险分析。风险分析，一般由企业管理部门提出，企业全体员工参与。分析各类紧急情况发生的可能性和对单位的潜在影响，包括由地方应急管理部门所辨识出来的紧急情况，还有单位内部和社区可能出现的紧急情况。

进行风险分析时通常应考虑下列因素：

1）历史情况。历史情况是指本单位及其他兄弟单位所在社区以往发生过的治安突发事件的情况。

2）地理因素。包括单位所处地理位置，与治安突发事件在地理因素的关联性。

3）技术问题。技术问题是指某工艺或系统出现故障可能产生的后果，包括火灾、爆炸和危险品事故，安全系统失灵，通信系统失灵，计算机系统失灵，电力故障，加热和冷却系统故障等。

4）人的因素。可能因培训不足、粗心大意等种种因素导致工作失误和疏忽。

5）物理因素。考虑设施建设的物理条件、危险工艺和副产品、易燃品的储存、设备的布置、照明、紧急通道与出口、避难场所邻近区域等。

6）管制因素。彻底分析治安突发事件紧急情况，考虑由于出入禁区、电力故障、通信电缆中断、燃气管道破裂、水害、烟害、结构受损、空气或水污染、爆炸、建筑物倒塌、化学品泄漏等引起的后果。

上面的危险分析应该考虑全面周到，从时间、空间、物质和人员上都要考虑。并且要根据危险对人身、财产、环境和生产经营的潜在影响来确定各类治安突发事件危险的大小，确定哪些风险是重点关注的。

(3) 应急能力分析。应急能力分析是指针对各类紧急情况，确认现有的综合响应能力，包括各类应急响应资源，如人力、物力和能力。为此，应考虑每一种潜在紧急情况从发生、发展到结束所需要的资源。对每一种紧急情况应考虑如下问题：所需要的资源与能力是否配备齐全；外部资源能否在需要时及时到位；是否还有其他可以优先利用的资源。如果答案是肯定的，可以继续下一步骤工作；如果答案是否定的，则应提出整改方案，如编制额外的应急程序、开展额外的培训、采购额外的设备、编制互助协议、签订专项合同或协议等。

3. 预案编制

根据企业风险和应急响应能力的现状，按照法律、法规和本单位相关规定编制应急预案，确定具体的工作目标和阶段性工作时间表。编制工作任务清单，要落实到具体的人员和时间，要确定预案总体和各章节的结构，最后将预案按章节分配给每一位编写组成员。在应急行动涉及外部机构时，应与相关人员事先沟通协调。

4. 预案评审与发布

应急预案编制完成后应当组织开展预案的评审工作，包括内部评审和外部评审，以确保应急预案的科学性、合理性以及与实际情况的符合性。预案评审完成后，由企业管理者的代表签署发布。

5. 预案实施

预案经批准发布后，企业各相关部门应当组织落实预案中的各项工作，如开展预案的宣传教育，保证每一个员工都熟悉预案的内容，定期开展应急预案的演练，检查预案的有效性和符合性，对预案存在的不足及时修正。

六、应急预案的演练

1. 演练的类型

可采用不同规模的应急演练方法对应急预案的完整性和周密性进行评估，如桌面演练、功能演练和全面演练等。

（1）桌面演练。桌面演练是指由应急组织的代表或关键岗位人员参加的，按照应急预案及其标准工作程序，讨论紧急情况时应采取行动的演练活动。桌面演练的特点是对演练情景进行口头演练，一般是在会议室内举行。其主要目的是锻炼参演人员解决问题的能力，以及解决应急组织相互协作和职责划分的问题。

桌面演练一般仅限于有限的应急响应和内部协调活动，应急人员主要来自本地应急组织，事后一般采取口头评论形式收集参演人员的建议，并提交一份简短的书面报告，总结演练活动和提出有关改进应急响应工作的建议。桌面演练方法成本较低，主要为功能演练和全面演练做准备。

（2）功能演练。功能演练是指针对某项应急响应功能或其中某些应急响应行动举行的演练活动，主要目的是针对应急响应功能，检验应急人员以及应急体系的策划和响应能力。例如，指挥和控制功能的演练，其目的是检测、评价多个政府部门在紧急状态下实现集权式的运行和响应能力。演练地点主要集中在若干个应急指挥中心或现场指挥部，并开展有限的现场活动，调用有限的外部资源。

功能演练比桌面演练规模要大，需动员更多的应急人员和机构，因而协调工作的难度也随着更多组织的参与而加大。演练完成后，除采取口头评论形式外，还应向地方提交有关演练活动的书面汇报，提出改进建议。

（3）全面演练。全面演练是指针对应急预案中全部或大部分应急响应功能，检验、评价应急组织应急运行能力的演练活动。全面演练一般要求持续几个小时，采取交互式方式进行，演练过程要求尽量真实，需调用更多的应急人员和资源，并开展人员、设备及其他资源的实战性演练，以检验相互协调的应急响应能力。与功能演练类似，演练完成后，除采取口头评论、书面汇报外，还应提交正式的书面报告。

应急演练的组织者或策划者在确定采取哪种类型的演练方法时，应考虑以下因素：

1）应急预案和响应程序制定工作的进展情况。

2）本辖区面临风险的性质和大小。

3）本辖区现有应急响应能力。

4）应急演练成本及资金筹措状况。

5）有关政府部门对应急演练工作的态度。

6）应急组织投入的资源状况。

7）国家及地方政府部门颁布的有关应急演练的规定。

无论选择何种演练方法，应急演练方案必须与辖区重大事故应急管理的需求和资源条件相适应。

2. 演练实施的基本过程

由于应急演练是由许多机构和组织共同参与的一系列行为和活动，因此应急演练的组织与实施是一项非常复杂的任务，建立应急演练策划小组（或领导小组）是成功组织开展应急演练工作的关键。为确保演练成功，参演人员不得参加策划小组，更不能参与演练方案的设计。

综合性应急演练的过程可划分为演练准备、演练实施和演练总结三个阶段。

3. 演练的参与人员

应急演练的参与人员包括参演人员、控制人员、模拟人员、评价人员和观摩人员。这五类人员在演练过程中都有着重要的作用，并且在演练过程中都应佩戴能表明其身份的识别符。

（1）参演人员。参演人员是指在应急组织中承担具体任务，并在演练过程中尽可能对演练情景或模拟事件做出真实情景下可能采取响应行动的人员，相当于通常所说的演员。参演人员所承担的具体任务主要包括：

1）救助伤员或被困人员。

2）保护财产或公众健康。

3）获取并管理各类应急资源。

4）与其他应急人员协同处理重大事故或紧急事件。

（2）控制人员。控制人员是指根据演练情景，控制演练时间进度的人员。控制人员根据演练方案及演练计划的要求，引导参演人员按响应程序行动，并不断给出情况或消息，供参演的指挥人员进行判断、提出对策。其主要任务包括：

1）确保规定的演练项目得到充分的演练，以利于评价工作的开展。

2）确保演练活动的任务量和挑战性。

3）确保演练的进度。

4）解答参演人员的疑问，解决演练过程中出现的问题。

5）保障演练过程的安全。

（3）模拟人员。模拟人员是指演练过程中扮演、代替某些应急组织和服务部门，或模拟紧急事件、事态发展的人员。其主要任务包括：

1）扮演、替代正常情况或响应实际紧急事件时应与应急指挥中心、现场应急指挥所相互作用的机构或服务部门。由于各方面的原因，这些机构或服务部门并不参与此次演练。

2）模拟事故的发生过程，如释放烟雾、模拟气象条件、模拟泄漏等。

3）模拟受害或受影响人员。

（4）评价人员。评价人员是指负责观察演练进展情况并予以记录的人员。其主要任务包括：

1）观察参演人员的应急行动，并记录观察结果。

2）在不干扰参演人员工作的情况下，协助控制人员确保演练按计划进行。

（5）观摩人员。观摩人员是指来自有关部门、外部机构以及旁观演练过程的观众。

4. 演练结果的评价

应急演练结束后应对演练的效果作出评价，并提交演练报告，详细说明演练过程中发现的问题。按照对应急救援工作及时、有效性的影响程度，将演练过程中发现的问题分为不足项、整改项和改进项。

（1）不足项。不足项指演练过程中观察或识别出的应急准备缺陷，可能导致在紧急事件发生时，不能确保应急组织或应急救援体系有能力采取合理应对措施，保护公众的安全与健康。不足项应在规定的时间内予以纠正。演练过程中发现的问题确定为不足项时，策划小组负责人应对该不足项进行详细说明，并给出应采取的纠正措施和完成时限。最有可能导致不足项的应急预案编制要素包括职责分配，应急资源，警报、通报方法与程序，通信，事态评估，公众教育与公共信息，保护措施，应急人员安全和紧急医疗服务等。

（2）整改项。整改项指演练过程中观察或识别出的，单独不可能在应急救援中对公众的安全与健康造成不良影响的应急准备缺陷。整改项应在下次演练前予以纠正。在以下两种情况下，整改项可列为不足项：一是某个应急组织中存在两个以上整改项，共同作用可影响保护公众安全与健康能力的；二是某个应急组织在多次演练过程中，反复出现前次演练发现的整改项问题的。

（3）改进项。改进项指应急准备过程中应予以改善的问题。不同于不足项和整改项，改进项不会对人员安全与健康产生严重的影响，视情况予以改进，不必一定要求予以纠正。

4

第 4 章

培训与管理

第1节　保卫领导工作决策

人类自从有了分工与协作，就开始需要并且产生领导活动，从而也就有了相应的领导决策行为。没有领导便无法进行社会生产活动，离开了决策，领导活动也就难以进行。领导决策的历史可以追踪到远古，但是，具有现代意义的领导决策是社会化大生产的产物。

一、决策的含义和要素

决策活动存在于人类社会的各个领域，只要存在人类活动就有决策活动。对领导者来说，决策是其工作的核心，领导者的作用和地位在很大程度上是通过决策体现出来的。领导者的职责就是站在全局的高度，对组织或群体内的各种问题进行分析，把握决策对象的本质与规律，并从各种行动方案中做出最好的选择。

1. 决策的含义

决策是领导者首要的、基本的职能。决策就是“作出决定”，是组织或群体为了实现某一特定目标，借助一定的手段，从两个或两个以上的可行方案中选择一个最好方案并组织实施的全部行为过程。就主体而言，决策就是领导者对如何解决问题作出决定。大至国家，小到一个群体，无时无刻不在进行着决策。领导者在处理各种事务时，根据一定的情况和条件，在掌握大量信息的基础上，对所要解决的问题或处理的事务做出价值选择或行动对策。

2. 决策的要素

(1) 要确实了解问题的性质，如果问题是经常性的，那就只能通过建立规则或原则来解决。

(2) 要确实找出解决问题时必须满足的界限，换言之，应找出问题的“边界条件”。

(3) 仔细思考解决问题的正确方案是什么，以及这些方案必须满足哪些条件，然后再考虑必要的妥协、适应及让步事项，以期该决策能被接受。

(4) 决策方案要同时兼顾执行措施，让决策变成可以被贯彻的行动。

(5) 在执行过程中重视反馈，以印证决策的正确性及有效性。

3. 决策的特性

任何一项决策都是针对要解决的问题而作出的决定，总要在多种方案中进行择优。决策是立足现实却又面向未来的活动，它由领导者做出，因而总会受人的主观意志的影响，并且具有以下特性：

（1）目标性。决策是以目标为基础的，任何组织的决策都必须首先确定组织的目标。目标是组织在未来特定时限内，完成任务程度的标志。没有目标，也就难以拟订未来的活动方案，对活动方案的评价也就没有标准。所以，目标是决策的核心，是决策方案制定与执行的方向。

（2）预见性。决策是为了达到想象中未来事务的一种状态，属于一种对事物发展可能性的认识。这种认识只能通过推理、预测来把握事物的发展趋势，作出相应的决策，使领导活动符合事物发展的规律。

（3）可行性。决策的目的是为了指导组织未来的活动，实现组织的预期目标。但如果缺乏必要的人力、物力和技术等资源条件，再好的决策方案也无法落实。所以，决策方案的拟订与选择，不仅要考察采取行动的必要性，还要考虑决策方案的实施条件。

（4）适宜性。决策的选择应该是适宜，而不是最优。由于决策者不可能掌握全部必要的信息、不可能正确辨识所有信息的利用价值、不可能准确预测各个方案执行的结果，而只能根据已知的条件作出主观判断和相对满意的决策，因此，尽管理论上可能存在最优决策，但是在实践中是难以实现的，只能在多项选择中选出相对正确的方案。

（5）选择性。决策的实质是选择，没有选择就没有决策。从某种意义上说，决策的过程就是不断选择的过程。决策的选择性，对于组织目标的实现，不仅是必要的，而且是可行的。组织的发展就是建立在对决策方向与决策行动的选择之上，通过分析与比较，选择符合本组织系统的行动方案。而要对决策方案有所选择，其前提是要提供可以相互替代的多种方案。

（6）过程性。决策并不是领导者的瞬间行为，而是一个过程。决策的过程性决定了组织决策的层次性和综合性。实际上，组织决策不是一项决策，而是一系列决策活动和各个决策阶段的综合。所以，领导者要强化决策的过程意识，不能将组织决策简单化，而要研究与决策过程相关的因素，努力做好每一项与决策相关的工作。

（7）动态性。决策的动态性特点与决策的过程性特点有关。决策不仅是一个过程，而且还是一个不断循环的发展过程，它没有真正的终点。决策的主要目的是使组织活动的内容和方法能适应环境的要求。然而，外部环境总是在不断发生变化，决策者必须研究这些变化，并把握这些变化，从中找出可以利用的机会，以此调整组织的活动，实现组织与环境的动态平衡。

二、保卫领导决策的基本范畴

1. 保卫领导决策的概念

保卫领导决策是指企事业单位保卫部门及其领导者或单位负责人为维护单位生产、治安秩序，针对需要解决的保卫工作的任务、问题，为了实现预期目标所进行的方案设计、选择和执行的过程。

2. 保卫领导决策的要素和特点

保卫决策与其他行政或者经营决策一样，是多因素的综合统一体。完整的保卫决策过程，主要包括决策主体、决策对象、决策信息、决策方法和决策结果五个基本要素。

（1）保卫决策主体。保卫决策主体一般是指具有决策权的保卫部门领导者和单位领导班子。保卫决策的主体之所以不限于保卫部门领导，主要是因为保卫决策的对象，除了日常保卫业务范围内的事项，还包括可能影响单位全局的事项。个别情况下，保卫部门作出的决策，影响可能扩散到社会上，形成对单位的影响和冲击。因此，对于可能影响全局的保卫决策，必须由单位领导班子作出。

（2）保卫决策对象。保卫决策对象一般是指需要决策的内外事务和期望达成的决策目标。内部事务一般包括队伍管理、业务建设、组织体制、人员配备、科技装备、战略战术、后勤保障、工资待遇等；外部事务一般包括违法犯罪活动的预防、单位内人员管理、安全保卫和规章制度建设等。决策对象还包括涉及这些事务、预期进行重大调整和改革的决策目标。

（3）保卫决策信息。保卫决策信息一般是指与决策有关的数据与状况，通常包括决策主体的基本情况、决策环境的主要数据与基本情况、决策对象和目标的基本要求、决策方案的设计和评估比较等方面的内容。一般来说，决策对象的性质和范围决定了保卫决策信息需求的范围和精度。涉及面广、涉及问题深入的决策对象，对于决策信息的要求要高于一般的情况。

（4）保卫决策方法。保卫决策方法一般是指制订保卫决策方案和评估比较、选择决断所依据的指导思想、理论原则与技术手段，一般包括马克思主义认识论、方法论，管理科学、决策科学理论，计算机数据分析技术等。

（5）保卫决策结果。保卫决策结果一般是指经过反复评估比较之后形成的提供决策者最后决断的决策方案，以及根据这一方案具体执行后达成的效果。根据决策对象的不同情况，保卫决策的结果可以分为即时性结果和阶段性结果。某些需要临机决策的事项，往往立即显现决策结果；某些影响深远的决策事项，可能需要经历一段时间逐步显示决策的真正效果，其决策结果必然表现为阶段性。

保卫决策的主要对象、内容和方法，与公安决策比较类似。但是，保卫决策也有自己的特点。

1）保卫决策既要注重维护社会稳定、保卫国家安全的大局，又要立足于本单位安全保卫工作的实际，着重研究和解决本单位面临的重要、急迫的治安问题。

2）保卫决策必须严格遵守法律法规，突出彰显保卫决策的规范性、严肃性；同时也要兼备决策的灵活性。保卫部门直接面对基层群众，大量处理的是人民内部、单位内部的非对抗性矛盾。在处理涉及群众切身利益的具体事务时，既要坚持法律法规、政策规定的严肃性、规范性，减少和杜绝决策的随意性；又要在坚持正确、全面把握法律法规的精神实质的同时，立足于化解矛盾、缓解事态，灵活运用多种工作方法，适当稳妥地处理相关问题。

3）保卫决策必须服从、服务于国家、地区和区域范围内经济发展和全面建设和谐社会的大局；同时也要服从、服务于本单位生产、工作的大局，维护单位人员的人身、生命安全，维护劳动者的合法权益。

4）保卫决策必须做到及时反应，缓急适宜。保卫部门在处理刑事案件和治安案件时，必须突出时效性原则，及时快速反应，及时赶到现场，防止事态恶化和扩大。但是，在具体处理群体性突发事件时，又要善于把握分寸，掌握火候，适时处理问题。要以解决问题、化解矛盾为前提，不要急于求成，尤其应该避免以势压人，一味压服，以致遗留后患。

3. 基层保卫决策的特点

大多数保卫部门的决策，属于中基层决策。所谓中层保卫决策，是指某些大型、全国性企事业单位保卫部门的决策，为贯彻领导层的全局性、战略性决策精神，针对下属单位的任务安排、工作协调、监督控制等环节作出的管理决策决定。所谓基层保卫决策，是指中小型企事业单位和基层保卫部门，为贯彻上级指示精神，解决具体问题作出的具体执行决策决定。

基层的保卫决策，除了具有保卫决策的一般特征之外，还具有自己的特点。

（1）执行性。与保卫工作的领导层、管理层的决策侧重于全局性重要方针和重大问题的决策不同，基层保卫部门的决策侧重于执行。基层保卫决策的执行性体现在两个方面。一是决策的重点，不是决策方案的设计和选择，而是针对上级已经决定的决策方案的贯彻落实方面，是把上级决定的决策方案具体化，通过一系列工作措施，使上级的决策思想和工作方针转化为实际的工作效果或者物质财富。二是决策的主要内容，是把上级决策方案设定的原则性、普遍性和广泛适应性的工作方针，与基层单位千差万别的具体情况结合起来，使之适应各单位的具体情况，真正落到实处。

（2）多样性。基层保卫部门在保卫工作中发挥着承上启下的作用。一方面，基层保卫部门必须执行和贯彻落实上级党委和公安机关、上级保卫部门布置的工作任务。从各自不同的工作角度出发，上级的要求各种各样，俗话说“上面千条线，下面一根针”，这些多样化的工作要求都必须在基层工作中得到落实和体现。另一方面，基层的工作基础和工作对象、工作内容也呈现丰富多彩的多样性。各个基层单位的人员构成各不相同，工作范围从人员管理、用工管理、刑事案件的现场保护、治安案（事）件的前期处置、治安防范、社会矛盾的化解、生产秩序的维护等，头绪繁多，不一而足。这些都是基层保卫部门工作多样性的体现。

（3）随机性。党中央曾经多次指出，我们正处在经济发展的战略机遇期，改革开放的关键期，社会矛盾的凸显期，刑事案件的高发期。就基层单位的保卫部门来说，刑事案件和治安案（事）件的多发、社会矛盾的聚集集中表现为各种各样的灾害事故、案件、矛盾、事件和问题的临时随机发生。对于保卫部门来说，处置相关问题就经常遭遇决策的随机性。

（4）应急性。基层保卫部门身处社会底层和案（事）件处置的第一线。基层保卫部门遇到的这些问题，大多数需要即刻予以处置，具有很强的时间性。一些特殊类型的案（事）件，如果不能当场妥善处理，不仅可能丧失解决问题的最佳时机，甚至可能造成问题的扩散和恶化，极大地增加解决问题的难度。

基层保卫决策的应急性特点，要求基层保卫部门领导遇到问题必须快速果断决策。要求基层保卫部门领导者平时要注重知识和经验的积累，要加强保卫人员队伍建设和管理，建立高效灵敏的监控系统和信息通信网络，形成畅通无阻的指挥联络体系，制定科学合理的处理各类突发事件的预案，强化应急管理的能力。

三、保卫工作领导干部的素质与决断能力的提高

非常规决策也称为风险决策或临机决策。随着社会矛盾的激化，影响社会治安的各种不确定因素的剧增，社会和企事业单位可能面对的非常规决策状况越来越多，越来越普遍。能否处置好非常规决策类问题，取决于保卫工作领导干部的素质与决断能力。保卫部门需要未雨绸缪，做好调查研究和处置突发事件的准备工作，才能临危不惧，从容应对。

1. 制定突发事件应急处置预案

（1）调查研究，摸清家底。保卫部门应定期对本单位安全状况和保卫工作管理状况进行检查。检查的内容，包括有关安全保卫工作制度是否完备；有关制度是否受到重视并且认真贯彻执行；有关管理责任是否落实；发现的问题是否得到及时处理和解决；隐患是否已经消除。

1）保卫部门应该建立完备的安全档案，为本单位的要害部门、重点部门部位、高危场所等分门别类建立管理档案。

2）应坚持定期清点、清查本单位生产、生活设备、设施运行情况和安全状态，以发现安全隐患和管理漏洞。对单位的重点部位，包括财务室、档案资料、计算机数据库及控制中心的监控设备的完好情况、设备运行情况进行检查，有关责任人应该对检查情况确认签字，检查情况应建立档案、定期归档。贵重物品和危险品应列具清单，详细载明有关设备及物品的数量、重量、堆放场所、摆放货架、管理责任人、保管责任期限，建立档案；同时应该安排专人定期巡查，巡查责任人应定期签字确认。

3）对于单位周边情况，包括水、电、煤气等能源接入状况，相邻单位是否存在大型化工企业、危险品生产和储存单位等情况，本单位生产、生活污染物排放情况，保卫部门也应该定期监控检查。

4）保卫部门还应该与单位人事部门、生产管理部门保持密切的联系，及时掌握本单位工作人员的思想、情绪异常的情况、内部矛盾尖锐的情况，以便及时采取措施予以化解。

5）检查和监控记录应随时存档。一旦发现异常情况，应立即向保卫部门领导及单位领导报告，以便及时采取措施。

（2）制定预案，未雨绸缪。保卫部门应会同本单位生产管理部门、技术部门，针对本单位可能遭遇的各类突发事件、各种可能发生的灾害事故，制定详细的处置预案。预案的制定应该注意：

1）针对每一类可能发生的事故、突发事件应单独制定处置预案。不能把各类情况混为一谈，统一制定一个预案。

2）对于可能发生的灾害事故和事件，均应设置危险等级，并明确危险等级划分的依据及主要技术指标。

3）应明确各个岗位员工的处置责任和权力。应明确规定在什么样的情况下，某个具体岗位的员工有权或必须采取怎样的操作或具体处理措施。一般应规定，在危险已经发生，但情况并不紧急的情况下，有关处理措施应该向上级领导请示并获得批准；但是在情况十分紧急时，有关人员有权自行采取事先规定的行动，事后不受追究。

4）应明确平时的防范措施和检查落实手段。

（3）储备物资，防患未然。为了及时处理灾害事故和突发事件，保卫部门应该事先储备必备的抢险救灾物资。除了常用的救灾和防护设施之外，有特殊需求的单位应该根据本单位的情况，配备相应的防护设备，包括：①个人防护和逃生设备。对于特殊危险岗位的员工，个人防护装备应配备到个人，由个人保管，以方便随时取用。②适用于单位特殊防护需要的设备。对于有危险品生产、使用或储存的单位，应配备相应的防护设施。

（4）积极演练，熟能生巧。预案制定并且得到批准之后，保卫部门应定期组织本单位员工进行演练。演练的作用在于：

1）帮助本单位员工熟悉处置突发事件的程序和方法，明确各个岗位的具体责任和职责，提高应对能力和处置水平。

2）在演练中可以发现预案中存在的问题和不足。预案本身毕竟是按照设定的情况推导出来的产物。受制定者自身工作能力、知识水平、见识广博程度的限制，预案难免存在纸上谈兵的弊端，甚至可能与现实存在很大的距离。通过演练，就可能发现很多问题。因此，对于预案的完善来说，演练是必不可少的重要环节。

3）有助于提高本单位员工重视和参与的程度。

演练可以分为单项演练和合成演练；规定程序和动作演练与随机演练。一般来说，开始阶段通常先进行单项演练和规定动作演练。多次演练之后，员工对情况比较熟悉之后，再组织合成演练，一般到最后才组织随机演练。

2. 非常规决策的要求

突发事件爆发初期的处置决策，既是对保卫部门领导的严峻考验，也是关系到突发事件处置成败的关键环节。突发事件爆发初期，保卫部门的领导一般都是首当其冲，处在第一现场、第一时间节点。大多数情况下，突发事件最初的处置决策，都是由单位保卫部门或单位领导直接作出的。这些第一决策如果处置得当，突发事件就可能得到控制，甚至在很大程度上得到化解，不会发展成为无法控制的灾难；如果处置不当，突发事件就可能急剧恶化，甚至一发不可收拾，造成严重的损失。因此，必须极其果断、极其慎重地处理好第一决策。

（1）正确判断事件性质。面对突发事件时，最重要的是准确判断事件的性质。灾害事故是自然灾害，还是人为失误造成的？同样的火灾，究竟是一般可燃物引发的火灾，还是化学品火灾？电气设备火灾？人为事故是少数人预谋发动的刑事案件、治安案（事）件，还是偶然因素引发的群体性骚乱事件？事件性质的判断，决定了具体采取怎样的处置措施。一般来说，自然灾害造成的事故与人为失误造成的事故，在具体处理时，后者更加注意发现事故原因，前者对于事故责任的追究较后者要简单得多。同样的人为事故，如果是少数人预谋的事件，处置时必须时刻关注少数人的行为，必要时予以严厉打击；但是对于偶发性群体事件的处理，必须恩威并举，以安抚为主。相反，如果对事物性质的判断错误，相应的处置措施张冠李戴，结果要么是轻纵犯罪嫌疑人，要么是用处理敌我矛盾的方法处理人民内部矛盾，加速了事件的扩散。因此，事件的处置措施正确，就可能有效控制事件发展的速率和规模，甚至可能实现事件的良性逆转；事件的处置措施错误，不仅不能有效控制事件的发展，而且完全有可能激化矛盾，造成事态的急剧恶化。

保卫部门领导对于突发事件性质的判断，是现场的第一手判断，对后续的决策者影响很大，往往决定了后来判断的基本方向。因此，保卫部门的第一手判断，必须非常谨慎慎重。

事件性质的准确判断，一是取决于事先的准备，即在事先制定预案时，是否做了认真、充分的准备；是否准确描述了各类事件的各个发展阶段的基本特征。二是取决于决策者的知识储备。事先的准备再充分，也不可能穷尽所有的可能。事物发展的多样性和复杂性，往往超出我们的预料。在预案预测范围之外，就需要依靠决策者的日常知识积累，作出正确的判断。三是取决于决策者发现事物本质特征的敏锐性和把握事物本质的能力。取决于决策者是否能够通过对现场的感知，把握那些转瞬即逝的反映事物性质的关键特征。

（2）及时采取果断措施，控制事态发展。保卫部门领导在接到发生突发事件的报告之后，必须立即行动，采取相应的措施。首先，必须采取行动，保证单位员工和单位范围内所有人员的人身安全。其次，必须尽快采取行动，防止事态的扩大和蔓延。许多案例证明，突发事件和灾害事故发生之后，都有一个缓慢发展、积蓄力量的时期，这一时期，既是把事件和事故控制在萌芽状态，解决在初发阶段的最佳时期；又是危害尚未彰显，容易使人放松警惕的时期。在这个阶段，有些人容易产生侥幸心理和麻痹思想；有些人存在投机取巧的心态，不愿作出一定的牺牲和努力处理一些棘手的问题，往往在迟疑不决中挥霍了宝贵的时间，丧失了宝贵的机遇。对此，应该要求保卫部门领导者认真吸取教训，树立及时行动、快速反应、坚决控制事态发展的观念。对于突发事件和灾害事故的危害绝不能掉以轻心，绝不能心存幻想。树立全力以赴，不惜代价，彻底消灭事故隐患的观念。全力投入，彻底消除现场的危害因素。

（3）保护现场，收集、固定证据。处置突发事件的重要原则，就是要通过事件的处理，吸取经验教训，防止类似问题继续发生。为此，在突发事件发生和处理的初期，应该高度重视保护现场和收集、固定现场中的证据，这对于查明事件、事故发生原因，查明作案人情况具有重要的意义。由于救护工作的需要，突发事件、灾害事故现场一般都会遭到严重的破坏，关键的证据往往就此灭失。作为首先展开现场救护的人员来说，进入现场之后，立即开展现场保护和证据收集、固定工作具有非常重要的意义和作用。

应该说，保卫部门领导者在处置突发事件和突发灾害事故工作中，需要处理大量的各种各样的事务，作出各种各样的决策。但是，在初期处置工作中，需要特别重视的是以上三项工作，这三项工作做好了，就可以奠定胜局。就全局的发展而言，突发事件和突发灾害事故的影响一旦扩大，掌控全局、作出决策的任务将由上级领导部门或者更高层次领导负责。至于突发事件的全程处置，有其他章节说明，这里不再赘述。

3. 提高决策者的基本素质

（1）努力学习，培养高瞻远瞩的战略眼光。认真学习、终身学习、建立学习型组织、建设学习型政党，已经成为当代领导者的基本要求。保卫部门的领导者应该养成勤奋学习的习惯。保卫部门领导者学习的内容，从保卫工作的特殊性出发，既要侧重于保卫工作的专业业务，又不能局限于保卫专业范围之内。应该努力兼顾知识范围的广博性和知识体系的层次性，努力实现知识结构的专博结合，掌握博而精的知识体系。所谓博，是指保卫决策者应该具备一定的知识广度，是个“杂家”和“通才”；所谓精，是指保卫决策者对于保卫专业领域的必备知识，应该非常熟悉，对于本专业领域的新的知识和趋向，非常敏感。

在这样的基础上，才能逐渐养成高度的政治敏感、敏锐的预见能力和强烈的创新意识，才能在重大决策时刻牢牢把握正确的方向，才能善于从细枝末节中发现事物发展的趋向，才能具有超乎常人的勇气和胆魄，敢于突破常规，改变陈规陋习，开创新的局面。

（2）注重实践，培养果敢善断的决策才能。在实践中锻炼干部，在实践中发现和选拔人才，是我党的优良传统，也是国家和民族的优良传统。对于保卫干部而言，注重实践的关键不在于进行实践、参与实践，随波逐流式地被动实践，而在于积极实践、深入实践的程度，在于在实践中发现问题、敢于负责，善于集中群众智慧，勇于创新的实际行动和能力。积极投入实践，为国家和人民的利益勇于实践，才能在实践中不断提高保卫决策者的综合分析能力、逻辑判断能力、创新能力、优化能力、抉择能力、指挥协调能力、灵活应变能力、自我反省能力和综合智力水平。

（3）自觉反省，健全坚定顽强的心理品质。长期的积极实践，有助于保卫决策者积累经验，增长知识，但是仅仅如此还不够。个人的实践活动再丰富也是有限的，保卫决策能力的提高，还必须善于总结自己和别人实践的经验教训，善于从中举一反三、见微知著。几乎所有人都了解总结经验的重要性，每个实践者都会把总结经验视为自觉的实践活动。但是为什么有些人的经验总结卓有成效，个人能力成长迅速；有些人却迟迟不见有任何的进步？其间的差别，就在于总结者是否具有自我反省的自觉和能力。只有勇于自我反省和检讨，善于客观评价个人的成败得失，才能客观地评价他人，才能真正吸取他人和自己的经验教训。

善于经常自我反省，并非要使个人长期陷入自我怀疑、自我否定的困境中，而是要通过经常的反省，充分认识自己的长处和不足，认识个人的局限性，认识个人的责任和义务，养成个人明确的目的和坚定的动机意识，培养领导者顽强的决心、坚定的信念和坚持不懈行动的毅力；培养领导者自信、理智、宽容、忍耐的良好心理品质。

第 2 节　公安机关监督管理

一、公安机关监督管理体制的建立

1. 传统的双重领导保卫工作组织管理体制

我党在创建红色政权、开展武装斗争的初期，就高度重视单位内部的稳定和对敌斗争的需要，从南昌起义之后，就开始建立单位内部治安保卫部门，开展保卫红色政权和军队安全以及镇压反革命的斗争。

新中国成立初期，党和政府非常重视保卫机构的建立和保卫工作的展开。1950 年政务院发布《关于在国家财政经济部门中建立保卫工作的决定》，其中规定："中央人民政府政务院财政经济委员会所指导的各部、厅、局、处以及所有的国营和公营的工厂、矿山、银行、公司、铁道、航运、电信、仓库、森林等部门，应一律建立保卫工作机关或者保卫工作组织，列入财政经济部门的编制系统内，成为财政经济部门的组成部分之一，统一领导，统一供给。财政经济部门的保卫工作机关，同时也为中央人民政府公安部经济保卫局及各级公安部门派出的代表机关，执行国家公安机关的权力。""各地国营和公营财政部门所有的保卫工作机关，均应接受当地公安机关的领导"。

新中国成立以后直到 20 世纪末，我国单位内部治安保卫体制的基本框架是以此为基础建立起来的。

1980 年 5 月 10 日，国务院批转了公安部《全国经济文化保卫工作会议纪要》（以下简称《纪要》），进一步明确了单位内部保卫部门的性质和任务。《纪要》认为，根据第五届人大常委会第十二次会议通过的决议，1950 年政务院《关于在国家财政经济部门中建立保卫工作的决定》与现行法律、法令不相抵触，应当继续有效。保卫处、科是"财政经济部门的组成部分之一"，又是"公安部门派出的代表机关，执行国家公安机关的权力"，受本单位党委和公安机关的双重领导；保卫部门应单独设置，不要与其他部门合并，实际上受党委的直接领导；保卫部门的设立或撤销、保卫部门领导的配备或调动，要征得公安机关的同意，保卫干部要保持一定的稳定性。公安部的《纪要》表明，在经历了"文化大革命"的波折之后，保卫工作重新回到"文化大革命"之前的轨道。

1985 年 3 月 23 日，公安部发布了《机关、团体、企业、事业单位保卫组织工作细则（试行）》（［1985］公发 23 号文件）（以下简称《细则》）。《细则》规定，机关、团体、企业、事业单位保卫组织是财政经济单位的职能部门，也是公安机关的基层单位，在本单位和公安机关的领导下进行工作；保卫组织的设立或者撤销、领导骨干的配备或者调动，应当征求主管公安机关的意见；保卫组织在查破案件时，可以依法进行现场勘察、询问证人、讯问被告人、追缴赃款赃物的工作；所获取的证据，可以在刑事诉讼中使用；保卫组织可依法作出治安处罚的警告、罚款的裁决。

从新中国成立初期到20世纪90年代前期，我国企事业单位的保卫工作，实质上是无产阶级专政的自然延伸，是国家机器的组成部分。其基本特点是：①机关团体企事业单位合一的双重领导组织管理体制。单位保卫机构既是单位的职能部门，又是公安机关的派出机构；单位保卫机构接受单位和公安机关共同领导。②单位保卫机构可以行使公安机关的一般刑事案件的侦查权和警告、罚款等部分治安管理处罚权。

这种情况到20世纪90年代中期以后逐步改变。

2. 新的管理监督体制的建立

(1)《国有企业治安保卫工作暂行规定》。1997年公安部和国家经济贸易委员会联合发布《国有企业治安保卫工作暂行规定》(以下简称《暂行规定》)。《暂行规定》虽然只规定了国有企业的治安保卫工作，但是要求国家机关、社会团体、事业单位、集体所有制企业、私营企业、股份制企业以及中外合资企业、中外合作企业、外商独资企业的治安保卫工作也参照执行。该《暂行规定》规定，国有企业治安保卫工作是企业管理的重要组成部分，由国有企业依照国家有关法律法规自主实施，采取“因地制宜、自主管理、积极防范、保障安全”的方针；国有企业的治安保卫工作由本单位法定代表人负责，法人代表可以委托企业其他负责人具体分管企业治安保卫工作。国有企业治安保卫工作的主要职责，除了宣传教育和治安防范之外，还包括：及时向公安机关报告发生在企业的刑事案件、治安案件、治安灾害事故并保护现场；调解、疏导企业内部纠纷，协助公安机关查处发生在企业的刑事案件和治安案件；帮助、教育本企业有轻微违法犯罪行为的人员；协助公安机关监督、考察、教育本企业被判处管制、剥夺政治权利、宣告缓刑、假释、监外执行和依法保外就医的犯罪分子，以及被监视居住、取保候审的犯罪嫌疑人和劳动教养所外执行人员；协助公安机关管理本企业的暂住人口和其他外来人口等。

《暂行规定》规定，国有企业可以根据需要，按照精干高效、运转灵活的原则设立保卫机构，或者选择其他适合本企业情况的保卫工作形式。国有企业保卫机构是企业职能部门，其主要任务是具体负责本企业各项保卫工作并配合公安机关打击侵害企业的刑事犯罪活动，维护企业治安秩序。《暂行规定》规定，年满18周岁的本国公民，身体健康，品行良好，具有高中以上文化程度，志愿从事保卫工作的可选聘为保卫人员；重要岗位的保卫员须经过培训，持证上岗。有违法犯罪记录的人员不得从事保卫工作等。应该说，与此前的文件规定相比，《暂行规定》已经发生根本的变化。唯一保留了传统规定精神的是，要求保卫机构负责人的任免应当及时报当地公安机关备案。

(2)《高等学校内部保卫工作规定（试行）》。1997 年 2 月 13 日国家教育委员会制定了《高等学校内部保卫工作规定（试行）》（以下简称《工作规定》），确立了高校内部保卫工作遵循“预防为主，依靠群众的原则”，确立了党委领导下校长负责的领导管理体制。除了对高校工作任务的规定，根据高校不同情况做了一些调整之外，《工作规定》的主要内容与《暂行规定》基本一致。

1997 年制定发布的两个规定对于单位内部保卫工作的组织管理体制，比较此前的规定，已经做了重大的调整。但是，产生的另一个问题是，过度强调企事业单位保卫机构独立开展工作的重要性，没有明确公安机关的地位与作用。

(3)《企业事业单位内部治安保卫条例》。2004 年 9 月 13 日，国务院颁布《企业事业单位内部治安保卫条例》（以下简称《内保条例》），2004 年 12 月 1 日起施行。《内保条例》的特点是：

1）单位治安保卫工作实行单位负责制，单位法定代表人或者主要负责人是单位治安保卫工作的第一责任人。各单位的治安保卫工作由各单位依法组织开展，公安机关不再领导单位内部的治安保卫组织和日常工作。

2）对单位治安保卫工作分类规范，加强重点单位和要害部位的保卫工作。对一般企事业单位，规定开展治安保卫工作应当普遍遵守的规范，引导单位发挥主观能动性，做好治安保卫工作；对于关系国家安全、国计民生、重大公共安全和社会稳定的重点单位，从严规范治安保卫工作，确保安全。

3）在现有法律框架下规范保卫机构的职责权限。一方面，与《刑事诉讼法》《行政处罚法》和《治安管理处罚法》的规定相一致，不再赋予保卫机构行使刑事侦查和治安管理处罚的权限；另一方面，积极为保卫机构和保卫人员设定在现有法律框架内可以行使的权限，以解决其履行治安防范职责任务的需要。

4）建立政府监管机制。确立了公安机关、有关部门和地方各级人民政府相互配合，加强对单位治安保卫工作的监督管理的体制。

《内保条例》是我国第一部全面系统地规范单位内部保卫工作制度的行政法规，它的颁布实施，标志着我国单位内部治安保卫工作真正纳入了法制化的轨道，为开创我国单位内部治安保卫制度的新局面起到非常重要的促进作用。

二、单位治安保卫工作的政府监督体制

1. 加强政府监管的必要性、可行性

单位内部治安保卫工作，是指企事业单位在公安机关的指导下，依照法律、行政法规和其他有关规定，运用行政管理手段和方法，维护内部治安秩序的一项经常性的业务工作。单位内部治安保卫工作，是整个国家治安管理的重要组成部分，也是企事业单位内部行政管理的一项重要内容。

“单位负责，政府监管”是我国社会主义市场经济体制下单位内部治安保卫工作的基本思路。

（1）大量社会实践证明，“单位负责，政府监管”是市场经济条件下做好单位内部治安保卫工作行之有效的体制。

（2）单位的社会性、整体性，决定了各个分散的单位必须纳入政府的统一监管范围内。单位是社会的基本组成部分，单位内部的治安问题是整个社会治安的一部分。无论哪个单位，无论是何种所有制，其内部治安保卫工作做不好，该单位的员工就没有安全保障，整个社会的治安秩序就会受到影响。尤其是单位内部发生的火灾、爆炸等重大治安灾害事故，会直接严重威胁整体的公共安全。因此，建立政府统一监管的管理体制，强化监管手段，是落实各单位治安保卫工作的重要措施。

（3）涉及国家安全、国民经济命脉和社会公共安全的重点要害单位的治安保卫工作状况，影响的范围和程度远远超出这些单位的具体范围。为了维护社会的整体利益，就必须从讲政治、顾大局的高度出发，充分重视、切实落实对这些重点要害单位的内部治安保卫工作的监管。

2. 单位治安保卫工作实行“政府监管”的法律依据

国务院2004年颁布施行的《内保条例》第三条规定：“国务院公安部门指导、监督全国的单位内部治安保卫工作，对行业、系统有监管职责的国务院有关部门指导、检查本行业、本系统的单位内部治安保卫工作；县级以上地方各级人民政府公安机关指导、监督本行政区域内的单位内部治安保卫工作，对行业、系统有监管职责的县级以上地方各级人民政府有关部门指导、检查本行政区域内的本行业、本系统的单位内部治安保卫工作，及时解决单位内部治安工作中的突出问题。”

《内保条例》规定了公安部、县级以上地方政府公安机关与中央有关部委等行业系统、县级以上地方政府有关部门分别对单位内部治安保卫工作进行监管的职责。这是目前形成的关于针对单位内部治安保卫工作进行“政府监管”的法律依据。

3. **政府监管的体制**

政府监管包括公安机关的指导、监督和对行业、系统有监管职责的有关部门对本行业、本系统单位治安保卫工作的指导、检查。《内保条例》规定的政府监管的特色是“行业、系统和地方条块交错，公安机关和主管部门双管齐下”的政府监管体系。

(1) 国务院公安部门指导、监督全国的单位内部治安保卫工作，县级以上地方各级人民政府公安机关指导、监督本行政区域内的单位内部治安保卫工作。

根据国务院有关规定，公安部的职责包括：预防、制止和侦查违法犯罪活动；维护社会治安秩序，制止危害社会治安秩序的行为；管理交通、消防、危险物品和特种行业；管理户政、国籍、入境出境事务和外国人在中国境内居留、旅行的有关事务；维护国（边）境地区的治安秩序；警卫国家规定的特定人员、守卫重要场所和设施；管理集会、游行和示威活动；监督管理计算机信息系统的安全保护工作；指导和监督国家机关、社会团体、企业事业组织和重点建设工程的治安保卫工作，指导治安保卫委员会等群众性组织的治安防范工作。单位内部治安保卫工作的监管已经纳入公安部的工作职责范围之内。

各级人民政府公安机关是单位内部治安保卫工作的行政主管部门。其中，公安部是国务院主管全国公安工作的职能部门。公安部设立治安管理局，具体负责指导和监督国家机关、社会团体、企事业单位和重点建设工程的治安保卫工作，指导和监督地方公安机关对国家机关、社会团体、企事业单位、重点建设工程和大型活动的治安保卫工作。各省、自治区公安厅，直辖市及以下各地、市、州、县、盟、旗等地方政府公安机关内部，有的由治安管理部门具体负责监管职责，有的则成立专门的保卫部门履行监管职责。

(2) 对行业、系统有监管职责的国务院有关部门指导、检查本行业、本系统的单位内部治安保卫工作；对行业、系统有监管职责的县级以上地方各级人民政府有关部门指导、检查本行政区域内的本行业、本系统的单位内部治安保卫工作。

这部分是《内保条例》新增的内容。主要考虑：一是公安机关治安管理的任务繁重，各种单位的数量太多，由公安机关包揽全部指导监督工作，无论从其自身力量还是国家体制上都难以做到。二是对行业、系统有监管职责的有关部门与行业、系统有着“天然”的联系，可以发挥其特有的作用。例如，国家发改委、国防科工委、铁道部、交通部、民航局、水利部、广电总局、教育部、国家林业局、国家旅游局、国家文物局等部门事实上都在管理或指导本行业、本系统的单位治安保卫工作。三是考虑到各地不同程度地存在着一些以地方管理为主（即通常所说的以“块”为主）的行业和系统，如地方税务系统等，因此，《内保条例》赋予中央和地方有关部门对本行业、本系统的单位安全保卫工作进行指导、检查的职责。

对那些不存在有监管职责的政府部门的单位，如私营企业，则应当由公安机关负责履行政府对单位内部治安保卫工作进行监管的职责。

三、地方政府与公安机关监督管理的主要内容

1. 县级以上地方政府的监管职责

县级以上地方各级人民政府是指县、自治县，不设区的市、市辖区、旗人民政府，设区的市、自治州人民政府和省、自治区、直辖市人民政府。

（1）县级以上地方各级人民政府在单位内部治安保卫工作的领导职责，主要体现为：

1）组织开展法制宣传教育工作，检查、考核、协调本辖区的单位内部治安工作，改进防范措施。单位治安保卫工作事关人民群众生命、财产安全，国家安全，社会稳定和经济发展的大局，很多重大问题需要地方各级人民政府的领导、支持、监督和协调。因此，《内保条例》规定了县级以上地方各级人民政府对本行政区域内的单位内部治安保卫工作负有领导责任。

近年来，国家不断发布法律法规，强化地方政府责任监督，加强地方人民政府对单位保卫工作的监督管理。2001年4月21日，国务院第302号令发布《国务院关于特大安全事故行政责任追究的规定》，规定地方各级人民政府及政府有关部门应当依法采取行政措施，对本地区实施安全监督管理，保障本地区人民群众生命、财产安全，对本地区或者职责范围内防范特大安全事故的发生、特大安全事故发生后的迅速和妥善处理负责。规定地方各级人民政府应当每个季度至少召开一次防范特大安全事故工作会议，分析、布置、督促、检查本地区防范特大安全事故的工作；应当组织有关部门按照职责分工对本地区容易发生特大安全事故的单位、设施和场所安全事故的防范落实责任制、采取措施并组织有关部门进行严格检查。同时，还必须承担制定应急处理预案，查处、排除安全隐患的职责；对于超出其管辖或者职责范围的，应立即向上级报告；情况紧急的，可以立即采取包括责令暂时停产、停业等紧急措施。

2007年8月30日颁布、11月1日施行的《突发事件应对法》第二十二条规定："所有单位应当建立健全安全管理制度，定期检查本单位各项安全防范措施的落实情况，及时消除事故隐患；掌握并及时处理本单位存在的可能引发社会安全事件的问题，防止矛盾激化和事态扩大；对本单位可能发生的突发事件和采取安全防范措施的情况，应当按照规定及时向所在地人民政府或者人民政府有关部门报告。"第六十四条规定："有关单位有下列情形之一的，由所在地履行统一领导职责的人民政府责令停产停业，暂扣或者吊销许可证或者营业执照，并处五万元以上二十万元以下的罚款；构成违反治安管理行为的，由公安机关依法给予处罚：（一）未按规定采取预防措施，导致发生严重突发事件的；（二）未及时消除已发现的可能引发突发事件的隐患，导致发生严重突发事件的；（三）未做好应急

设备、设施日常维护、检测工作，导致发生严重突发事件或者突发事件危害扩大的；（四）突发事件发生后，不及时组织开展应急救援工作，造成严重后果的。”相关规定明确了单位和地方政府的责任，强化了地方政府监管的责任。

2）确定本行政区域内的治安保卫重点单位，即关系全国或者所在地区国计民生、国家安全和公共安全有重要影响的单位是治安保卫重点单位。对治安保卫重点单位要加强重点防范，制定更加严密的保卫制度，对于治安保卫重点单位的治安保卫重点要害部位，按照国家标准设置必要的技术防范设施，并进行重点保护。

（2）县级以上地方各级人民政府督促公安机关和有关部门依法履行职责，主要体现为：

1）督促公安机关履行《内保条例》第十六条规定的公安机关对单位内部治安保卫工作应履行的职责：①指导单位制定、完善内部治安保卫工作制度、落实治安防范措施，指导重点单位制订单位内治安突发事件处置预案；②指导治安保卫重点单位的治安保卫机构、治安保卫人员队伍建设和单位的治安保卫重要部位的治安防范设施建设；③向单位通报社会治安形势，提供预警；④检查、指导单位的内部治安保卫工作，发现单位有治安防范隐患或违反本条例规定的行为，及时下达整改通知书，责令限期整改；⑤接到单位内发生刑事案件、治安案件以及涉嫌刑事犯罪的事故报警，及时出警，依法处置。

2）督促其他有关部门依法履行法定职责，从自己的职能出发，在自己的职责范围内做好相关单位治安保卫工作。要求各有关部门要结合自身业务，认真抓好各有关单位的治安保卫工作。各有关部门要把所属单位的治安保卫工作纳入目标管理的范围，确定一名领导同志和相应的办事机构负责此项工作；要定期分析各单位的治安保卫工作形势，及时提出加强治安保卫工作的措施；要定期检查各单位落实治安保卫工作的情况，发现问题，及时解决；大力加强各单位干部、员工思想政治教育，落实各项安全防范措施，妥善处理单位内部不安定事端，努力维护单位生产和生活秩序。

（3）县级以上地方各级人民政府应当及时协调解决本行政区域单位内部治安保卫工作中的重大问题。

1）单位治安保卫工作涉及面较广，需要各个不同部门相互支持和配合。社会治安综合治理是党和政府处理社会治安问题的基本指导方针，根据“综合治理”的精神，县级以上地方各级人民政府要加强对本地区社会治安综合治理工作的领导，要经常、主动协调各有关部门，共同做好本地区社会治安综合治理工作。地方各级社会治安综合治理委员会的领导同志要亲自过问本地区各单位的治安保卫综合治理工作，深入不同类型的单位，帮助解决治安中的难点问题。要明确政府各有关部门在各单位治安保卫综合治理工作中应承担的责任，并积极、主动地履行自己的职责，配合各单位共同做好治安综合治理工作，为各单位内部治安保卫工作创造一个良好的社会环境。

2）在本地区各单位发生重大治安事故后进行现场处置和善后工作时需要地方各级人民政府进行统一指挥，统一协调。国务院2001年发布的《国务院关于特大安全事故行政责任追究的规定》第十七条规定：特大安全事故发生后，有关地方人民政府应当迅速组织救助，有关部门应当服从指挥、调度，参加或者配合救助，将事故损失降到最低限度。2007年颁发的《突发事件应对法》第二十条规定：“县级人民政府应当对本行政区域内容易引发自然灾害、事故灾难和公共卫生事件的危险源、危险区域进行调查、登记、风险评估，定期进行检查、监控，并责令有关单位采取安全防范措施。省级和设区的市级人民政府应当对本行政区域内容易引发特别重大、重大突发事件的危险源、危险区域进行调查、登记、风险评估，组织进行检查、监控，并责令有关单位采取安全防范措施。”第四十八条规定：突发事件发生后，履行统一领导职责或者组织处置突发事件的人民政府应当针对其性质、特点和危害程度，立即组织有关部门，调动应急救援队伍和社会力量，依照本章的规定和有关法律、法规、规章的规定采取应急处置措施。这些规定，对于地方政府的统一指挥和协调，作出了明确的规定。

2. 公安机关应确定全国或本地区治安保卫重点单位

（1）治安保卫重点单位的概念。凡是对全国或者所在地区的宏观调控和人民生活有重大影响的单位，以及涉及国家安全、公共安全的单位均属于重点单位。这里所说的重点单位有对全国产生重大影响的，比如印钞厂、国家档案馆；也有对所在地区有重要影响的，比如一个县的发电厂、自来水厂等。各地区根据当地的实际情况确定重点单位。

（2）重点单位的确定程序。重点单位由县级以上地方各级人民政府公安机关按照《内保条例》规定的范围提出，报本级人民政府确定。按照该条例的规定，省、自治区、直辖市与地县级市均可根据本地区实际情况，确定本地区治安保卫重点单位。北京市根据首都的特殊地位，制定了《北京市要害部门要害部位安全保卫规定》，对重点单位划定了范围：中央党政首脑机关或为党和国家领导人直接提供服务的部门，北京市领导机关，国防尖端武器研究、设计、制造、试验单位的关键部门、部位，重要科研领域的研究、设计部门、部位，关系全市国计民生的供水、供电、供气、供热和广播电台、电视台、通信、交通枢纽等部门和其他部门是要害的部门、部位。一些省、市将要害单位分为三级：一级要害单位是对国家安危和全省、市安全起决定作用和有重要影响的部门或部位；二级要害单位是对一个地区、一个系统的安全起决定作用和有重要影响的部门或部位；三级要害部位是对一个单位的安全起决定作用和有重要影响的部门或部位。

（3）重点单位的范围。根据《内保条例》第十三条的规定，可以被确定为治安保卫重点单位的包括：广播电台、电视台、通讯社等重要新闻单位，机场、港口、大型车站等重要交通枢纽，国防科技工业重要产品的研制、生产单位，电信、邮政、金融单位，大型能源动力设施、水利设施和城市水、电、燃气、热力供应设施，大型物资储备单位和大型商贸中心，教育、科研、医疗单位和大型文化、体育场所，博物馆、档案馆和重点文物保护单位，研制、生产、销售、储存危险物品或者实验、保藏传染性菌种、毒种的单位，国家重点建设工程单位，其他需要列为治安保卫重点的单位。

(4) 重点单位的治安保卫工作要求。《内保条例》规定，确定为治安保卫重点单位之后，不仅应当遵守条例对单位治安保卫工作的一般规定，还必须遵守对治安保卫重点单位的特别规定。这些规定包括：

1）确定本单位治安保卫重要部位，按照有关国家标准对重要部位设置必要的技术防范设施，并实施重点保护。

①重点单位要害部位的设置。重点单位要害部位的范围一般由各单位自行确定。在不同时期、不同情况下，有的单位可能只有一个要害部位，有的单位可能有多个要害部位。一般来说，要害部位的范围大致根据以下标准划分：涉及国家重要秘密的部位；指挥调度中心、计算机信息网络中心；研制、生产、使用、储存危险物品和武器弹药的部位，实验和保藏有害菌种、毒种的部位；供电、供水、供油、供气、供热的关键部位；保管、使用重要设备的部位；集中储存重要财物的部位；存放珍贵文物、档案、资料的部位；其他要害部位。

②要害部位技术防范设施的设置。原则上，重点单位要害部位的技术防范设施的建设根据国家有关部门规定的标准进行，没有国家或者地方及行业标准的，由各单位根据具体情况确定。国家、地方政府、各级地方政府公安机关和行业管理机构通常对各类单位各类部位的技术防范设施的建设规范建立了统一的建设标准，不同行业有不同的建设标准。在已有统一标准的情况下，有关单位必须按照统一标准的要求制定规划，组织实施。在没有统一标准或者已有统一标准明显落后于技术发展的进程、不符合要害部位防护要求的，应该按照“必要”或“足够”的要求建设相应的技术防范设施。

一般而言，技术防范设施包括：一是要害部位周界封闭、监控、报警设施。其目的是发现、阻止未经许可接近或侵入要害部位。二是要害部位内部入侵探测、报警、定位设施及关键设备的强化防护设施。其目的是及时发现、定位内部环境的异常情况，阻止、延缓入侵者对关键设备的破拆，为发现、抓捕入侵者争取时间。三是要害部位环境监测和防护设施，包括监测要害部位温度、湿度、有毒有害气体浓度，及时通风、洒水、调节环境的设施。其目的是防止发生灾害事故，保护人员安全。四是与公安机关或者特种防灾部门联通的报警及远程监控设施。五是反电子干扰和远程非法控制的设施。其目的是防止利用网络和计算机病毒非法入侵、破坏内部防护系统。

重点单位、要害部门的安全防范设施在设计会审、竣工验收时，安装单位应当通知公安机关派员参加。

③要害部位的重点防护。一是根据本单位要害部位的性质，开发、设置专门防护设施。二是针对要害部位中的关键设备采取强化防护措施。三是除了技术防范设施、物理防范设备之外，必须注意建设、落实严密规范的人员管理和防范制度。再好的设备和技术，如果没有认真的管理、维护，没有长期坚持不懈的高度戒备，必定形同虚设，就不可能发挥其应有的功能和作用。因此，要害部位的重点防护，强调的是实现人防、技防、物防的统一，以实现人员与装备的完美结合，实现设施效能的最大化。

2）在公安机关的指导下制订单位内部治安突发事件处置预案，并定期演练。有关内容在后面展开说明。

3）设置与治安保卫任务相适应的治安保卫工作机构，配备专职治安保卫人员，并将治安保卫机构的设置和人员的配备情况报主管公安机关备案。备案制度体现了公安机关对企事业单位治安保卫组织建设的监督。重点单位保卫机构及其保卫人员以什么形式开展保卫工作，由单位根据实际需要确定。

3. 公安机关的法定监管职责

公安机关是维护社会治安秩序、打击违法犯罪活动的专门机关，同时还担负着指导、监督其他社会组织维护本单位内部治安保卫工作的职责。公安机关对单位治安保卫工作履行指导、监督职责是法律规定的职责。《人民警察法》规定，公安机关的人民警察指导和监督国家机关、社会团体、企业事业组织和重点建设工程治安保卫工作，指导治安保卫委员会等群众性组织的治安防范工作。依照《人民警察法》的规定，结合单位内部治安保卫工作的实际情况，《内保条例》第十六条对公安机关规定了三项具体的指导、监督职责。下面结合第十三、十四、十五条关于治安保卫重点单位的工作要求，一并说明。

（1）指导单位制定、完善内部治安保卫工作制度、落实治安防范措施；指导重点单位制订单位内治安突发事件处置预案。

1）公安机关应指导有关治安保卫单位制定和落实内部治安保卫工作制度。《内保条例》第八条规定，单位应当针对本单位的具体情况制定治安保卫制度。治安保卫制度的内容包括：①门卫、值班、巡查制度；②工作、生产、经营、教学、科研场所的安全管理制度；③现金、票据、印鉴、有价证券等重要物品使用、保管、储存、运输的安全管理制度；④单位内部的消防、交通安全管理制度；⑤治安防范教育培训制度；⑥单位内部发生治安案件、涉嫌刑事犯罪案件的报告制度；⑦治安保卫工作检查、考核以及奖惩制度；⑧存放爆炸性、易燃性、放射性、毒害性、传染性、腐蚀性等危险物品和传染性菌种、毒种以及武器弹药的单位，还应当有相应的安全管理制度。

单位制定内部治安保卫制度，虽然是单位内部的一项工作，但是也需要依法行事。《内保条例》规定，单位制定的内部治安保卫制度不得与法律、法规、规章的规定相抵触。单位制定的内部治安保卫制度有可能与法律、法规、规章的规定相抵触的方面，主要是超越职权。履行职责的一方超越职权，相对一方必然受到超越职权的行为所带来的侵权后果。因此，在制度上必须予以禁止。

2）指导重点单位制订单位内部治安突发事件处置预案

①治安突发事件的含义。治安突发事件，是指为了达到某种目的，针对重点目标和重点部位突然进行攻击的违反治安管理，破坏公民正常的生产、生活秩序，危害公民人身安全和公私财产安全的事件。治安突发事件从一定意义上说是一种违法秩序，是某个人或某些人的犯罪行为使得另一部分人处于生命和财产的危险状态之中，必然具有一定的危险度，并且必须采取特殊的对抗措施才能恢复正常的社会秩序。由于治安突发事件的突然性和难以预见性，使得事前防范工作显得尤其重要。

各单位针对可能发生的突发事件的具体情况，制订相应的防范措施和处置预案是有效防范的一个重要方面。

②治安防范的重点目标和重点部位。通常防范的重点目标和重点部位主要包括：党政军首脑机关，国家重要基础设施、重要经济目标，航空器，国家、军队、民用计算机信息网络系统，外国驻华使领馆，大型外国商社，外国人集中居住区，重要的核辐射、生物、化学设施等。治安突发事件的种类很多，反恐怖的内容有防爆炸、防枪击、防撞击、防火、防腐蚀、防毒气、防辐射、防泄漏等方面。

各地区、各部门要全面掌握本地区、本部门需要重点防范的目标和部位，建立相关资料数据库，明确责任单位，实行分类管理。要认真查找防范工作的薄弱环节，制订工作预案，强化各项安全措施。

③处置预案的制订。处置预案要针对不同情况制订，由于各单位情况不同，突发事件处置预案也各不相同。处置预案的制订需要注意一些基本要求：全面覆盖引发突发事件的不同原因，针对不同的事件类型制订不同的分预案；应特别注意各种不同类型的突发事件处置的不同特点，牢牢把握处置的关键环节，制订具体的处置计划和行动步骤；处置预案不仅需要计划和设计人员的分工及行动方案，还必须考虑物资的保障，必备装备、特殊材料的配备，平时的保管存放，启用的条件和手续等；处置预案的制订应与防范措施的落实相结合，促进和加强防范措施的落实；生产、销售、运输、储存和使用易燃易爆、剧毒、放射性物品以及病毒和有害菌种的单位，应当严格执行国家有关规定，并在公安机关和有关部门的指导下制订应急方案。

④处置预案的演练。处置预案应定期演练，通过演练，达到以下目的：一是帮助单位

人员熟悉突发事件的处置程序和处置方法，把预案设计人员的预想，变成单位内部人员熟练掌握的工作方法和技能。二是通过演练，改进和完善预案。预案一般都是组织保卫干部或者单位计划人员设计制订的，难免存在考虑不周、预想不够全面细致的问题。通过演练，组织单位所有员工参加，就可以通过事后的总结、评议，集中大多数人的智慧，发现预案中存在的问题。同时，通过现场实践，可以发现预案中不切实际的部分，发现预案中没有考虑到的细节，发现预案中冗余不足的问题等。为处置预案的修订、改进和完善，创造条件。三是通过演练，促进防范工作的完善。演练一般在设置的模拟场景中进行，通过演练，可以发现日常的防范措施与现实需求的差距，发现诸如防范设备失效、应急设备无法及时取用、相关设备无法有效联通等问题。及时处理、妥善解决这些问题，有助于全面提高单位的防范工作水平。

需要指出的是，按照《内保条例》的规定，公安机关指导单位制订突发事件处置预案的要求，针对的是特定的对象，即重点单位。但是非重点单位也应该根据各自情况自行制订一些应对突发事件的措施。

（2）检查、指导单位的内部治安保卫工作，发现单位有违反《内保条例》规定的行为或者治安隐患，及时下达整改通知书，责令限期整改。

1）安全检查。公安机关应当单独或者会同有关主管机关对单位保卫工作进行安全检查。安全检查有定期全面检查、不定期局部检查和专项检查三种基本形式。

①定期全面检查即在一定时间内对辖区内列管单位的安全保卫工作普遍进行的检查，如重大节日和重大活动之前进行的检查。

②不定期局部检查也叫抽查，是在不告知被检查对象的情况下，对局部地区或个别单位与部门进行的检查。

③专项检查是根据保卫工作的某种需要，对某一项工作或某一部位进行的检查。专项检查有较强的针对性，也有较为严格的程序和标准，因而有一定的权威性和说服力。

安全检查的内容一般包括检查制度、检查隐患、检查措施。其目的是发现问题、解决问题、消除隐患、保障安全。

公安机关应该对重点单位和生产、加工、销售贵金属、珠宝的单位，以及生产、销售、运输、储存、使用易燃易爆、剧毒、放射性物品、有毒有害物品的单位进行专项重点检查。

2）限期整改。如果在检查过程中发现单位内部存在治安隐患，公安机关应下达整改通知书，责令有关单位限期整改。

①常见的治安隐患

a. 设施不全造成的治安隐患。有的单位周界隔离封闭设施残缺不全，造成周围人员随意出入；有的单位的有毒有害区域没有检测和防护设施或设施损坏、残缺；有的单位消防设备缺少或部分无法使用，这些问题很可能在灾害事故发生时造成严重的损害，或者成为被违法犯罪人员利用的便利条件。

b. 制度不全造成的治安隐患。有些单位没有制定应有的治安保卫工作制度，或者有制度而形同虚设，并不执行。有的为了使用方便，易燃易爆、有毒有害物品与火种火源、一般生产物品甚至食品混堆乱放；有的使用普通货车运输规定必须使用特种车辆运输的化学品，一旦出事，就可能造成严重的损失。

c. 人员素质不高造成的安全隐患。有的单位随意安排不适合从事安全保卫工作的人员从事安全保卫工作；有的单位安排人员兼职从事保卫工作；有的单位的保卫工作人员在保卫岗位工作却没有接受过任何培训。这些人员没有相应的专业知识，一旦遭遇事故苗头，往往惊慌失措，丧失消灭事故的最佳时机；有的甚至适得其反，造成事故的扩大化、严重化。

②限期整改的内容

a. 公安机关应发布通告，宣布对存在治安隐患的单位处以警告及限期整改的行政处分；要求存在治安隐患问题的单位和有关责任人，必须在指定时间内，消除有关隐患。

b. 公安机关应发布通告，在限期整改期间，中止或部分中止其从事某种生产、经营活动的资格，禁止或部分禁止其从事全部或部分提供商品或服务的活动。严格地说，法律没有明确规定对限期整改的单位应该限制其行为能力。但是，考虑到被处以限期整改的单位，存在没有遵守或没有完全遵守国家关于从事特定的生产、经营活动的强制性规定，不具备或不完全具备从事正常生产、经营活动的条件和资格。在这样的情况下，如果允许被处以限期整改的单位继续正常从事生产、经营活动，是不合理的。同时，在限期整改期间，在治安隐患没有消除的情况下，如果各单位可以继续从事生产、经营活动，潜在的治安隐患就有可能发展成为严重的治安案件或者直接导致发生严重的灾害事故，造成严重的损失。为了防止这样的情况发生，在限期整改期间，中止或部分中止被限期整改单位的行为能力是非常必要的。

c. 可以要求被整改单位定期汇报整改进展情况，公安机关可以定期或不定期对被整改单位进行抽查或专项检查。

对于限期整改单位能够及时地、按照要求完成整改事项，达到国家、地方政府或行业治安保卫设施建设标准及公安机关颁布的相关标准的，公安机关可以在整改完成后，接受被整改单位的申请，进行检查验收。验收合格的，允许其恢复正常的生产、经营活动。

对于限期整改期满，经检查未能完成整改事项或整改质量达不到规定标准的，公安机关应作出进一步的处理。

（3）接到单位内部发生治安案件、涉嫌刑事犯罪案件的报警，及时出警，依法处置。

单位内部发生治安案件、涉嫌刑事司法案件后，单位保卫人员应认真履行职责，及时处置。根据《内保条例》第十一条的规定，当单位内部发生难以制止的违法行为以及发生治安案件、涉嫌刑事犯罪案件时，保卫人员的职责：一是报警；二是在人民警察到达现场之前，采取措施保护现场；三是在公安机关介入侦查后，积极配合他们的侦查、处置工作。

根据《人民警察法》的规定，人民警察的任务是维护社会治安秩序，保护公民的人身安全、人身自由和合法财产，保护公共财产，预防、制止和惩治违法犯罪活动。人民警察按照职责分工，依法预防、制止和侦查违法犯罪活动；维护社会治安秩序，制止危害社会治安秩序的行为。因此，公安机关接到单位内部发生治安案件、涉嫌刑事犯罪案件的报警，必须及时出警，依法处置。

1）治安案件的处置

①治安案件的定义。治安案件是指违反治安管理，依据《治安管理处罚条例》及有关法律、法规的规定认为应当受到治安处罚，而由公安机关或受委托的组织依法予以受理立案并查处的法律事实。公安机关依法、及时、准确地查处治安案件，对扰乱社会秩序、妨害公共安全、侵犯公民人身权利、侵犯公私财物等违反治安管理行为，根据其情节与危害后果的轻重给予相应的处罚，不仅能够惩戒违法者，使其不敢再犯，并努力减少或挽回违法行为所带来的损失；同时对其他可能从事违法犯罪的人员也可起到警示、威慑和教育作用，使人们自觉遵纪守法，以维护治安秩序和公共安全。

②治安案件的管辖原则。公安机关对治安案件实行属地管辖的原则，一般由违反治安管理行为的发生地或结果发生地的公安机关管辖。违反消防管理的行为，一般由公安消防部门管辖，治安部门可以在职责范围内进行消防监督和检查。违反交通管理的行为，一般由公安交通管理部门管辖。发生在铁路、交通、民航、林业等范围内的治安案件，由设在铁路、交通、民航、林业内部的公安机关管辖。

③单位治安保卫机构、治安保卫人员的职责。单位内部发生治安案件、涉嫌刑事犯罪案件后，保卫人员应立即报警，然后再采取积极措施，制止违法行为，阻止治安案件的恶化。

首先应掌握发生难以制止的违法行为的标准。现行法律没有规定难以制止的违法行为的标准。实践中可以参照的标准大体上包括：一是保卫人员介入矛盾冲突争执或发现违法行为后采取行动干预时，违法行为人及争执当事方均不听劝解的；二是争执冲突双方已经发生肢体冲突，并且可能已经造成轻伤以上伤害的；三是已经造成较大的影响的。有的已经引起群众围观，有的已经影响和破坏了单位的正常工作、生活秩序。

单位保卫人员应该采取措施，争取平息事端或者防止事态恶化。可以采取的措施包括：劝说制止违法行为人；将其带离现场；疏导围观人群；尽量恢复正常的生产、工作、生活秩序。公安民警到达现场后，将违法行为人交公安机关及时处理。

④治安案件的调查、处理。公安机关在接到单位内部发生治安案件的报警后，应当及时赶赴现场，依法进行审查，确认是否应当予以调查、处理。如果属于单位内部的劳资纠纷或者其他民间纠纷不构成违反治安管理行为的，则不予受理立案，可以进行调解或告知当事人通过其他途径解决。如果构成违反治安管理行为的，则应当受理立案，并进行案件调查，查清案件事实，如行为人的基本情况（包括一贯表现）、行为的时间、动机、目的、手段、情节和所造成的后果、危害等。依法收集与案件相关的证据，各种证据要查证属实，并且能相互衔接、印证，形成一个完整的证据链。在案件调查过程中法律手续要齐全、有效，按照《公安机关办理行政案件程序规定》制作法律文书。调查终结后，根据治安案件的不同情况分别作出如下处理决定：确有违反治安管理行为，应当给予治安处罚的，根据其情节和危害后果的轻重，作出治安管理处罚决定；违反治安管理行为轻微，依法可以不予治安管理处罚的，不予治安管理处罚；违反治安管理事实不成立的，不得给予治安管理处罚；违法行为涉嫌构成犯罪的，移送有权处理的主管机关或者部门。

2）涉嫌刑事犯罪案件的出警与处置。根据我国《刑事诉讼法》的规定，刑事案件的侦查由公安机关进行，法律另有规定的除外。公安机关接到单位内部发生涉嫌刑事犯罪案件的报警后，应当及时出警，依法处置。

①单位内部治安保卫机构和保卫人员的现场保护工作。刑事犯罪现场的处置与保护是指对实施犯罪的地点及遗留痕迹、物证的一切场所的处置与保护。案发后，公安人员未到达现场之前，保卫人员应进行先期紧急处置，大致上依次进行以下步骤：第一，迅速赶到出事地点，核实情况，证实其确属刑事犯罪，立即报警，并立即封锁、保护现场，不让任何人进入。第二，紧急救助伤员，抢救财产，疏导交通和围观群众，并加强对痕迹、物证的重点保护；对在场的犯罪嫌疑人坚决扭送或当场予以留置看管，等人民警察到达现场后交人民警察处理。第三，人民警察到达现场后，应将发现案件的经过、现场处置与保护的情况和采取的各项措施，如实向人民警察报告，并配合人民警察开展侦查活动。

②现场勘查与调查。人民警察到达现场后，认为有犯罪事实并需要追究刑事责任的应及时立案，开展刑事侦查工作。有犯罪现场的，要保护好犯罪现场，并进行现场勘察，收集有关犯罪证据，根据具体情况对犯罪嫌疑人采取相应的强制措施。对于杀人、投毒、放火、爆炸等案件，有受伤人员的应当立即抢救伤员，在防火、爆炸案件中，应积极组织人员灭火，并将火警迅速报告消防部门，做好现场的警戒工作，对于重、特大案件按规定报告上级公安机关主管部门。

③刑事案件的处置。依据《刑事诉讼法》和《公安机关办理刑事案件程序规定》，案件侦查终结后，犯罪嫌疑人的行为已构成犯罪的，依法追究刑事责任，写出起诉意见书，经县级以上公安机关负责批准，连同案卷材料、证据一并移送同级人民检察院审查决定。根据《刑事诉讼法》的规定，在侦查过程中依法不追究刑事责任的，有下列六种情形：第一，情节显著轻微、危害不大，不认为是犯罪的；第二，犯罪已过追诉时效期限的；第三，经特赦令免除刑罚的；第四，依照刑法告诉才处理的犯罪，没有告诉或者撤回告诉的；第五，犯罪嫌疑人、被告人死亡的；第六，其他法律规定免予追究刑事责任的。侦查人员应当提出撤销案件意见，经县级以上公安机关负责人批准，撤销案件。

④公安机关处置单位内部治安案件、涉嫌刑事犯罪案件时应注意的事项。一是明确处置工作的意义。公安机关处置单位内部治安案件、涉嫌刑事犯罪案件，既是正常履行人民警察职责，也是对单位内部治安状况和单位治安保卫机构和人员工作情况的管理和考察。二是在处置相应治安案件、涉嫌刑事犯罪案件时，必须严格掌握公安机关人民警察与单位内部治安保卫人员的不同工作范围和工作职责，不得随意要求单位内部治安保卫人员超越职权，代替人民警察进行询问证人、讯问犯罪嫌疑人、制作询问笔录、搜查可疑场所、检查犯罪嫌疑人身体、物品等方面的工作。三是公安机关处置单位内部治安案件、涉嫌刑事犯罪案件之后，应及时对发案单位的治安保卫工作、治安防范工作进行总结或阶段性评估，以便及时发现问题，总结经验教训，改善被评估单位的治安保卫工作。公安机关针对单位内部常发生的刑事案件，要对单位提出有效的采取预防性措施的要求，做到防患于未然，尽量减少人员伤亡和财产损失。

四、奖惩与权利救济

1. 对治安保卫工作中成绩优异的机构和人员的奖励与表彰

人民政府、公安机关对认真落实治安防范措施，严格执行治安保卫工作制度，在单位内部治安保卫工作中取得显著成绩的单位和个人，负有表彰和奖励的职责。在单位内部治安保卫工作中取得显著成绩的个人，可以是单位的主要负责人，也可以是单位的治安保卫人员。除了人民政府、公安机关的表彰和奖励外，单位的业务主管部门也可以对在治安保卫工作中取得显著成绩的单位和个人给予表彰和奖励。

（1）对企业、事业单位中由国家行政机关任命的工作人员在履行治安保卫职责中取得显著成绩的个人的奖励，适用《国务院关于国家行政机关工作人员的奖惩暂行规定》。奖励分为：记功、记大功、授予奖品或者奖金、升级、升职、通令嘉奖。企业、事业单位应当对由国家行政机关任命的工作人员在履行治安保卫职责中取得显著成绩的个人给予奖励。

（2）对全民所有制企业和城镇集体所有制企业的职工在履行治安保卫职责中取得显著成绩的个人的奖励，适用《企业职工奖惩条例》。对职工的奖励分为：记功、记大功，晋级，通令嘉奖，授予先进生产者、劳动模范等荣誉称号。在给予奖励时，可以发给一次性奖金。记功、记大功、授予先进生产者荣誉称号，由工会提出建议，企业或者企业的上级主管部门决定。通令嘉奖由各级人民政府或者企业主管部门决定。全民所有制企业和城镇集体所有制企业应当对在履行治安保卫职责中取得显著成绩的个人依法给予奖励。

（3）对国家公务员中履行治安保卫职责取得显著成绩的个人的奖励，适用《国家公务员暂行条例》的规定。该条例规定，奖励实行精神鼓励与物质鼓励相结合的原则。对国家公务员的奖励分为：嘉奖，记三等功、二等功、一等功，授予荣誉称号。对受奖励的国家公务员，按照规定给予一定物质奖励。符合奖励条件的公务员不得有违反纪律的行为。《国家公务员暂行条例》除了规定奖励外，还规定了公务员的纪律。违反纪律的公务员应当依法给予行政处分。公务员在受行政处分期间，有特殊贡献的，可以提前解除行政处分。

2. 单位法律责任的追究

国务院《内保条例》第十九条规定："单位违反本条例的规定，存在治安隐患的，公安机关应当责令限期整改，并处警告；单位逾期不整改，造成公民人身伤害、公私财产损失，或者严重威胁公民人身安全、公私财产安全或者公共安全的，对单位处1万元以上10万元以下的罚款，对单位主要负责人和其他直接负责人员处500元以上5 000元以下的罚款，并可以建议有关组织对单位主要负责人和其他直接责任人员依法给予处分；情节严重，构成犯罪的，依法追究刑事责任。"该条款规定了单位违反有关规定应当承担的法律责任。

（1）按照这一条款的规定，对于单位存在违反《内保条例》的有关规定、存在治安隐患的，公安机关应当责令限期整改，并处以警告处分。

（2）对于被处以限期整改的单位，在同时符合以下两项条件的情况下，可以对单位和单位主要负责人、单位其他直接责任人处以罚款。一是超过限期整改的规定期限但没有整改的；二是存在已经造成公民人身伤害、公私财产损失的事实或者虽然尚未造成公民人身伤害、公私财产损失，但是未经整改的治安隐患对公民人身安全、公私财产安全或者公共安全构成严重威胁等两种情况之一的。

（3）该条款规定的处罚条件中，只要求存在已经造成公民人身伤害、公私财产损失的事实，并未规定公民受到的人身伤害、公私财产的损失达到何种程度。因此，这一规定可以理解为，只要公民受到人身伤害，公私财产遭受损失，并不要求这种伤害和损失达到严重的程度，即便是受到轻微的伤害及财产损失，均应实施处罚。这一规定体现了"以人为本”的精神，体现了对公民人身安全和公私财产安全的高度重视，体现了对可能威胁公民人身安全和公私财产安全的单位治安隐患的“零容忍”的态度。

(4) 该条款作出了对于“严重威胁公民人身安全、公私财产安全或公共安全”予以处罚的规定，但是，该条例及相关规定并没有明确说明可以作为判断单位内部治安隐患的存在可能达到“严重威胁”程度的标准或者可以作为作出相应判断的主要特征。为了较好地理解和把握相关法律的精神，根据该条例前后条文一贯的精神，对于“严重威胁”的把握可以基于以下几点：其一，单位内部治安隐患的存在具有随时造成公民人身伤害和公私财产损失的极大可能。其二，一旦发生自然灾害或者突发治安事件，治安隐患的存在具有造成多人人身伤害、较大财产损失严重后果的极大可能。其三，存在一种以上的多重治安隐患。凡具有其中之一的，均可认定为存在“严重威胁”的情况。

(5) 按照我国法律规定，对于单位的违法行为执行“两罚制”，即对单位和单位的主要负责人、其他直接责任人员分别处以行政或者刑事处分。按照《内保条例》的规定，违反有关规定，存在治安隐患，逾期不整改，已经造成公民人身伤害、公私财产损失或者严重威胁公民人身安全、公私财产安全和公共安全的，可以分别对单位处1万元以上10万元以下的罚款，对单位主要负责人和其他直接负责人员处500元以上5 000元以下的罚款，并可以建议有关组织对单位主要负责人和其他直接责任人员依法给予处分；情节严重，构成犯罪的，依法追究刑事责任。

3. 单位不服公安机关处罚的权利救济

行政复议和行政诉讼是对行政机关的行政行为不服的一项救济制度。

(1) 行政复议。行政复议是指公民、法人或者其他组织认为行政机关的具体行政行为侵犯其合法权益，而向作出行政行为的机关的上级机关或者法律规定的复议机关申请复查、复审的法律制度。1999年全国人民代表大会常务委员会通过的《中华人民共和国行政复议法》(以下简称《行政复议法》) 规定，公民、法人或者其他组织可以就行政机关作出的警告、罚款、没收违法所得、没收非法财物、责令停产停业、暂扣或者吊销许可证、暂扣或者吊销执照、行政拘留等行政处罚决定不服的事项申请行政复议。

公民、法人或者其他组织认为行政机关的具体行政行为所依据的规范性文件不合法，在对具体行政行为申请复议时，可以一并向行政复议机关提出对该规定的审查申请。

关于行政复议的申请，《行政复议法》规定，公民、法人或者其他组织认为具体行政行为侵犯其合法权益的，可以自知道该具体行政行为之日起60日内提出行政复议申请。申请人在申请行政复议时可以一并提出行政赔偿请求。因不可抗力或者其他正当理由耽误法定申请期限的，申请期限自障碍消除之日起继续计算。对县级以上地方各级人民政府工作部门的具体行政行为不服的，由申请人选择，可以向该部门的本级人民政府申请行政复议，也可以向上一级主管部门申请行政复议。行政复议机关应当自受理申请之日起60日内作出行政复议决定。情况复杂，不能在规定期限内作出行政复议决定的，经行政复议机关的负责人批准，可以适当延长，并告知申请人和被申请人，延长的期限最多不超过30日。

（2）行政诉讼。行政诉讼是指公民、法人或者其他组织认为行政机关和行政机关工作人员的具体行政行为侵犯其合法权益，依照行政诉讼法的规定向人民法院提起诉讼，并由人民法院依法审理的活动。

《行政诉讼法》规定，行政诉讼的受案范围为：①对拘留、罚款、吊销许可证和执照、责令停产停业、没收财物等行政处罚不服的；②对限制人身自由或者对财产的查封、扣押、冻结等行政强制措施不服的；③认为行政机关侵犯法律规定的经营自主权的；④认为符合法定条件申请行政机关颁发许可证和执照，行政机关拒发或者不予答复的；⑤申请行政机关履行保护人身权、财产权的法定职责，行政机关拒绝履行或者不予答复的；⑥认为行政机关没有依法发给抚恤金的；⑦认为行政机关违法要求履行义务的；⑧认为行政机关侵犯其他人身权、财产权的。

关于行政诉讼的申请，《行政诉讼法》规定，公民、法人或者其他组织可以先向行政机关申请复议，对复议不服的，再向人民法院提起诉讼；也可以直接向人民法院提起诉讼。直接向人民法院提起诉讼的，应当在知道作出具体行政行为之日起3个月内提出，法律另有规定的除外。因不可抗力或者其他特殊情况耽误法定期限的，在障碍清除后的10日内，可以申请延长期限，由人民法院决定。公民、法人或者其他组织的合法权益受到行政机关或者行政机关工作人员作出的具体行政行为侵犯造成损害的，有权请求赔偿。单独就损害赔偿提出请求，应当先由行政机关解决。对行政机关的处理不服，可以向人民法院提起诉讼。

4. 负有监管责任的政府部门、公安机关承担的法律责任

《内保条例》第二十一条规定："公安机关接到单位报警后不依法履行职责，致使公民人身、财产和公共财产遭受损失，或者有其他玩忽职守、滥用职权行为的，对直接负责的主管人员和其他直接责任人员依法给予行政处分；情节严重，构成犯罪的，依法追究刑事责任。对行业、系统有监管职责的人民政府有关部门在指导、检查本行业、本系统的单位内部治安保卫工作过程中有玩忽职守、滥用职权行为的，参照前款规定处罚。"该条款规定了公安机关接到报警后不依法履行职责，公安机关以及负有监管职责的政府有关部门玩忽职守、滥用职权的法律责任。

（1）行政责任与处分。维护社会治安秩序，侦查和制止违法犯罪活动，是人民警察的法定职责，人民警察必须履行，不得玩忽职守。公安机关的人民警察履行职责，应当接受监督。1995年颁布施行的《人民警察法》规定，人民警察执行职务，必须自觉地接受社会和公民的监督，依法接受人民检察院和行政监察机关的监督。公安机关建立督察制度，对公安机关的人民警察执行法律、法规、遵守纪律的情况进行监督。公民或者组织对人民警察的违法、违纪行为有权向人民警察机关或者人民检察院、行政监察机关检举、控告。《人民警察法》的这一规定，明确了对公安机关的人民警察的多方面监督。

对于公安机关及其人民警察在履行职责时的违法行为，有权给予行政处分的主体，是该公安机关及其上一级公安机关或者监察机关。1997年国务院发布施行的《公安机关督察条例》规定，县级以上各级人民政府公安机关设置督察机构，负责对本级公安机关所属单位和下级公安机关及其人民警察依法履行职责、行使职权和遵守纪律的情况进行监督，对上一级公安机关督察机构和本级公安机关行政首长负责。督察机构对公安机关及其人民警察依法履行职责、行使职权和遵守纪律的各项事项进行现场督察。督察机构对检举和控告应当认真核查，按照规定程序处理。督察机构应当开展警务评议活动，听取国家机关、社会团体、企业事业单位和人民群众对公安机关及其人民警察的意见。

《人民警察法》规定，人民警察的行政处分包括：警告、记过、记大过、降级、撤职、开除。一般而言，给予行政处分大致分为三种情况：①对违法较轻，仍能担任现任职务的人员，可以给予警告、记过、记大过、降级处分；②对于违法较重，不宜继续担任现任职务的人员，可以给予降级或者撤职处分；③对于严重违法失职、屡教不改的人员，可以给予开除处分。对受行政处分的人民警察，按照国家有关规定可以降低或者取消警衔。

行政监察机关是行政系统内专司内部监督的部门。《中华人民共和国行政监察法》规定，监察机关对本级人民政府各部门及其国家公务员、本级人民政府及本级人民政府各部门任命的其他人员、下一级人民政府及其领导人员实施监察。监察机关履行职责，有权采取责令被监察的部门和人员停止违反法律、法规和行政纪律的行为。监察机关根据检查、调查结果，遇有下列情形之一的，可以作出监察决定或者提出监察建议：①违反行政纪律，依法应当给予警告、记过、记大过、降级、撤职、开除、行政处分的；②违反行政纪律取得的财物，依法应当没收、追缴或者责令退赔的。监察机关依法作出的监察决定，有关部门和人员应当执行。监察机关依法作出的监察建议，有关部门无正当理由的，应当采纳。

（2）刑事责任。《中华人民共和国刑法》第三百九十七条规定，国家机关工作人员滥用职权或者玩忽职守，致使公共财产、国家和人民利益遭受重大损失的，处三年以下有期徒刑或者拘役；情节特别严重的，处三年以上七年以下有期徒刑。公安机关的人民警察是国家机关工作人员，接到报警后在职责范围内不依法履行职责，致使公民人身、财产和公共财产遭受损失，情节严重的，将构成滥用职权罪或者玩忽职守罪，对直接负责的主管人员和其他直接责任人员依法追究刑事责任。对行业、系统有监管职责的人民政府有关部门在指导、检查本行业、本系统的单位内部治安保卫工作过程中有玩忽职守、滥用职权行为的，依照本条规定，也应当对直接负责的主管人员和其他直接责任人员依法给予行政处分；情节严重，构成犯罪的，依法追究其刑事责任。

(3) 国家赔偿。我国《宪法》规定，由于国家机关和国家工作人员侵犯公民权利而使公民受到损失的，公民有依照法律规定取得赔偿的权利。《人民警察法》规定，人民警察在执行职务中，侵犯公民或者组织的合法权益而造成损害的，应当依照《中华人民共和国国家赔偿法》（以下简称《国家赔偿法》）和其他有关法律、法规的规定给予赔偿。《国家赔偿法》对国家赔偿作了专门规定。国家赔偿是指国家机关及其工作人员因违法行使职权侵犯公民、法人和其他组织的合法权益造成损害的，由国家机关承担的赔偿责任。国家赔偿分为行政赔偿和刑事赔偿。

1）行政赔偿的范围包括侵犯人身权利和侵犯财产权利两个方面

①侵犯人身权利的情形有：

a. 违法拘留或者违法采取限制公民人身自由的行政强制措施的。

b. 非法拘禁或者以其他方法非法剥夺公民人身自由的。

c. 以殴打等暴力行为或者唆使他人以殴打等暴力行为造成公民身体伤害或者死亡的。

d. 违法使用武器、警械造成公民身体伤害或者死亡的。

e. 造成公民身体伤害或者死亡的其他违法行为。

②侵犯财产权利的情形有：

a. 违法实施罚款、吊销许可证和执照、责令停产停业、没收财物等行政处罚的。

b. 违法对财产采取查封、扣押、冻结等行政强制措施的。

c. 违反国家规定征收财物、摊派费用的。

d. 造成财产损害的其他违法行为。

2）刑事赔偿的范围也包括侵犯人身权利和侵犯财产权利两个方面

①侵犯人身权利的情形有：

a. 对没有犯罪事实或者没有事实证明有犯罪重大嫌疑的人错误拘留的。

b. 对没有犯罪事实的人错误逮捕的。

c. 依照审判监督程序再审改判无罪，原判刑罚已经执行的。

d. 刑讯逼供或者以殴打等暴力行为或者唆使他人以殴打等暴力行为造成公民身体伤害或者死亡的。

e. 违法使用武器、警械造成公民身体伤害或者死亡的。

②侵犯财产权利的情形有：

a. 违法对财产采取查封、扣押、冻结、追缴等措施的。

b. 依照审判监督程序再审改判无罪，原判罚金、没收财产已经执行的。

行政机关及其工作人员行使行政职权侵犯公民、法人和其他组织的合法权益造成损害的，受害的公民、法人和其他组织有权要求赔偿。赔偿义务机关应当自收到申请之日起两个月内，作出是否赔偿的决定；在规定期限内未作出是否赔偿的决定，或者作出不予赔偿的决定，赔偿请求人可以自期限届满之日起三个月内，向人民法院提起诉讼。赔偿义务机关赔偿损失后，应当责令有故意或者重大过失的工作人员或者受委托的组织或者个人承担部分或者全部赔偿费用；对有故意或者重大过失的责任人员，有关机关应当依法给予处分；构成犯罪的，应当依法追究刑事责任。

第 3 节　培训与指导

保卫人员作为一种职业，在强化社会治安管理、维护单位和社会秩序、优化社会安全环境等方面，发挥了重要作用，成为协助公安机关维护社会治安的一支重要力量。因此，加强保卫人员培训，发展保卫教育培训事业十分迫切。

一、保卫人员培训的法律依据

针对保卫人员实施培训时，必须严格依照相关法律法规进行。

《国务院关于大力发展职业教育的决定》（国发［2002］16 号）指出：以服务社会主义现代化建设为宗旨，培养数以亿计的高素质劳动者和数以千万计的高技能专门人才，职业教育要为提高劳动者素质特别是职业能力服务。实施以提高职业技能为重点的成人继续教育和再就业培训工程，在企业中建立职工教育和培训体系，面向在职职工开展普遍的、持续的文化教育和技术培训，加快培养高级工和技师，建设学习型企业。职业院校和培训机构要为就业再就业服务，面向初高中毕业生、城镇失业人员、农村转移劳动力，开展各种形式的职业技能培训和创业培训，提高他们的就业能力、工作能力、职业转换能力以及创业能力。

《内保条例》第八条规定：单位制定的内部治安保卫制度中应当包括治安防范教育培训制度。第九条规定：单位内部治安保卫人员应当接受有关法律知识和治安保卫业务、技能以及相关专业知识的培训、考核。

《保安服务管理条例》第四条规定：保安服务公司和自行招用保安员的单位（以下统

称保安从业单位）应当建立健全保安服务管理制度、岗位责任制度和保安员管理制度，加强对保安员的管理、教育和培训，提高保安员的职业道德水平、业务素质和责任意识。第五十一条规定：本条例施行前已经从事保安服务的保安员，自本条例施行之日起1年内由保安员所在单位组织培训，经设区的市级人民政府公安机关考试、审查合格并留存指纹等人体生物信息的，发给保安员证。第三十五条规定：保安培训单位应当按照保安员培训教学大纲制订教学计划，对接受培训的人员进行法律、保安专业知识和技能培训以及职业道德教育。保安员培训教学大纲由国务院公安部门审定。

《劳动法》第六十九条规定："国家确定职业分类，对规定的职业制定职业技能标准，实行职业资格证书制度，由经过政府批准的考核鉴定机构负责对劳动者实施职业技能考核鉴定。"严格实行就业准入制度，完善职业资格证书制度。规定用人单位招录职工必须严格执行"先培训、后上岗"的规定，从取得职业学校学历证书、职业资格证书和职业培训合格证书的人员中优先录用。要进一步完善涉及人民生命财产安全的相关职业的准入办法。劳动保障、人事和工商等部门要加大对就业准入制度执行情况的监察力度。对违反规定、随意招录未经职业教育或培训人员的用人单位给予处罚，并责令其限期对相关人员进行培训。有关部门要抓紧制定完善就业准入的法规和政策。

《职业教育法》第八条明确指出："实施职业教育应当根据实际需要，同国家制定的职业分类和职业等级标准相适应，实行学历证书、培训证书和职业资格证书制度。"这些法规确定了国家推行职业资格证书制度和开展职业技能鉴定的法律依据。

二、保卫人员培训的主要途径

1. 学历教育

按照教育部、公安部、国家人力资源和社会保障部关于实施保安服务业人才培养的通知精神，我国已决定将保安专业列入国家紧缺人才培养培训工程，要逐步构建以接受正规学历教育和职业资格培训为主体的保安从业人员队伍，要求各地教育、劳动保障部门要配合公安机关组织成立保安行业专家咨询委员会。按照校企合作、工学结合的培养模式，探索建立保安专业紧缺人才培养的新机制。参与合作的保安服务企业要充分依托职业学校进行新职工的培养和在职职工的培训，优先录用合作学校的毕业生。保安服务企业有责任为合作学校提供专业师资、实训设备，接受职业学校教师和学生见习、实习，并为顶岗实习的学生支付合理报酬。

目前，在保安从业人员队伍中，具有大专以上文化程度的比例很低，大部分保安员只有高中（中专或技校）或初中文化程度。在保安管理队伍中，接受过高等教育的比例也不高。学历水平低的现状与社会对高素质保安管理人才的需求不相适应，严重制约着保安业服务质量的提高，也必将造成保安管理人才梯队的青黄不接。部分在岗多年的保卫管理人员，由于没有大专文凭，不符合晋升国家助理保卫师或保卫师的申报条件，限制了他们继续发展的空间。因此，培养一批受教育程度高，既有较高文化水平、道德素养和技能素质，又懂保安管理的人才补充到保卫人员管理队伍中来，已经到了刻不容缓的地步。

学历教育按照学习方式分为全日制学历教育和成人学历教育，按照学历层次分为本科学历教育和专科学历教育。在专业设置方面有单独设立保卫（安保）专业的，也有在邻近专业中设立保卫（安保）方向的。保卫（安保）专业按照“扎实基础理论知识，良好实务应用能力”的人才培养模式，要求毕业生知识、能力、素质协调发展，掌握基本的保卫工作理论和知识，具备专业所需的职业实践能力和职业素养，培养安全保卫工作防范和处置的基本能力，了解与保卫（安保）管理相关的法律法规，掌握人力防范、安全技术防范、消防管理、应急处置等专业技能和方法，熟悉计算机应用技术，毕业后能在各企事业单位从事与安全保卫相关的中、高级管理工作。

2. 国家职业资格培训

职业教育和职业培训的根本任务，就是培养适应现代化建设需要的高技能专门人才和高素质劳动者。因此，职业教育特别是职业培训要从劳动力市场的实际需要出发，坚持就业导向，着力加强劳动者的实际技能，全面提高劳动者的综合素质。国家职业资格培训1+X复合型人才职业培训项目，正是为了适应职业教育发展与改革的新形势而推出的，目的在于培养符合企业实际和劳动力市场需求的复合型人才。

（1）保卫职业简介。1999年5月由国家劳动和社会保障部颁布的《中华人民共和国职业分类大典》的第三大类中，包含着保卫职业。保卫人员是指在非警察职业中，承担着对公共设施、人身或财产等目标实施安全保卫的人员。目前全国从事保卫职业的人数约350万余人，是一支不可或缺的职业队伍。保卫职业是我国为维护社会治安和公共安全而设置的一个职业门类，其职业人群是一支重要的治安保卫力量。

我国的保卫人员职业方向是：在单位领导和公安机关业务指导下，专职从事本单位的安全保卫工作。

保卫人员职业能力的特征为：具备相应岗位所要求的智能、技能和体能，能够发现、解决法律规定的安全保卫方面的问题，具备一定的防范、处置、协调、管理和指挥等安全保卫工作能力。

（2）保卫人员职业等级的划分。保卫人员职业核心能力及其职业延伸能力分解，是为了适应和反映当前保卫工作由“五个层面”合力完成的现状。各职业功能模块所包含的工作内容，按照“能力为本”的递进性原则再进行细分，每个等级都有其核心能力，各等级的要求依次递进，高级别包括低级别的要求，体现在各等级的专业知识和技能上。

保卫人员职业分为五个等级：初级保卫员（五级）、中级保卫员（四级）、助理保卫师（三级）、保卫师（二级）、高级保卫师（一级）。

初级保卫员的职业能力是：具备保卫职业道德，了解与保卫工作相关的法律法规，掌握守护、巡逻、安全检查、门卫、查技、安全技术设备的识别、常用消防设备的使用、初期火灾报警和扑救、反恐常识、反恐处置、体能与防卫等技能。

中级保卫员的职业能力是：具备保卫职业道德，了解与保卫工作相关的法律法规，掌握护卫、武装押运、公共场所和单位内部治安秩序维护、现场保护、固定和移动目标的技术防范、危险品火情预防和处置、现场处置、救护救助、体能与防卫等技能。

助理保卫师的职业能力是：具备保卫职业道德，理解刑事、治安法律法规，掌握危险品及剧毒品安全保卫、重点单位及重要部位保卫、保安工作绩效考核、安全技术防范系统、信息安全防范、计算机信息系统安全保护、消防监督检查、火灾事故调查、突发治安事件处置、防灾抗灾、单位反恐工作检查、体能与防卫等技能。

保卫师的职业能力是：熟悉刑事、治安法律法规，掌握大型活动和重大建设工程保卫、安全风险调查与评估、治安防范目标管理、安全技术防范管理、计算机信息网络安全防护、实体安全保护技术、制作单位消防预案、火灾现场处置、治安隐患排查、治安隐患问题处理、事件和案件处置、事故处理、单位反恐工作评估、保卫人员管理与培训、单位安全防范宣传、保卫公共关系等技能。

高级保卫师的职业能力是：综合运用刑事、治安法律法规，掌握编制保卫工作规划与计划、安全保卫工作谈判、单位安全保卫需求编制、保卫人员队伍建设、指挥与协调、指导防范、安全技防建设、信息安全防护、群体性治安事件处置、单位反恐预案编制与演练、危机事件处置、保卫领导工作决策、公安监督管理、培训指导、治安综合治理的组织实施、维护单位内部稳定等技能。

（3）各等级的适合对象。保卫工作基本上是由五个层面的合力来完成任务的。保卫人员职业的五个等级与五个层面的保卫人员相对应，每个保卫层面都对应各自的岗位、任务和职责。五个等级之间的关系，既突出专业知识和技能由浅入深，又体现了岗位的差异。

初级保卫员（五级）对应层面为初次从事保卫工作的人员。其适用岗位：门卫、护卫、巡逻、安检、守卫等保卫人员。

中级保卫员（四级）对应层面为具有一定的安全保卫工作经验和保卫业务能力的人员。其适用岗位：押运、保安班（队）长等保卫人员。

助理保卫师（三级）对应层面为从事安全保卫工作的初级管理人员。其适用岗位：安全保卫（安）部门的办事员、科员、区域经理、监控室操作员。

保卫师（二级）对应层面为从事安全保卫工作的中级管理人员。其适用岗位：安全保卫（安）部门的主任科员、主管、经理、科长、区域总经理以及资深的保卫人员。

高级保卫师（一级）对应层面为从事安全保卫工作的高级管理人员。其适用岗位：安全保卫（安）部门的处（部）长、总监，单位分管领导、单位法定治安责任人以及资深的保卫人员。

（4）保卫人员职业等级晋升的构架。根据《内保条例》和《保安服务管理条例》规定的安全保卫工作、任务、职责和要求，保卫人员职业的一线操作人员即保安，定位在初级保卫员（五级）和中级保卫员（四级），而助理保卫师（三级）、保卫师（二级）和高级保卫师（一级）职业等级，是一般意义上的保卫管理、指挥人员。因此，保卫工作涵盖保安工作，保卫岗位涵盖保安岗位，保卫任务涵盖保安任务，同时，保卫能力也涵盖保安能力。

在保卫人员职业等级晋升的构架上，既可以有五级、四级或三级晋升二级，再晋升一级的路径；也可以有五级或四级晋升三级，再晋升二级的路径。使得二级和一级的保卫人员既具备保卫基础业务知识和技能，又具有保卫管理、指挥的业务知识和技能，体现出保卫人员职业等级晋升的递进性。

3. 保安员证考试与培训

（1）保安员证考试。国务院颁布的《保安服务管理条例》第四章第十六条规定了保安员应具备的条件：年满18周岁，身体健康，品行良好，具有初中以上学历的中国公民可以申领保安员证，从事保安服务工作。申请人经设区的市级人民政府公安机关考试、审查合格并留存指纹等人体生物信息的，发给保安员证。

全国各地根据《保安服务管理条例》和《公安机关实施保安服务管理条例办法》，结合本地区域特点制定了相关的《保安员考试发证管理办法》。省（直辖市）公安厅（局）治安总队负责保安员考试和《保安员证》发放的监督管理工作。由各公安分（县）局负责在本行政区域内发布保安员考试通知，审查报考者资格，组织考试，核发《保安员证》。考试采取机考、卷考等形式进行。

各公安分（县）局设置考试报名点。申请参加《保安员证》考试的人员，由本人或者保安从业单位、保安培训单位到公安分（县）局治安部门报名，填报报名表（可以到本市公安机关政府网站上下载），并按照国家有关规定交纳考试费。报名应当提交：居民有效身份证件（原件和复印件）、县级以上医院出具的体检证明、初中以上学历证明（原件和复印件）等资料。各公安分（县）局应当同时组织留取参加考试人员的指纹等人体生物信息，采集数码照片，并对报名资料进行审查，符合规定条件的，发给准考证。

各公安分（县）局应当根据本辖区报考人数情况，合理规范设置考点，精心组织考试，并报省（直辖市）公安厅（局）治安总队备案。省（直辖市）公安厅（局）成立保安员考试中心，负责受理直接向省（直辖市）公安厅（局）申领《保安员证》的考试、发证工作。各公安分（县）局通过互联网公布考试成绩，对考试合格的人员核发《保安员证》。

(2) 保安员证考试培训机构。保安员证考前培训本着自愿报名参加的原则，可到持有公安机关颁发保安培训许可证的培训机构报名。保安员证考前培训的培训机构，指对正在从事或者准备从事保安服务职业的人员进行保安法律、安全防范等知识、技能培训的组织。

4. 各类岗位培训

保卫人员岗位培训，是在定员定额基础上，按照岗位、职务的需要，全面提高保卫员的政治、文化和技术业务素质，并以提高本职工作能力为重点的培训。

岗位培训可以分为规范化培训（也称达标培训）和岗位需要的应急、专项培训两种。规范化培训是为达到岗位规范的要求，取得上岗、转岗、提职、晋级资格的培训。应急的、专项的培训是为适应岗位工作的急需和在岗职工经常提高技术业务素质的需要而进行的培训。

(1) 保卫人员规范化培训

1) 保卫人员上岗培训。保卫人员上岗培训是指保卫员走上工作岗位、担任职务以前必须达到的最低限度要求的培训。第一种对象是未受过对口的职业培训的新人员；第二种对象是已有一定的专业知识和工作能力的各级各类学校毕业生，对他们走上岗位、担任职务前，也要进行上岗前适应性培训；第三种对象是已在岗在职但达不到某些岗位规范要求的保卫员，对他们要进行补课性培训，按缺什么补什么的原则进行培训。

2) 知识技能更新培训。知识技能更新培训是指保卫员上岗后的继续培训。现代化管理水平的提高、岗位功能的扩大、技防和消防设备的改造更新、技术的不断进步，对在岗人员提出了知识更新、技能提高的要求。这样，岗位规范到一定时期就要进行修订，并对在岗人员按修订后的规范进行新知识、新技能的再培训，以提高适应能力。从这个意义上说，即使不转岗、不晋升，岗位培训也不是一次就能完成的。

3) 晋升培训。一般是指保卫员职务晋升前，要按晋职后高一层次的岗位规范进行培训。保卫人员进入岗位后，单位应对其进行相应的岗位培训和职业生涯规划，让其在熟悉岗位职责的基础上做好本职工作。当素质和技能得到提升后，又可以将其放到一个更高的位置去发展，以充分展现才能和开发潜能，实现人力资本最大化的增值。这就需要创造培训机会，有针对性并根据需求安排培训课题，在技能和管理水平上有一个新的提高。

4) 转岗培训。随着企业改革深化和实行现代化管理而带来的机构调整和职能的变化，随着劳动合同制度的逐步推行而形成的劳动力的合理流动，转换岗位和职务调整的情况是经常发生的。在转岗调职之前，要按新岗位、新职务的规范进行培训。

（2）应急、专项培训。单位在尚未开展规范化岗位培训前，或已开展规范化的岗位培训后，都必须有计划地开展各种应急的、专项的培训。保卫员应急、专项的培训内容，由各系统或单位根据当前工作的实际需要确定，主要是为解决工作的急需或薄弱环节。例如：技防国家标准或地方标准的专项培训；上海世博会前夕的水厂安全保卫培训和轨道交通安检培训；中小学安全保卫培训等。由于这类培训一般具有较强的针对性和实用性，能在较短时间内，花较少的人力、物力、财力取得较大的效益，所以容易受到系统或单位重视。

对应急、专项培训可进行专业知识、实际能力的考查，考查的方式是根据培训内容和特点，如做总结性作业、写小结等。

5. 单位内部的轮训

轮训就是轮流培训，保卫人员轮训是对系统或单位内部的保卫员分期分批、按岗位职能进行轮流培训。轮训的目的旨在提高保卫员的素质，增强职业能力，拓宽职业视野等。单位可以组织一系列有针对性的定期或不定期的系统培训，通常分批次将所有目标人员培训一遍，如保卫管理干部轮训、党员轮训、保卫员法律知识轮训等。

在世博会前夕，上海市公安局要求将本市保安服务机构的在职保卫员（包括各级保安业务管理人员）和新保卫员作为培训对象，每 3 年轮训一次，其中，新保卫员、骨干保安和直接参与世博展区安保工作的保卫员从 2009 年 5 月 1 日起至 2010 年 4 月底前，完成培训工作。其中年满 45 周岁的女性在职保卫员、年满 55 周岁的男性在职保卫员免于轮训。取得国家劳动部门颁发的五级保卫人员职业资格证书的新保卫员 3 年内免于轮训。取得五级职业资格证书或五级以上职业资格证书的在职保卫员 3 年内免于轮训。取得一级职业资格证书的保卫员免于轮训。

三、职业培训的主要形式

职业培训的形式可采取脱产、半脱产、全业余等形式，由保安培训机构根据需要选用。培训方式有集中面授、到实习基地参加实习、参加国家保卫职业资格（模拟）鉴定、自学统考、专题集训、实地操练讲评、专题讲座等多种方式，这样既能达到培训目标，又能缓解工学矛盾。

1. 全脱产培训

全脱产培训，是指离开工作和工作现场，由系统或单位内外的专家和教师，对各类保卫人员进行集中教育培训。全脱产就是和在校学生一样，完全以学生身份在学校学习、考试。周一到周五均上课，不占用周六和周日的工休时间。脱产学习，就是在参加工作后再去校内进行全日制学习的一种方式，其管理模式与普通高校一样，学习期间不在原单位工作，对学员有正常的、相对固定的授课教室和管理要求。

2. **半脱产培训**

半脱产就是一边学习，一边工作，指的是学生利用周末或晚上时间到学校上课学习。

一般半脱产是指集中一段时间来学习，是相对于全脱产的，具体采取什么方式要结合本人的时间安排。

由于在培训中出现的工学矛盾突出（如实行四班三运转）、个人负担重等问题，全脱产学习的形式可能会导致保卫工作难以安排等困难，培训学习方式可安排以基本业余（半脱产）集中学习为主，以满足远郊地区或者人手偏紧单位学员的培训需要。半脱产培训适用于成人大专保卫专业学历教育、国家保卫职业资格培训、系统或单位内部的岗位培训等。由于成人大专保卫专业学历教育和国家保卫职业资格培训的学时安排比较多（成人大专保卫专业学历教育为1 360学时，国家保卫职业资格培训为210～280学时），全脱产培训学习形式不适用，半脱产培训不失为一个比较科学的学习形式，每周利用2～3个半天工作时间，既不影响工作，又使学习时间有了保证。

3. **全业余培训**

全业余培训不同于脱产培训，通常是利用工休时间或者周末，到学校教学点上课和考试，不影响原有的工作。单位内部的轮训可以采用此种学习形式。成人大专保卫专业学历教育如采用夜大、函授或者自学考试形式，属于全业余培训性质，单位领导比较欢迎。

四、保卫人员职业标准

依据《内保条例》第二条的十六字方针，“预防为主”是单位保卫人员工作的首要任务，因此，“防范”和“处置”应该是保卫人员的基本职业能力。“单位负责”明确了内保工作以单位为基本保卫目标，单位必须承担内部安全职责，这种职责不能因为通过聘用保安服务而转移，单位责任不能发包。“突出重点”要求重点单位必须建立保卫机构和配备专职保卫人员，承担单位保卫责任。所以，就单位来说，必须要有保卫专业人才。“保障安全”是保卫职业的根本属性，所有职业要求都应当围绕这一属性来构建和定位。保卫人员职业标准制定要以重点单位和重要部位的保卫工作为基础，突出核心知识和技能的学习和训练，并在此基础上结合行业特殊性拓展职业内容，详见表4—1。

五、保卫人员培训管理

1. **公安机关对保安培训机构资质的审批**

为规范公安机关对保安培训机构的管理，维护保安培训市场秩序，根据《保安服务管理条例》规定，设立保安培训机构，应当具备下列条件：①设立保安培训机构的组织应当

表4—1　　保卫人员职业标准

培训课程	培训内容				
	五级	四级	三级	二级	一级
人力防范	（一）守护 （二）巡逻 （三）安全检查 （四）门卫 （五）查技	（一）押运 （二）公共场所和单位内部治安秩序维护 （三）涉车安全管理	（一）危险品、剧毒品安全保卫 （二）重点单位、重要部位保卫 （三）保安工作绩效考核	（一）大型活动保卫 （二）重大建设工程保卫 （三）安全风险调查与评估 （四）落实治安防范责任 （五）治安防范目标管理	（一）保卫工作规划与计划 （二）安全保卫工作谈判 （三）单位安全保卫需求编制 （四）保卫人员队伍建设 （五）指挥与协调 （六）指导防范
技术防范	（一）技防设备的识别 （二）常用技防设施简介 （三）监控室的视频监控要求	（一）技防设施的常规操作 （二）技防基础 （三）技防设施的维护保养和安装使用要求	（一）技防设施工作状态的设置及编程 （二）技防主要设备 （三）技防主要设备及系统的技术要求	（一）技防工程设计方案的审查 （二）安全技术防范工程程序与要求 （三）方案评审及竣工验收资料的编写要求	（一）了解和掌握有关技防方面的国家、行业及地方标准 （二）国家及行业技防标准的义释 （三）上海地方标准的义释
消防	（一）常用消防设备的使用 （二）初期火灾报警和扑救	（一）危险品火灾预防 （二）危险品火灾处置 （三）明火作业管理	（一）监督检查 （二）火灾事故调查	（一）单位消防预案制作 （二）火灾现场处置	
应急处置	（一）反恐识别 （二）反恐处置 （三）救护救助	（一）现场保护与处置 （二）救护救助	（一）各类突发案（事）件应急处置 （二）防灾抗灾 （三）单位反恐工作检查	（一）治安隐患排查与问题处理 （二）群体性治安事件处置 （三）事故处理 （四）单位反恐工作评估	（一）单位反恐预案制订与演练 （二）危机事件处置 （三）各类突发案（事）件应急处置预案制订

续表

培训课程	培训内容				
	五级	四级	三级	二级	一级
管理与培训				（一）保卫人员管理与培训 （二）单位安全防范宣传 （三）保卫公共关系	（一）保卫领导工作决策 （二）公安监督管理 （三）培训与指导
综合治理					（一）治安综合治理的组织实施 （二）维护单位内部稳定
职业基础功能	（一）职业道德 （二）法律法规 （三）体能与防卫	（一）职业道德 （二）法律法规 （三）体能与防卫	（一）职业道德 （二）法律法规 （三）擒拿技能	（一）职业道德 （二）法律法规	（一）职业道德 （二）法律法规

具有法人资格，设立保安培训机构的个人应当具有完全民事行为能力；②具有与培训规模相适应的校园、校舍；③具有与培训内容相匹配、满足培训要求的训练场馆、图书馆、阅览室、实验、实习设施和仪器设备；④具有与培训内容、培训规模相适应的专兼职师资人员，其中安全保卫专业师资人员必须具有大专以上学历和五年以上治安保卫或者保安工作经历；⑤具有100万元以上的注册资金；⑥申请人、投资人、法定代表人、管理人员及师资人员没有故意犯罪记录和精神病史；⑦主要负责人应当具有政法机关、军队或者教育培训的工作经历。

《保安服务管理条例》同时规定：申请设立保安培训机构，应当向所在地设区的市级人民政府公安机关申请，符合条件并通过审查的核发“保安培训许可证”。

2. 培训的规范管理与创新

（1）教学管理的制度与规范

1）教学管理的含义。培训管理是一项涉及环节多，任务繁重而又特别细致的工作。教学管理部门是学校教学管理的职能部门，是校长领导教学的参谋，也是教学管理的执行机构。教学管理工作质量的优劣、效率的高低，对学校工作将产生直接的影响。因此，教学管理部门的工作目标应定位在实现教学过程的规范化和有序化，以提高教学质量。

教学管理人员作为组织、指挥、协调教学活动的调度，必须要具备较强的管理协调能力。他们是学校与教师、学校与学员之间的桥梁与纽带，具有承上启下、协调左右、沟通信息、协调关系的作用。教学管理人员只有不断提高自身的协调能力，充分发挥个人的主观能动作用，才能减少日常工作中的内耗和摩擦，创建一个和谐的工作氛围，创造一个优秀的教务管理成果。

从横向看，教学管理部门要和学校各部门合作；从纵向看，教学管理部门要和教师、班主任和学员协调。教学管理人员既要善于和学校的各个方面有所接触和交流，保持统一的思想，又要善于沟通，联络感情，创造一种良好的校风。

如果说按规章制度管理教学是一个刚性管理方式，那么“以人为本”的教学管理就是一个柔性管理的方式。当然，在教学管理中，刚性管理与柔性管理两者应该是相互影响、相互渗透的，它们之间的联系就是教学管理人员的组织协调。刚性管理应该是教学管理工作的前提和基础，完全没有规章制度约束的教学管理将是混乱的，柔性管理也会因此丧失立足点。柔性管理应是教学管理工作的润滑剂，是刚性管理的升华。缺乏一定的柔性管理，刚性管理也难以深入。由此可见，在教学管理工作中强调刚性管理的同时，发挥柔性管理在教学管理中的作用显得尤为重要。

2）教学质量管理的取决因素。教学质量管理是教学管理工作的核心工作，提高教学质量将直接影响着学校的市场竞争力。教学质量主要取决于以下几个因素：

①师资队伍。师资队伍建设是学校最基本的教学建设，建设一支人员精干、素质优良、结构合理、专兼结合、特色鲜明、相对稳定的教师队伍是提高人才培养质量、形成办学特色的关键。要有一批既有较高学术水平和教学水平，又有较强实际工作能力的“双师型”教师作为中坚力量，也可从社会上聘用既有丰富实践工作经验又有较高学术水平的高级技术与管理人员参与教学工作。

班主任队伍是学校的另一支十分重要的教育教学管理力量。班级管理需要管理学员的艺术，要在严、细、实上下工夫。班主任要深入到学员中去，在学员中树立威信，具备驾驭整个班级科学管理能力，不断调动学员的学习积极性，并为任课教师做好教学服务工作。

②课程。课程设置和教学内容必须体现与时俱进，应确保教育质量、人才培养规格及加强素质教育的需要，在总体不改变教学计划课程体系的前提下，充分考虑市场需求，开设一些实用性、针对性强的课程，以提高学员的适应能力。

③教材。教材是职业教育的一个重要环节，是教师实施教育教学的重要载体和主要依据，是学员获取知识、发展能力的重要渠道，也是考核教育教学成效的重要依据。教材改革要体现教学的科学性、先进性和实用性。职业教育教材建设必须与当前职业教育的改革相适应，要和地区差异相适应，要和人才市场的要求相适应。

④教学设备设施。在市场经济条件下，是否具有先进的、标志性的现代化教学设备设

施，决定了学校生存与发展空间和机遇的大小。学校必须加大硬件建设投资力度，以高标准、高要求添置先进教学设备设施，提高教学效果。

⑤规章制度。随着学校的不断发展，要对制度加以修改、补充和完善，教务管理制度化的建立为教学工作开展提供保障。学校要根据教学管理特点，制定管理人员的岗位要求、岗位职责和岗位规范，要求每位教学工作人员在履行自己职责的基础上正确处理好与教师和学员之间工作关系，为师生提供优质服务。坚持常规教学会议制度，建立周会制度，每周一早上召开例会，总结上一周的教学工作完成情况，布置新的一周工作任务并作具体安排，责任到人，使教务工作人员明确工作目标，同时进行工作上的交流，对教学工作中问题难题及时给予解决。

⑥管理方法。要变问题管理为过程管理，变被动管理为自我管理。以往，教务管理常常是出现什么问题才解决什么问题，管理处于被动状态。而过程管理模式对可能出现的问题，事先做出预案，将工作内容流程化，流程的每个环节都可以作为管理控制点，通过规范工作流程，每类事项都有相应的工作流程，可减少人为错乱，无形而有效地提高教务管理水平。要实现教务管理操作流程公开化，教务管理部门制定的工作计划和办事流程，要在学校各部门、教师和学员之间广泛宣传，让大家清楚地了解教务管理操作流程和要求，使教务工作真正做到严谨规范、高效有序。

（2）教学管理的主导作用与创新。教学管理是学校管理工作的核心，在教学管理中起着主导作用。教学管理人员不能墨守成规，一味固守原有的工作模式和思维方式，必须解放思想，更新理念，积极开展教务创新，从而促进教学创新。要做到这些，要求教学管理人员不断地进行知识更新，要做到用心和专心，在教学管理工作中要增强计划性和前瞻性，勇于开拓，勇于尝试，敢于突破陈旧的作业模式，从单一管理服务型工作转化为以学习、实践、研究相结合为一体的管理服务型工作方式。

教学管理工作的创新，尤其体现在对教学活动的精心设计方面。教学设计是根据教学对象和教学目标，确定合适的教学起点与终点，将教学诸要素有序、优化地安排，形成教学方案的过程。它也是一门运用系统方法科学解决教学问题的学问，是运用系统方法，分析研究教学过程中相互联系的各部分的问题和需求，以教学效果最优化为目的，以解决教学问题为宗旨，确立教学活动的方法和步骤，然后评价教学成果的系统计划过程。

教学设计要从“为什么学”入手，确定学员的学习需要和教学的目的。根据教学目的，进一步确定通过哪些具体的教学内容和教学目标才能达到教学目的，从而满足学员的学习需要，即确定“学什么”。要实现具体的教学目标，使学员掌握需要的教学内容，应采用什么策略，即“如何学”。要对教学的效果进行全面的评价，根据评价的结果对以上各环节进行修改，以确保学员的学习效果。

另外，现代教育技术已成为教学管理创新的重要手段。教学管理人员要打破传统的教务管理模式，通过引进现代教育技术，逐渐建立现代教育管理理念，引导教师和学员优化传统的教学和学习方法，探索并使用新方法，使其更有科学性和创新性，促进创新型人才培养模式的发展。现代教育技术模式下的教务管理，旨在规范督促教师和教务管理人员的教学行为，使其符合新的教学理念，能够有效地完成新的教学任务。

教学管理的现代化，是提高教学管理工作的规范化和现代化水平的重要手段，主要体现在采用网络化计算机教学管理系统进行管理。管理模式信息化，在日常管理工作中可起到规范工作、提高效率的作用。建立和完善计算机教学管理系统，可以提高管理的正确性、及时性、可靠性，大大提高工作效率和质量，使广大教学管理人员从繁重的手工劳动和杂乱事务中解放出来，节省大量人力、物力、财力，最大限度地实现数据共享。

3. 保卫人员培训的档案管理

保卫人员培训的档案管理是一项十分重要的基础性工作。在《保安服务管理条例》颁布实施之前，培训没有实行统一的管理，一个城市保卫员的人数也很难精确统计，而保卫员的培训状况，更无法做到心中有数。培训机构要配合公安机关实施保安员证考试的契机，建立保卫员数据库。对受训的保卫员，保安服务公司和保安培训机构都要建立一人一档的培训记录，并逐步实现全市联网，真正实现对保卫员队伍的有序管理。

4. 培训要与人事管理挂钩

为体现培训的权威性和有效性，保卫员培训要与人事管理挂钩。保安服务公司和保安培训机构要加强对招录保卫员的资格审查，新保卫员参加培训未获得五级保卫人员职业资格证书的，保安服务公司不得正式录用；在职保卫员不按规定参加培训的，或参加培训考核不合格的，保安服务公司要及时进行调整清理；50 周岁以下、未取得三级以上保卫人员职业资格证书的，不得聘任其担任保安服务公司的主要领导。

在单位的人事管理方面，要将培训成效与岗位安排、职务晋升、待遇（薪酬和评优）等挂钩，实行优学优用。当保卫员的素质和技能得到提升后，可以根据职业经历，把其放到一个更高的位置去发展，以充分展现其才能，开发其潜能，实现人力资本增值的最大化。

5. 保卫培训师资管理

《国务院关于大力发展职业教育的决定》（国发〔2005〕35 号）指出：加强师资队伍建设。制定和完善职业教育兼职教师聘用政策，支持职业院校面向社会聘用工程技术人员、高技能人才担任专业课教师或实习指导教师。加强“双师型”教师队伍建设。

各保安培训机构要加强对培训工作的组织和管理，建设一支政治可靠、业务过硬的专兼职教师、教官队伍，抓好培训教材、教法的编撰工作，以及设施、器材的建设，并建立各类保卫员考试题库，认真组织培训和考试，确保培训质量。

6. 培训的硬件建设

培训所需场所、设施等教学条件是指：

（1）有不低于 300 m^2 符合教学要求的授课场所。

（2）有不低于 200 m^2 符合保安职业培训要求的消防、技防等实习操作场所。

（3）有不低于 400 m^2 的室外训练场地，不低于 200 m^2 的室内训练馆。

（4）有与培训内容相适应、满足培训要求的图书馆、阅览室，实验、实习设施和仪器设备。

（5）招收住宿学员的，食宿场所应符合治安、消防、卫生安全等有关规定要求。

5

第 5 章

综合治理

第 1 节　社会管理综合治理的组织实施

一、社会管理综合治理的确立和发展

1. 社会治安综合治理与社会管理综合治理

在新时期，社会治安综合治理是指在各级党委、政府的统一领导下，各有关部门充分发挥职能作用，齐抓共管，依靠广大人民群众的参与和支持，通过综合运用政治、经济、行政、法律、文化、教育等多种手段，预防和打击违法犯罪，整治社会治安秩序，化解社会矛盾纠纷，维护社会稳定，促进社会和谐的一项系统工程。其主要包括三个层次：一是在各级党委的统一领导下，组织各部门分工协作来抓，条块结合，以块为主；二是政法各部门各司其职，密切配合，并协助党委做好宣传、组织和推动工作；三是发动和依靠群众，动员全社会的力量，参与综合治理的工作。社会治安综合治理是一项具有鲜明中国特色的治安方略。

社会管理综合治理是指在各级党委、政府的统一领导和社会组织积极参与下，通过综合运用制度化或非制度化手段以促进社会系统协调运转，对社会系统组成部分、社会生活的不同领域以及社会发展的各个环节进行组织、协调、服务和控制，以期达到解决社会问题，化解社会矛盾，应对社会风险，保持社会稳定。加强社会管理，是坚持以人为本，树立和落实科学发展观，加强党的执政能力建设的一项重大举措，是对建设中国特色社会主义建设格局的丰富和完善。

2. 社会管理综合治理指导思想的演进

社会管理综合治理指导思想的形成不是偶然的，它是不断地总结党对社会管理工作的实践经验，并在实践中不断发展、丰富、完善而形成的，它经历了一个较长的过程和阶段。

（1）社会治安综合治理的确立和发展。党的十一届三中全会以后，我国进入了一个新的历史发展时期，党和国家工作重点逐步转移到经济建设上来，但由于极“左”思潮的长期影响，拨乱反正的任务远没结束，社会管理机制和制约机制不够健全，青少年违法犯罪的情况相当严重。

1981 年 5 月，中央召开了北京、天津、上海、广州、武汉五大城市治安座谈会。会议讨论了当时整顿治安的任务、政策和措施。会后中央转发了《京、津、沪、穗、汉五大城市治安座谈会纪要》，明确指出："争取社会治安根本好转，必须各级党委来抓，全党动手，实行全面'综合治理'，首要的任务是搞好党风，并从政治、经济、教育、文化等各方面加强工作，才能克服社会上的歪风邪气，大大减少犯罪，建设良好的社会秩序。"

1985年10月4日，中共中央发出《关于进一步加强青少年教育，预防青少年违法犯罪的通知》（中发［1985］20号）。在该通知中提出了综合治理的十项重要措施，反映出中央对社会治安综合治理方针的认识更加深刻、更加全面。

1986年2月全国政法工作会议明确指出，近几年的实践证明，社会治安的综合治理实质上就是一项教育人、挽救人、改造人的"系统工程"，要做好这项工作，根本的方法是走群众路线，靠全党全社会，用多种方法，并且长期坚持。各级党委和政府要进一步加强对社会治安综合治理的领导，把它列为精神文明建设的重要内容之一。

1991年2月19日，中共中央、国务院联合发布了《关于加强社会治安综合治理的决定》（中发［1991］7号），指出：社会治安综合治理的方针是解决我国社会治安问题的根本出路。同年3月2日，第七届全国人大常委会第十八次会议，通过了《关于加强社会治安综合治理的决定》。该决定充分阐述了社会治安综合治理的必要性和重要意义，提出了社会治安综合治理的基本任务、要求、目标、指导思想和工作范围、工作方法及一系列基本原则，对社会治安综合治理方针的实质、内容和手段、措施做了科学的比较完整的概括。同年又成立了中央社会治安综合治理委员会，指导和协调全国社会治安综合治理工作。全国各省、自治区、直辖市也相继成立了相应的组织，形成了一个科学严密的工作体系，标志着社会治安综合治理方针更加充实、更加完善。

2006年，中国共产党的第十六届六中全会明确提出了构建社会主义和谐社会的新目标、新要求，并在《中共中央关于构建社会主义和谐社会若干重大问题的决定》中指出，坚持打防结合、预防为主、专群结合、依靠群众的方针，完善社会治安防控体系，广泛开展平安创建活动，把社会治安综合治理措施落实到基层，确保社会治安大局稳定。

（2）社会管理综合治理的确立。中央社会治安综合治理委员会更名为中央社会管理综合治理委员会，并非单独的一件事，需要把它放在社会管理创新这一大背景中去理解，其经历了一个漫长的酝酿和实践、发展过程。

2002年，十六大报告提出科学发展观和构建社会主义和谐社会，以保障和改善民生为重点的社会建议进一步加强，社会管理进入新的历史阶段。2007年，在十七大报告中，提出"完善社会管理"这一概念，首次将社会组织作为"发展基层民主，保障人民享有更多更切实的民主权利"的重要内容。2010年3月5日，温家宝总理在两会期间作《政府工作报告》，指出要适应新形势，推进社会管理体制改革和创新。

2011年2月19日，胡锦涛在中央党校举行的省部级主要领导干部社会管理及其创新专题研讨班发表的讲话中强调，要“要扎扎实实提高社会管理科学化水平，建设有中国特色社会主义社会管理体系”。

2011 年 3 月，全国“两会”期间，“加强和创新社会管理”首次以重要篇幅写入《政府工作报告》。

2011 年 5 月 30 日，中共中央政治局召开会议，研究加强和创新社会管理问题。

2011 年 7 月 5 日，党中央、国务院印发《关于加强和创新社会管理的意见》（中发[2011] 11 号），进一步明确了加强和创新社会管理的指导思想、基本原则、目标任务和主要措施，是当前和今后一个时期加强和创新社会管理的纲领性文件。

2011 年 7 月 30 日，中央办公厅、国务院印发中央有关部门贯彻落实中共中央、国务院关于加强和创新社会管理的意见重要政策措施分工方案。

2011 年 8 月 21 日，中央办公厅、国务院办公厅印发了《关于中央社会治安综合治理委员会更名为中央社会管理综合治理委员会的通知》。

2011 年 9 月 16 日，周永康主持中央社会管理综合治理委员会第一次全体会议，中央社会治安综合治理委员会正式更名为中央社会管理综合治理委员会，被赋予协调和指导社会管理工作的重要职责，充实了领导力量，增加了成员单位，加强了工作机构。这则事关加强和创新社会管理的重要新闻，成为当天的热点，新的决策和部署体现出新的思路，引起全社会的热烈反响。

2011 年 9 月 20 日，在河南省三门峡市召开社会管理创新“黄河论坛”，出席论坛的中央社会管理综合治理委员会协调室主任陈显辉在接受媒体采访时，对中央社会治安综合治理委员会更名的意义做了说明，部分媒体对此作了详细报道。

2011 年 9 月 22 日，《人民日报》和人民网对中央社会管理综合治理委员会更名一事采访多位社会公共管理领域的专家，解读创新社会管理的内涵及如何创新社会管理提出建议。同一天，凤凰网文章认为，中央社会治安综合治理委员会更名，由“治安”改为“管理”，两字之差，预示着社会治理由过去单一强力控制向社会综合协调转变，更加注重多元化的利益诉求，是中共维护稳定思维的与时创新。相关文章被网络广泛转载。

2011 年 9 月 28 日，中央召开全国加强和创新社会管理工作电视电话会议，各地负责同志从不同方面介绍了社会管理工作的情况和经验。会议结束后，各地对会议精神的贯彻落实进行了安排部署，再次掀起媒体相关报道的高潮。

2011 年 10 月 8 日，新华社、《人民日报》播发《中央社会管理综合治理委员会办公室负责人答记者问》，对中央社会治安综合治理委员会更名的原因及背景进行了介绍，指出此次更名是党中央、国务院正是在深刻分析、全面把握我国经济社会发展新的阶段性特征的基础上，从中国特色社会主义事业发展全局出发，做出的加强和创新社会管理的重大战略部署。并介绍了中央社会治安综合治理委员会的职责任务、成员单位、工作机构设置以及工作重点等。这是关于中央社会治安综合治理委员会更名之后，首次正式就此事进行说明。

二、加强和创新社会管理的指导思想与基本任务

1. 加强和创新社会管理的时代背景

（1）加强和创新社会管理是应对我国社会深刻变化的现实需要。从总体上看，我国社会管理领域存在的问题，是我国经济社会发展水平和阶段性特征的集中反映。经过新中国60多年的建设和发展，综合国力显著提升，这为满足人民日益增长的物质文化需要、解决社会管理领域存在的问题打下了物质基础。同时，我国所处的基本国情没有变，发展中不协调、不平衡、不可持续问题依然突出，解决各种社会问题的物质基础比较薄弱，加强和创新社会管理正是在这样的背景下提出来的。

第一，经过改革开放30多年的发展，我国已经形成了全方位、多层次、宽领域的开放格局，社会的开放性、流动性增加，使整个社会充满活力，也使社会管理的难度明显加大。与此同时，社会化信息步伐的加快，虚拟社会的迅速发展，对现实社会产生着重大影响，社会管理和社会问题面临前所未有的新挑战。

第二，我国社会结构发生了重大变化。从所有制结构看，我国已经实现从单一公有制经济到多种所有制经济共同发展的转变。从区域结构来看，区域之间发展不平衡，地区之间经济社会发展差距仍然在拉大。从社会阶层结构来看，工人阶级队伍在扩大，农民成为新型农民，由非公有制经济人士和自由择业的知识分子组成的新的社会阶层日益发展。社会结构的深刻变化，使得整个社会利益关系越来越错综复杂，协调社会关系难度加大。

第三，民生问题日益突出。经过多年的发展，我国实现了从基本温饱到总体小康的跨越。随着生活的改善，人民群众要求共享发展成果的愿望更加强烈，对发展社会公共事业、公共服务、维护公共安全等提出更高要求。由于我国社会保障体系的不完善、不健全，尚未实现城乡统筹，使得一部分人群还没有实现应保尽保，保障标准和服务水平同人民群众的期望存在不小的差距。

第四，社会组织大量增加，社会组织的类型多样化，对社会管理提出新的课题。人们思想观念也发生了深刻变化。人们的法制意识、维权意识、参政意识、民主意识、监督意识明显增强，以实现人的发展和幸福为中心的自信、包容、多元的观念逐步树立，科学、民主、文明、公平、创新等理念日益成为社会主流思想和价值尺度。

（2）加强和创新社会管理是应对我国社会管理新情况和新问题的现实需要。当前，我国社会管理中出现了不少新情况和亟待解决的新问题，有的已经严重影响到社会稳定。特

别是随着市场经济的发展和各项改革的深入，越来越多的“单位人”变成了“社会人”，原来的单位制的社会管理不能适应经济社会发展，并严重制约和影响了经济社会的全面发展。单位制的解体，给社会管理提出了严峻挑战。第一，社会管理出现了空位现象。大量人员逐渐游离于原有单位系统之外，成为所谓体制外人员，脱离了原有的社会管理体制的控制。第二，政府的社会管理职能出现了缺位现象。面对社会成员由“单位人”转变为“社会人”和大量体制外人员的形成，政府不能沿用原有的手段管理社会事务和控制社会成员，对于应由社会管理的事务要逐步回归社会，由社会自我管理。但由于社会组织体系发育不成熟，难以全面承担中介和管理职能，造成部分社会管理职能出现“真空”现象，容易出现社会无序乃至混乱现象，导致社会管理危机。第三，我国的社会管理理念和体制机制落后于经济社会发展的客观需要，社会管理水平相对较低，社会自治功能没有得到充分发育，社会化服务程度亟待提高。

正是在这样的背景下，要充分认识加强和创新社会管理的重要性和紧迫性，要深入研究社会管理规律，创新社会管理方式，完善社会管理体系和政策法规，整合社会资源，拓宽服务领域，形成社会管理和社会服务的合力。

2. 加强和创新社会管理的指导思想

社会管理的核心是对人的服务和管理。在全面建设小康社会，实现经济增长转变，着力推进“十二五”规划，改善和保障民生的社会背景下，明确和坚持科学的社会管理指导思想非常重要。

（1）坚持中国特色社会主义理论。中国特色社会主义社会管理的指导原则是源于马克思主义的社会管理思想。马克思主义在加强社会管理的有关论述中，着重强调了国家本身具有双重职能，即阶级统治职能和社会管理职能。国家的社会管理职能是基本的、经常性的；国家的社会管理会随着社会的发展，在管理国家日常事务中发挥着越来越重要的作用。新中国成立后，由于受前苏联的影响，采取了高度集权的社会管理体制，社会管理的特点是重国家、轻社会，重集体、轻个人。社会管理的指导思想背离了马克思主义的社会管理原则，社会管理缺少活力和社团自治。

邓小平把马克思主义与中国的社会管理实践相结合，提出了具有中国特色的社会主义理论，为中国特色社会主义社会管理体系的形成开辟了道路。邓小平理论中关于社会管理的目标、内容和途径的思想是对马克思主义社会管理思想的发展和丰富。社会管理的任务是以经济建设为中心，通过改革开放，实现社会稳定。在我国进入全面建设小康社会的新阶段，中国共产党根据经济社会发展、社会结构和阶层的新变化，“三个代表”重要思想又进一步丰富和发展了我国社会主义社会管理的指导思想。

（2）贯彻科学发展以人为本的理念。坚持以人为本，是科学发展观的核心和本质要求，也是社会管理必须坚持的指导思想。目前我国正处于社会转型期、社会矛盾凸显期，社会管理的理念、体制、方式还没有完全从计划经济体制转变过来，一些领导干部对提高科学化社会管理水平和构建现代社会管理体系重要意义认识不到位，对常规化、科学化、突发性的社会管理研究不多。在社会管理中没有很好地贯彻落实“在服务中实施管理，在管理中体现服务，把管理寓于服务之中”的理念，对人的尊重、感情、体贴和关怀不够。

科学发展观提出的“以人为本”的执政理念，是真正把最广大人民群众的根本利益作为想问题、办事情、定政策的出发点和落脚点。推进社会管理体制创新，加强社会管理，必须遵循“以人为本”理念，仅仅抓住促进人的全面发展这个灵魂，突出广大人民群众在社会管理中的主体地位。

（3）坚持党的群众观点和群众路线。社会管理主要是对人的服务和管理，说到底是做群众的工作，坚持群众观点。一切社会管理工作都是为群众谋利益的工作，一切社会管理过程都是做群众工作的过程，从这个意义上讲，群众工作是社会管理的基础性、经常性、根本性工作。

3. 加强和创新社会管理的基本任务

社会管理的任务包括协调社会关系、规范社会行为、解决社会问题、化解社会矛盾、促进社会公正、应对社会风险、保持社会稳定七个方面。这七大任务的关系不是并列的，是有内在联系的。应对社会风险、保持社会稳定是前提；促进社会公正是目标和关键；协调社会关系、规范社会行为、解决社会问题、化解社会矛盾是途径。因此，理解和把握社会管理基本任务要注重整体性、结构性和系统性的关系，才能处理好各个任务之间的关系，全面统筹社会管理基本任务的方方面面。

（1）协调社会关系。当前我国的社会关系，从总体上看，是协调的、和谐的，但由于地区、城乡、行业等发展的不均衡性导致社会矛盾增多、社会关系紧张，凸显协调社会关系的艰巨性。协调社会关系，一是要正确把握当前中国社会关系的新特点，分析和判断人民内部矛盾的走向；二是要及时调整社会政策，高度重视协调社会关系。

协调社会关系，关键是协调好阶级阶层利益关系、城乡的利益关系、区域的利益关系、行业利益关系、劳资利益关系、干群利益关系等。协调社会利益关系，重在加强和完善社会制度，用制度把不同阶层、不同区域、不同行业的利益和谐因素最大化地凝聚起来，化解社会矛盾，最大化地增加社会和谐因素。

（2）规范社会行为。社会行为是指人们为了生存和发展的多种需要，在社会生活中与他人和社会构成的一切行为。规范社会行为的目的就是确立社会成员在社会生活中应遵循的基本准则，用其调节社会利益关系，维护社会秩序和稳定。规范的社会行为对全体社会成员具有引导、约束作用，是社会和谐的重要组成部分，是社会价值观的具体体现。

当前，我国社会管理中规范社会行为面临的任务，一是健全社会规范体系，二是加快公民个人基本信息制度、个人信用管理制度等社会基础制度的建设，三是抓规范社会行为教育。

（3）解决社会问题。社会问题是一个国家或地区在社会建设中妨碍社会协调发展、影响社会成员健康心态、导致社会结构失衡的一种现象，解决社会问题，就是要适时加大社会改革，创新社会管理，大力推进社会建设，抓住人民最关心、反映最强烈的社会问题，以改善与保障民生为主要任务，构建新的就业、分配和社会保障的社会主义社会管理和社会建设。

当代中国社会问题错综复杂，解决社会问题要抓住主要的、关键的、全局的问题。目前，中国社会存在的主要问题有就业问题、分配问题、社会保障问题、群体性事件问题等。在所有的社会问题中，对社会发展、和谐问题威胁最大的问题是腐败问题。解决中国社会问题是一项长期而艰巨的任务，而解决中国的一切问题的关键在于发展，只有实现科学发展、全面协调和可持续发展，才能解决中国目前存在的主要问题。

（4）化解社会矛盾。化解社会矛盾是解决社会问题的主要途径，是加强社会管理的重要任务。化解社会矛盾，就要准确分析和研究当前中国社会矛盾的特点和规律，把握好处理社会矛盾的基本原则，创新化解社会矛盾的机制和举措。

化解社会矛盾，首先要重视、尊重人民利益诉求和生命尊严，确立以人民利益为本位，服务人民的管理理念；其次是把预防和化解社会矛盾迁移，建立和完善民意利益表达机制；最后是完善社会矛盾合理化解机制。

（5）促进社会公正。社会公正是在社会发展的一定时期，社会成员对获得的社会机会和社会规则是否得当的一种价值评判，其实质是社会的各种权利和义务在社会成员之间合理分配的状态。从某种意义上讲，社会公正既体现为一种价值理念，也体现为一种制度设计安排。社会公正是和谐社会的基石，促进社会公正是政府的主要职能，是社会管理的核心任务。社会主义的目标是让每一位社会成员享有社会发展的机会和空间，从而构建一个公正的社会管理体系，建设一个共同富裕的社会。

当前社会公正问题已经成为一个为各个阶层所普遍关注的社会焦点，成为一个影响中国社会经济发展全局的大问题，直接影响社会公正的问题是权力腐败和社会结构失衡问题。社会管理的主要任务就是促进社会公正，为此，要依法建立以权利公平、机会公平、规则公平、分配公平为主要内容的社会公平保障体系；要高度重视收入分配问题；要进一步完善社会保障体系。

（6）应对社会风险。社会风险是一个国家发展工业化面临社会矛盾和社会安全呈现的多种凸显因素。任何一个社会发展到特定阶段，必然要面临一个社会风险期，这是一个规律。我国经济社会发展已进入了社会风险高发期、危险期。

应对社会风险，关键要有社会危机意识、建立应对社会危机的科学体系和防范机制，以防范风险为出发点，用长远的、全局的眼光积极调整社会政策、发挥各方面的作用，有效化解人口、资源、环境以及效率、公平等方面易引发风险的因素。面对突发的社会危机和风险，要抓好应对社会危机和风险的源头治理和动态协调，构建应对社会风险的管理机制。一要完善应对社会风险的管理领导体制；二是健全完善突发事件预警监测机制、信息报告和信息共享机制、风险评估和事故调查机制、应急处置救援机制、社会动员和参与机制，以及信息发布和舆情引导机制、国际合作机制、恢复重建机制；三是要加强应对社会风险的法律和预案体系建设；四是加强全民应对社会风险的能力建设。

(7) 保持社会稳定。社会稳定是一定社会的政治系统保持动态的有序性和连续性。保持社会稳定，是直接关系到共产党的执政地位、关系到社会主义的命运、关系到国家长治久安的问题。没有社会稳定，什么事情也办不成，已有的成果也会丢失。

保持社会稳定，首先要树立正确的动态的稳定观。社会稳定不意味着社会没有矛盾和对抗，没有社会问题。稳定是相对的，不稳定是绝对的。其次要处理改革、发展和稳定的关系，坚持改革力度、发展速度和社会可承受度的统一，确保社会安定团结、和谐稳定。

三、社会管理综合治理模式

社会管理格局是国家就各种社会管理主体在社会建设和管理中的地位作用、相互关系及运作方式而作出的富有约束力的制度安排。加强社会管理，创新社会管理体制，是构建社会主义和谐社会的必然要求，是社会建设的重要内容和制度保障。党的十七大报告明确指出："健全党委领导、政府负责、社会协同、公众参与的社会管理格局，健全基层社会管理体制。最大限度地激发社会创造力，最大限度增加社会和谐因素，最大限度减少不和谐的因素。"随着我国改革的向前推进，出现了社会转型的加快需要建立相应的社会管理新格局，现有社会管理机制不能满足社会需求，社会组织发育不完善难以满足一些特殊群体的服务需求，社区建设的程度与构建和谐社会的要求还有很大的差异的情况。因此，加强和创新社会管理势在必行。

现代社会的管理模式主要有政府主导型模式、市场管理模式和社会自治管理模式。不同历史时期的社会管理体制是不同的。加强和创新社会管理，是我国新时期社会转型的新要求，是当前我国社会管理领域的一场改革，这需要正确处理发挥传统优势与创新发展的关系。改革开放以来，根据国内外形势的发展变化，我国不断加强和改进社会管理，初步形成了党委领导、政府负责、社会协同、公众参与的社会管理格局，也就是政府主导加社会自治的管理模式，从总体上看，我国的社会管理格局与我国国情和社会主义制度是适应的。

1. 党委领导

社会管理中管理是服务的手段，服务是管理的最高境界。“为人民服务”是党的根本宗旨，是党员领导干部一切行动的出发点和归宿。党的群众路线要求我们，贯彻执行全心全意为人民服务的根本宗旨，应该从人民群众最关心、最直接、最现实的利益问题入手，真心实意为群众谋利益，扎扎实实为群众办实事、办好事。加强和创新社会管理，是继续抓住和用好我国发展重要战略机遇期、推进党和国家事业的必然要求；是提高党的执政能力和巩固党的执政地位的必然要求，对实现全面建设小康社会宏伟目标、实现党和国家长治久安具有重大战略意义。

各级党委要把社会建设工作摆在更加突出位置，经常分析社会建设形势，科学制定社会服务管理政策，支持政府履行公共服务和社会管理职能，引导社会各方积极参与社会建设，充分发挥基层党组织和党员服务群众、凝聚人心的作用，全面加强和改进新形势下群众工作，调动一切积极力量参与社会服务管理。进一步发挥社会建设工作领导小组统筹协调作用，全面推进各项工作开展。

2. 政府负责

政府的职能主要是经济调节、市场监管、社会管理和公共服务。经过多年的改革，计划经济体制下对社会事务管的过多、过死的状况已有较大改变，但仍然存在“越位、错位、缺位”的问题。政府负责，就是要进一步深化行政管理体制改革，形成行为规范、运转协调、公正透明、廉洁高效的行政管理体制，就是要加快政府职能转变，继续推进政企分开、政资分开、政事分开、政府与中介组织分开，进一步规范政府的权力，把社会管理和公共服务的职能放在更加重要的位置，建设服务型政府。建设服务型政府，首先，要转变观念。树立以人为本、为人民服务的理念是建设服务型政府的前提条件，要有经济主体型和投资型政府向公共服务型政府转变。其次，谈管理就是要做好服务。社会管理说到底就是对人的管理和服务，要正确处理管理和服务的关系，切切实实关心群众生活，满足老百姓的合理需要，老百姓对我们的工作满意，就实现了社会管理目标。最后，要科学定位政府的公共服务职能，建立健全公共财政体制，加大政府对公共服务的投入。

政府负责，就是要各级政府按照转变职能、理顺关系、优化结构、提高效能、依法行政的要求，健全职责体系，完善工作职能，加快推进法治政府和服务型政府建设，依法加强社会管理，有效提供基本公共服务。坚持科学决策、民主决策，完善政策法规，依法高效履行职责。充分发挥政府的主导作用，动员组织社会力量有序参与社会服务管理。充分发挥各职能部门作用，形成各负其责又相互配合的工作机制，确保工作运转协调、运行高效。

3. 社会协同

现代社会，各类社会组织在社会管理中具有不可替代的作用。随着我国社会转型的加快，社会分化和利益主体多元化的格局已经出现，单一的行政管理模式已经不能适应社会发展的需要。政府顺势适应社会发展，由“全能政府”向“有限政府”转变的同时，要整合社会管理资源，提高社会自治水平。因此，要大力培育发展包括社团、行业组织和社会中介组织、志愿者团体等在内的各类社会组织，充分发挥他们提供服务、反映诉求、规范行为的作用，促进社会组织参与社会管理。2007 年党的十七大首次将社会组织作为“发展基层民主，保障人民享有更多更切实的民主权利”的重要内容，提出“发挥社会组织在扩大群众参与、反映诉求方面的积极作用，增强社会自治功能”。

健康的社会组织是社会达到善治的社会基础，是公民诉求表达和释放社会压力的媒介和载体，是维护社会和谐稳定的基础。

4. 公众参与

政府成为社会管理的主体，行使公共职能和公共权力，提供公共事务管理和公共产品，政府的公共权力来自于人民。《宪法》规定，人民通过各种途径和形式，管理国家事务，管理经济和文化事业，管理社会事务。因此，完善公众参与机制，是提高社会管理科学化水平的需要，坚持科学民主决策，必须问计于民，采取有效措施让社会公众参与社会政策的讨论，保证民意能够进入到社会公共政策的制定中去。完善公众参与机制，需要坚持贯彻党的群众路线，坚持人民主体地位，发挥人民的首创精神，紧紧依靠人民群众开创新形势下社会管理新局面。坚持思想上尊重群众、工作上依靠群众、感情上贴近群众，把群众满意不满意作为加强和创新社会管理的出发点和落脚点。

四、当前社会管理综合治理的主要内容

1. 加强和完善党和政府主导的维护群众权益机制

胡锦涛总书记在 2011 年 2 月 19 日的省部级主要领导干部社会管理及其创新专题研讨班开班式上的讲话指出：进一步加强和完善党和政府主导的维护群众权益机制，形成科学有效的利益协调机制、诉求表达机制、矛盾调处机制、权益保障机制，统筹协调各方面利益关系，加强社会矛盾源头治理，妥善处理人民内部矛盾，坚决纠正损害群众利益的不正之风，切实维护群众合法权益。这进一步深化了党的十七大关于“妥善处理人民内部矛盾，完善信访制度，健全党和政府主导的维护群众权益机制”的认识。

一是要建立健全长效的信访工作机制。信访，是指公民、法人或者其他组织采用书信、电子邮件、传真、电话、走访等形式，向各级人民政府、县级以上人民政府工作部门反映情况，提出建议、意见或者投诉请求，依法由有关行政机关处理的活动。信访工作是

构建社会主义和谐社会的基础性工作，是社会建设的重要方面。各级党委和政府要抓好基层基础工作，完善信访工作机制，积极引导群众以理性合法的方式提出诉求，做到文明有序信访，同时进一步规范信访工作行为，确保信访事项的办理程序、质量和对办理结果负责，减少矛盾和冲突。如县级以上人民政府信访工作机构收到信访事项，应当予以登记，并区分情况，在 15 日内分别按规定程序予以处理。二是充分发挥政府部门和群团组织在畅通民意表达方面的作用。三是要建立维护保障群众利益引导、约束、调节和补偿机制。四是要加强矛盾纠纷调处机制建设。

2. 加强和完善流动人口和特殊人群管理和服务

流动人口是在城镇化过程中形成的一个庞大而独特的经济社会群体。据 2011 年 4 月公布的第六次全国人口普查主要数据，目前我国不包括市辖区内人户分离的流动人口约为 221 426 652 人，占世界流动人口总量的 1/4。流动人口特别是进城务工的农民工，一方面为城市建设和社会经济发展发展作出了巨大贡献，另一方面又存在收入水平偏低，未能充分享受城市公共服务，尤其在劳动就业、子女教育、社会保障、居住条件、社会融合等方面普遍面临着各种各样的问题，急需国家和社会的全面关注和进一步的支持与帮助。基于上述认识，中央提出："进一步加强和完善流动人口和特殊人群管理和服务，建立健全实有人口动态管理机制。"建立健全实有人口动态管理机制，提高实有人口管理和服务水平，已经成为当前和今后相当长一段时间内党和国家积极推进社会管理体制改革和创新的重要举措。一是建立健全实有人口动态管理机制。实有人口是 1997 年公安部的"苏州会议"提出的一个新概念，它是相对于以往的"户籍人口"而言的。一般来讲，实有人口包括常住人口、暂住人口、寄住人口（人户分离人员）、户口待定人口、境外居留人口等。二是提高对实有人口的管理服务水平。首先，推动户籍制度改革，逐步实现流动人口的市民化待遇；其次，不断完善针对流动人口的就业服务管制，为他们融入城市奠定基础；再次，加强就业保障的各种制度建设。三是逐步实现对流动人口公共服务的均等化。

在社会管理中，特殊人群是指因为某些主观或客观的原因，需要社会给予特别加以关注和关爱的人群，具体包括刑释解教人员、社区服刑人员、吸毒人员、社区闲散青少年、有严重不良行为的未成年人、孤残流浪儿童、精神病人等。对于特殊人群，要转变思维，改变传统的防控型管理思维，逐步向服务性管理思维转变，将特殊人群管理工作由登记、造册、存档等静态的与被动的模式，向跟踪、监督、服务等动态的主动的模式转变，促进管理水平的提高。

3. 加强和完善基层社会管理和服务体系

加强和完善基层社会管理和服务体系是建设中国特色社会主义社会管理体系的基础和重要环节，事关构建社会主义和谐社会和全面建设小康社会事业全局，关系到党的执政地位巩固和政权建设，必须切实加强和完善基层社会管理服务体系，筑牢党执政的社会基础。根据我国目前的实际情况，加强和完善基层社会管理和服务体系必须抓好社区和村两个基层体系的管理和服务体系建设工作。

加强和完善基层社会管理和服务是一个综合工程，必须全面规划、整体推进，着重做好以下几个方面工作。一是加强和改进基层党组织工作方式方法，切实做好基层党组织推动发展、服务群众、凝聚人心、促进和谐的作用。二是准确定位政府与基层群众自治组织的相互关系，建设政府指导与基层群众自治相结合的基层社会管理与服务体系。三是加强和完善基层社会组织运行的法规制度，使基层群众自治制度走向法制化、规范化和程序化。1998 年颁布实施并于 2010 年 10 月 28 日修订的《中华人民共和国村民组织法》对村民委员会的性质、权限、活动办法以及与政府的关系等进行了明确的规定，规范了村民委员会自治行为。四是加大对基层社会和乡村建设的资金投入力度，加强和完善基础设施建设。五是高度重视基层群众组织和社区组织等民间组织的培育和发展。六是强化城乡社区队伍建设，造就一支专业化、职业化、规范化的社区工作者队伍。

4. 加强和完善公共安全体系

国家“十二五”规划纲要提出，今后五年，我国要适应公共安全形势变化的新特点，推动建立主动防控与应急处置相结合、传统与现代手段相结合的公共安全体系，规划针对公共安全体系的四个构成部分（保障食品药品安全、严格安全生产管理、健全突发事件应急体系、完善社会治安防控体系）。

食品和药品安全与每个人的身体健康和生命安全息息相关。近年来，我国食品药品案件事件频发，给群众的生命安全、心理健康甚至社会安定造成了不可低估的负面影响。健全食品药品安全监管机制要做好以下几个方面工作，一是健全法律法规体系，确保监管有法可依；二是完善安全责任体系，落实责任追究机制；三是建立联动执法机制，整合有限监管资源；四是建立公众参与机制，发挥社会协同作用；五是构建风险监管机制，提高应急管理能力。

健全安全生产监管体制，维护群众生命财产安全。近年来，我国安全生产事故频发，安全生产事故死亡率远远高于西方发达国家。为了应对严峻的安全生产形势，安全生产监管部门应当做好以下几个方面工作。一是完善安全生产法律法规，依法推进安全生产；二是健全安全监管体制机制，强化监察执法效果；三是动员社会力量参与监管，提高群防群治能力；四是发展安全生产科学技术，提高安全科技水平；五是完善事故应急救援体系，提高事故处置能力；六是健全安全宣传培训体系，提高人员安全素质。

完善社会治安防控体系，加强社会治安综合治理。当前，我国各种社会矛盾凸显，社会治安事件频发。为应对严峻复杂的治安形势，社会治安管理部门应当加快社会管理创新，完善社会治安防控体系，加强社会治安综合治理，为经济社会发展提供良好的治安环境。完善社会治安防控体系，要在各级党委、政府的领导下，由社会治安综合治理组织统一协调，以公安机关为骨干，以群防群治力量为依托，以社会面、居民区和单位内部的防范工作为基础，以案件多发人群、区域、行业、时段为重点，在直辖市、地级市城区或以县（市）为单位，建立完善人防、物防、技防结合、专群结合的社会治安防控体系，增强全社会预防和控制犯罪的能力。

建立健全应急管理体系，提高政府危机管理能力。我国目前处在突发公共事件的高发期，未来一段时期，我国还面临突发公共事件所带来的严峻考验。《中华人民共和国突发事件应对法》于 2007 年 8 月 30 日正式颁布，这是国家首次以“法”的形式对“突发事件应对”作了规定。按照“统一领导、综合协调、分类管理、分级负责、属地管理为主”的原则，我国已初步建立了应急管理体制，但仍然存在法律法规不健全，应急管理机制不完善等问题。健全应急管理体系从法律法规、组织体系、队伍建设、教育培训体系和国际合作制度等方面进行完善。

5. 加强和完善社会组织管理

社会组织有广义和狭义之分，广义的社会组织泛指存在于一个社会的所有组织。狭义的社会组织，专指与政府、企业相对应和区别的其他各类社会组织，通常包括社团组织、行业协会组织、社会中介组织，一般统称为“民间组织”。按照联合国教科文组织的分类标准，我国的社团可分为经济类组织、基金会等公益组织、学术性的社会组织、社会服务型组织和综合性社会组织五类。由于我国目前处在社会结构和社会制度的双重转型时期，社会群体和个体从原来高度整合的国家计划体制下分化出来，这就需要有新的社会整合形式来对社会成员和社会群体进行有效的整合，以理性、合法的方式，满足他们经济、政治、文化和社会生活等多方面需求。那么，社会组织正由社会历史发展的后台走向社会历史发展的前台，并以非营利性、民间性、公益性、自愿性与组织性为特征，在社会管理和服务社会中发挥着重要作用。健康的社会组织是社会达到善治的社会基础，是公民表达诉求和释放社会压力的媒介和载体，是维护社会和谐稳定的基础。国家“十二五”规划中强调：对于社会组织要坚持培育发展和管理监督并重，推动社会组织健康有序发展，发挥其提供服务、反映诉求、规范行为的作用。

6. 加强和完善信息网络管理，提高对虚拟社会的管理水平

网络是推动社会发展和进步的重要力量，改变着人们的生产方式、交流方式和思维方式，网络已经影响着政治、经济、文化、社会生活的方方面面。网络平台正日益成为各级党委和政府了解民意、听取民声、集聚民智的通畅渠道，成为网民实现自己的知情权、表达权、参与权、监督权的有效载体。各级党委、政府应充分利用网络这一方便、快捷、直接、有效、互动的沟通方式，发挥群众参与社会管理的基础作用。网络是把“双刃剑”，在带来便利的同时，各种负面问题也随之出现。因此，加强对网络的管理已成为世界各国维护信息安全、维护国家稳定、保障经济安全等所不能忽视的重要环节。

对于互联网等新媒体的管理，应在深化对其特点和规律认识的基础上，进一步加强改进管理方式、方法和手段，坚持发展和管理并重、集中整治和规范管理并重。一是建立健全由政府主导的管理模式，整合各类社会资源。虚拟社会管理工作是一项系统工程，各级政府有关部门要增强政治意识、大局意识、责任意识，切实加强对互联网管理工作的组织和思想领导。在互联网上，重要的不仅是什么信息正在传递，还有围绕某条信息什么社会力量正在聚集，它给整个社会带来的影响是社会结构的扁平化、信息传递的同质化，以及网络虚拟空间中的社会交往行为转变为现实组织行动的快捷与便利。政府要在加强舆论引导、信息基础设施建设等方面发挥政府职能，提高互联网管理水平。二是充分发挥技术手段，为虚拟社会的规范管理提供技术保障。三是健全完善虚拟社会管理的法律法规体系，构筑网络安全的法制基础。四是发挥社会的作用，建立健全网络管理的监督机制。五是加强互联网等新媒体行业和公民的自律。互联网本身没有错，它是中性的，问题出在互联网背后的人。对待网络应与对待现实一样，设身处地，讲求自律，尊重他人，平等待人。同时也应承担相应的责任，为自己的言论负责，为由此造成的后果负责。

五、社会管理综合治理的理念创新与组织建设

1. 理念创新

（1）更新法制观念，确立法治意识。在我国建设中国特色社会主义市场经济过程中，要维护社会的安全稳定，就要实行法治，就要确立法治意识：一是确立法律至上观念；二是确立法律统一观念；三是确立法律独立观念；四是确立程序公正观念。

（2）摒弃权力思维，确立权利意识。在我国建设中国特色社会主义市场经济进程中，我们向完全的市场经济转轨，在市场经济条件下，政府的主要任务是做好指导、协调和服务，这就要求我们必须转变观念，摒弃权力思维，确立权利意识。社会管理的主导思维方式应当是权利思维。但由于我国传统社会是一个历史悠久的一元化社会，而一元化社会本质上就是政治社会，因此权力思维一直是我国社会管理综合治理工作的主导思维方式。在社会治安综合治理实践中，我们摒弃权力思维、确立权利意识，应做到以下几点，一是在权力与权利的关系上，树立这样的观念：对公权力，法无明文规定，不得行之；对私权利，法无明文禁止，不得惩之。法无明文规定的义务，不得要求企业和个人履行。二是变“重政策、轻法律”为“重法律、轻政策”，只有不违反法律规定的政策才应得到重视，尽可能把政策上升为法律。三是在综合治理实践中树立人权观念，重视人权保护。既要维护

社会稳定，更要保障个人合法权益。四是摒弃“严打”观念，确立“打防结合，预防为主”的观念。

（3）树立以人为本、服务为先的观念。胡锦涛总书记在省部级主要领导干部社会管理及其创新专题研讨班的讲话中强调，社会管理，说到底是对人的管理和服务，涉及广大人民群众的切身利益，必须始终坚持以人为本、执政为民，切实贯彻党的全心全意为人民服务的根本宗旨，不断实现好、维护好、发展好最广大人民根本利益。将以人为本、服务为先作为社会管理的基本理念，集中体现了中国共产党全心全意为人民服务的根本宗旨和立党为公、执政为民的根本要求。以人为本要落实到实处，就必须贴近群众，把改善民生作为社会建设的重点，加快发展各项社会事业，着力解决群众反映强烈的问题，使发展成果惠及全体人民。以人为本，改善社会管理，必须切实增强服务意识，转变政府职能。政府转变职能是指必须从越位、错位、缺位回归原位。政府要坚持有所为有所不为，正确处理政府和市场关系。

2. 组织建设

中央社会管理综合治理委员会是党中央、国务院的协调机构，负责协调、指导各地区、各部门贯彻落实党中央、国务院关于加强和创新社会管理的决策部署，重点协调、推动涉及多个部门的社会管理重要事项的解决；对各地区、各部门开展社会管理工作情况进行督导检查；总结推广各地区、各部门在社会管理工作中的成功经验和做法；加强对社会管理有关重大问题的研究，提出加强和创新社会管理的重大政策措施建议；协调、指导社会管理法律制度建设；办理党中央、国务院交办的其他事项。中央社会管理综合治理委员会在原中央社会治安综合治理委员会40个成员单位的基础上，增加11个部门为成员单位，下设办公室和若干专项组。

社会治安综合治理委员会成员单位有中央纪律检查委员会、中央办公厅、中央组织部、中央宣传部、中央政法委员会、中央对外宣传办公室、中央机构编制委员会办公室、中央维护稳定工作办公室、中华全国总工会、共青团中央、全国妇联、全国人大常委会办公厅、全国人大常委会法制工作委员会、全国政协办公厅、最高人民法院、最高人民检察院、国务院办公厅、外交部、国家发展和改革委员会、教育部、工业和信息化部、公安部、国家安全部、监察部、民政部、司法部、财政部、人力资源和社会保障部、住房和城乡建设部、交通运输部、铁道部、文化部、卫生部、国家人口和计划生育委员会、中国人民银行、国务院国有资产监督管理委员会、海关总署、国家工商总局、国家质量监督检验检疫总局、国家广播电影电视总局、新闻出版总署、国家安全生产监督管理总局、国家旅游局、国务院法制办公室、中国保险监督管理委员会、国务院食品安全委员会办公室、解放军总参谋部、解放军总政治部、中国人民武装警察部队总部等51家单位。

各地从省、自治区、直辖市到地市、县区，都要建立健全社会管理综合治理领导机构，以党委一名领导同志为首，政府一名副职协助，各有关部门负责同志参加。县以上各级社会管理综合治理的办事机构要进一步充实加强，并同政法委员会合署办公。乡镇、街道也要设立相应的社会管理综合治理领导机构，健全办事机构或配备专人负责。

建立综合治理责任制。从党委和政府到各部门职能机构，再到基层组织及责任人，都应明确在社会综合治理方面的责任，贯彻落实“谁主管、谁负责”的原则。“谁主管、谁负责”的原则要求中央和地方党政等各部门和各人民团体依据社会治安综合治理的任务、要求和工作范围，结合自身业务，充分发挥职能作用，承担起减少违法犯罪、维护治安和社会稳定的整体责任。同时要求各部门、各单位“管好自己的人，看好自己的门，办好自己的事”，自主地解决好自己的问题，避免对社会治安产生消极因素。

实行综合治理一票否决制。这是把社会管理责任制同经济责任制、领导任期责任制结合起来，同责任人的政治荣誉、政绩考核、职能提升和经济利益挂钩，同评选文明单位、企业晋级挂钩。各地区、各部门在推行目标管理、完善治安责任制、经常进行考核的基础上，由以上社会管理综合治理领导机构实行一票否决制。

第 2 节　维护单位内部的稳定

一、社会稳定和单位内部稳定

稳定既是社会生活正常进行的根本前提，也是一个单位正常经营、生产、教学和科研的必要条件。切实维护稳定，是党和政府赋予保卫工作者一项长期的、艰巨的任务。负责保卫工作的人员，应把确保稳定放在首位，要协助政府有关部门，做好维护稳定的各项工作，努力提高预防、发现和消除各种不安定因素的能力。

1. 社会稳定的含义

社会稳定是社会生活的有序性和可控性状态。所谓社会生活的有序性，是指人们社会活动的组织性和社会关系的协调性；就是说，人们的各种社会活动或社会行为都按照一定的社会规范并得到了有效的组织，人们之间的社会关系在一定的社会规范的指导下显得协调、和谐。而所谓社会生活的可控性，则是指现行的社会规范能够有效地组织人们的社会活动，协调人们之间的社会关系，即使人们的社会活动中出现了一些超越现行社会规范的行为，人们之间的社会关系上出现了一些不协调、不和谐的情况，也总是能够被有效地限制在一定范围之内，不会对社会生活产生毁灭性的影响。社会生活的这种有序性和可控性，是任何社会生活得以正常进行的必要前提。

2. 社会稳定的基本特征

（1）社会稳定具有相对性。社会稳定并不是社会生活的自然状态，而是人们自觉调控的结果。唯物辩证法认为，运动是绝对的，静止是相对的。作为社会生活静止状态的表现，社会稳定只能是相对的，从来没有、也不可能有绝对的稳定。发生影响稳定的问题是不可避免的，因而也是正常的。只有正视问题并及时妥善解决问题，才能以较小代价维护社会大局的总体稳定。否则，必将付出更大的代价。所以，虽有某些不稳定因素，但当人们的社会活动基本上是在现行法律和政策规定的范围内有组织、有秩序地进行，人们之间的政治、经济和思想文化等方面的社会关系基本上是和谐、协调的，社会生活没有出现大的动荡，绝大多数的社会成员都能安居乐业，这个社会仍然是稳定的。

（2）社会稳定是一种动态平衡。社会总在不断地发展、变化，能够根据社会生活的新变化而及时地完善有关的社会规范，合理地调控人们的社会活动和社会关系，有效地消除各种各样的不稳定因素，这个社会才能真正实现稳定。在历史发展的加速度趋势越来越明显、经济社会生活日新月异的今天，更需以发展、变化和动态平衡的观点来理解稳定、维护稳定，坚决抛弃通过毕其功于一役实现社会稳定的想法和做法。动态稳定观要求我们一方面通过改革发展促进稳定，另一方面及时适应经济社会和人本身的发展变化，以强烈的改革精神和发展意识来改进维护稳定工作，通过迅速、灵活的自我调整，努力促进新的社会平衡的形成并加以维持和巩固，使社会稳定本身在动态中自我发展。

（3）社会稳定具有形式上的多样性。按照性质的不同，可以把各种形式的社会稳定分为常态的社会稳定和超常态的社会稳定。常态的社会稳定，是在顺应社会系统的开放性质，亦即保持特定社会系统及其与环境之间正常的物质、能量和信息交换的前提下而达到的社会生活的有序性和可控性状态。因此，常态的社会稳定必是整个社会生活开放、活跃和充满生机的状态。超常态的社会稳定，有时也称“超稳定”，这种稳定是通过人为地阻隔特定社会系统与环境之间物质、能量和信息交换来实现的。由于缺乏对外部社会环境的开放性，这种超常态稳定的社会系统所包含的宏观过程必然极其有限，其整个社会生活会越来越趋于僵化。可见，超常态的社会稳定实际上是社会生活的封闭和停滞状态。按照实现途径的不同，社会稳定又可以分为政策性稳定和结构性稳定。政策性稳定是依靠不断制定和实施新的政策来应付经常变动着的社会生活而达到的社会稳定。这种形式的社会稳定只是一种“急则治标”的结果，它往往难以长久地保持下去。结构性稳定则是依靠完善有关的社会结构（包括社会的政治结构、经济结构和文化结构），以从根本上化解各种社会矛盾和冲突即通过“求因治本”而达到的社会稳定，它的实现意味着人们的社会生活达到了高度制度化水平。显然，虽然政策性稳定在某些情况下也是必要的，但要保持社会的长治久安，关键还在于实现结构性稳定。

3. 改革、发展与社会动态平衡

从根本上看，改革与社会稳定是完全一致的，它既以社会稳定为必要前提，又是实现社会稳定的基本途径。改革不仅能够根除现实社会生活中的隐患，把各种潜在的不稳定因素消灭于未萌状态；同时，还能化解或缓和已经出现的各种社会矛盾，使其不至于进一步激化而危及社会稳定。更为重要的是，改革还是社会发展的强大动力。通过制度的完善或体制的转换，在促进社会发展的同时，改革还能为社会生活带来一种结构性稳定，使社会形成一种自修复的稳定机制。但改革本身引起的和改革过程中出现的不稳定，使改革与社会稳定的关系成为一个世界性难题。这种不稳定，可视为社会为实现自身的长远稳定所付出的代价。但这种代价，应有一个合理的限度，即必须以不危害社会整体的和长远的稳定为前提。要做到这一点，关键是要始终牢固地树立"稳定压倒一切"的意识，努力避免改革的失误，并在改革已经出现失误的情况下及时地纠正这种失误。也只有这样，才能为改革营造一种良好的社会环境，稳步地把改革推向前进，并通过改革促进社会的进步与稳定。

发展是事物前进的变化或上升的运动。社会发展就是以经济增长为基础、动力和核心内容的社会生活的全面进步。但发展过程中也会使社会失稳，原因除发展战略失当以外，还有社会生活各个领域和各个方面发展的不同步问题。这种不同步性表现在三个方面：第一，经济发展与政治、思想、法律、文化等建设不同步。在现代化发展过程中，随着经济的高速增长，传统的政治制度、政治结构和文化价值系统会迅速瓦解，而新的政治制度、政治结构和文化价值系统却难于在短期内形成。这样一来，就会使社会生活中出现一系列的"真空"现象，如权威真空、制度真空、价值真空等，它们不仅会使现代经济增长所特别需要的强有力的政府、完善的科层制度和高度的文化价值认同等保障条件得不到满足，而且还会造成严重的社会整合危机，甚至会引起社会与政治的分裂。第二，地区发展的不同步。这种不同步不但造成城乡之间、发达地区与落后地区之间的差距扩大，还可能使它们之间的关系恶化，引起各种复杂的社会矛盾和社会问题，甚至会导致民族尖锐对立和国家分裂的局面。第三，社会成员的需求发展不同步。在这样一种由各个地区发展的不同步性造成的多元结构的社会中，社会成员往往会产生多样化的有时是相互冲突的社会需求，如知识分子和青年学生要求自由和民主，工人和城镇居民要求提高生活水平和实现社会公正，农民关注和要求温饱。

发展以社会稳定为其必要前提与发展过程中又往往会出现一定程度的不稳定构成了一对尖锐的矛盾，这同样也是当代各个发展中国家所面临的一个难题。不过，发展过程中出现的不稳定并不是发展本身引起的。就其本性和可能来说，发展只会推动社会走向更高程度的稳定。正如邓小平所说："稳定和协调也是相对的，不是绝对的。发展才是硬道理。"因此，面对上述发展与社会稳定的难题，唯一的出路就是选择明智的发展战略并采取切实有效的发展措施，在牢固保持社会稳定的前提下高速地推进社会的发展，努力求得社会稳定与社会发展的高度统一。

综上所述，在稳定、改革、发展这三者中，稳定是改革和发展的大前提；改革是社会发展的强大动力，也是消除各种不稳定因素，使社会走向稳定的最基本途径；发展是改革的最终目的，只有它才能真正导向长远的社会稳定。

4. 社会稳定与单位内部稳定的关系

由于社会系统包含了经济、政治、文化以及社会生活等诸多要素和诸多方面，它们之间以一定的方式相互依存、耦合互动。所以，如果其中有任何一个要素或方面无序扰动，产生"越轨"行为，就会"牵一发而动全身"，影响系统整体的稳定。同样，社会面上的稳定与单位内部的稳定，也是互为因果的。

社会治安秩序的稳定和安定团结，离不开内部单位的稳定和安定。我们国家的各项改革事业正处在关键阶段，社会主义市场经济体制的建立和完善需要有一个过程。随着各项改革措施的出台，必然在相当广泛的方面触及到社会各方的利益。在一些企事业单位，特别是在一些经济效益不好的企业，由于改革引起部分职工的经济利益受损，因而出现了职工上访、请愿、冲击党政机关、罢工、怠工等不安定事端。国内外和境内外的敌对势力和敌对分子，利用我国改革过程中出现的矛盾和暂时困难，乘机加强联系、频繁活动，在内部单位进行反动宣传、策反、渗透等破坏活动，妄图煽动职工闹事，制造混乱。这不仅影响内部的稳定，而且影响社会的安定和国家的政治稳定。另一方面，单位内部和社会上的违法犯罪分子相互勾结，大肆进行违法犯罪活动。盗窃生产原材料、破坏生产、杀人抢劫、经济诈骗、流氓滋扰等现象在内部单位仍很严重。因自然灾害或治安事故善后处置不当，会引发职工情绪波动甚至发生过火行动，影响单位稳定，有时波及社会。这些现象在一定的历史时期内不可能完全消失。保卫工作者不仅要预防和配合公安机关打击各种犯罪活动，掌握各种情报信息，而且还要协助有关部门正确处理各种矛盾纠纷，协调内部各职能部门的关系，以便团结职工群众，同心同德地参与和支持改革事业，为国家的稳定和发展作出贡献。历史和现实都证明，在维护国家的政治稳定和社会安定中，保卫工作一直发挥着重要作用。

二、影响稳定的因素

影响稳定的因素即不安定因素，是指一些在一定条件和环境下可能会聚积、扩大、激化甚至引发动乱的社会问题或社会矛盾。从总体上说，不安定因素源于社会问题。社会问题是指社会关系或环境失调，致使社会部分成员的正常生活，甚至社会进步发生障碍，从而成为影响社会稳定的隐患。虽然不安定因素在单位内部和社会面上的存在方式、表现形式不尽相同，但通过人际交流和现代信息传播，可以互相影响。所以，保卫人员维护稳定的工作不仅需要立足于本职所在的单位、行业，而且还需要关注整个社会。

1. 宏观方面的因素

从形式上看，直接引起社会冲突（如群体性事件）的不安定因素往往是一些具体的社会矛盾，在这里我们把它称为微观面上的因素，而把引发社会冲突的深层次原因称为宏观面上的因素。

当前，我国经济社会发展进入一个新的阶段，出现了一些新的、复杂的阶段性特征和社会问题，比较突出的是：

（1）社会分配不公、收入差距拉大。收入分配问题已经成为影响我国人民社会态度和行为的深层次因素。收入差距过大成为公众高度不满的社会问题，特别是权钱交易、贪污腐败、各种非法致富行为对收入分配的影响，激起人们强烈的社会不公平感，当承受力达到极限、理智失控时，有些人便会选择极端的方式来发泄心中的不满，实现心理的自我“平衡”，从而成为稳定的隐患，在很大程度上威胁单位员工的工作积极性和社会和谐稳定。

（2）社会急剧转型，引发多种矛盾。目前，我国正处于经济转轨、社会转型的特殊历史时期，随着现代化进程的推进，经济的快速发展，出现了阶层、群体、组织的分化以及其利益的分化，经济结构失衡，资源供给欠缺，生态环境破坏，社会的保障机制、民主机制建设等问题保障不到位，决策不民主，相互脱节甚至顶牛等情形。因为某些方面的改革失误，导致了社会分配不公，贫富差距拉大，失业严重，腐败现象蔓延以及不同社会群体和阶层的利益意识不断被唤醒和强化等情形。而这些因素都是易于导致不稳定事件的重要条件。

（3）发展缺乏统筹，忽视群众利益。随着城市化进程的推进，农村土地特别是城郊农业用地被大量征用为建设用地后，由于土地征用补偿、征地后劳动力的就业和安置等相关政策不落实、不配套，或者房屋被拆迁的征用补偿太低，影响了村民的切身利益；此外，还有粮款补贴、财务混乱、宅基地等因素都可能引发群体性事件。在城市，由于房屋拆迁、下岗失业、承包租赁、城市管理等原因也都会直接引发不稳定事件。深化改革和经济发展必然会触及特定群体的利益，如企业转制中的下岗职工群体，超过了社会的承受能力，下岗失业工人也极有可能受到煽动而引发集会、游行、示威；城市拆迁补偿未及时到位，回迁日期遥遥无期，搬迁地点不理想，生活设施不配套等原因，导致拆迁户与拆迁公司的矛盾激化。体制的转换引起利益的重新分配而触及一些人的既得利益，在一定条件下这种利益冲突会被激化。

（4）表达机制不畅，利益诉求受阻。在我国现阶段，如果不同社会群体的利益难以在一定范围内得到兼顾和协调，而同时又缺乏各自表达正当利益诉求的渠道，便可能导致矛盾的积累和利益冲突的加剧。目前，由于受国家体制和经济社会发展程度的影响，在利益诉求表达机制上还存在一些不健全的地方，主要表现为渠道不畅，不同社会群体表达自身利益的声音强弱不一，表达的机会不同，表达的有效性和充分性不一。特别是当弱势群体的利益处处受损，又缺少畅通的利益诉求机制时，他们便采用静坐、集体上访，阻碍交通，冲击党政机关等集体性施压行为来宣泄自己的利益诉求。

（5）维稳观念落后，处置反应迟钝。在冲突萌芽和聚集的初期，一些地方的基层党委政府对社会矛盾普遍表现出“体制性迟钝”——反应迟钝，判断失误，处理失当，导致“小事拖大，大事拖炸”，集中暴露出执政能力薄弱的软肋。“瓮安事件”中，基层党委政府匆忙将事件定性为“有组织、有预谋”，是黑恶势力煽动群众围攻政府，并在当地媒体大规模刊播“瓮安群众愤怒谴责不法分子”等新闻，引起了更多群众的反感和猜疑。一些官员还习惯于封锁消息，控制舆论，制造出“不明真相的群众”。长期以来，在突发性公共事件发生后，保持沉默、回避媒体已经成为一些基层党委政府条件反射式的“自觉行为”，但在传播手段多样化、传播对象大众化的情况下，这种紧要关头的“失语”必然丧失引导舆论的主动权，看似避免承担责任的风险，实际却陷入被动，增加了平息事态的难度。

（6）法制观念淡薄，聚众闹访频繁。虽然随着法治社会的进程加快，群众的民主意识逐步增强，对民主的要求越来越高，但由于受多种因素的影响，群众整体的法制观念相对淡薄，造成了高涨的民主参政意识与较差的法制观念间的反差。尤其是在一些偏僻的农村地区，群众的法律知识有限，思想意识和行为方式比较落后。当群众之间、上下级之间出现利益摩擦或纠纷时，一些群众不懂也不会运用法律武器或通过合法途径加以解决，而是动辄采取闹事的方式向政府施压，往往选择越级集体上访或闹事的形式，甚至发生暴力袭警、阻断交通事件，希望通过扩大事态，引起上级党委、政府的重视而达到解决问题的目的。使本来能通过正常的信访、法律程序得到解决的矛盾演化成群体性事件。部分群众心里存在着“不闹不解决、小闹小解决，大闹大解决”的负面影响和造势心理，认为闹事是唯一解决问题、获取实际利益的办法，故意扩大事态，聚众上访。同时，政府及职能部门在处理同一类群体事件中，对行为过激的事件和一般性的上访在解决方式、承诺程度及兑现结果的差异也加重了群众的这种心理，产生连锁反应。

2. 微观方面的因素

社会管理运行机制在某个阶段或某个环节上的失调所产生的具体社会矛盾直接诱发了不安定因素，这些具体的社会矛盾就是不安定因素的微观方面。在现实生活中，这些具体社会矛盾的表现形式复杂多样，主要有以下几种形式。

(1) 利益矛盾。利益矛盾是由于个人或群体的某些要求、利益没有得到满足和保障而引发。个人或群体的某些正当或非正当要求、利益由于各种原因没有得到满足和保障，由这种需求产生的内驱力强化到一定程度，就会使个人或群体失去自我控制，而采取引发治安事件的方式来发泄内心的不满。

(2) 群体冲突。群体冲突是由于群众之间的矛盾纠纷没有得到恰当合理的解决而引发。在我国社会主义制度下，社会生活中产生的各种各样的矛盾纠纷能够通过各种途径得到化解。但当有少量的矛盾纠纷没有得到及时、恰当的解决而激化时，可能就会引发群众性械斗等治安事件。

(3) 违法犯罪。违法犯罪是由于某些违法犯罪行为而引发。一些违法犯罪分子为达到其非法目的，在人多拥挤的公共场所采取极端手段，实施违法犯罪行为，煽动群众，故意制造事端，很可能引发治安事件。

(4) 官僚主义。官僚主义是由于有关单位工作失误或不负责任而引发。某些决策失误，以及国家机关中出现官僚主义和腐败现象，工作不负责任，在群众中造成不良影响；某些与群众利益休戚相关的公共事务、具体问题未得到及时、妥善的解决，也可能稳定。

(5) 灾害事故。灾害事故是由于自然灾害事故、治安灾害事故而引发。由于事故的严重破坏，群众心理承受力降低，在援助、救护工作跟不上，群众的安全和生活得不到较好的安排和保障时，容易出现群体性恐慌情绪，在一定条件下可能引发影响稳定的事件。

3. 单位内部的因素

单位内部的不稳定因素往往是员工对单位的发展定位、管理、收入分配等不满所引发的冲突，近年来比较多的是：

(1) 劳动争议日趋突出。劳动争议案件情况反映的是劳动关系纠纷问题。近年来，引发劳动争议的原因主要是劳动报酬、经济补偿及保险福利等基本劳动权益方面的争议，劳动争议案件数量和争议涉及劳动者人数都大幅攀升；其中，集体劳动争议涉及人数众多，近十年基本上都占到涉及人数的半数以上。劳动争议不但反映了劳动关系纠纷的紧张，而且已成为引发群体性事件的一个重要原因，有的地区已对社会稳定造成了严重危害。

(2) 劳动关系趋于紧张。劳动关系是最重要的社会关系之一，涉及经济层面、社会层面、稳定层面，甚为复杂。改革开放以来，社会主义市场经济体制的建立，经济结构和社会结构的变革，带来了劳动关系的深刻变化。近年来由劳资矛盾引发的群体性事件显著增加，频率在加快，规模在升级，已经进入了高发期和多发期。国企改制过程中，一些地方、部门和企业无视职工的民主权利，擅自决定企业破产、出售、转让、兼并等直接涉及企业生存、职工命运和国家利益的重大事项，甚至贱卖国有资产；一些地方企业改制的政策制定得不全面、不细致，不履行法定程序，导致一些企业改制重组中劳动关系调处政策落实不到位，损害职工合法权益。在国企改制引发的某些群体性事件主要特点是，有明显的弱势群体性、较强的利益追逐迫切性、突出的社会矛盾性和法律法规的相对滞后性。

（3）职工维权趋于激烈。我国经济正处在转型的关键时期，经济发展中不确定、不稳定的因素很多，涉及职工群众切身利益的事情也很多，处理不好，容易引起矛盾激化，产生不稳定的因素。全国总工会的报告称："在部分地区和行业，职工队伍中不稳定的因素在增加。各地职工群体性事件有逐年上升的趋势，总体呈现出以下特点：参与人数增多，规模扩大；行为过激，对抗性加强，处理难度加大；事件的重发率高，择机性强；职工群体性事件的内容具有趋同性；地区和行业性特点突出，困难职工群体是事件的主体；组织倾向明显，一些地方出现非法组织。"尤其值得注意的是农民工的权益维护问题。受社会结构和就业体制等诸多因素的影响，不少农民工面临劳动用工不规范、劳动安全隐患突出、工资收入偏低、基本社会保险缺失、利益诉求渠道不畅通等突出问题。新生代农民工迫切要求改变这一现状。1990年后，没有从事过农业生产、直接从学校进城务工者越来越多。他们有较高的文化水平，也就有较高的精神生活需求，渴望继续学习、重视技能培训，希望融入城市主流社会的理想特别强烈。他们要求和城里人一样平等就业、平等享受公共服务，甚至得到平等的政治权利。这些被称为"新生代农民工"的打工者，已登上了城市化进程的重要舞台，并成为新产业工人阶层的主体部分。

三、维护稳定的主要工作措施

维护稳定是一项系统工程，需要全社会的努力。各级保卫部门和每个保卫工作者，应该明确自己的职责，努力做好本职工作，协助党和政府以及公安机关，落实维护稳定的各项措施。

1. 加强内部安全防范

（1）落实治安保卫责任制。根据"谁主管、谁负责"的原则，保卫人员应在单位或行业党政领导统一部署下，落实治安防范责任制。把加强安全防范措施，整顿内部治安秩序，保卫内部安全，作为维护稳定的重要内容，建立和健全各项安全防范制度，积极改善安全防范的设施和环境条件，防止不法分子的破坏或安全事故以及其他突发事件的发生。

（2）加强重点部位的保卫工作。在明确重点部位范围的基础上，严密重点部位的各项安全保卫制度。重点部位的工作人员，必须是政治可靠、作风正派、责任心强的人员担任，并建立定期考核制度。要充分发挥重点部位工作人员在保卫重点部位中的积极作用，摸清重点要害部门、部位的情况，掌握好要害人员的政治思想状态。经常进行安全检查，及时消除各种事故灾害的隐患。对于特别重要的重点部位，要组织专人守护，依靠当地公安部门做好重点部位周围地区的治安工作。

(3) 加强危险物品的管理。凡生产、使用、存放、运输易燃易爆、剧毒危险物品的单位，要严格遵守有关规定，严格执行安全管理制度，不得同时存放（或运输）性质相抵触的易燃易爆、剧毒物品和其他物品，并且不得超过规定的储存、装载数量。要建立“五双”（双人保管、双本账、双把锁、双人领发、双人使用）制度，严禁把火种及其他危险物品带入仓库。严格出入库手续。做到班组日查，保卫、供销部门定期检查，账物清楚相符。严格执行易燃易爆、剧毒危险物品的运输规定，包装必须牢固严密，合乎安全要求；运输中停歇、装卸都要指定专人严加看管，安全操作，防止失落、被窃和发生意外事故。对有关人员要加强教育、考核和培训。

(4) 加强枪支弹药和生产用刀具、刃具等利器的管理。对各种枪支弹药，均须妥善保管，严防丢失、被盗和发生其他事故。不应持有枪支弹药的单位、部门和个人，一律不准私藏枪支、弹药，违者必究。持有枪支、弹药的单位，要有专人负责、专库（柜）保存；枪支、弹药必须分开存放。存放枪支、弹药的场所必须安全，设备必须坚固。因公借用枪支，必须严格审批手续，专人妥为保管，用毕立即归还。持有枪支、弹药的单位和人员严禁擅自将枪支、弹药转借他人，对违者应追究责任。使用弹药应有专册记录，使用后剩余弹药必须点清归还。如发生枪支、弹药丢失、被盗事件，应立即报告公安机关，采取必要的安全措施，并保护好现场；对丢失、被盗枪支、弹药的责任者要追究责任。防止有人利用生产设备、材料非法制造匕首、刮刀、土枪等凶器。如发生这类事件，要坚决追究有关人员的责任。

(5) 切实加强安全防火工作。要协助单位或行业建立和健全消防组织和制度，经常开展防火安全检查。要经常向职工进行防火安全教育，消除隐患，堵塞漏洞。易燃易爆、剧毒危险物品仓库、物资仓库、油库、放射性物品库及木工场地等重点防火部位，应设明显防火标记，并有严格的消防措施。

(6) 妥善处置突发事件。单位内部发生自燃事故、安全事故或治安事件时，保卫人员要坚守岗位，会同单位领导和有关部门，根据预案及时、果断、妥善处置，防止事态扩大，防止不法分子趁机破坏，防止因处置不当，酿成群体性事件。对打架斗殴、寻衅闹事、哄抢、精神病人肇事肇祸等事件，要及时报告公安机关依法处置。

2. 积极做好人民内部矛盾的排查和化解工作

人民内部矛盾的存在是不以人的意志为转移的客观事实，关键是要防止和避免矛盾激化，这就要求我们必须正确认识和掌握人民内部矛盾产生的主客观因素、条件和发展、变化的规律，并提出切实可行的措施。

（1）积极参与社会治安综合治理。社会治安问题是人民内部矛盾的综合反映。作为社会主义初级阶段的主要矛盾，人民内部矛盾具有强烈的利益冲突性和行为越轨性，必须放在社会治安综合治理的范畴，运用行政、经济、思想、教育等各种手段来化解。

社会治安综合治理主要包括“打击、防范、教育、管理、建设、改造”六个方面的内容。通过打击违法犯罪活动，维护社会秩序；同时，对有其他违法犯罪企图的人员也能起到警戒作用，使其不敢轻举妄动，以身试法。通过防范，认真总结工作经验，及时堵塞管理上的漏洞，消除一切不安定的因素，大力疏导、调解各种利益矛盾和局部纠纷，避免矛盾激化。通过教育，全面提高广大群众法制和道德水准，增强其遵纪守法的自觉性，使社会主义法制规范、道德规范化为公民个人的行为规范。通过管理，堵塞治安管理工作中的漏洞，减少社会不安定因素，建立和维护好社会治安秩序。通过建设，基层组织和管理制度得到加强，使社会治安综合治理的各项措施落实到基层、落实到群众中去，保证人民内部矛盾的排查和纠纷调解等工作正确有序地开展。通过改造，使有违法犯罪行为的人或已经被打击处理的违法犯罪人员改过自新，减少这些群体重新犯罪的可能性。

（2）深入开展不安定因素的排查与分析。随着国企改制进一步深化，由于改制和生产关系调整而引发的利益冲突和矛盾激化不断地增多，为确保经济体制改革的顺利进行，内保单位要深入开展不安定因素的排查摸底工作。本着把矛盾解决在单位内部、解决在基层单位、解决在萌芽状态的原则，及时落实防范措施。对面临改制的企业要作一次深入调查，将这些企业内部的不安定因素、改制的时间和可能发生的情况加以调查摸底，综合分析形成报告，提供给上级部门参考。单位内保人员要深入基层，深入职工群众，对内部单位中处于转制、改制、兼并、破产、停产的企业下岗职工、农民工、退休职工的思想动态、高校师生思想动态、重点要害部门部位的员工思想动态，以及他们对国内外重大事件的反应等进行全面的排查摸底，分析预测，并提出预防措施和对策。及时了解企业保卫工作面临的形势和存在的问题，为当前如何规范和加强企业保卫工作，建立适应现代企业制度需要的保卫工作机制和方式提供依据。对当前企业在处置突发事件和群体性事件中存在的问题提出对策和意见，竭力当好单位或行业领导的参谋。

（3）积极疏导、化解影响稳定的各种不安定因素。在各级党组织的领导和公安部门的业务指导下，在单位内部建立健全有专人负责的排查调处工作机制，单位保卫部门要协助做好不安定因素的疏导化解工作，尤其对各种引发群体性事件的不安定因素和重点对象，及时将其纳入工作的视线。努力做到“预警在先，苗头问题早消化；教育在先，重点对象早转化；控制在先，敏感时期早防范；调解在先，矛盾纠纷早处理”。对国有企业改制过程中一些职工对被企业解除劳动关系不服，对安置费、养老保险金及其他福利待遇不满而已经发展成上访、闹事的群体性事件，内保人员要及时到达现场，积极做好疏导化解工作，维护现场秩序，有效控制事态的发展。

3. 布建信息网络，关注社会动态

(1) 单位内部情报信息的作用。加强单位内部情报信息工作，必须充分发挥科学预测、传递情报信息的作用。

1) 发挥内保工作科学预测作用。保卫工作要善于捕捉社会动态信息，了解单位内部各种不安全因素产生的原因和背景，科学地进行预测，做到防患于未然。当前，企业下岗分流人员增多，在一定程度上影响了社会稳定，正确掌握和发挥保卫工作的科学预测作用是我们的工作重点。一是可以把破坏社会安定及干扰企业正常秩序的突发事件和各种不安定因素解决在萌芽状态，使其不发或缓发；二是可以使上级领导及有关部门提前了解掌握信息，从而为正确决策、化解和解决矛盾争取有利时机；三是可以帮助了解不安定因素的性质和特点，把握问题的实质，采取必要的有效措施；四是可以做到在事件发生时保持清醒的头脑，及时找到解决问题的方法，在最短时间内化解矛盾，解决事端；五是可以为处理问题提供准确依据，认真总结经验教训，杜绝各种不安定因素的发生。

2) 发挥情报信息传递作用。保卫工作情报信息传递作用，就是通过各种方式，及时、准确地把各种与保卫工作相关的信息，包括群众的呼声和意见，不安定因素的苗头，重大案件、事故等的下情上传或上情下达，从而做好情报信息工作。我们要做到“信息灵敏，反应迅速，上报及时”，并对收集的信息进行科学分析和甄别，注意情报信息的真实性和可靠性。

在工作中要做到：一是广开信息来源，拓宽信息渠道，增强情报信息意识，注意在日常工作中了解、掌握和收集信息；二是要将收集的信息按性质、用途进行分析归类，然后根据不同情况进行分类处理；三是要加强信息传递意识，特别是对重大信息要严格做到上报及时，反馈迅速。

加强情报信息工作是当前严峻复杂的治安形势对我们保卫工作提出的新的工作要求，只有把情报信息工作做好、做细，我们才能掌握工作的主动权。

(2) 布建情报信息网络。围绕全力维护单位内部稳定的要求，要建立起上下贯通、内外相连、纵横交错、灵敏通达、点面结合的单位情报信息网络。

1) 建立一个行之有效的单位情报信息报告系统。单位情报信息报告系统应涉及的机构或组织有：与单位关系密切的社区居（家）委会、村委会，单位工会、共青团、妇联组织及生产部门等，行业协会。根据系统要求，单位和行业的管理部门应该成立处理人民内部矛盾领导工作小组，定期反映本单位重点人员的情况，汇总、分析内部单位的不安定因素。社会不安定因素一经出现，就能发出警报，从而为单位的稳定和有序提供强有力的情报信息支持。

2）加强重点单位和重点部位的情报信息工作。重点单位和部位主要是指：党政首脑机关，广播通信，金融，文博，重点工程，供电、供水、供油、供气系统以及关系到国计民生的部门和部位，既是公安、保卫部门内部列管的重点企业单位，也是国内外敌对势力与社会上刑事犯罪分子首选破坏的目标。当前，单位应把切实加强情报信息工作始终作为维护单位内部政治和治安稳定放在突出的位置来抓，要充分发挥内保的职能作用，认真落实维护稳定的工作措施。

3）强化情报信息工作，抓好信息员建设。各内部单位保卫组织要充分认识情报信息工作的重要性，进一步健全情报信息网络，完善情报信息制度，采取多种方式，努力挖掘各类深层次预警性信息，遵照“必要和可能”的原则，加强信息员的力量建设。为使企业改制工作顺利进行，保卫部门应把情报信息工作摆在突出位置，通过各种方式积极挖掘情报信息，在企业建立信息员，分布在各部门的不同层面。文化保卫单位，如大中专院校、科研、新闻出版等单位，要建立情报信息员，为上级领导和业务部门决策提供依据。及时掌握内幕性、敏感性、预警性、深层次情报信息；对一些倾向性、苗头性和热点性的情报信息，要派专人重点调研；要建立健全信息情报的综合分析研判机制，加强对各种不稳定因素发展变化趋势特别是可能引发单位内部群体事件的预测，提高情报信息工作的准确性、时效性、实用性。

4）建立情报信息管理制度。应建立情报信息工作的收集、登记、储存、传递、追踪、倒查责任制，使情报信息工作走上常规化、制度化的轨道。对一些重要信息，要及时了解与掌握，做到“灵、准、快、广、深”，从而掌握整个工作的主动权。一旦事件迹象出现，就要快速而敏捷地作出反应，迅速查明问题实质及其因果关系，并针对问题的特点和性质，迅速采取措施，力争把问题解决在萌芽状态。做到“四早”，即早发现、早汇报、早处置、早化解。

4. 防范和处置突发事件

（1）倾听群众呼声，维护群众利益。做好单位内部突发事件的预防工作，要求单位领导与保卫干部始终坚持一切为了群众、一切依靠群众的根本观点，坚持党的群众路线，深入群众，深入基层，倾听群众呼声，反映群众意愿，集中群众智慧，使各项决策和工作符合实际和群众要求。第一，在各项改革方案、政策的出台上，要充分维护广大职工群众的利益，在事业不断进步的基础上，使职工群众也不断获得切实的经济、政治、文化利益。要牢固树立以稳定求发展、在发展中保持稳定的指导思想。要切实增强政治敏锐性，保持清醒头脑，把维护内部稳定当成关系全局的大事来抓，经常研究，及时部署，狠抓落实。

进一步加强部门之间的协调和配合，各自做好自己的工作，形成维护稳定的整体合力。第二，各工作部门要深入调查研究，发现和关心职工群众关注的“热点”问题和深化改革中的矛盾和焦点，积极稳妥地推进改革和调整政策。针对容易引发事端的不安定因素，应及时向有关领导和决策部门报告和提出建议，有预见性地制定预防措施。对群众反映的困难和问题，要认真解决和答复，不推诿，不“踢皮球”。第三，加强职工的思想政治工作和法纪教育，使广大职工自觉遵纪守法，共同维护稳定。强化职工民主管理活动，通过职工民主参政议政的方式，让群众有地方讲话，合理的要求能通过畅通的渠道得到解决；暂时解决不了的，也要给予耐心的解释和答复，使职工民主权利能够得到有效的保障，努力减少不安定因素。第四，坚持不懈地开展反腐败斗争。对以权谋私、贪污腐败、违法违纪行为进行打击处理，减少群众怨气，平息民愤。第五，要认真做好各种不安定因素的情报信息收集工作，保持各种信息畅通，发现问题及时解决，防患于未然。

(2) 制订处置预案，明确任务分工。制订工作预案，是一种立足现状、预测未来、防患未然的活动。这里所说的工作预案，既是指保卫部门对单位或行业内部可能发生的各种突发性事件的应对方案，也是对事件预测后的积极反应。周详的预案所具有的针对性、可操作性和实效性，必须建立在良好的基础工作之上。良好的工作基础包括可靠准确的情报信息，以及据此作出的科学分析、判断和预测，对可利用的政策、法律资源和人力、物力资源的充分把握，以及对以往这方面工作经验和教训的总结等。

工作预案一般应包括以下一些内容：

1）指挥。指挥时，应明确规定防范与处置突发事件的组织机构、指挥人员及其职责、权限，避免多头指挥或指挥不灵。

2）力量配置。结合保卫力量资源状况和预防处置需要，实行明确的任务分工。力量配置应涵盖预防和处置的全过程和各相关的空间，包括指挥调度、通信联络、现场及重点部位警戒、伤员救护、法制宣传、后勤保障以及其他一些必要措施和一定的机动力量，确定岗位、部门、人员数量和职责范围、工作要求。

3）物质保障。根据防范与处置需要，应对所能利用的物力、财力资源作出科学的配置。要确保防范与处置突发事件过程中的通信、交通救护等物质的供应。

4）应急措施。防范和处置工作中随时可能发生紧急情况，预案中应作多种设想并制定出相应的处置措施。针对同一个事件，也可设计几种预案，做到有备无患，以变应变。

为了使预案更具有权威性、科学性，可提请单位领导审核转发，并争取公安机关的业务指导，这样既便于实行统一领导，也便于相关部门配合行动。

(3) 协助党政领导，做好疏导教育。当单位内部的群体性事件已经发生或初露端倪时，保卫部门要主动取得单位党政领导和各有关部门的支持，做好疏导教育工作，以缓解矛盾。

疏导的方法就是运用“可散不可聚，可顺不可激，可解不可结”的原则来疏导教育，化解矛盾。“可散不可聚”，即将群体意识逐步分解为个体意识，使之分化、退出。“可顺不可激”，即先顺着当事人的“思路”和“脉络”找出矛盾和问题去引导疏通，而不是在问题不明确的情况下，采取压服的办法，激化矛盾。但是，要避免言过其实，不能因“顺”而哗众取宠。“可解不可结”，即要妥善解决矛盾，不要回避矛盾。对群众中存在的实际问题，有关部门能够解决的要尽快解决；一时难以解决和不合理的要求，也应该说明情况，做好解释工作。如果对群众的合理要求置之不理，只能起到“火上加油”的激化作用，不利于问题的真正解决。

具体工作的两个方面：一是缓和矛盾，二是解决矛盾。多数治安事件都是在群体的欲求和需要得不到解决而产生的不满情绪积聚到一定程度后的总爆发。治安事件引发后，在心理作用下，群体往往表现为群体激动，情绪狂热，语言偏激，行为失控。面对这种情况，保卫部门应配合和协助有关部门首先要采取措施稳定群体的情绪。一是“冷处理”法。冷处理的目的，是使群体情绪逐渐由狂热转向冷静。二是“听话”法。有关部门选派代表临场听取群体的意见和要求，不表示态度。让大家把话说完了，火气也基本消除了。三是“对话”法。有关部门与群体选出的代表单独对话。群体在等待过程中，可能逐渐恢复常态。与此同时，向群体宣讲党的方针、政策，进行形势和法制教育，使群体中的多数成员认识到采取非法方式表达意愿是违法和有害行为。在此基础上，有关单位或部门也应对群体反映的问题严肃认真地对待，属于合理而且能够及时解决的，应予妥善解决。一时解决不了的，也应耐心细致地指出问题的症结，求得大多数人的理解和接受。

(4) 尽力维护内部单位秩序。在群体性事件以及其他突发事件发生时，保卫部门应多管齐下，做到事件处置与保障生产、教学、科研的正常进行，防止有人趁机破坏或事件波及安全生产同时进行，防止顾此失彼，造成更大的损失。要根据“确保重点、兼顾一般”的原则，保卫部门应确保对党和国家的安危、对国计民生以及全局性生产业务活动具有重大影响的单位、部门和部位的绝对安全，在此前提下，对治安事件涉及的其他单位和部位也应投入相应力量做好保卫工作。保卫人员对于冲击重点部位的行为要坚决劝阻；对于冲击油库、弹药库等重点部位的行为必须采取坚决措施；对于发生在其他单位的打、砸、抢行为，由公安机关依法处置。

(5) 因事施策，区别对待。因事施策、区别对待，是指在处置涉及稳定的事件时，应根据事态不同的发展阶段，区别不同情况和对象，采取不同的对策。实行这一原则的要求，一是弄清事件的性质，掌握治安事件发展过程中的不同情况，以便采取不同的方法和策略。二是摸准引发治安事件的症结，集中力量加以解决，为处置事态创造条件。三是分清参与者的层次，对不同层次的人实行不同的政策和方法。

发生在单位内部或因工资福利待遇问题上访请愿的，主要是为解决一些实际生活问题，属于人民内部矛盾，与敌我矛盾性质不同，要严格区别对待，主要是掌握动态；对较为平和的群体上访集会游行等事件，不影响办公秩序和公共秩序，矛盾尚未激化，保卫人员主要是维护好现场秩序，掌握情况，疏导群众；对具体经济利益矛盾引起的群体事件，即使少数群众语言过激，只要没有危害社会治安秩序，保卫部门要协助有关部门多做矛盾化解工作，视情进行宣传配合。对那些性质逐渐发生变化，态势不断扩大蔓延，围攻冲击党政机关、阻塞铁路公路交通以及发生打、砸、抢、烧的事件，有可能影响局部地区稳定的，应由公安机关采取措施予以制止。保卫部门应积极配合，协助公安机关对煽动闹事、实施打、砸、抢、烧的组织者和骨干分子做好现场取证等工作。群体性事件平息以后，保卫部门要配合单位和公安机关做好善后工作，加强监控，防止事件反复发生。

第6章

职业道德

第1节　保卫人员职业道德评价和道德修养

保卫人员职业道德是一种特殊的职业道德，具体指的是在保卫活动中，保卫部门及保卫人员应该遵循的、具有自身职业特点的道德准则和道德规范。保卫人员职业道德规范主要有：遵纪守法、公正廉洁；坚持原则，忠于职守；文明值勤，乐于服务；不畏艰险，勇于奉献。

保卫人员职业道德规范要转化为保卫人员的道德行为并形成高尚的道德品质，必须通过保卫人员的道德实践活动，而道德评价与道德修养等活动是培养保卫人员高尚的职业道德的重要途径。

一、保卫人员道德评价

1. 保卫人员道德评价的含义

道德评价是指社会成员凭借社会舆论、传统习俗、内心信念等力量，采用一定的道德标准，联系动机与效果、目的与手段，来判断人们行为的道德价值的活动。在任何社会里，道德规范作用的发挥、社会道德风尚的改善以及个人道德品质的形成，都离不开道德评价。

保卫人员道德评价，是指保卫人员直接依据社会主义道德要求和保卫人员职业道德规范，通过社会舆论、职业传统习惯或个人心理活动等形式，对保卫人员在职业活动中表现出来的道德行为，进行善恶判断，表明褒贬态度。

2. 保卫人员道德评价的作用

作为重要的道德活动，保卫人员道德评价具有十分重要的意义。它能够起到鼓励或制约保卫人员个人某些行为的作用，对于协调保卫人员之间、保卫人员与工作对象之间的关系，提高保卫人员的道德修养水平，形成良好的保卫工作道德风尚，都具有重大的作用。

（1）保卫人员道德评价对保卫人员道德行为的善恶起裁决作用，是保卫人员道德规范转化为保卫人员道德行为的重要环节。道德行为的善恶，只有依靠道德评价活动才能进行裁定。不道德的行为一旦受到裁判，就会使行为者受到舆论的压力，良心的自责，促使他改变自己的不道德行为。对行为进行善恶褒贬，支持和赞扬那些道德的思想和行为，谴责那些在从事职业活动中不道德的思想和行为，能唤起保卫人员遵守职业道德规范的自觉性。保卫人员道德规范，不像法律那样具有强制性，它的实施主要是通过包括道德评价在内的道德活动来实现。保卫人员道德规范只是向广大保卫人员提供了行为的准则，而要把这些准则转化为保卫人员的自觉行为，实现知和行的统一，必须依靠保卫人员道德评价这个重要的环节。保卫人员道德评价就是通过对广大保卫人员行为道德价值的肯定与否定，来使保卫人员更好地分辨荣辱、是非、善恶，从而提高他们的道德觉悟，促使他们自觉地按照保卫人员规定道德规范选择自己的行为。

(2) 保卫人员道德评价具有深刻的教育作用，是保卫人员形成良好道德品德的巨大动力。保卫人员道德评价是一件必要的、可能的和严肃的道德活动，其目的是通过对道德行为进行善恶判断，使保卫人员明确道德责任及其限度，了解什么是善，什么是恶，使社会主义道德观念和保卫人员道德规范在保卫人员心中扎下根，形成保卫人员内心的信念，并在保卫人员集体中传播推广，形成强大的舆论力量。保卫人员道德评价的范围广泛，影响深刻，它对于保卫人员忠于职守、忠于人民的行为给予肯定的评价，而对少数保卫人员表现的不利于工作和人民利益的行为给予否定的评价，指出它们是丑恶、卑鄙、偏私的。通过这种评价，对广大保卫人员产生深刻的道德影响。保卫人员道德评价的教育和激励作用，往往是同道德行为的榜样、理想人格的典范联系在一起的。宣传一个英雄，就可能有千万个英雄成长起来。榜样的树立，可以激发广大保卫人员的道德责任感和荣誉感，成为保卫人员发自内心的巨大精神动力。使他们明辨善恶，形成正确的道德观念，成为一个道德高尚的人。在改革开放的新形势下，面对少数保卫人员道德素质不高，打骂群众，超越职责等不正之风还存在的状况，各级保卫部门认真搞好保卫人员道德评价，从正、反两个方面教育广大保卫人员，培养他们良好的道德品质，有着现实的意义。

(3) 保卫人员道德评价具有调节作用，是创造良好道德风尚，调节保卫人员道德行为的“杠杆”。保卫人员道德评价的调节作用，主要有倡导善行、排除障碍、制止恶行三个方面。道德评价凭借社会舆论、内心信念和传统习惯等手段来调节社会生活，比其他国家机器，如法律审判，更广泛、深刻、久远。它深入人的内心，促进人们形成良好的道德品质，促进社会改善道德风尚。首先，当某种道德行为还限于个别保卫人员时，保卫人员道德评价可以通过对这种行为的赞赏、推崇，来倡导更多的保卫人员学习、效仿，从而促使广大保卫人员调节自己的道德行为。保卫工作中曾经涌现出了许多的英雄模范人物，他们的事迹和崇高精神，已成为激励保卫人员奋发向上的巨大动力。其次，当保卫人员在履行职责过程中遇到障碍和挫折时，保卫人员道德评价可以通过正确的舆论明辨是非，排除障碍和挫折。最后，当少数保卫人员某些不道德的行为发生时，保卫人员道德评价可以通过谴责加以阻止，从而树立正气。在这方面，各地保卫部门都摸索出了很好的办法，他们在弘扬正气的同时，对存在的问题也不姑息、迁就，及时处理，使少数保卫人员接受教训，调整自己的行为。

总之，保卫人员道德评价具有很大的作用，没有道德评价就没有道德。保卫队伍的职业道德风尚如何，很大程度上决定于道德评价活动开展的广度和深度，而保卫人员道德水平的高低，也往往同其道德评价的能力密切相关。因此，我们必须认真开展道德评价活动，把它作为保卫人员道德建设的一项迫切任务来抓。

3. 保卫人员道德评价的依据

道德评价是以活动着的人与事，即道德行为、道德品质为对象的。作为道德品质的外在表现，道德行为是保卫人员道德评价的直接对象。道德行为是人在一定意志力支配下的能够对他人或社会有利或有害的行为，它具体表现为一个从行为的动机到效果的过程。因此，进行保卫人员道德评价时，我们必须根据动机与效果的辩证关系，以及其他的复杂情况，对保卫人员的行为进行全面的道德评价。

（1）把动机与效果有机地结合起来。道德行为中包含着行为的动机与效果，如果动机与效果一致，评价人行为的道德价值就不困难了。但是动机与效果也有不一致的时候，这就造成了道德评价的困难。因此，进行道德评价不能单独看一个方面，必须把动机与效果结合起来。进行保卫人员道德评价，必须既看动机，又看效果，要联系动机看效果，通过效果看动机。如果只片面强调动机而无视效果，就会把一些空泛的动机视做实际的行为，甚至把虚假的动机当做真实的动机；或把善于说大话的人的行为，把不顾及行为后果而一味蛮干的人的行为，视为道德行为。如果只片面强调效果而忽视动机，势必出现两种情况：一是把出于善良愿望，并尽了最大努力，只是因为预料不到的原因，没有达到应有效果的行为，看做是不道德的行为；二是把并非行为者所愿意的原因而出现的“歪打正着”的效果，甚至把行为者掩饰罪恶阴谋的伪善行为，当成道德行为。无论是强调动机忽视效果，还是强调效果忽视动机，都不能对保卫人员的道德行为作出正确的评价。只有把动机和效果统一起来进行判断，才能作出客观、准确的评价。

（2）联系手段与目的综合评价。目的与手段是融汇在动机与效果之中，贯穿于行为过程内的重要因素。保卫人员道德评价单单看动机与效果，有时很难分辨善恶。因此，要同时联系目的与手段，以帮助人们进一步确定行为者的动机，从而客观、真实地对行为进行道德评价。目的是行为主体预计达到的行为结果，手段是行为主体为了实现行为的目的所采取的方法和途径。保卫人员道德评价，确立道德动机固然重要，但采取的手段也不可忽视。因为在确立了道德动机的前提下，只有同时采取适当的、有效的、具有道德性质的行为手段，行为的道德动机才能转化为良好的效果，行为的目的才能实现。只讲动机，不注意手段，其道德行为就要大打折扣。比如说，一名保卫人员怀着强烈的责任感，为了制止犯罪，使用了自己非法购买或者制作的武器。那么，我们就不能传播和表扬这名保卫人员的行为。因此，保卫人员在工作中必须注意采用正确的工作方法和工作手段。

4. **保卫人员道德评价的标准**

保卫人员道德评价的标准问题，是正确开展评价活动必须首先解决的一个问题。否则，判断行为的善恶，就没有界限，也就无法科学、客观地对人行为的道德价值进行衡量和判定。善恶是道德评价的一般标准。此外，由于保卫人员职业的特殊性，还存在着具体的保卫人员道德评价标准。

（1）国家和人民的利益是保卫人员道德评价的根本标准。在社会生活中，人们总是根据自己的道德观、政治观、阶级利益进行道德评价。保卫人员是我国重要的辅警力量，其首要评价标准，必须服从于国家和人民的整体利益。凡是有利于社会主义祖国和人民的整体利益的行为便是善的，反之就是恶的。社会主义祖国和人民的整体利益，是判断保卫人员道德行为是非、善恶的根本标准。

（2）保卫人员的职业道德规范是保卫人员道德评价的直接标准。保卫人员的道德规范是社会主义道德在保卫人员职业中的具体体现。保卫人员八条职业道德规范“遵纪守法、公正廉洁；坚持原则，忠于职守；文明值勤，乐于服务；不畏艰险，勇于奉献”是保卫人员正确处理各种具体的工作关系时需要严格遵循的标准，是保卫人员道德评价的直接标准。当然，由于各个保卫岗位的职业要求有所不同，其道德要求也更加具体。因此，依照保卫人员八条职业道德规范，同时联系各个保卫岗位实际情况而制定的道德要求，是各个保卫岗位道德评价的具体标准。

5. **保卫人员道德评价的手段**

道德评价的手段或表达形式，主要包括社会舆论、传统习惯和内心信念。相对于被评价的行为当事人来说，社会舆论是来自于外部的因素，内心信念是自身内部的因素，而传统习惯则既可能是行为当事人之外的因素，也可能就属于行为当事人自身的因素。在社会和自我的道德评价中，它们往往共同或分别起手段和表达的作用。

（1）社会舆论。从最一般的意义来说，社会舆论就是指一定社会或社会集团中，相当数量有组织或无组织的人们，从某种传统、经验、信仰或愿望出发，自觉地或自发地在或大或小的社会范围内，表达、传播、交流关于某一现象、事件、关系、行为和人物的评价性看法和倾向性态度。它往往直接或间接地表达着当时一定社会集团的社会要求、社会心理和社会情绪。就保卫工作来说，针对保卫人员的道德行为形成的社会舆论，是广大人民群众意志的体现。社会舆论通过对保卫工作中的模范人物进行肯定，对那些不道德的行为进行批评，有利于促进保卫人员切实履行职责，加强自我修养，起到监督、激励的作用。

社会舆论的作用是复杂的，有进步与落后之分。进步的社会舆论能够刺激人的上进心，调动人的积极性，鼓舞人的创造精神；落后的社会舆论则会腐蚀人的心灵，蒙蔽人的眼睛，扼杀人的开拓精神，压抑人的热情和进取心。这种消极作用是人们奋发有为、积极向上的大敌，严重影响保卫人员发挥作用，影响保卫队伍的战斗力，阻碍保卫人员个人的进步。

（2）内心信念。内心信念即良心、道德信念，是一种道德责任感和道德自我评价能力。这里指保卫人员对自己行为进行道德评价的一种内在力量。

在一定社会中，在长期的社会生活和实践中，人们通过对社会或阶级的道德原则和规范的认识和理解，形成对自己应尽义务的认识与感受。而人们在履行道德义务的过程中，要这样或那样地把道德责任变为内心的道德责任感，即形成良心。良心最大的特点，是它的内在性，是人的行为最隐蔽的个性调节器，是来自人内心深处的精神力量。它往往以一种无形的力量，来调节着人们的行为。良心的内在性实际包含着人们对他人、对社会的义务，是道德规范、道德观念在人们内心的反映，是道德意识、道德情感、道德意志和道德信念的统一。由于人们所处环境的多样性和复杂性，不可能事先确定在任何情况下每一个具体行动的道德选择方案，因而良心就成了人们在各种场合和处境下自我行为的调节器。良心是人使自己的内心世界服从一定道德要求的自我法庭，以内在强制性的力量促使人遵循一定的道德规范。

保卫人员在其工作中，常常面临突发性事件，再加上大量的单独性守卫活动，内心信念便成为保卫人员对自己行为进行道德评价的内在力量。内心信念，即良心，是主体工作责任感、事业心的统一，是保卫人员履行职责的保证。郭沫若曾这样说过："一个社会最可怕的莫过于正义的泯灭，一个人最可悲的莫过于良心的沦亡。"作为道德规范自律性的最高体现，良心是个人自我认识和道德自我控制的工具。保卫人员的良心对保卫人员的道德行为起着重要的调节作用。在道德行为之前，良心起着选择和命令的作用。它根据一定道德规范的要求，检测着自己的行为动机和行为意向，对符合道德要求的行为予以肯定，对不符合道德要求的行为动机予以抑制和否定，以保证自己作出正确的决定。当一个保卫人员有了对于事业、对于人民的强烈责任感的时候，他无须别人的监督，就会不畏艰险，自主地选择惩治邪恶、保卫人民、为人民服务的道德行为。相反，如果一个保卫人员没有强烈的道德责任感，就会消极应付工作，甚至侵占群众的利益，违背保卫人员的宗旨。在行为进行的过程中，良心是道德向导，对人的行为方向起着调整和控制作用。它监督着行为过程的发展，对符合道德要求的情感、信念和意志给予支持和鼓励，对不符合道德要求的欲念加以调整和制止。特别是在人的行为过程中，如果发现了认识错误，感情干扰或情况变化时，它能够及时予以纠正，避免产生不良影响。在行为之后，良心对行为后果加以评价，对履行了一定道德义务的良心后果予以肯定和赞扬，从而使人得到内心的满足和欣慰。对没有履行一定道德义务的后果，进行内心的谴责，从而使人产生内疚、惭愧而纠正自己的错误。保卫人员如果能用良心评价自己的行为，就说明他具有强烈的道德责任感，就能在实际工作中选择正确的方向，并在行为中不断调整，在行为后加以总结，使自己成为对工作、对人民更加有益的人。

（3）传统习惯。从道德的意义上说，传统习惯是指人们在长期社会生活过程中逐步形成和积累起来的，已被人们普遍承认和熟悉的，一些日常的、稳定的道德经验、道德常识、道德情感和道德行为方式等。这里主要指保卫人员的职业传统习惯，即保卫人员在长期的职业生活中形成和积累起来的，已被广大保卫人员普遍承认和熟悉的，一些日常的、稳定的职业道德经验、行为常规。凡是违背职业传统习惯的行为，人们往往予以谴责；凡是符合职业传统习惯的行为，人们往往加以赞扬。它对于保卫人员的行为有很大的约束作用。

职业传统习惯是复杂的，对人的评价不一定都是正确的。由于传统习惯是在社会生活中长期形成的，随着历史的发展，现实生活的变化，某些传统习惯仍然适合或有益于保卫人员的思想和行为；而某些传统习惯虽然流传下来，但却是消极的、落后的。所以，传统习惯并不仅有单向的积极作用，也有健康不健康之别。在保卫人员队伍内，总要有新与旧、进步与落后、积极与消极两种传统习惯的斗争。我们要充分利用它对广大保卫人员的思想和行为产生积极影响的一面，培养良好的职业传统习惯，抵制不良的陈规陋习。

二、保卫人员道德修养

1. 保卫人员道德修养的概念

道德修养，即道德自我教育，是对自己的道德行为、道德品质的反思和省察。保卫人员道德修养，主要是指保卫人员个人在职业活动实践中依照保卫人员道德规范，自觉地进行自我教育、自我锻炼、自我改造，以形成高尚的道德品质和达到更高的道德境界的活动过程。

保卫人员的道德修养是保卫人员道德活动的重要部分，它的基本含义包括相互联系的两个方面：一方面，是指保卫人员依照保卫人员道德的规范所进行的自我学习、反省、评价、选择、约束等活动；另一方面，是指保卫人员自我教育、锻炼和改造的结果，即已形成进行上述一系列活动的能力和达到的道德水平、道德境界。道德修养的这两个方面是辩证统一的，自我修养的目的是为了形成良好的道德品质，使自己的行为更加符合社会主义道德和保卫人员职业道德的要求；而高尚的道德品质和一定的修养能力，又能促进道德修养水平的提高，使道德修养更具有自觉性。

2. 保卫人员道德修养的重要意义

（1）从保卫人员个体角度来看。保卫人员道德修养是对道德规范的消化理解，加强保卫人员道德修养是形成和提高保卫人员道德品质的必由之路。道德品质的形成，固然需要社会的教育和环境的影响，但最终要取决于个人的主观努力，主观能动性的发挥，必须经过其自身内在的思想矛盾运动，经过自我道德修养，经过艰苦的磨炼，付出心血才能使自己的道德品质真正地有所提高。保卫人员道德修养及道德水平的高低对道德品质的形成与提高有着重要的影响。这是因为，只有当保卫人员个人能正确地认识客观世界，而且能正确地认识自己，才能够真正理解和体会保卫人员道德规范的深刻含义，才能够自觉地用保卫人员的道德标准来分析、解剖和客观地评价自己，形成积极向上的道德情感和坚定的道德信念，并能在实践中用保卫人员道德规范严格地规范自己的言行，保卫人员道德品质的形成和不断完善才能得以实现。

（2）从保卫人员队伍整体来看。保卫人员道德修养是对道德理想的把握，有助于对保卫职业宗旨的理解，加强道德修养是提高保卫队伍战斗力的必要条件。由于职业的需要，保卫人员经常接触各种违法犯罪分子，同时又与人民群众广泛联系，这样的保卫队伍应该是一支既有统一性又有分散性的战斗队伍。一方面，保卫队伍必须听从指挥，服从安排，步调一致，严整团结，共同完成任务；另一方面，这个队伍的成员又在各自的岗位上，各自在有计划地开展预防与制止犯罪的斗争以及与群众的联系。这就要求保卫人员必须加强自我道德修养，按照保卫人员道德规范检查自己，磨炼自己，坚定道德意志，有效地抵制腐朽思想的侵蚀，不断清除思想上的灰尘，纯洁自己的灵魂，成为道德上过得硬的人才。

3. 保卫人员道德修养的内容

保卫人员道德修养的内容主要包括保卫人员道德意识和道德行为修养，具体又可分为五个方面。

（1）保卫人员道德意识修养。保卫人员道德意识修养，主要是通过思想修养，包括接受、掌握保卫人员职业道德理论、规范等知识，懂得保卫人员各项道德要求，使每个保卫人员具有行为的准绳。保卫人员道德意识修养最根本的目的，是树立正确的善恶、荣辱观念，从低层次的道德境界向高层次的道德境界迈进，为达到道德上的理想人格而不懈地努力。保卫人员道德意识正确与否，直接关系着广大保卫人员道德行为的方向。因此，加强保卫人员道德意识的修养，是每个保卫人员道德修养的首要内容。

（2）保卫人员道德情感修养。保卫人员道德情感，包括义务感、良心感、荣誉感、幸福感和正义感等。其中，正义感是保卫人员诸种道德情感中最重要的情感。培养高尚而强烈的道德情感，对于人民保卫人员个人坚持职业道德规范，形成良好的道德品质具有重要的意义。保卫人员的道德行为不仅受其道德意识的支配，也受其道德情感的驱使。没有对人民、对保卫事业强烈的道德情感，就没有保卫人员的道德行为。实践证明，保卫人员只有通过道德情感的修养，使自己爱憎分明、疾恶如仇，并把这种强烈的道德情感转变为道德行为，才能逐步形成优秀的道德品质。

(3) 保卫人员道德意志修养。保卫人员道德意志修养，主要是培养保卫人员在履行职责中的自觉性、果断性、坚持性和自制性等意志品质。自觉性是指用规律性的认识来指导自己行动时所表现出来的一种能力。有了自觉性，他可以为了实现预定的目的克服各种困难，甚至不惜牺牲自己的生命。果断性是指一个人善于判明情况，当机立断。培养这种品质，对于战斗在第一线的保卫人员来说，特别重要。这能使他们在负责的斗争中，争取胜利的主动权。坚持性是指为了实现既定的目的而克服重重困难，执著于自己行动的一种意志品质。坚持性是和艰苦奋斗，排除万难去争取胜利的精神联系在一起的。保卫人员在履行职责中会遇到难以预料的困难，只有具备坚持性的品质，才能完成各项任务。自制性是指善于控制和调节自己的情绪，约束和支配自己言行的能力。对于保卫人员来说，控制性不仅是个修养的重要内容，也是完成所担负重要任务的需要。保卫人员在履行职责中，有时候会不被理解，甚至处于被歧视、被污辱的境地，必须有忍辱负重的气量和自制性的品质，才能更好地完成保卫工作的光荣任务。所以，每个保卫人员都应该努力培养这种自制性的优秀品质。

(4) 保卫人员道德关系修养。保卫人员道德关系方面的修养，是指保卫人员在履行职责和日常生活中，以及在社会公共场合中、与他人交往中的行为方面的修养。包括尊敬上级，灵活主动地执行上级的命令、指示和完成交给的各项任务，而不是轻慢不服或阿谀奉承；爱护关心下属，既要严格要求又不能简单粗暴，既要关心体贴又不要讨好或无原则地姑息；团结战友，以诚待人，正确看待其他岗位的同志，做到热情、谦逊、和蔼可亲，真诚团结；虚心向地方同志学习，为人民群众多做好事；在公共场所遵守社会公德，讲礼貌，讲卫生，扶老携幼，遵守秩序等。

(5) 保卫人员举止言行修养。言谈举止反映一个人的文明程度。保卫人员的仪表既反映其素质和教养程度，也反映保卫队伍精神面貌，直接影响保卫队伍的声誉。所以，保卫人员要讲究仪表，着装整洁，举止端庄，警容严整。通过美好的语言，文明的举止，体现同志间的平等和尊重，体现保卫人员的文化教养和文明程度，增强保卫人员之间团结和谐气氛，密切与群众的关系。因此，保卫人员言谈举止的修养，是保卫人员陶冶道德情操，磨炼道德意志，进行道德修养的重要内容。

4. 保卫人员道德修养的方法

要达到道德修养的目的，必须有正确的修养方法。只有把崇高的目的与恰当的方法结合起来，才能起到良好的效果。道德修养的方法主要有以下几种：

(1) 学。学，即学习，是自觉、理智地提高文化素质和道德认识的道德活动。一方面，学习马克思主义政治理论、科学文化知识和保卫人员道德理论。保卫人员道德修养是保卫人员自觉、理智的道德活动，需要科学的世界观作指导，需要科学文化知识和保卫人员道德理论为基础。马克思主义是无产阶级的科学世界观和方法论的理论体系，是人们改造主观世界和客观世界的强大思想武器。它能够帮助我们了解自然和社会的发展规律，掌握认识问题和解决问题的立场、观点和方法。保卫人员道德理论是保卫人员进行道德修养的具体思想武器。科学文化是关于自然、社会和思维发展的概括和总结，是人们具体实践的知识和理论准备。它们对于保卫人员优秀品质的形成有着不可忽视的作用。因此，只有学好马克思主义理论、学好科学文化知识和保卫人员道德理论，才能为我们进行道德修养，形成优秀的道德品质奠定良好的思想基础。另一方面，要向榜样学习。古人说："以铜为镜，可以正衣冠；以古为镜，可以知兴替；以人为镜，可以明得失。"在保卫工作中，涌现过无数的先进模范人物，他们在协助公安机关维护社会秩序，打击犯罪过程中，表现出坚持原则、忠于职守、清正廉洁、无私奉献等高贵素质，他们为服务单位、为人民立下了新功。在他们身上闪烁着保卫人员职业道德的光辉。以他们为楷模，学习先进模范人物的高尚情操和道德品质，对于加强道德修养是十分必要的。

（2）思。思，即思考、内省、开展自我批评。保卫人员职业道德修养实际上是一个不断自我反省、自我解剖、自我认识、自我教育、自我提高的过程，这也是保卫人员自我道德修养的重要方法和途径。它包括三个方面：第一，"学而不思则罔"，学到的知识不用心思考，就会迷惘不解。必须认真思考各种思想理论，认识它们的合理之处，批判地继承。第二，孔子说："吾日三省吾身"，就是要重视自我反省、自我批评的作用。内省就是自己在内心反省自己的言行是否符合社会主义道德原则，是否符合保卫人员道德。在日常工作和生活中，我们应该经常进行自我分析、自我检查，坚持和发扬好的、正确的东西，纠正和克服坏的错误的东西，去恶存善，只有这样才能战胜旧道德思想的影响，不断提高自己的道德水平。第三，"见贤思齐"。也就是说，向模范先进人物学习，追随他们成才的脚步，学习他们的优良品德，进行自我修养、自我磨炼，升华自己的道德境界，做党和人民信任的优秀保卫人员。

（3）行。行，即躬行践履，思想见诸行动。它是道德修养最根本的方法。保卫人员的道德修养必须坚持理论与道德实践相统一，言行一致；必须积极参加保卫、建设社会主义现代化和为人民服务的实践活动。这是因为，实践是认识的源泉，任何一种道德品质的锻炼和修养都离不开实践。因此，保卫人员职业道德的修养也必须是在保卫实践中进行修养，并通过实践去检验和提高保卫人员职业道德水平。第一，保卫人员只有亲身投入保卫实践中，才能真正理解保卫人员道德的特征、规范和品德要求，才能培养起相应的道德情感、道德意志、道德信念，形成相应的道德语言、道德行动和道德习惯。第二，保卫人员道德品质的养成，是通过职业实践来实现的。只有在职业实践中，保卫人员才能深刻地认识各种道德关系，才能认识自己的行为哪些是道德的，哪些是不道德的，从而作出正确的道德选择。而且，只有在职业活动实践中，保卫人员才能暴露出自己在道德上存在的问题，并通过对照、检查、反省，坚持和发扬正确的道德行为，克服和改正不道德的行为，形成符合保卫人员道德要求的行为习惯和道德品质。离开了保卫工作实践，职业道德品质修养就是一句空话。其三，保卫工作实践是推动保卫人员职业道德的动力。保卫人员的职业道德是随着社会发展的需要和实践斗争的需要不断发展变化的。旧的道德观念不断被抛弃，新的道德要求不断在实践中得以形成和发展。保卫人员的职业道德只有通过不断实践、不断认识、不断升华，才能达到一个又一个新的境界。

(4) 慎。慎，即慎独，防微杜渐。《礼记·中庸》中说："莫见乎稳，莫显乎微，故君子慎其独也。"意思是说，不要认为无人看见或事情微小就可以放松对自己的要求，即使在独自活动、无人监督的时候，也要谨慎遵守道德，严格要求自己，不放纵自己。而且要"莫以善小而不为，莫以恶小而为之"，能够严于律己，从小处要求，坚持原则，反腐防变，警钟长鸣，形成良好的道德习惯。由于职业的特殊性，保卫人员经常处于独立执行任务和单身独处的环境，且经常接触违法犯罪分子，可能失去领导和同志的监督。这就更要注意在无人监督的情况下自我控制，严格要求，从小处入手，防微杜渐。只有时时处处严格要求自己，磨炼自己，使自己形成牢固的道德信念、道德意志，才能无愧于所服务的单位、客户和人民群众。

"千里长堤，溃于蚁穴"。量变与质变的事物发展的普遍规律说明，一切小问题如果不及时制止和纠正就会发展成大问题，小错误发展下去，积累起来，终有一天会铸成大错。如果在道德修养上放松了对自己的要求，就会"集腋成裘"，由小错误演变为大错误，滑向不道德的彼岸。

(5) 恒。恒，即持之以恒，坚持不懈。"宝剑锋从磨砺出，梅花香自苦寒来"。只有经过艰苦磨炼，持之以恒，才能锻炼成为作风严谨、思想品德高而合格的保卫人员。道德修养贵在自觉，功在坚持。优良道德品质的形成不是一朝一夕可以实现的，必须经过长期艰苦的实践锻炼才能形成。因为道德修养是一个不断从认识到实践、又从实践到认识的反复过程，往返无穷，不断提高，永无止境。社会的不断发展，保卫队伍建设的不断推进，保卫人员道德也必将不断发展、丰富，不断地向保卫人员提出更高的要求。因此，道德修养是保卫人员终身的事情，一刻也不能放松，一刻也不能停止，只有这样才能把自己锻炼成为合格的保卫人员。

第2节 保卫人员职业纪律的管理

保卫人员的职业纪律，是指为了使保卫人员正确履行的职责，保证保卫工作各项任务的完成，由保卫人员所属单位根据国家法律和职业特点制定的、要求保卫人员必须遵守的行为规范的总和。

一、保卫人员严守职业纪律的重要意义

1. 有利于提高保卫人员和保卫队伍的素质

保卫人员的素质，是指保卫人员履行职责、完成任务、做好工作必须具备的素养和能力。保卫人员队伍的素质，就是指保卫人员履行职责、完成工作任务的素养和能力。它主要包括政治素质、业务素质、心理素质、能力素质等。这几方面的素质相互影响、相互促进、相互制约、相互作用，共同构成保卫人员队伍的素质。

保卫人员严守纪律有助于提高保卫人员和保卫队伍的素质。这是因为，保卫人员的职业纪律与保卫人员各方面的素质要求是一致的。例如，“坚持公安机关对保卫工作的指导”是保卫人员重要的政治纪律，保卫人员严守这项纪律有利于提高保卫人员的政治素质；“工作尽职尽守，不准玩忽职守”“不准非法搜查、检查，限制他人自由”是保卫人员重要的工作纪律，保卫人员严守这项纪律有利于保卫人员提高业务素质；“不滥用职权，不刁难、欺压群众”是保卫人员重要的群众纪律，保卫人员严守这项纪律有利于保卫人员提高道德素质等。

2. 有利于提高保卫人员忠实履行职责

保卫人员的职业纪律是由保卫部门根据国家法律和职业特点制定的、要求保卫人员必须遵守的行为规范，在内容上往往和职业责任、职业行为要求结合在一起，具体表现在其从事该职业活动的意识和行动中。其作用是专门调节、指导和约束该保卫人员的职业行为。如果保卫人员没有严守纪律，就会受到保卫部门的处罚。因此，严明的纪律是保卫人员认真履行职责的重要保证。不仅如此，保卫人员职业纪律还具有自觉性，也就是说，保卫人员职业纪律是建立在高度自觉基础上的纪律，是靠保安人员自觉遵守的纪律。保卫人员自觉严守纪律更加有利于保卫人员自觉履行职责。

3. 有利于树立保卫队伍的良好形象

形象，是指能够引起人的思想或者感情活动的具体形状、相貌或者姿态。人的形象具

有丰富的含义，不仅表现在外部的服饰、体态、相貌，而且更重要的是表现为一个人与他人交往中所反映出的知识水平、修养、气度、风度、心灵美等，它是人在内在修养程度的外在表现。在保卫工作中，保卫人员的个人形象结合在一起就形成了保卫队伍的整体形象。由于保卫人员在实际工作中表现出来的纪律作风是展示保卫人员素质和能力的重要内容，并且往往会给人民群众留下深刻的印象，因此，人民群众经常会把保卫队伍的纪律作风作为评判保卫队伍整体形象和素质的重要依据。

二、保卫部门抓好职业纪律的措施

1. 制定纪律规范

制定纪律规范是保卫部门抓好职业纪律的基本前提。保卫部门要根据国家法律和保卫职业特点制定纪律规范，各个保卫单位也可以结合本单位的特点制定更加具体纪律规范以及实施细则。保卫人员职业纪律一经制定，并颁布实施，每一位保卫人员都必须无条件的遵守。任何一名保卫人员，无论职级高低，都不得以任何借口违背职业纪律的要求。否则，就应受到相应的处罚和制裁。

2. 加强对保卫人员的纪律教育

保卫部门要通过加强纪律教育，纠正保卫人员的片面认识，提高保卫人员执行纪律的自觉性。例如，有少数保卫人员认为工作任务紧、情况特殊，出现某些违纪现象在所难免。还有的认为有法律就行了，还要那么多纪律干什么。保卫部门要通过加强纪律教育，使保卫人员认识到，这种把完成任务同遵守纪律对立起来的看法是错误的。纪律的约束力是保卫人员完成各项任务的保证。纪律与法律是有区别的。保安队伍中存在的问题多是纪律问题，遵守纪律是守法的重要保证。

3. 要求保卫人员严守各项纪律

保卫人员必须严格遵守的纪律主要有：一是政治纪律，它是保卫人员政治行为和政治言论的规范。二是组织纪律，它是调整保卫人员个人与集体、组织、领导关系的行为准则。三是工作纪律，它是调整保卫人员同工作对象之间关系的行为准则。四是群众纪律，它是调整保卫人员同群众之间关系的行为准则。五是保密纪律，它是保卫人员严格遵守工作机密的行为准则。

4. 加强管理

加强管理的重点是建立和完善各项规章制度，并且注意抓好各项规章制度的贯彻落实。一是建立严格的规章制度，主要包括工作制度、考核制度、奖惩制度、内务制度、廉政制度、训练制度、保密制度等，使纪律要求制度化、具体化。二是加强日常管理，按照保卫人员的各种条例，做好经常化的管理工作。

5. **严肃查处违纪行为**

良好的纪律不是自发产生的，必须在教育的基础上，提高保卫人员的纪律意识，克服纪律松弛现象。对于违纪者，应以说服教育为主，并且进行必要的纪律处分。对少数人的纪律处分可以对大多数保卫人员起到教育和警示作用，促进广大保卫人员更好地严守纪律。

6. **完善监督制约机制**

监督机制，是指对保卫人员是否严守纪律进行监察的工作系统和程序。主要渠道有公安机关监督、公司监督、部门监督、群众监督和社会舆论监督等。通过诸种监督，对保卫人员进行纪律教育，对违纪者进行纪律检查，防止违法违纪问题的发生，促进纪律作风建设。

7

第 7 章

法律法规

第1节 刑法的综合运用

一、故意犯罪不同形态的认定

故意犯罪的形态，是指故意犯罪发生、发展和完成过程中的各种不同形态。故意犯罪形态包括两类：

第一类，故意犯罪的完成形态：犯罪既遂。我国刑法分则中规定的各种具体犯罪的构成要件及其刑事责任，都是以犯罪既遂为标准的，即犯罪既遂是犯罪构成的一般形态。

第二类，故意犯罪的未完成形态：包括犯罪预备、犯罪未遂和犯罪中止。研究故意犯罪未完成形态的意义是：表明犯罪行为距离实际造成危害结果的远近；尚未造成危害结果的具体原因；行为人主观上恶性程度的变化和不同；最终说明行为对社会危害程度的不同。因此，我国《刑法》根据罪刑相适应的基本原则，对停顿在不同形态的故意犯罪行为规定的刑事责任也不相同。

1. 犯罪既遂

（1）犯罪既遂的定义。犯罪既遂，是指某一行为全部具备了刑法分则规定的某种具体犯罪构成的全部要件。

（2）犯罪既遂的类型。根据刑法分则对各种故意犯罪构成要件的不同规定，不同的故意犯罪对于犯罪既遂有着不同的成立条件。具体地说，主要有以下几种类型：

1）结果犯。根据刑法分则规定，行为人实施了犯罪行为，实际发生了法定的危害结果，就构成犯罪既遂。

2）行为犯。只要行为人实施了刑法分则规定的某种犯罪行为，无论是否发生实际危害结果，都构成犯罪既遂。

3）危险犯。根据刑法分则规定，有的故意犯罪，只要犯罪行为有足以发生某种法定严重危害结果的危险，就构成犯罪既遂。如果这种严重危害结果实际发生，则属于加重处刑的法定情节。

4）结果加重犯。有的故意犯罪，犯罪行为发生基本危害结果以外的更为严重的犯罪结果的，刑法分则对此规定了加重法定刑。犯罪行为如果没有发生犯罪分子预期的犯罪结果，而发生了应当加重处刑的更为严重的犯罪结果的，也构成犯罪既遂。

（3）认定犯罪既遂时应当注意问题。犯罪既遂，是故意犯罪的最后完成形态。某一具

体犯罪一旦既遂，该犯罪行为即告结束。据此

1）犯罪既遂以后，不可能再出现该罪的未遂。

2）犯罪既遂以后，也不可能再出现该罪的中止。

2. 犯罪预备

(1) 犯罪预备的定义。为了犯罪，准备工具、制造条件的，是犯罪预备。根据《刑法》规定，对于预备犯，可以比照既遂犯从轻、减轻处罚或者免除处罚。

(2) 犯罪预备的特征。犯罪预备的特征表现为：

1）已经实施犯罪的预备行为。包括准备（犯罪）工具，制造（犯罪）条件。所谓制造条件，是指除准备犯罪工具以外的一切为着手实行犯罪提供便利的行为。常见的制造条件行为有：寻找共同犯罪人；拟订犯罪计划；掌握作案技能；窥测犯罪地点、环境；调查犯罪对象的活动规律；排除着手实行犯罪的障碍；接近犯罪对象，伺机着手实行犯罪等。

2）尚未着手实行犯罪。尚未着手实行犯罪，即犯罪行为在着手实行犯罪前的预备阶段就停顿下来。这一特征是犯罪预备与犯罪未遂相区别的关键。

3）尚未着手实行犯罪是由于犯罪分子意志以外的原因。这一特征是犯罪预备与犯罪中止相区别的关键。

(3) 犯罪预备与犯意表示的区别。在司法实践中，应当注意把犯罪预备与犯意表示区别开。犯意表示，是指在实施犯罪活动以前，将自己的犯罪意图通过口头、书面或者其他形式流露出来。犯罪预备与犯意表示的区别在于：

1）犯罪预备。犯罪预备是虽然行为人还没有着手实行犯罪，但是已经在为着手实行犯罪制造条件，对犯罪客体构成威胁，如果没有停顿下来，必然着手实行犯罪，所以是具有社会危害性的行为。

2）犯意表示。犯意表示仅仅属于一种单纯的犯罪思想流露，其行为实质只是在于向他人或者社会表明自己的某种犯罪欲望、犯罪意向，而并没有为实行犯罪制造条件的具体预备行为，所以对社会不具有现实的、直接的危害性，据此不能以犯罪预备加以认定。

3. 犯罪未遂

(1) 犯罪未遂的定义。已经着手实行犯罪，由于犯罪分子意志以外的原因而未得逞的，是犯罪未遂。根据《刑法》规定，对于未遂犯，可以比照既遂犯从轻或者减轻处罚。

(2) 犯罪未遂的特征。犯罪未遂的特征表现为：

1）已经着手实行犯罪。判断行为人“是否着手”实行犯罪的原则标准是：应当根据危害行为的作用以及危害行为对犯罪客体的威胁程度为依据。

犯罪未遂与犯罪预备区别的关键在于：行为人是否着手实行犯罪。

2）犯罪未得逞。所谓未得逞，是指犯罪行为没有完全具备刑法分则规定的某种具体

犯罪构成的全部要件，即未完成犯罪。

犯罪未遂与犯罪既遂区别的关键在于：犯罪是否得逞。

3）犯罪未得逞是由于犯罪分子意志以外的原因造成的。所谓“犯罪分子意志以外的原因”，是指与犯罪分子本意相违背的各种主、客观因素。这些因素，可以来自人的行为，可以来自自然条件的影响，可以出自技术障碍、工具障碍，可以出自犯罪分子本身的能力限制，可以出自犯罪分子主观上的认识错误等。

（3）犯罪未遂与犯罪中止的区别。二者的区别关键在于：行为人是否按照自己的意志中止犯罪。

4. 犯罪中止

（1）犯罪中止的定义。在犯罪过程中，自动放弃犯罪或者自动有效地防止犯罪结果发生的，是犯罪中止。根据《刑法》规定，对于中止犯，没有造成损害的，应当免除处罚；造成损害的，应当减轻处罚。

（2）犯罪中止的种类。犯罪中止的种类包括：

1）未实行终了的中止（消极中止），即在犯罪预备和着手实行犯罪的过程中，自动放弃犯罪。

2）实行终了的中止（积极中止），即在犯罪过程中，自动有效地防止犯罪结果的发生。这种中止情况，只能发生在犯罪分子着手实行犯罪的过程中。

（3）成立条件。犯罪中止的成立条件表现为：

1）必须是在犯罪过程中，即只能在犯罪预备行为开始后，或者犯罪行为着手实行过程中、犯罪既遂前中止。

2）必须是犯罪分子按照自己的意志中止犯罪。犯罪中止与犯罪预备、犯罪未遂区别的关键在于：行为人是否按照自己的意志中止犯罪。

3）必须是彻底放弃犯罪或者是有效防止特定危害结果的发生。

①所谓彻底放弃犯罪，是指犯罪分子完全、彻底地放弃了所追求的特定犯罪目的。

②所谓有效防止特定危害结果的发生，是指犯罪分子在着手实行犯罪过程中、危害结果发生之前，在仅靠单纯停止犯罪活动，仍不足以有效防止危害结果发生的情况下，必须积极采取有效措施，以防止预期的犯罪结果发生，实现犯罪中止的目的。

二、共同犯罪的认定

1. 共同犯罪的概念和构成要件

共同犯罪，是指二人以上共同故意犯罪。成立共同犯罪，必须具备以下三个构成要件。

（1）主体要件。主体要件是指必须二人（自然人）以上，并且必须全部达到法定刑事责任年龄，具备刑事责任能力。

（2）客观要件。客观要件是指各个共同犯罪人必须具有共同犯罪行为。

（3）主观要件。主观要件是指各个共同犯罪人必须具有共同犯罪故意。

以上三个要件必须全部具备，缺一不可，才能构成共同犯罪。

2. 共同犯罪具体表现形式的认定

为了揭示共同犯罪在表现形式上的多样性，认定不同具体表现形式的共同犯罪对社会的危害性程度，刑法理论从不同的角度，用不同的标准，对共同犯罪的形式作了不同的划分。

（1）以共同犯罪故意形成的时间为标准。共同犯罪分为事先通谋的共同犯罪和事先无通谋的共同犯罪。

1）事先通谋的共同犯罪。事先通谋的共同犯罪，是指共同犯罪人之间的共同犯罪故意，是在着手实行犯罪之前通过共谋形成的共同犯罪形式。它是一种常见的共同犯罪形式。

2）事先无通谋的共同犯罪。事先无通谋的共同犯罪，是指共同犯罪人在着手实行犯罪的阶段才形成共同犯罪故意的共同犯罪形式。

（2）以共同犯罪人之间有无分工为标准。共同犯罪分为简单的共同犯罪和复杂的共同犯罪。

1）简单的共同犯罪。简单的共同犯罪，是指各个共同犯罪人在共同犯罪中没有分工，均为实行犯的共同犯罪形式。

2）复杂的共同犯罪。复杂的共同犯罪，是指各个共同犯罪人在共同犯罪中有着不同分工的共同犯罪形式。

在复杂的共同犯罪中，有着组织犯、实行犯、帮助犯、教唆犯的不同分工。

（3）以共同犯罪人之间有无组织形式为标准。共同犯罪分为一般的共同犯罪和有组织的共同犯罪。

1）一般的共同犯罪。一般的共同犯罪，是指尚未形成犯罪组织的共同犯罪。

2）有组织的共同犯罪。有组织的共同犯罪，是指以多次实施一种或者数种犯罪为目的，建立特定犯罪组织或者以组织形式实施的共同犯罪。

其中，犯罪集团是有组织的共同犯罪中社会危害性更大、更为危险的犯罪组织，是刑法重点打击的共同犯罪形式。

根据《刑法》第26条规定，犯罪集团是指三人以上为共同实施犯罪而组成的较为固定的犯罪组织。

(4) 以共同犯罪能否任意形成为标准。共同犯罪分为任意的共同犯罪和必要的共同犯罪。

1) 任意的共同犯罪。任意的共同犯罪，是指刑法分则中规定的一人能单独实施（单独犯）的犯罪，由共同犯罪实施的犯罪情形。

2) 必要的共同犯罪。必要的共同犯罪，是指根据刑法分则规定，这种犯罪，只能由两人以上共同故意实施，即只能是共同犯罪才能构成的犯罪情形。

3. 不同种类共同犯罪人的认定

由于各个共同犯罪人在共同犯罪中所处的地位、所起的作用可能不同，为了贯彻罪刑相适应的刑法基本原则，做到区别对待，准确量刑，必须对共同犯罪人进行分类。根据我国长期与共同犯罪作斗争的经验，《刑法》将共同犯罪人分为主犯、从犯、胁从犯和教唆犯四种种类。

(1) 主犯。组织、领导犯罪集团进行犯罪活动的或者在共同犯罪中起主要作用的，是主犯。根据《刑法》规定，对组织、领导犯罪集团的首要分子，按照集团所犯的全部罪行处罚。对于犯罪集团首要分子以外的主犯，应当按照其所参与的或者组织、指挥的全部犯罪处罚。主犯的特征表现为：

1) 主观上。主犯的犯罪意图是形成共同犯罪故意的基础，其他共同犯罪人的犯罪故意从属于主犯的犯罪意志。

2) 客观上。主犯的犯罪活动对其他共同犯罪人的犯罪活动起着支配作用，或者对危害结果的发生起着决定作用。

(2) 从犯。在共同犯罪中起次要、辅助作用的，是从犯。根据《刑法》规定，对于从犯，应当从轻、减轻处罚或者免除处罚。从犯的特征表现为：

1) 在整个共同犯罪中，处于从属于主犯的地位。

2) 在整个共同犯罪中，起次要或者辅助作用。

(3) 胁从犯。被胁迫参加犯罪的，是胁从犯。根据《刑法》规定，对于胁从犯，应当按照他的犯罪情节减轻处罚或者免除处罚。胁从犯的特征表现为：

1) 胁从犯参加共同犯罪具有被迫性。

2) 胁从犯具有一定的意志自由，可以对是否参加共同犯罪作出选择。

胁从犯与从犯的区别在于：从犯是愿意参加共同犯罪的，而胁从犯是不愿意或者不完全愿意参加共同犯罪的。

(4) 教唆犯。教唆他人犯罪的，是教唆犯。根据《刑法》规定，教唆他人犯罪的，应当按照他在共同犯罪中所起的作用处罚；教唆不满18周岁的人犯罪的，应当从重处罚；如果被教唆的人没有犯被教唆的罪，对于教唆犯，可以从轻或者减轻处罚。教唆犯的特征表现为：

1）客观方面具有教唆他人犯罪的教唆行为。

2）主观方面具有教唆他人犯罪的故意。

3）被教唆的人必须符合犯罪主体的成立条件。

司法实践中，教唆犯教唆他人产生某种犯罪意图、进而实施该种犯罪，其犯罪的性质和罪名是多种多样的。但是教唆犯本身不是一个独立的罪名，而是共同犯罪人的一种种类。在对教唆犯定罪时，应当按照他所教唆的犯罪确定罪名。

三、单位犯罪的认定

1. 单位犯罪的概念

根据《刑法》第 30 条“公司、企业、事业单位、机关、团体实施的危害社会的行为，法律规定为单位犯罪的，应当负刑事责任”的规定，单位犯罪是指公司、企业、事业单位、机关、团体实施的危害社会并由法律规定为单位犯罪的行为。

2. 单位犯罪的构成要件

单位犯罪的成立，必须具备以下构成要件。

(1) 犯罪主体是公司、企业、事业单位、机关、团体，即是依法设立的单位。《刑法》第 30 条规定中所称的公司、企业、事业单位，既包括国有、集体所有的公司、企业、事业单位，也包括依法设立的合资经营、合作经营企业和具有法人资格的独资、私营等公司、企业、事业单位。

个人为进行违法犯罪活动而设立的公司、企业、事业单位实施犯罪的，或者公司、企业、事业单位设立后，以实施犯罪为主要活动的，不以单位犯罪论处。

(2) 客观上由单位实施了法律规定为单位犯罪的行为。

(3) 主观上具有单位犯罪的故意或者过失。主要表现为：主观方面必须具有单位集体意志形成的犯罪故意或者犯罪过失，而单位集体犯罪意志的形成和单位犯罪行为的实施，是由单位集体决定或者负责人员决定的。

盗用单位名义实施犯罪，违法所得由实施犯罪的个人私分的，依照《刑法》有关自然人犯罪的规定定罪处罚。

3. 刑事责任原则

对单位犯罪，实行以双罚制为主、以单罚制为辅的刑事责任原则。

(1) 双罚制。单位犯罪的，对单位判处罚金，并对其直接负责的主管人员和其他直接责任人员判处刑罚。

(2) 单罚制。单罚制只对其直接负责的主管人员和其他直接责任人员判处刑罚。

四、罪数确定

1. 一罪与数罪的概念

（1）一罪。一罪是指行为人的犯罪事实只具备一个犯罪构成，即行为人基于一个主观罪过，实施了一个具体犯罪构成要件的行为。

（2）数罪。数罪是指行为人的犯罪事实具备数个犯罪构成，即行为人基于数个主观罪过，实施了数个具体犯罪构成要件的行为。

2. 不适用数罪并罚的若干犯罪情况

犯罪现象是复杂的。有些犯罪情况，在具体犯罪行为的个数或者造成危害结果的具体表现等方面，貌似数罪，实质上是一罪；有些犯罪情况，分解开加以认定时，确实是数罪，但是我国《刑法》将其作为一罪加以明文规定，或者司法实践中将其作为一罪处理。据此，以下若干犯罪情况不适用数罪并罚，而以一罪论处。

（1）想象竞合犯（想象数罪）。想象竞合犯是指行为人实施一个危害行为，而触犯数个异种罪名的犯罪形态。对于想象竞合犯，应当按照行为人所触犯的数个罪名中法定刑最重的一个罪名定罪量刑。

（2）继续犯（持续犯）。继续犯是指犯罪既遂后，犯罪行为和不法状态在一定时间内处于持续状态的犯罪形态。

（3）惯犯（集合犯）。惯犯是指以某种犯罪为常业（营业或者职业），犯该种罪已成习性，并以该种犯罪所得为其挥霍或者生活主要来源的犯罪形态。

（4）结合犯。结合犯是指两个原本独立的犯罪行为，根据刑法分则的明文规定，结合成为一种新罪的犯罪形态。

（5）结果加重犯（加重结果犯）。结果加重犯是指行为人实施了刑法规定的一个犯罪行为，由于发生了超出该种犯罪特定危害结果之外的更为严重的危害结果，而适用《刑法》规定的加重法定刑的犯罪形态。

（6）连续犯。连续犯是指基于同一的或者概括的犯罪故意，连续实施数个独立构成犯罪的行为，触犯同一罪名的犯罪形态。

（7）牵连犯。牵连犯是指以实施某一犯罪为目的，而其犯罪的方法行为或者结果行为又触犯其他罪名的犯罪形态。

1）对牵连犯的处理原则。牵连犯只有一个基本的犯罪目的，数个行为之间又存在牵连关系，所以应当把它作为一罪处理，不实行数罪并罚。

2）对牵连犯的具体处理方法

①直接依据《刑法》的明文规定定罪。

②根据重罪吸收轻罪的吸收原则，应当按照所触犯的数罪名中法定刑最重的罪定罪并从重处罚。

五、若干常见经济犯罪、职务犯罪、业务犯罪、渎职犯罪的认定

1. 重大责任事故罪

（1）重大责任事故罪的概念。重大责任事故罪，是指工厂、矿山、林场、建筑企业或者其他企业、事业单位的职工，由于不服管理、违反规章制度，或者强令工人违章冒险作业，因而发生重大伤亡事故，造成严重后果的行为。

（2）重大责任事故罪的特征。重大责任事故罪的主要特征是：

1）侵犯的客体是厂矿企业、其他企业、事业单位的生产安全。现代生产，越来越表现为协作、有序的状态，从而形成各行各业生产的系统化。某个环节发生的问题，不仅仅是操作者个人的人身安全和财产安全的问题，并且往往直接关系到整个生产安全。作为重大责任事故罪所侵犯的客体的生产安全，是公共安全的重要组成部分。危害生产安全，同样表现为能够使不特定的多数人的生命、健康或者公、私财产遭受重大的损害。其特点是这些损害发生在生产过程中。

2）客观方面表现为在生产作业过程中，不服管理、违反规章制度，或者强令工人违章冒险作业，因而发生重大伤亡事故，造成严重后果的行为。

①行为人必须具有违反规章制度的行为。所谓规章制度，是指与保障安全生产、作业有关的规章制度，包括国家颁发的法律法规的明文规定，企业、事业单位及其上级管理机关所制定的规程、规则、章程等的明文规定；另外，还包括企业、事业单位中通行的行之有效的正确操作习惯与惯例。本罪中违反规章制度的行为表现为两种形式：一是不服管理、违反规章制度。二是强令工人违章冒险作业，即指强行要求工人违反规章制度，冒着发生重大责任事故的危险从事作业活动。

②行为人违反规章制度的行为只能发生在生产、作业过程中并与生产、作业有直接关系。如果事故的发生与生产、作业没有关系，不构成本罪。

③行为人在生产、作业过程中违反规章制度的行为必须造成了重大伤亡事故或者其他严重后果。根据最高人民检察院的有关司法解释，所谓重大伤亡，是指死亡1人以上或者重伤3人以上；所谓严重后果，是指直接经济损失在5万元以上，或者直接经济损失不足5万元，但是情节严重，使生产、工作受到重大损害的。这里的“直接经济损失”，是指由于事故而造成的建筑、设备、产品等的毁坏损失（即全部或部分丧失价值或使用价值），以及因人员伤亡而支付的医药、丧葬、抚恤等费用。

3）主观方面表现为过失，包括疏忽大意的过失和过于自信的过失。这里的过失是就

行为人对其行为所引起的重大事故的心理态度而言的。至于行为人对其违反规章制度的行为本身，则可能是明知的、故意的。如果行为人对危害结果出于故意的心理状态，不构成本罪，可能构成其他危害公共安全的犯罪。

4）本罪的主体为特殊主体，即工厂、矿山、林场、建筑企业或者其他企业、事业单位的职工。所谓职工，主要是指直接从事生产、科研和生产指挥的人员，如生产工人、工程师、技术员、化验员、施工员、设计师及主管生产的厂长、矿长、坑长、车间主任、队长等。在工矿企业、事业单位中从事非生产性的一般党政工作人员由于官僚主义或玩忽职守造成重大损失的，不构成本罪，而构成玩忽职守罪。

（3）应注意的问题。认定重大责任事故罪时应当注意以下问题：

1）本罪与非罪行为的界限。要将本罪与自然事故、技术事故区分开。

①所谓自然事故，是因不依人的意志为转移的由自然原因而造成的事故，如雷电、暴风雨造成电路故障而引起的人员伤亡或经济损失。

②所谓技术事故，是指由于技术手段或者设备条件所限而无法避免的人员伤亡或者经济损失。在生产和科学实验中，因为受到现有科技水平和设备条件的限制，不可避免地会出现事故，造成一些损失。

③自然事故、技术事故虽然都造成了损害后果，但是重大责任事故是行为人的违章行为造成的，并且主观上具有过失；而自然事故、技术事故造成的损害后果既不是行为人实行违章行为造成的，主观上也没有罪过，因而不构成犯罪。

2）重大责任事故罪与一般责任事故的界限。两者区别的关键在于行为人的违章行为是否造成了人员伤亡或者财产的重大损失。

3）本罪与危险物品肇事罪的界限。危险物品肇事罪，是指违反爆炸性、易燃性、放射性、毒害性、腐蚀性物品的管理规定，在生产、储存、运输、使用中发生重大事故，造成严重后果的行为。两罪都是过失犯罪，在客观上都因违反有关规定或者制度而导致严重后果。其主要区别是：

①犯罪主体有所不同。本罪为特殊主体，即工厂、矿山、林场、建筑企业或者其他企业、事业单位的职工；而危险物品肇事罪的主体则属于一般主体，即任何从事生产、储存、运输、使用危险物品工作的人员。

②犯罪客观方面的表现不同。本罪在客观方面的表现为行为人在生产、作业过程中，违反有关生产、作业的规章制度，因而发生重大伤亡事故或者其他严重后果的行为；而危险物品肇事罪在客观方面的表现为行为人在生产、储存、运输、使用危险物品过程中，违反危险物品管理规定，因而造成严重后果的行为。

2. 合同诈骗罪

(1) 合同诈骗罪的概念。合同诈骗罪，是指以非法占有为目的，在签订、履行合同过程中，骗取对方当事人财物，数额较大的行为。

(2) 合同诈骗罪的特征。合同诈骗罪的主要特征是：

1) 侵犯的客体是复杂客体，即既破坏了市场秩序，也侵犯了公私财产所有权。

2) 客观方面表现为行为人在签订、履行合同过程中，实施了骗取对方当事人财物的下列行为之一，数额较大的行为。

①以虚构的单位或者冒用他人名义签订合同的，如伪造印章、证件、营业执照、报假姓名假地址，编造根本不存在的公司与对方当事人签订合同，或者利用抢、偷、骗来的盖有印章的介绍信、合同书，假冒他人签订合同，骗取财物。

②以伪造、变造、作废的票据或者其他虚假的产权证明做担保的，如利用伪造、变造、作废的支票、汇票、提单、信用证做担保，与他人签订合同，骗取财物。

③没有实际履行能力，以先履行小额合同或者部分履行合同的方法，诱骗对方当事人继续签订和履行合同的。

④收受对方当事人给付的货物、货款、预付款或者担保财产后逃匿的。

⑤以其他方法骗取对方当事人财物的。

3) 主观方面出于故意，并且具有非法占有对方当事人财物的目的。

4) 犯罪主体是一般主体，单位可以成为本罪的主体。

(3) 应注意的问题。认定合同诈骗罪时应当注意以下问题：

1) 本罪与经济合同纠纷的界限。经济合同纠纷，是指在经济往来中，订立合同的当事人之间在履行合同、实现各自经济利益的过程中产生的矛盾和纠纷。经济合同纠纷与本罪有某些相似之处，特别是经济合同当事人因客观原因不能履行合同而使对方当事人遭受严重损失所产生的经济合同纠纷，又是与本罪难以区分。两者相区别的关键在于：行为人主观上是否具有非法占有对方当事人财物的目的，客观上是否利用经济合同实施了骗取对方当事人数额较大的财物的行为。

2) 本罪与诈骗罪的界限。本罪与诈骗罪在客观方面都使用了欺骗的手段，主观方面都具有非法占有财物的目的。两罪的区别主要表现为：

①侵犯的客体不同。本罪侵犯的是复杂客体，即同时侵犯了市场经济秩序和公私财产所有权；诈骗罪侵犯的是简单客体，即只侵犯公私财产所有权。

②客观手段不同。本罪必须在签订、履行合同过程中骗取对方的财物；诈骗罪表现为采用虚构事实或者隐瞒真相的任何方法骗取对方的财物，没有具体手段的限制。

③犯罪主体不同。本罪的犯罪主体，自然人和单位都可以构成；诈骗罪的主体仅限于

自然人。

3. 职务侵占罪

（1）职务侵占罪的概念。职务侵占罪，是指公司、企业或者其他单位的人员，利用职务上的便利，将本单位数额较大的财物非法占为己有的行为。

（2）职务侵占罪的特征。职务侵占罪的主要特征是：

1）侵犯的客体是公司、企业或者其他单位的财产所有权。犯罪对象是单位所有的各种财物，包括已在单位控制中的财物与应归单位收入的财物。如果是本单位管理、使用或者运输中的私人财产，应当以本单位财产论，也属于本罪的对象。因为这些财产的损失，最终也是由单位承担责任的。至于公司、企业或者其他单位财产的所有制性质，既可以是私人所有的，也可以是集体所有的；既可以是国家所有的，还可以是属于混合经济组织所有的。

2）客观方面表现为利用职务上的便利，将数额较大的本单位财物非法占为己有的行为。这里所谓的利用职务上的便利，是指行为人利用其职务上所具有的主管、管理、经手本单位财物的便利。

3）主观方面出于故意，并且具有非法占有本单位财物的目的。

4）犯罪主体是特殊主体，即只能是公司、企业或者其他单位的工作人员中不具有国家工作人员身份的人员。

（3）应注意的问题。认定职务侵占罪时应注意以下问题：

1）注意将本罪与侵占罪区别开。本罪与侵占罪同属于以非法占有为目的，侵犯公私财产权利的犯罪。二者的区别表现在：

①犯罪主体不同。本罪的主体是特殊主体，而后者的主体是一般主体。

②犯罪对象不同。本罪的对象是公司、企业或者其他单位的财物，而后者的对象是代为保管的他人的财物、遗忘物或者埋藏物。

③行为方式不同。本罪的行为方式包括侵吞、窃取、骗取或者其他方法，而后者的行为方式主要是侵吞。本罪只能是利用职务上的便利实施，而后者的行为人则没有职务上的便利可以利用。

④本罪不以拒不退还或者拒不交出为要件，而后者则以此为要件。

2）注意将本罪与盗窃罪、诈骗罪区别开。本罪与盗窃罪、诈骗罪，都具有非法占有的目的，都侵犯财产权利。本罪与盗窃罪、诈骗罪的主要区别在于：

①本罪的主体是特殊主体，后者的主体是一般主体。

②本罪只能是利用职务上的便利而实施，行为方式包括窃取、骗取、侵吞等多种；而后者的实施与职务无关，行为方式分别只能是窃取或骗取。

③本罪侵犯的对象只能是公司、企业或者其他单位的财物，而后者侵犯的对象的范围包括非本单位的财物。

4. 玩忽职守罪

（1）玩忽职守罪的概念。玩忽职守罪，是指国家机关工作人员严重不负责任，不履行或者不正确履行应尽职责，致使公共财产、国家和人民利益遭受重大损失的行为。

（2）玩忽职守罪的特征。玩忽职守罪的主要特征是：

1）侵犯的客体是国家机关工作人员的职务职责。由于国家机关工作人员不恪尽职守，草率行事，对国家权力的严重不负责任，损害了国家机关管理职能的发挥，因而本罪所侵犯的客体是国家工作人员职务职责。

2）客观方面表现行为人玩忽职守，因而使公共财产、国家和人民利益遭受重大损失的行为。本罪的客观方面包括以下两个要素：

①行为人实施了玩忽职守的行为。所谓玩忽职守，是指国家机关工作人员严重不负责任，不履行或不正确履行职责。其行为方式一般为不作为，但有时也可以表现为作为。其中，不作为形式的玩忽职守是指行为人消极地不履行职责或者职务，致使国家、人民利益和公私财产遭受重大损失的行为；作为形式的玩忽职守是指行为人积极地实施与其职务或者职责相背离的行为，致使国家、人民利益和公私财产遭受重大损失。

②致使公共财产、国家和人民利益遭受重大损失。

3）本罪的主体是特殊主体，即国家机关工作人员。国家机关工作人员以外的其他任何人员，都不能单独成为本罪的主体。

4）本罪在主观方面只能出自过失，即行为人应当预见自己不履行或者不正确履行其职责的行为会导致公共财产、国家和人民利益遭受重大损失，因为疏忽大意而没有预见或者过于自信而没有避免，致使危害结果发生。

（3）应注意的问题。认定玩忽职守罪时应注意以下问题：

1）注意划清玩忽职守罪与非罪，即与一般玩忽职守行为的界限。是否致使公共财产、国家和人民利益遭受重大损失是区分本罪与一般玩忽职守行为的主要界限，只有造成重大损失的才构成犯罪。

2）注意划清本罪与工作技术事故的界限。区分二者的基本标准是看行为人对危害结果的主观心理态度和客观行为表现。如果行为人工作已经尽职尽责，由于客观条件和技术水平的限制，或者突然出现意外情况，超出正常预料，致使公共财产、国家和人民利益所遭受的损失与行为人的主观心理态度及客观行为之间不存在直接因果关系，则属于工作技术事故，应该吸取教训，努力改善工作条件，提高技术水平；相反，如果上述危害结果与行为人不履行或者不正确履行自己的职责存在因果关系，行为人在主观上对这种结果能够预料或已经预料，由于采取放任的态度，导致危害结果的发生，则应以滥用职权罪或者玩忽职守罪论处。

3）重大责任事故罪、重大劳动安全事故罪、工程重大安全事故罪、教育设施重大安全事故罪的界限。本罪与上述各罪有相似之处，都是由于有关人员不负责任，不履行或不正确履行职责致使公共财产、国家和人民利益遭受重大损失，但在犯罪构成上，本罪与这些罪又有明显不同：

①犯罪主体不同。本罪的主体是国家机关工作人员，是特殊主体。

②发生的场合不同。本罪通常发生在各项行政管理过程中；而上述各类重大事故则发生在航空运输、铁路运输、企业各项生产、经营的指挥、调度过程中。

第2节　刑事诉讼法的综合运用

一、刑事诉讼中的专门机关与诉讼参与人种类

1. 诉讼职能

刑事诉讼职能，也称诉讼职责，是指为了实现刑事诉讼的目的，完成刑事诉讼任务，由刑事诉讼法所规定的不同诉讼主体具有的职责、权限或权利。刑事诉讼职能的划分是同刑事诉讼的构造相适应的。在现代刑事诉讼中，刑事诉讼一般应由侦查、起诉、辩护和审判四种活动构成。因此，在传统理论上也就将刑事诉讼的职能划分为侦查职能、起诉职能、辩护职能和审判职能。

（1）侦查职能。侦查职能是指侦查人员为了追究犯罪人的刑事责任，依法进行立案侦查，搜集证据，揭露犯罪，证实犯罪，查获犯罪嫌疑人，为起诉和审判提供可靠的根据，为刑事诉讼的正常进行打下坚实的基础。在我国刑事诉讼中，侦查职能主要由公安机关行使，人民检察院也行使部分案件的侦查职能。

（2）起诉职能。起诉职能是指起诉人为了追究犯罪人的刑事责任，向人民法院提出起诉控告，要求人民法院对被告人依法进行审判。起诉是进行审判的前提条件，没有起诉就没有审判。起诉职能在公诉案件中是由人民检察院执行的，在自诉案件中是由自诉人执行的。执行控诉职能的范围和方式、方法是由法律规定的。

（3）辩护职能。辩护职能是指为了维护犯罪嫌疑人、被告人的合法权益，反驳对其所进行的追诉，为其进行申辩和解释，提出证明其无罪、罪轻或者减轻、免除其刑事责任的

材料和意见。辩护职能是由犯罪嫌疑人、被告人及其辩护人执行的。对犯罪嫌疑人、被告人来说，依法辩护是他享有的诉讼权利。对辩护人来说，依法为犯罪嫌疑人、被告人辩护是他应当执行的职责。

（4）审判职能。审判职能是指审理和判决案件的职责。审判职能是由人民法院执行的。人民法院通过审理，在起诉与辩护双方互相举证、质证和辩论的基础上，独立地裁决案件。

从本质上讲，侦查职能和起诉职能都是为对犯罪嫌疑人、被告人进行追诉服务的，所以在诉讼理论上也可以将侦查职能和起诉职能合称为控诉职能。控诉职能、辩护职能和审判职能的充分实现，是完成刑事诉讼任务的可靠保证。所以，刑事诉讼职能是刑事诉讼中的一个基本理论问题。

2. 刑事诉讼中的专门机关

（1）人民法院。人民法院是审判机关，是代表国家行使审判权的司法机关。在审判阶段，人民法院始终居于主导地位，负责主持和指挥全部诉讼活动，并对案件作出裁决。

（2）人民检察院。人民检察院是我国的法律监督机关，是代表国家行使检察权或者法律监督职能的司法机关。人民检察院在刑事诉讼中的权利：有权依法对贪污、渎职和侵犯公民民主权利等案件进行立案侦查；有权审查决定是否批准逮捕；有权审查决定是否提起公诉；有权对尚未发生法律效力的一审裁判按照第二审程序提出抗诉，也有权对已发生法律效力的裁判按照审判监督程序提出抗诉等。

（3）公安机关。在刑事诉讼中，公安机关是国家的侦查机关，行使国家的侦查权，负责大多数刑事案件的立案侦查工作，进行刑事诉讼活动，负责追究犯罪，实质上也就是在执行追诉职能。

（4）刑事诉讼中的其他专门机关。《刑事诉讼法》第 225 条还规定："军队保卫部门对军队内部发生的刑事案件行使侦查权。对罪犯在监狱内犯罪的案件由监狱进行侦查。军队保卫部门、监狱办理刑事案件，适用本法的有关规定。"因此，就这两类案件而言，军队保卫部门和监狱也具有与公安机关相同的侦查权。

《刑事诉讼法》第 4 条规定："国家安全机关依照法律规定，办理危害国家安全的刑事案件，行使与公安机关相同的职权。"因此，应该认为，就办理危害国家安全的刑事案件而言，国家安全机关在刑事诉讼中的性质和地位同公安机关是相同的。

3. 诉讼参与人

刑事诉讼参与人，是指除司法人员以外参加刑事诉讼活动，依法享有一定的诉讼权利、承担一定诉讼义务的人员。

根据《中华人民共和国刑事诉讼法》第 82 条第 4 项的规定，刑事诉讼的诉讼参与人是指当事人、法定代理人、诉讼代理人、辩护人、证人、鉴定人和翻译人员。

依据诉讼参与人同案件的利害关系不同，可以将诉讼参与人分为当事人和其他诉讼参与人两类。

凡是同案件有直接的利害关系而参加刑事诉讼的就是当事人，包括被害人、自诉人、犯罪嫌疑人、被告人、附带民事诉讼的原告人和被告人。

凡是同案件没有直接的利害关系，而是基于其他原因参加刑事诉讼的，就是其他诉讼参与人，包括法定代理人、诉讼代理人、辩护人、证人、鉴定人和翻译人员。

诉讼参与人共有的诉讼权利和义务是均有权按照法定程序参加刑事诉讼；有权使用本民族语言文字进行诉讼；有权对侦查人员、检察人员和审判人员侵犯公民合法的诉讼权利和有人身侮辱的行为提出控告；有权向司法工作人员了解同自己承担的诉讼义务有关的某些情况；有义务遵守各项法律的规定，服从侦查人员、审判人员的指挥等。

(1) 当事人。我国刑事诉讼中的当事人，是在诉讼中处于追诉（原告）或被追诉（被告）的地位，执行控诉（起诉）或辩护（答辩）职能，并同案件事实和案件处理结果具有切身利害关系的诉讼参与人。《刑事诉讼法》第 82 条第 2 项规定：“我国《刑事诉讼法》中的当事人是指被害人、自诉人、犯罪嫌疑人、被告人、附带民事诉讼的原告人和被告人。”

当事人的种类及享有广泛的诉讼权利如下：

1) 被害人。刑事诉讼中的被害人，是指正当权利或合法利益遭受犯罪行为直接侵害，并因此而参加刑事诉讼，要求追究犯罪嫌疑人、被告人刑事责任的人。

2) 自诉人。自诉人是以个人名义直接向人民法院提起诉讼，要求追究被告人刑事责任的一方当事人。

自诉人是自诉案件的一方当事人，具有独立的诉讼地位。他是为了维护自己或者其近亲属的权益，用自己的名义参加诉讼，在诉讼中执行控诉职能。自诉人的起诉、撤诉或者与被告人自行和解、上诉等诉讼行为，可以导致刑事诉讼程序的产生、发展或终结。

3) 犯罪嫌疑人。犯罪嫌疑人，是指公诉案件立案以后，被检察机关提起公诉以前可能受到刑事追究的人。

4) 被告人。刑事诉讼中的被告人，是指被人民检察院提起公诉或者自诉人提起自诉，要求人民法院依法审判，追究其刑事责任的人。

5) 附带民事诉讼的原告人。附带民事诉讼的原告人是指向司法机关提起附带民事诉讼，要求被告人赔偿其因犯罪行为而造成的物质损失的人，是附带民事诉讼当事人的一方。附带民事诉讼的原告人有权放弃、改变诉讼请求，有权委托诉讼代理人等。

6) 附带民事诉讼的被告人。附带民事诉讼的被告人是对犯罪行为造成的物质损失依法负有赔偿责任并被司法机关传唤应诉的一方当事人。他有委托诉讼代理人等权利。

(2) 其他诉讼参与人。根据《刑事诉讼法》第 82 条第 4 项的规定，其他诉讼参与人应当包括法定代理人、诉讼代理人、辩护人、证人、鉴定人和翻译人员。

1) 法定代理人。法定代理人，是指根据法律规定代理被代理人参加诉讼的人，包括被代理人的父母、养父母、监护人和负有保护责任的机关、团体的代表。

在我国刑事诉讼中并不是每一个案件都存在法定代理人，只有当被代理人是无诉讼行为能力或限制诉讼行为能力时，才有可能出现法定代理人。因为法律上确认和采取法定代理这种特定方式，就是为了解决无诉讼行为能力和限制行为能力人的诉讼权利的行使问题。

法定代理人代理权的产生不是基于被代理人的授权和委托，也不是司法机关的任意决定或批准，而是由法律直接规定的。

2) 诉讼代理人。诉讼代理人是指公诉案件的被害人及其法定代理人或者近亲属、自诉人及其法定代理人委托代为参加诉讼的人和附带民事诉讼的当事人及其法定代理人委托代为参加诉讼的人。诉讼代理人的代理权是基于被代理人及其法定代理人的委托，而不是法律的规定，这是诉讼代理人同法定代理人的原则区别。

3) 证人。证人是指除当事人以外了解案件情况而向司法机关作证的人。

4) 鉴定人。鉴定人是指受司法机关聘请或指定后凭借自己的知识和技能对案件事实的某个专门性问题提出书面鉴定意见的诉讼参与人。鉴定人不同于证人。证人是因为感知案件情况而参与诉讼提供证言的，证人对案件情况的认识先于其参与诉讼，而且是其参与诉讼的前提条件。而鉴定人则是因参与诉讼而认识案件情况的，参与诉讼活动先于鉴定人对案件情况认识。根据证人优先原则，如果一个具有鉴定人资格的人在参与诉讼之前曾亲身感知了案件事实，那么，该鉴定人应当作为本案的证人，而不得充任鉴定人。

鉴定人与案件不能有利害关系，如果有利害关系，适用回避的规定。

5) 翻译人员。翻译人员是指受司法机关聘请或指定在诉讼中从事语言文字翻译工作的诉讼参与人。刑事诉讼中需要翻译的语言文字，包括外国语、少数民族语言、聋哑手势、盲文、密码等。翻译人员也不能同本案有利害关系，否则适用回避的规定。翻译人员为了正确地进行翻译，有权了解同翻译内容有关的案件情况，有权查阅记载其翻译内容的笔录。如果笔录同实际翻译内容不符，有权要求修正或补充。翻译人员应按语言文字的原意如实进行翻译，不得隐瞒、歪曲或伪造。故意弄虚作假的，应负法律责任。

6) 辩护人。辩护人是指依法接受委托或指定参加诉讼并为犯罪嫌疑人、被告人进行辩护的诉讼参与人。辩护人既可以是律师、被告人的亲友、监护人，也可以是人民团体或者犯罪嫌疑人、被告人所在单位推荐的人。

二、刑事诉讼中的管辖

我国刑事诉讼中的管辖是指人民法院、人民检察院和公安机关，依照法律规定立案受理刑事案件以及人民法院系统审判第一审刑事案件的分工制度。

刑事诉讼中的管辖，实质上就是各司法机关在受理刑事案件方面的权限划分。司法机关受理刑事案件的范围，称做是管辖范围。司法机关在一定范围内受理刑事案件的职权，就称为管辖权。司法机关只能在法律规定的管辖范围内行使自己的职权，对不属于自己管辖的案件，则无权受理。

刑事诉讼的管辖分立案管辖和审判管辖两大类。在审判管辖下面，又分普通法院的审判管辖和专门法院的审判管辖。

1. 立案管辖

立案管辖，又称职能管辖或部门管辖，是指公安机关、人民检察院和人民法院之间在直接受理刑事案件上的权限划分。它解决的是刑事案件应当由谁来立案、开始诉讼的问题。

(1) 人民法院直接受理的刑事案件。《刑事诉讼法》第18条第3项规定："自诉案件，由人民法院直接受理。"自诉案件是指被害人及其法定代理人、近亲属，为追究被告人的刑事责任，而直接向人民法院提出诉讼的案件。人民法院立案后即进入审理阶段，而不需要经过公安机关或人民检察院立案侦查，也不需要人民检察院提起公诉。根据《刑事诉讼法》第170条的规定，自诉案件包括：

1) 告诉才处理的案件。

2) 被害人有证据证明的轻微刑事案件。

3) 被害人有证据证明对被告人侵犯自己人身、财产权利的行为应当依法追究其刑事责任，而公安机关或人民检察院不予追究的案件。这类自诉案件有下列限制性条件：其一，被害人能提供证据证明被告人的行为构成犯罪；其二，对被告人的行为应当依法追究其刑事责任，这是以刑事实体法对被告人行为衡量的结果。应当追究刑事责任是指不属于《刑事诉讼法》第15条规定的不追究刑事责任的情形；其三，被告人的行为侵犯的是被害人的人身权利或财产权利；其四，公安机关或者人民检察院作出了不予追究被告人刑事责任的书面决定。这类自诉案件实际上是将原本应当公诉的案件转化为自诉案件，其目的是保障被害人的控告权，维护被害人的诉讼权利，解决被害人告状无门的问题。

(2) 人民检察院直接受理的案件。《刑事诉讼法》第18条第2项规定："贪污贿赂犯罪，国家工作人员的渎职犯罪，国家机关工作人员利用职权实施的非法拘禁、刑讯逼供、报复陷害、非法搜查的侵犯公民人身权利的犯罪以及侵犯公民民主权利的犯罪，由人民检察院立案侦查。对于国家机关工作人员利用职权实施的其他重大的犯罪案件，需要由人民检察院直接受理的时候，经省级以上人民检察院决定，可以由人民检察院立案侦查。”

(3) 公安机关立案侦查的案件。《刑事诉讼法》第 18 条第 1 项规定：“刑事案件的侦查均由公安机关进行，法律另有规定的除外。”也就是说，除法律另有规定的，其他刑事案件应当一律由公安机关立案侦查。在实践中，存在着交叉管辖的情况，对此，应当按照《最高人民法院、最高人民检察院、公安部、国家安全部、司法部、全国人大常委会法制工作委员会关于刑事诉讼法实施中若干问题的规定》第 6 条的规定办理，即“公安机关侦查刑事案件涉及人民检察院管辖的贪污贿赂案件时，应当将贪污贿赂案件移送人民检察院；人民检察院侦查贪污贿赂案件涉及公安机关管辖的刑事案件，应当将属于公安机关管辖的刑事案件移送公安机关。在上述情况中，如果涉嫌主罪属于公安机关管辖，由公安机关为主进行侦查，人民检察院予以配合；如果涉嫌主罪属于人民检察院管辖，由人民检察院为主进行侦查，公安机关予以配合。”主罪与次罪的划分，应当以犯罪嫌疑人涉嫌的犯罪可能判处的刑罚轻重为标准。

2. 审判管辖

审判管辖，是指各级人民法院之间、同级人民法院之间以及普通人民法院与专门人民法院之间、各专门人民法院之间在审判第一审刑事案件上的分工。审判管辖解决的是人民法院系统内部在受理案件方面的分工，即刑事案件应由哪种、哪级、哪个人民法院进行第一审审判。

根据《刑事诉讼法》第 19 至 27 条的规定，我国的刑事审判管辖分为普通管辖和专门管辖。普通管辖又分为级别管辖、地区管辖和专门管辖。

(1) 级别管辖。级别管辖是指各级人民法院在审判第一审刑事案件上的权限划分，解决的是上下级人民法院之间的权限分工。级别管辖的划分主要考虑的因素有：案件的性质和影响，罪行的轻重和可能判处刑罚的轻重，案件涉及面的大小，不同级别法院的工作重点和工作量多少。我国《刑事诉讼法》对级别管辖的规定是：

1) 基层人民法院管辖的第一审刑事案件。《刑事诉讼法》第 19 条规定：“基层人民法院管辖第一审普通刑事案件，但是依照本法由上级人民法院管辖的除外。”可见，基层人民法院管辖的只能是普通刑事案件。

2) 中级人民法院管辖的第一审刑事案件。《刑事诉讼法》第 20 条规定，中级人民法院管辖下列第一审刑事案件：

①危害国家安全案件。

②可能判处无期徒刑、死刑的普通刑事案件。这是以可能判处的刑罚轻重为标准进行的界定。

③外国人犯罪的刑事案件。这里的外国人包括具有外国国籍的人、无国籍人和国籍不明的人。立法上之所以将这些案件划分为由中级以上人民法院进行第一审审判，是因为其性质严重，或案情重大复杂、影响范围大或处刑较重。由较高级别的法院进行第一审，有利于保证办案质量。

3）高级人民法院管辖的第一审刑事案件。《刑事诉讼法》第21条规定：“高级人民法院管辖的第一审刑事案件，是全省（自治区、直辖市）性的重大刑事案件。”

4）最高人民法院管辖的第一审刑事案件。《刑事诉讼法》第22条规定：“最高人民法院管辖的第一审刑事案件，是全国性的重大刑事案件。”事实上，由最高人民法院审判的第一审刑事案件十分罕见。

（2）地区管辖。地区管辖是指同级人民法院之间在审理第一审刑事案件上权限上的划分。级别管辖是从纵的方面解决案件由哪一级人民法院管辖的；而地区管辖则是在明确案件的级别管辖的基础上，确定某一案件由该级人民法院中的哪一个人民法院管辖，是从横的方面解决案件的管辖问题。只有级别管辖和地区管辖都解决了，案件的管辖权才能最终落实。

1）以犯罪地人民法院管辖为主，被告人居住地人民法院管辖为辅原则。《刑事诉讼法》第24条规定：“刑事案件由犯罪地的人民法院管辖。如果由被告人居住地的人民法院审判更为适宜的，可以由被告人居住地的人民法院管辖。”

2）以最初受理的人民法院审判为主，主要犯罪地人民法院审判为辅的原则。《刑事诉讼法》第25条规定：“几个同级人民法院都有权管辖的案件，由最初受理的人民法院审判。在必要的时候，可以移送主要犯罪地的人民法院审判。”这是立法上为最终落实地区管辖所作的规定。

遇到这种情况，原则上由最初受理的人民法院审判。因为，最初受理的人民法院对案件已有一定的了解，对处理案件有利。但是，在必要的时候，最初受理的人民法院可以把案件移送主要犯罪地人民法院审判。

所谓主要犯罪地，包括案件涉及多个地点时对该犯罪的成立起主要作用的行为地，也包括一人犯数罪时，主要罪行的实行地。必要的时候，是指对查清主要犯罪事实以及及时处理案件更为有利等情况。

（3）专门管辖。专门管辖是指专门人民法院与普通人民法院之间，各种专门人民法院之间以及各专门人民法院系统内部在第一审刑事案件受理范围上的分工，解决的是哪些案件由专门人民法院审判以及由哪一个专门人民法院审判的问题。

我国的专门法院有：军事法院、铁路运输法院、森林法院、海事法院。其中，海事法院无刑事管辖权。

三、处理刑事犯罪法定程序的疑难问题分析

我国的刑事诉讼程序，一般情况下需要经过立案、侦查、起诉、审判、执行五个诉讼阶段。它们相互连接，环环紧扣，以确保诉讼活动合法有序地进行。

1. 立案

(1) 立案的条件。《刑事诉讼法》第 86 条规定："人民法院、人民检察院或者公安机关对于报案、控告、举报和自首的材料，应当按照管辖范围，迅速进行审查，认为有犯罪事实需要追究刑事责任的，应当立案；认为没有犯罪事实，或者犯罪事实显著轻微，不需要追究刑事责任的，不予立案。"

司法机关对报案、控告、举报、自首的材料进行审查后，认为有犯罪事实需要追究刑事责任，并属于自己管辖的案件，应当作出立案决定。对需要立案的案件，应当由承办人员填写立案报告表；同时，要制作立案请示报告，报经主管领导审批。主管领导批准后，还要制作立案决定书，并由主管负责人签名或盖章。

(2) 不立案案件的处理。不具备立案条件的，应当作出不立案决定并制作《不立案决定书》。决定不立案后，应当用《不立案通知书》的形式，将不立案的原因及理由通知控告人。控告人如果不服，依法可以申请复议。

(3) 对不立案的监督。对不立案的监督，是指人民检察院对公安机关应当立案而不立案的案件，通知或要求其立案的诉讼活动。

在下列两种情况下，人民检察院应当要求公安机关说明不立案的理由。

1) 人民检察院依据本身职权，认为公安机关对应当立案侦的案件而不立案侦查的。

2) 被害人认为公安机关对应当立案侦查的案件而不立案侦查，向人民检察院提出的。如果人民检察院认为公安机关不立案的理由不成立，应当通知公安机关立案。公安机关在接到人民检察院要求立案的通知后，应当在 15 日内决定立案，并将立案决定书送达人民检察院。

2. 侦查

侦查是公安机关、人民检察院依法进行的专门调查和采取有关强制性措施的活动。

侦查可以采用强制性措施和专门的调查手段，如讯问犯罪嫌疑人，询问证人、被害人，勘验、检查，搜查，扣押物证、书证，鉴定，通缉等。

刑事诉讼活动要求既要实体正义，又要程序正义。因此，侦查活动必须依照法律规定的程序进行。但实践中，侦查机关为了追究犯罪的需要，往往忽略了程序规定，导致了其所获得的证据归于无效。

(1) 讯问犯罪嫌疑人。讯问犯罪嫌疑人是侦查人员为了查明案件事实和其他有关情

况，依照法定程序，以言词方式对犯罪嫌疑人进行审讯的一种诉讼行为。

1）讯问犯罪嫌疑人时，不准采用刑讯逼供、威胁、引诱和欺骗的方法，不准指名问供。

2）讯问犯罪嫌疑人应当由侦查人员两人以上进行。

3）根据《刑事诉讼法》第96条的规定，犯罪嫌疑人在侦查机关第一次讯问后或者采取强制措施之日起，可以聘请律师为其提供法律咨询、代理申诉、控告。犯罪嫌疑人被逮捕的，聘请的律师可以为其申请取保候审。

（2）询问证人。证人是知道案件情况的人。询问证人，是侦查人员依照法定程序，以言词方式向证人了解案件情况的一种诉讼行为。应做到：

1）一案有多个证人的应当分别进行询问，不能把几个证人集中在一起。采用开座谈会或讨论会的方式进行询问，以避免证人之间互相影响，不能客观真实地反映自己所了解的情况。

2）询问证人时，应当先问明证人的身份，并告知他应当如实提供证据、证言和有意作伪证或者隐匿证据应负的法律责任。

3）询问证人应当制成笔录。笔录要如实记载。笔录制成后应当交证人阅读，没有阅读能力的应当向他宣读。如果证人认为记载有错误或者有遗漏的地方，可以要求改正或补充。证人认为无误后，应在笔录上签名或盖章。询问的侦查人员也应当签名。

【案例7—1】 某日上午，从甲地开往乙地的长途汽车行至途中，车上的4名歹徒突然手持凶器抢劫乘客的财物，然后跳车逃跑。司机将车开到公安机关报案。公安机关立即立案侦查，对证人、被害人进行询问。因车上乘客共有38名，人数较多，而侦查人员人手少，所以决定每名侦查人员对一名乘客，分别进行询问。但发现乘客对犯罪嫌疑人的描述都不一致，甚至差别较大，于是该公安机关召开乘客座谈会，在座谈会上，乘客们互相提醒、讨论，最后形成了统一共识，确定了4名犯罪嫌疑人的特征。随后，由侦查人员按照已掌握案件情况逐一询问并加以证实，经宣读后几人在询问笔录上签了各自的姓名。据此，该公安机关继续进行下一步的侦查活动。

问：该公安机关询问证人、被害人的做法是否正确？询问证人、被害人还应注意哪些情况？

答：本案中公安机关讯问证人应当由侦查人员两人以上来进行，同时询问证人应当个别进行。

（3）搜查

1）搜查是为了搜集证据，查获犯罪嫌疑人，由侦查人员依法对犯罪嫌疑人以及可能隐藏罪犯或犯罪证据的人的身体、物品、住处和其他有关场所进行强行搜寻查找的一种侦查活动。

2）进行搜查时，执行搜查的人员不得少于两人，而且必须向被搜查人出示搜查证。向搜查人出示搜查证后，责令其在搜查证上，签字和按指印。如果他拒绝签字，执行人员应在搜查证上注明“被搜查人拒绝签字”的字样。

3）在执行拘留、逮捕的时候，遇有下列紧急情况之一的，不用搜查证也可以进行搜查。

①可能随身携带凶器的。

②可能隐藏爆炸、剧毒等危险物品的。

③可能隐匿、毁弃、转移犯罪证据的。

④可能隐匿其他犯罪嫌疑人的。

⑤其他突然发生的紧急情况的。

4）应注意的问题

①搜查时，应当有被搜查人或者他的家属、邻居或者其他见证人在场；如果到被搜查人的工作单位进行搜查，应邀请所在单位负责人到场。

②搜查中发现的可以证明犯罪嫌疑人有罪或者无罪的物品和文件时应当扣押；但与案件无关的物品、文件不得扣押。

③搜查结束应当制作搜查笔录，由侦查人员、被搜查人或者被搜查人的家属、邻居或者其他见证人签名或者盖章。如果被搜查人或者其的家属不在现场或者拒绝签名、盖章的，侦查人员应当在笔录上注明。

【案例 7—2】陈某在贩卖毒品中被当场抓获，从其身上缴获毒品10克。侦查人员立即到其租住的房间，从陈某的床上、枕头下又搜出50克，陈某当场承认毒品是自己的，侦查人员当即开出扣押物品清单让陈某签名确认。但该案移送后，陈某翻供，仅供认贩毒10克，对诡称在出租屋内缴获的50克毒品不是自己的，而是公安人员在其同乡睡觉的另一张床上搜到的。由于没有制作搜查笔录，扣押清单又不能反映搜获毒品的详细位置，该案只能认定陈某贩毒10克。

3. 起诉

不起诉，是指人民检察院对公安机关侦查终结移送起诉案件或自行侦查终结的案件，经审查认为犯罪嫌疑人具有法定不追究刑事责任的情形，或者犯罪情节轻微依法不需要判处刑罚或可免除刑罚的，以及证据不足不符合起诉条件的，作出不向人民法院提起公诉的一种决定。不起诉分为法定不起诉、酌定不起诉、存疑不起诉。

（1）公安机关的职责。公安机关移送起诉的案件，人民检察院决定不起诉的，应当将不起诉决定书送达公安机关。公安机关认为不起诉决定有错误的，应当在7日内制作要求复议意见书，经县级以上公安机关负责人批准后移送同级人民检察院复议。如果意见不被接受，可以在7日内制作提请复核意见书经县级以上公安机关负责人批准后移送提请上一级人民检察院复核。

（2）人民检察院的职责。《刑事诉讼法》第145条规定："对于有被害人的案件，决定不起诉的，人民检察院应当将不起诉决定书送达被害人。被害人如果不服，可以自收到不起诉决定书后7日以内向上一级人民检察院申诉，请求提起公诉。人民检察院应当将复查决定告知被害人。对人民检察院维持不起诉决定的，被害人可以向人民法院起诉。被害人也可以不经申诉，直接向人民法院起诉。人民法院受理案件后，人民检察院应当将有关案件材料移送人民法院。"

（3）对于人民检察院认为犯罪情节轻微，依照《刑法》规定不需要判处刑罚或者免除刑罚，人民检察院作出不起诉决定，而被不起诉人如果不服的，可以自收到不起诉决定书后7日以内向人民检察院申诉。人民检察院应当作出复查决定，通知被不起诉人，同时抄送公安机关。

4. 审判

（1）人民法院不可对刑事被告人缺席判决。缺席审判违反我国《刑事诉讼法》规定的审判程序。人民法院审判案件，从对案件的审查开始，到最后宣判为止，在整个审判过程中，都要接触被告人。其中，审问被告人是法庭调查活动的中心环节，听取被告人辩护和最后陈述是法庭审判的程序。如果在被告人不在场的情况下进行缺席审判，那么，法律规定的大部分诉讼活动无法进行，这显然是违反法定审判程序的。

缺席审判，实际上是剥夺了被告人在审判过程中应当享有的众多诉讼权利，这也是不符合法律要求的。根据《刑事诉讼法》的规定，被告人在审判阶段，享有委托辩护人、申请回避、申请审判长对证人、鉴定人发问或请求直接发问、辨认物证；对当庭宣读的证人证言、鉴定结论、勘验、检查笔录和其他证据的文书发表意见；申请通知新的证人到庭和调取新的物证；申请重新鉴定或者勘验；自行辩护和由辩护人辩护；与公诉人进行辩论；最后陈述等诉讼权利。并且，在接到第一审人民法院的判决书和裁定书后，还有在法定期限内提出上诉的权利。以上诉讼权利，必须在被告人在场和出席法庭的情况下才能行使。如果对被告人进行缺席审判，则无从行使这些诉讼权利，其合法利益也就无法予以维护。人民法院对案件的审理也就难以做到客观公正，所作的判决就难免做到客观公正，所做的判决就难免出现错误。

（2）上诉不加刑原则的运用要求。

【案例7—3】 龙某与陈某系同一车间工人，平时有隙。一日，二人因琐事发生争吵，龙某依仗自己身高力大，挥起拳头殴打陈某，陈某自知敌不过，只好忍痛离去，但对此耿耿于怀。不久，陈某捏造并散布龙某曾奸淫其年仅4岁的侄女的事实，致使许多不明真相者对龙某嗤之以鼻，使得龙某无法正常工作与生活，身心遭受严重损害。龙某查明为陈某诬陷后，即向当地县人民法院起诉陈某，要求追究陈某诽谤罪的刑事责任。县人民法院经过开庭审理，依据《刑法》和《民法通则》的规定，判决被告人陈某犯诽谤罪处拘役20天，并赔偿被害人龙某精神损害费1 000元。

陈某接到判决书后，认为龙某殴打自己也造成了自己皮肉之苦与精神损害，没有承担责任，因而自己也不应该向龙某赔偿和受刑罚处罚，以此为由提起上诉。龙某接到判决书后，以第一审判刑太轻为由也提起上诉。第二审人民法院审理后认为，第一审判决陈某向龙某赔偿1 000元并不为多，而判处陈某刑罚太轻，但第二审人民法院改判时要受上诉不加刑原则限制。于是，第二审人民法院裁定：驳回上诉，维持原判。

问：此案第一审、第二审人民法院的做法有无错误？为什么？

答：上诉不加刑原则，就是第二审人民法院审判只有被告人一方提出上诉的案件，不得以任何理由加重被告人的刑罚的审判原则。

(3) 应注意的问题。具体运用上诉不加刑原则时，应注意以下几点：

1) 共同犯罪案件，只有部分被告人上诉的，既不能加重上诉的被告人的刑罚，也不能加重其他同案被告人的刑罚。

2) 对被告人实行数罪并罚的，既不能加重决定执行的刑罚，也不能在维持原判决决定执行的刑罚不变的情况下，加重数罪中某一个或者几个罪的刑罚。

3) 对被告人判处拘役或者有期徒刑宣告缓刑的，不得撤销原判决宣告的缓刑或者延长缓刑考验期。

4) 对事实清楚、证据充分，但判处的刑罚畸轻的案件，不得以事实不清或者证据不足发回原审人民法院重新审理。

本案中，第一审、第二审人民法院对本案的处理均有错误。第一审人民法院错在审理陈某诽谤案时，追加了附带民事诉讼，判处陈某赔偿龙某精神损害费。《刑事诉讼法》第77条明文规定："被害人由于被告人的犯罪行为而受物质损失的，在刑事诉讼过程中，有权提起附带民事诉讼。"据此，附带民事诉讼的范围，仅仅限于被告人的犯罪行为给被害人造成了物质损失，精神损害赔偿不在刑事附带民事诉讼之列。而且，作为附带民事诉讼的赔偿问题，必须有合法的主体在刑事诉讼过程中提出了赔偿请求。而本案中的赔偿问题既不属于物质损失赔偿，被害人也没有提出赔偿请求。因而，县人民法院附带审理并判决精神损害赔偿是错误的。

第二审人民法院在对本案进行上诉审时，既没有纠正第一审中错误的附带民事诉讼问题，又错误地理解与适用了上诉不加刑原则。按照《刑事诉讼法》第190条的规定，上诉不加刑原则适用于仅有被告人一方上诉的第二审案件，不适用于人民检察院提起抗诉或者自诉人提起上诉的第二审案件。该第二审人民法院所审理的本案，被告人陈某提出了上诉，同时自诉人龙某也提出了上诉。所以，第二审人民法院审理本案，不应受上诉不加刑原则的限制，完全可以据实改判重于原判决所判刑罚。

四、运用证据认定犯罪中的疑难问题分析

1. 证人的资格问题

【案例7—4】 1998年5月13日上午8时30分左右，某市公安局接到市郊某村一农民张某的报案，张某称在通往自家菜园的小路上发现一具女尸。侦查人员闻讯后立即赶赴现场。经现场勘查和技术鉴定之后，初步认定这是一起凶杀案。死者为30岁左右的女青年，上身穿红色夹克衫，下身穿黑色牛仔裤。头部有31处钝器伤。从伤痕来看，凶器可能是一把圆形铁锤。种种迹象表明，死者生前曾与犯罪人进行了激烈搏斗。分析死亡时间大约为10个小时。在现场，侦查人员没有发现血迹和搏斗痕迹，但在尸体附近发现有明显的拖拉迹象，在距离尸体大约100米处的泥地上发现了车辙痕迹。因此，侦查人员断定此处是抛尸现场，而非作案的第一现场。而且从死者头部31处较轻的钝器伤来看，杀人现场应当是在小轿车或卡车的驾驶室等较小、较矮的空间里。因此，凶手受到环境限制，手里的凶器难以举高。

在调查的过程中，据当地一位农民反映，他在发现死者死亡的前一天晚上9点多，从停尸现场经过时，看到一辆红色小轿车停在那里。由于天太黑，没看清楚车是什么牌子的，但可以肯定的是，那是一辆出租车。于是，侦查人员决定，从本市各家出租汽车公司着手调查，发现了重大嫌疑人李某。据居住在李某家楼上的何某（8岁）反映，5月13日凌晨大约1点，自己起来去洗手间，透过洗手间的窗户发现李某的车停在楼下，车门打开，李某本人正在用水冲洗车厢。据此，公安机关认定李某实施了强奸杀人的行为，并侦查终结，移送人民检察院审查起诉。在人民法院庭审过程中，李某认为，为本案提供关键证言的何某不足10岁，不具有民事行为能力，因此不得作为证人，其证言也不得作为证据采纳。于是，控辩双方就何某的证人资格问题在法庭上展开了一场辩论。

问：在本案中何某的证言能否作为证据被采纳？

答：《中华人民共和国刑事诉讼法》第48条规定：“凡是知道案件情况的人，都有作证的义务。生理上、精神上有缺陷或年幼，不能辨别是非、不能正确表达的人，不能作证人。”

从《刑事诉讼法》的这一规定来看，我国法律对证人规定的条件包括两个方面：第一，必须知道案件有关情况。这一点不言而喻，不了解案件的有关情况自然无法提供证

言。第二，必须具有辨别是非和正确表达的能力。这一点是对证人能力的最起码要求。具体而言，它要求证人要具有三个方面的能力，即感知能力、记忆能力和表达能力。这三种能力分别对应于证人证言形成所要经历的三个阶段。一般来说，首先，证人证言的形成，要经历感知阶段，即证人感知案件事实的阶段。证人只有感知到有关案件的信息，才可能对案件事实有真实的了解。感知阶段是证人证言形成的基础性阶段。其次，要经历记忆阶段，任何对案件事实的感知都要通过证人的记忆才能在证人的头脑中将所感知的信息储存起来。因此，证人的记忆能力对证言的真实性和完整性具有十分重要的意义。最后，要经历表述阶段，证人将其所感知并且记住的案件事实，通过语言表述出来，一个证言才最终形成，证人表达能力的不足也可能影响到证言的客观真实性。

因此，一方面，确定一个人是否能够作为证人，除了其接触过案件事实之外，应当从其感知能力、记忆能力和表达能力三个方面加以判断。另一方面，《刑事诉讼法》第 48 条规定的文字意思应当作合并关系理解，也就是说，“生理上、精神上有缺陷或年幼”与“不能辨别是非、不能正确表达”是不能作证的两个合并条件，如果能够辨别是非和正确表达，即使年幼，也可以作为证人对待。

2. 正确对待犯罪嫌疑人的口供

在我国，对刑事诉讼有关供述证明力问题规定了两方面的要求：第一，在证据评价时，应当重证据，重调查研究，不轻信口供；第二，在运用证据认定案情时，限制供述证据的证明力。《刑事诉讼法》明确规定：“只有被告人供述，没有其他证据的，不能认定被告人有罪和处以刑罚。”

在我国刑事诉讼中，犯罪嫌疑人、被告人供述的证明力问题包括两方面的内容：第一，如何判断犯罪嫌疑人、被告人供述的真实可信性及其程度；第二，在运用犯罪嫌疑人、被告人供述认定案情时，如何担保其作为定案根据的真实可靠性。

【案例 7—5】2002 年 7 月某日凌晨，郭某被巡逻民警盘查时抓获，并从郭某身上当场起获水果刀一把、带有两个孔的布条一条及手套一副。经讯问，郭某供认准备抢劫路人财物，但还未确定目标即被抓获。其携带的水果刀用以威胁被害人；布条用以蒙面，防止被害人日后认出自己；手套用以防止在抢劫过程中留下指纹。本案的证据有：1. 郭某承认预谋抢劫的口供；2. 抓获郭某的巡逻民警的证言；3. 从郭某身上起获的水果刀、布条及手套。

问：是否可以认定郭某构成犯罪？

答：本案不能认定郭某有罪，虽然客观上存在着水果刀、布条及手套，但其真实作用是通过犯罪嫌疑人的口供所认定的，一旦其翻供，该些物证的作用则不能认定。所以，本案从其本质上看，如果要认定构成犯罪的话，就违反了“只有被告人供述，没有其他证据的，不能认定被告人有罪和处以刑罚”的规定。

在证据价值上，犯罪嫌疑人、被告人供述不具有高于其他证据种类的法定效力。在法庭调查程序上，犯罪嫌疑人、被告人必须接受公诉人、审判人员的讯问，被害人、附带民事诉讼原告人和辩护人、诉讼代理人的发问，与其他证据形式也不存在实质性的差异。因此，要求运用犯罪嫌疑人、被告人供述认定案情必须具有一定数量的补强证据，其目的就是为了担保、据以认定案情的供述证据的真实性。

因此，至少在以下情形下，应当对犯罪嫌疑人、被告人供述予以补充：

(1) 犯罪嫌疑人、被告人供述是认定案件的唯一证据。根据“孤证不能定案”的一般证据原则，对于只有被告人供述这一孤证，没有其他证据证明的案件，绝对不得认定被告人有罪。

(2) 犯罪嫌疑人、被告人供述是认定案件主要事实的唯一证据。对于属于案件主要犯罪事实的内容，如果只有被告人供述这一证据予以证明，则应当适用供述补强规则。

(3) 犯罪嫌疑人、被告人供述与其他证据不吻合、不一致。法律规定供述补强规则的目的是为了克服司法实践中倚重供述的恶习。因此，当犯罪嫌疑人、被告人供述与其他证据不吻合、不一致时，为了防止公安、司法人员过高估计供述证据的证明价值，应当对供述证据的真实性进行补强。

(4) 审判人员对被告人的供述的真实、可信性存疑虑的其他情形。

3. 鉴定结论的证明力认定

【案例7—6】2003年8月7日凌晨，民警巡逻至北京香山门头村幼儿园门前时，发现有4名男子抬着一个可疑的编织袋。经盘查后，警方获悉，该4名男子的编织袋中有被其偷来的23.5千克科研用葡萄。经调查，其中一名男子因未成年而被释放。这些葡萄是北京农林科学院林业果树研究所葡萄研究园投资40万元、历经10年培育研制的科研新品种。民工的馋嘴之举令其中的20余株试验链中断，损失无法估量。后经北京市物价局价格认证中心对被偷的葡萄进行估价，被偷葡萄的直接经济损失为11 220元。3名犯罪嫌疑人被刑事拘留。后进行第二次鉴定，数额约在千元。3个偷吃“天价葡萄”的馋嘴民工不久前已经被取保候审。

我国《刑事诉讼法》对鉴定结论没有作特殊的规定。从立法规定看，鉴定结论同其他证据一样，都只是证据的存在形式，必须经过查证属实，才能作为定案的根据。因此，可以肯定地说，在我国，鉴定结论没有预定的证明力。

鉴定结论没有预设的证明力包含两方面的含义：

(1) 鉴定结论不具有任何预定的证明力。在诉讼证明中，必须与其他证据结合起来才能对其证明力大小作出判断。所有的鉴定结论只是鉴定人运用其专门知识对相关问题所作的判断，尽管其往往以一定的科学规律或原理为依据，但是，在本质上，鉴定结论是一种意见，是鉴定人就专门问题的一种判断。因此，在运用鉴定结论时，应当结合其他证据对鉴定结论的可信性进行审查，并综合全案对鉴定结论的证明力大小作出判断。

(2) 鉴定结论之间不存在预定的证明力等级。从法律效力上看，所有的鉴定结论都是证据存在的形式，都是鉴定人对专门性问题所作的判断。因此，只要鉴定程序合法，鉴定人具有相应的鉴定能力，各鉴定结论之间就具有同等的法律地位。鉴定结论证明力的大小不是预先由鉴定人的身份、鉴定机构的权威性决定的，而应当由法官根据案件的所有证据作出具体的合理判断。

4. 举证责任

举证责任的基本含义是提供证据来证明自己的诉讼主张。“谁主张，谁举证”是一条古老而永远不会过时的诉讼原则。

在刑事诉讼中，案件的争议双方通常是代表国家的追诉机关和犯罪嫌疑人、被告人，且争议的问题是犯罪嫌疑人、被告人的行为是否构成犯罪。因此，无论是证明的主体还是证明的对象都具有一定的特殊性，这也使得刑事诉讼当中证明责任的分配标准具有一定的特殊性。此外，在刑事诉讼当中争议的双方在诉讼能力上也存在着巨大的差距。在公诉案件中，追诉的一方都是代表国家的公安机关和检察机关，他们可以依赖国家庞大的司法资源来对自己的主张进行证明活动。而处于被追诉地位的犯罪嫌疑人、被告人不但在诉讼资源上无法与之相比，还常常会因为被迫接受强制措施而在诉讼能力上受到极大的限制。除了证明主体和证明对象上的特殊性以外，刑事诉讼中的最大特点还在于其坚持的无罪推定原则。根据这一原则，任何人在未经人民法院公正审判并被依法判定有罪之前，都应当被推定无罪。因此，任何人无须向法院证明自己无罪，而证明其有罪的责任只能由追诉的一方来承担。正是由于以上三个方面的原因，使得刑事诉讼当中的证明责任固定分配给追诉的一方来承担。只有采取这样的证明责任分配标准，才能够保持诉讼程序上的实质公正，并保障被追诉一方的基本人权。

(1) 自诉案件原则上应由自诉人负责举证。自诉人在提起诉讼时，必须提供必要的证据。《刑事诉讼法》第171条规定：“缺乏罪证的自诉案件，如果自诉人提不出补充证据，应当说服自诉人撤回自诉，或者裁定驳回。”同样，被告人如对自诉人提出反诉，也应对反诉承担举证责任。

(2) 公诉案件中对被告人提出有罪的指控，应由作为控诉方的人民检察院以及作为侦查机关的公安机关（以及国家安全机关）承担举证责任。如果控诉方提不出确实、充分的证据，那么对被告人的指控便不能成立。

(3) 公诉案件中的被害人虽然是案件的当事人，但他在刑事诉讼中并不承担举证责任。被害人有权对犯罪提出控告，但如果要他对指控的罪行提出充分确实的证据，在一般的情况下，那是被害人无力办到的。正因为如此，国家专门设立了侦查机关和检察机关，负责对犯罪的侦查和纠举。这体现了国家对于被害人利益的特殊保护。

（4）公诉案件中的被告人，原则上也不承担证明自己有罪或无罪的责任。被告人和他的辩护人，有权根据事实和法律，提出证明自己无罪、罪轻或者应当减轻、免除处罚的材料和意见，反驳控诉的一切或全部。

5. 实践中对于搜集证据的要求

（1）收集调取的物证、书证应当是原物、原件。由于原始证据是从第一来源获得的，未经过中间环节的转手、传抄或复制、复印等，因而出现误差的可能性较小。其真实性、可靠性较大，对于案件的证明作用也较强。因此，办案人员都应当尽可能追根溯源，努力去查找、收集原始证据。对于物证，应尽可能寻找到原物；对于书证，应尽量索取文件的原件；对于证人和被害人，必须亲自进行口头询问，不能满足于书面的证词；对于犯罪嫌疑人、被告人则要亲自提审，不能满足于案卷中记录的口供或书面材料。这样做的目的，是使办案人员尽可能真切地了解案件的经过和具体情节，防止因证据多次转手、传抄而造成失真，避免对案件的认定出现失误。

（2）直接证据可以证明案件的主要事实，但不能是孤证，因此要注重对间接证据的收集。直接证据是指能够证明案件主要事实的证据。间接证据是只能证明案件的部分事实，需要推理的证据。直接证据必须有其他证据加以印证，经查证属实后才能作为定案的根据。间接证据主要是证明犯罪嫌疑人是否有作案的时间、动机、预备行为、是否到过案发现场、侵害的对象、毁灭、转移赃款、赃物的行为。间接证据的证明力等同于直接证据。

【案例7—7】2003年年底，被害人朱某因其丈夫许某被公安机关刑事拘留，托请王某为许某办理保释手续。2004年1月5日上午，朱某携款至王某的暂住地，在催促王某为其帮忙时，双方发生口角，王某遂挥拳猛击朱某的左太阳穴，致朱某倒地死亡。后王某将朱某的尸体肢解后抛弃。2004年1月19日，王某被抓获，经多方查找未发现受害人朱某的尸体。

侦查机关通过找寻房东、房地产中介公司确定了王某的承租时间，以此证明王某系某苑某号的唯一承租人，排除他人在此居住的可能；其次，通过手机话单的查询和受害人家属谈话，确认了死者失踪的准确时间，死者手机信号消失时间及地点是在某苑周围，死者失踪前最后一个联系人是王某。侦查机关用现场勘查笔录、现场示意图、刑事摄影照片证实在王某暂住地发现大量的血迹和女式衣物、沾有血迹的剪刀和锯弓，并通过辨认衣物和现场血迹DNA的比对，确认衣物和血是朱某留下来的。以此证明王某暂住地是第一犯罪现场。

对锯弓等作案工具的来源和朱某手机等随身物品的去向调查，确认现场提取的锯弓是王某购买的，以及朱某手机等随身物品是1月5日以后由王某分别送给别人的这一事实。

至此，形成了一个在王某暂住地发现多处血迹，其基因与被害人父母符合亲子关系，且发现的被害人衣物、首饰，朱某随身物品的流向，被害人朱某失踪情况、手机通话情况等与王某供述相一致的证明体系，证实了王某将朱某伤害致死后分尸、抛尸的事实。由于由上述证据组成的证明体系所推出的结论是独一无二的，并足以排除掉任何其他的可能性，因此某市中级人民法院在审理中对辩护人提出的“认定朱某已死亡证据不足，指控王某的行为造成朱死亡证据不足”辩护意见不予采纳，一审以故意伤害罪判处王某死刑，剥夺政治权利终身。

综上可以看出，运用间接证据定案必须经过一个复杂的逻辑推理过程。在这个过程中，必须符合以下要求：

1）每一个间接证据都必须查证属实，不能有任何怀疑。

2）每一个间接证据都必须与案件事实有客观联系，即能证明案件中的某些事实、情节。

3）间接证据必须形成一个完整的证明体系，所有的证明对象都应有相应的间接证据证明。

4）间接证据之间、间接证据与案件事实之间必须协调一致，不能存在任何怀疑。

5）依据间接证据形成的证明体系足以得出肯定的结论，并且这一结论具有排他性。

证据确实是质的要求，充分是量的要求。必须满足以下要求：据以定案的每一个证据都已查证属实，是客观存在的事实；每一个证据都与案件事实有关联，起到证明案件事实的作用；案件事实的每一情节都有相应的证据予以核实；证据之间不存在矛盾；证据之间得出唯一结论。

五、适用刑事强制措施中的问题分析

1. 拘传

【案例7—8】某公安机关在对一起伤害案件进行侦查中，了解到案发时陈某在现场，即向陈某取证。但几次通知其到公安机关接受询问，陈某均不予理睬，并准备出境，于是公安机关决定对其实施拘传。

问：该县公安机关的做法对吗？为什么？

答：拘传是公安机关、人民检察院和人民法院对于未被羁押的犯罪嫌疑人、被告人，强制其到指定的地点接受讯问的一种方法。其特点为：

(1) 适用对象为未被拘留或逮捕即未被羁押的犯罪嫌疑人、被告人。

（2）执行拘传的人员对被拘传的人有权强制其到指定的地点接受讯问，从而使其人身自由受到一定的限制。

（3）拘传持续的时间最长不超过12小时。

拘传不能与留置、盘问衔接使用。留置、盘问是一种行政审查措施，目的在于确定或排除违法犯罪嫌疑。适用于被指控有犯罪嫌疑的，有现场作案嫌疑的，有作案嫌疑身份不明的，携带物品有可能是赃物的这四种情形。而采用留置、盘问后，有违法犯罪的嫌疑人已经到案接受讯问时，就不存在采用强制措施的必要了。对被留置、盘问的嫌疑人需要拘留、逮捕、取保候审或者监视居住的，应当在留置、盘问期限内办理法律手续。

本案中，陈某是证人，不应适用拘传。

2. 取保候审

【案例7—9】犯罪嫌疑人江某，男，68岁，农民，因盗窃被公安机关依法拘留。拘留后公安机关发现其患有严重肺结核，经医院检查属实，需要隔离。公安机关遂作出取保候审的决定，要求江某提供保证人。江某向公安机关提出由其弟做保证人。公安机关调查发现，江某之弟有一定资财，但常年在外地做生意，住处较多，行踪极不稳定，因此没有同意江某之弟做保证人。后江某提出由其单位的保卫科长做保证人，公安机关经审查予以同意并要求江某缴纳保证金2万元。但在取保候审期间，江某由于姐姐去世，未经公安机关批准，前往外地奔丧。3日后江某回来，公安机关决定没收其已缴纳的保证金，责令其具结悔过并重新缴纳保证金。

问：（1）本案中可否对江某采取取保候审措施？（2）公安机关不同意江某之弟做保证人的做法是否正确？（3）是否可以要求提供保证人并交纳保证金？（4）被取保候审人在取保候审期间应遵守哪些规定？

答：取保候审是公安机关、人民检察院和人民法院责令犯罪嫌疑人、被告人提出保证人或者交纳保证金，以保证其在取保候审期间不逃避侦查和审判，并随传随到的一种强制方法。

根据《刑事诉讼法》第50条和其他有关规定，公安机关、人民检察院和人民法院均有权采用取保候审的方法。取保候审的条件和适用范围是：可能判处管制、拘役或者独立适用附加刑的；可能判处有期徒刑以上的刑罚，采取取保候审不致发生社会危险性的；依法应当逮捕，但患有严重疾病或正在怀孕、哺乳自己婴儿的妇女；已被依法拘留的人，经过讯问、审查，认为需要逮捕而证据还不充足的；已被逮捕羁押的犯罪嫌疑人、被告人，在《刑事诉讼法》规定的侦查羁押、审查起诉、一审、二审的办案期限内不能结案，需要继续侦查、审理的；第二审人民法院审理期间，已被逮捕的被告人被羁押的时间已等于或超过第一审法院对其判处的刑期的。

对累犯、犯罪集团的主犯，以自伤、自残的办法逃避侦查的犯罪嫌疑人，危害国家安全的犯罪、暴力犯罪，以及其他严重犯罪的犯罪嫌疑人不得取保候审。

(1) 取保候审的申请和担保方式。被羁押的犯罪嫌疑人、被告人及其法定代理人、近亲属均有权申请取保候审。犯罪嫌疑人被逮捕的，他聘请的律师可以为其申请取保候审。对于取保候审的申请，有权决定的机关应当在 7 日内作出是否同意的答复。同意取保候审的，依法办理取保候审手续；不同意取保候审的，应当告知申请人，并说明不同意的理由。

担保的方式：提出保证人或者交纳保证金。

保证人应具备的条件：与本案无牵连；有能力履行保证义务；享有政治权利，人身自由未受到限制；有固定的住处和收入。如果犯罪嫌疑人、被告人同时又是附带民事诉讼的被告人，保证人还应当有代偿能力。

保证人的义务：监督被保证人遵守《刑事诉讼法》第 56 条的规定；发现被保证人可能发生或者已经发生违反《刑事诉讼法》第 56 条规定的行为的，应当及时向执行机关报告。

(2) 被取保候审的人应遵守的规定。被取保候审的人应遵守的规定是未经执行机关批准不得离开所居住的市、县；在传讯的时候及时到案；不得以任何形式干扰证人作证；不得毁灭、伪造证据或者串供。

被取保候审的人违反上述规定应承担的法律后果：已交纳保证金的，没收保证金，决定取保候审的机关还可区别情形，责令犯罪嫌疑人、被告人具结悔过，重新交纳保证金，提出保证人或者监视居住、予以逮捕。

(3) 取保候审的解除、撤销或变更。《刑事诉讼法》第 58 条第 1 项规定："取保候审最长不得超过 12 个月。"对于发现不应当追究刑事责任或者取保候审期限届满的，应当及时解除取保候审。公安机关、人民检察院、人民法院对于被采取强制措施超过法定期限的犯罪嫌疑人、被告人应当予以释放、解除取保候审、监视居住或者依法变更强制措施。

本案中，公安机关可以对江某采取取保候审强制措施。《刑事诉讼法》第 60 条第 2 项规定："对应当逮捕的犯罪嫌疑人、被告人，如果患有严重疾病，或者是正在怀孕、哺乳自己婴儿的妇女，可以采用取保候审或者监视居住的办法。"本案中，江某患有严重的肺结核，理应对其采取取保候审的强制措施。

公安机关不同意江某之弟做保证人是正确的。《刑事诉讼法》第 54 条规定："保证人必须符合下列条件：（一）与本案无牵连；（二）有能力履行保证义；（三）享有政治权利，人身自由未受到限制；（四）有固定的住处和收入。"本案中，江某之弟无固定的住处，不符合第（二）、（四）项的规定，公安机关不同意其做保证人的做法是正确的。

3. 监视居住

监视居住是指公安机关、人民检察院和人民法院责令犯罪嫌疑人、被告人在诉讼过程中，未经批准不得离开住处或指定的居所，并对其行动加以监视的方法。其特点是被监视居住的犯罪嫌疑人、被告人只能在居住的区域内活动，并受到执行机关的监视，是限制人身自由的一种强制方法。

在诉讼实践中，公安机关、人民检察院、人民法院一般是对于那些不能交纳保证金或不能找到合适的保证人的犯罪嫌疑人、被告人，无法对其采取取保候审时，才采取监视居住的方法。

对犯罪嫌疑人采取取保候审、监视居住的，在取保候审、监视居住期间，不得中止对案件的侦查、起诉和审判。

4. 拘留

【案例7—10】 李某，男，30岁。一天晚上，李某在某市盗窃博物馆珍贵文物时被当场抓获，并被扭送至公安机关。公安机关将其拘留，第三日上午开始讯问犯罪嫌疑人。由于犯罪嫌疑人拒不说明自己的真实姓名、地址和身份，公安机关将其拘留了共29天，并在犯罪嫌疑人拘留后的第29天方提请检察院批准逮捕案犯。李某被逮捕后仍不说出自己的真实姓名、地址和身份，因此，公安机关尽管已将犯罪事实查清且证据确实充分还是以犯罪嫌疑人身份不明为由拒绝将案件移送检察机关。直到犯罪嫌疑人被羁押了6个月后，才说出了自己和身份，这时，公安机关才将案件移送检察院。

问：依据《刑事诉讼法》，公安机关在刑事拘留中的做法有无不妥？

答：拘留是公安机关和人民检察院在办理直接受理的案件中，对于现行犯或者重大嫌疑分子，在法定的紧急情况下，暂时剥夺其人身自由、予以羁押，并进行审查的一种方法。

除了人民检察院对直接受理案件中的某些犯罪嫌疑人可以决定拘留外，拘留权主要由公安机关行使。

执行拘留是公安机关的职权。公安机关承办案件的单位认为需要采用拘留时，应当报县以上公安机关负责人批准，然后填发拘留证，由提请批准拘留的单位负责执行。

根据《刑事诉讼法》第132条规定，人民检察院作出的拘留决定应当由公安机关执行。在诉讼实践中，遇有紧急情况时，人民检察法也可以向犯罪嫌疑人宣布拘留决定，送公安机关对其执行羁押。

公安机关对于被拘留的人，应当在拘留的24小时以内进行讯问。在发现不应当拘留的时候，必须立即释放，发给释放证明。对需要逮捕而证据不充足的。可以取保候审或者监视居住。对于人民检察院对被拘留人的讯问，《刑事诉讼法》第133条也作了相同的规定。

公安机关对被拘留的人，认为需要逮捕的，应当在拘留后的3日以内，提请人民检察院审查批准。在特殊情况下，提请审查批准的时间可以延长1至4日。对于流窜作案、多次作案、结伙作案的重大嫌疑分子，提请审查批准的时间可以延长至30日。人民检察院应当在接到公安机关提请批准逮捕书后的7日以内，作出批准逮捕或者不批准逮捕的决定。

本案中，公安机关对李某拘留3日后，才讯问是违反法律规定的。

5. 逮捕

【案例7—11】某市发生一起抢劫案，公安机关根据被害人提供的情况和收集到的其他一些证据，将犯罪嫌疑人确定为本市制药厂职工叶某，并提请人民检察院审查批准逮捕叶某。人民检察院经审查认为，公安机关尚不足以证明叶某实施了犯罪行为，因此决定不批准逮捕叶某，并制作了不批准逮捕决定书。

公安机关接到不批准逮捕决定书之后，认为人民检察院的决定有错误，于是向该人民检察院提出复议申请。但在申请复议期间，依旧将叶某关押在看守所内，直到人民检察院维持了不批准逮捕的决定之后，公安机关才释放了叶某。

问：本案中存在的问题有哪些？

答：人民检察院审批公安机关提请批准逮捕的人已被拘留的、根据《刑事诉讼法》第69条第3项规定，人民检察院应当自接到公安机关提请批准逮捕书后的7日以内，作出批准逮捕或者不批准的决定。根据最高人民检察院的有关规定，犯罪嫌疑人未被拘留的，人民检察院应当在15日以内作出是否批准逮捕的决定；重大、复杂的案件，不得超过20日。

公安机关对人民检察院不批准逮捕的决定，认为有错误的时候，可以要求复议，但是必须将被拘留的人立即释放。如果意见不被接受，可以向上一级人民检察院提请复核。上级人民检察院应当立即复核，作出是否变更的决定，通知下级人民检察院和公安机关执行。这是因为，人民检察院对于在侦查过程中是否逮捕犯罪嫌疑人的问题，享有最终的决定权。不批准逮捕的决定一旦作出，便立即生效。公安机关申请复议与复核，都是作为一种事后的补救措施存在的。复议或复核结果作出之前，原来不批准逮捕的决定继续有效。因此，公安机关作为逮捕的执行机关，对于已经生效的有关逮捕与否的决定，当然都应当执行。法律的这一规定是切实保障公民的人身自由权不受非法侵犯的需要。

人民检察院在审查批准逮捕工作中对公安机关的侦查活动是否合法实行监督。人民检察院在审查批准逮捕工作中，如果发现公安机关的侦查活动有违法情况，应当通知公安机关予以纠正，公安机关应当将纠正情况通知人民检察院。

6. 强制措施的变更与解除

【案例7—12】犯罪嫌疑人陈某，30岁，某厂职工。1999年9月15日中午，陈某在本厂职工食堂与炊事员俞某发生争吵。俞某拿起炒菜用的铁铲狂击陈某身体，陈某躲闪之际，顺手抄起一张凳子抵挡俞某的铁铲。此时，其他几名炊事员赵某、李某等也跟上来围打陈某。陈某被推倒在地，俞某冲上来用铁铲打其头部，陈某急忙躲到一边，俞某由于用力过猛致使铁铲脱手而飞。在其他几名帮手的叫喊之下，俞某又向尚未起身的陈某冲去，陈某顺手将手中的凳子向俞某砸去，正中其头部，致使俞某颅骨粉碎性骨折，脑组织挫碎，当即死亡。案发后，公安机关对此案立案侦查，并以伤害罪（伤害致死）依法将陈某逮捕。后来人民检察院审查起诉时认为陈某的行为应属于防卫过当而非故意伤害致死，因此不应对其适用逮捕，遂通知公安机关对陈某变更强制措施，改为取保候审。

问：强制措施在什么情形下应当予以撤销或变更？

答：本案主要涉及公安机关、人民检察院、人民法院发现强制措施适用不当时应当如何处理的问题。根据我国《刑事诉讼法》第73条的规定："人民法院、人民检察院和公安机关如果发现对犯罪嫌疑人、被告人采取强制措施不当的，应当及时撤销或者变更。公安机关释放被逮捕的人或者变更强制措施的，应当及时通知原批准的人民检察院。"本条规定中"采取强制措施不当"包括两种情况：一种是不应当采取任何强制措施；二是适用的强制措施不适当，过严或过松。本案即属于第二种情况。犯罪嫌疑人陈某本来在侦查阶段被逮捕，但人民检察院在审查起诉阶段认为陈某的行为属于防卫过当而非故意伤害致死，因此对其适用逮捕措施过严，遂决定对其变更强制措施，改为取保候审措施。人民检察院的决定符合《刑事诉讼法》第73条的规定，因而是正确的。

第3节　治安管理处罚法的综合运用

一、治安管理处罚的法律救济

1. 治安行政复议

治安行政复议，是指公民、法人或者其他组织，认为公安机关的具体行政行为侵犯其合法权益，依法提请该公安机关的上一级公安机关或者同级人民政府对该具体行政行为的合法性和适当性进行审查并作出决定的行政救济制度。

（1）治安行政复议的一般规定

1）行政复议机关。行政复议机关是作出具体行政行为公安机关的上一级公安机关或者同级人民政府。根据《行政复议法》第 15 条第 1 款第 2 项和《公安机关办理行政复议案件程序规定》第 14 条规定，对公安派出所作出的警告或者 500 元（含 500 元）以下罚款决定不服的，可以向设立该公安派出所的县（市、旗）公安局或者城市公安分局申请行政复议，也可以向本级人民政府申请行政复议。

2）公安行政复议机关。公安行政复议机关，是指县级以上地方各级人民政府公安机关、新疆生产建设兵团公安机关、公安交通管理机构、公安边防部门、出入境边防检查总站。公安行政复议机构，是指公安行政复议机关负责法制工作的机构。公安行政复议机构具体办理行政复议案件，公安机关业务部门内设的法制机构不办理行政复议案件。

3）治安行政复议的范围。《治安管理处罚法》第 102 条规定："被处罚人对治安管理处罚决定不服的，可以依法申请行政复议或者提起行政诉讼。"《行政复议法》第 6 条规定："有下列情形之一的，公民、法人或者其他组织可以依照本法申请行政复议：（一）对行政机关作出的警告、罚款、没收违法所得、没收非法财物、责令停产停业、暂扣或者吊销许可证、暂扣或者吊销执照、行政拘留等行政处罚决定不服的；（二）对行政机关作出的限制人身自由或者查封、扣押、冻结财产等行政强制措施决定不服的。"

4）行政复议参加人。治安行政复议参加人，是指与发生争议的具体公安行政行为有利害关系而参加行政复议的人，它们是申请人、被申请人、第三人。申请人，是指依据《行政复议法》有权申请行政复议的公民、法人或者其他组织。被申请人，是指因申请人指控其具体行政行为侵犯申请人的合法权益而由复议机关通知参加治安行政复议的公安机关。简言之，被申请人就是作出引起申请人不服的具体行政行为的公安机关。治安行政复议中的第三人，是指与申请治安行政复议的具体行政行为有利害关系而由复议机关批准参加治安行政复议的公民、法人或者其他组织。第三人与申请复议的具体行政行为有利害关系。就是说，复议机关对具体行政行为所作的决定，直接关系到第三人的切身利益。正是因为如此，第三人对原具体行政行为只能表示服从并要求维持，不能表示不服而要求撤销或变更；第三人对复议决定不服的，不得向人民法院起诉。

（2）行政复议的申请与受理

1）申请。治安行政复议的申请，是指公民、法人或者其他组织对公安机关和公安民警所作的具体行政行为不服，依法提请有管辖权的同级人民政府或者上一级公安机关对该具体行政行为进行审理并作出复议决定的行为。

申请治安行政复议应具备下列条件：申请人是认为具体行政行为直接侵犯其合法权益的公民、法人或者其他组织；有明确的被申请人；有具体的复议请求和事实根据和理由；属于申请复议范围；属于受理复议机关管辖；必须在法定期限内申请复议。《行政复议法》

第9条规定："公民、法人或者其他组织认为具体行政行为侵犯其合法权益的，可以自知道该具体行政行为之日起60日内提出行政复议申请；但是法律规定的申请期限超过60日的除外。因不可抗力或者其他正当理由耽误法定申请期限的，申请期限自障碍消除之日起继续计算。"超过法定期限申请行政复议的，复议机关对此申请不再作为治安复议案件处理，可告知申请人向信访部门提出要求处理的。

申请人向公安机关申请治安行政复议的，既可以递交《治安行政复议申请书》，也可以口头申请。口头申请的，公安行政复议机构应当当场记录申请人的基本情况、行政复议请求、申请行政复议的主要事实、理由和时间，经申请人核对或者向申请人宣读并确认无误后，由申请人签名或者捺指印。

2）受理。治安行政复议的受理，是指同级人民政府或者上一级公安机关接受申请人的复议申请，认为符合法定条件而依法立案处理。所谓法定条件即前面所讲的申请治安行政复议应具备的条件。公安行政复议机构负责接受公民、法人和其他组织提出的行政复议申请。公安行政复议机关的其他内设机构收到《行政复议申请书》的，应当登记并于当日转送公安行政复议机构；口头申请行政复议的，其他内设机构应当告知其依法向公安行政复议机构提出申请。

公安行政复议机构自收到行政复议申请之日起5日内应当根据不同情形作出予以受理、决定不予受理或告知申请人向有权受理的行政复议机关提出。

（3）治安行政复议的审理

1）治安行政复议案件的审理范围。公安机关对复议案件的审理有两个方面：事实问题、法律问题。即主要事实是否清楚，证据是否确凿；适用依据是否正确；是否符合法定程序；是否超越或者滥用职权；是否存在明显不当；是否属于不履行法定职责。

2）治安行政复议案件的审理方式。根据规定，结合实践情况，同级人民政府或者上一级公安机关审理复议案件，有书面审理和言词审理两种方式。行政复议原则上采取书面审查的办法，但是申请人提出要求或者行政复议机关负责法制工作的机构认为有必要时，可以向有关组织和人员调查情况，听取申请人、被申请人和第三人的意见。

关于复议期限，《行政复议法》第31条规定："行政复议机关应当自受理申请之日起60日内作出行政复议决定；但是法律规定的行政复议期限少于60日的除外。情况复杂，不能在规定期限内作出行政复议决定的，经行政复议机关的负责人批准，可以适当延长，并告知申请人和被申请人；但是延长期限最多不超过30日。行政复议机关作出行政复议决定，应当制作行政复议决定书，并加盖印章。行政复议决定书一经送达，即发生法律效力。"

（4）治安行政复议决定。行政复议机关负责法制工作的机构应当对被申请人作出的具体行政行为进行审查，提出意见，经行政复议机关的负责人同意或者集体讨论通过后，按照规定作出下列行政复议决定。

1）具体行政行为认定事实清楚，证据确凿，适用依据正确，程序合法，内容适当的，决定维持。

2）被申请人不履行法定职责的，决定其在一定期限内履行。

3）具体行政行为有适用依据错误、违反法定程序、超越或者滥用职权或具体行政行为明显不当的，决定撤销、变更或者确认该具体行政行为违法；决定撤销或者确认该具体行政行为违法的，可以责令被申请人在一定期限内重新作出具体行政行为。

4）被申请人不按照《行政复议法》第23条的规定提出书面答复、提交当初作出具体行政行为的证据、依据和其他有关材料的，视为该具体行政行为没有证据、依据，决定撤销该具体行政行为。

行政复议机关责令被申请人重新作出具体行政行为的，被申请人不得以同一的事实和理由作出与原具体行政行为相同或者基本相同的具体行政行为。

2. 治安行政诉讼

治安行政诉讼，是指治安行政相对人（公民、法人或其他组织）认为公安机关及其民警的具体行政行为侵犯其合法权益而依法诉诸人民法院，人民法院据此在双方当事人和其他诉讼参加人的参加下，对治安行政案件进行审理、裁判及执行裁判等司法活动的总称。它是相对于国家行政机关动用国家行政权力对行政争议进行复议的另一类具有国家强制力的解决行政争议的司法救济制度。

（1）提起治安行政诉讼的条件。治安行政诉讼的条件，是法律所规定的当事人提起治安行政诉讼时应当具备的一系列条件的总和。也就是说，起诉的条件不只是一个方面，而是几个方面的各种条件的有机联系体，缺少其中任何一个方面的条件，起诉均将归于无效，法院将不予受理。

根据《治安管理处罚法》和《行政诉讼法》的规定，提起治安行政诉讼应具备以下四个方面的条件。

1）原告是认为公安机关的具体行政行为侵犯其合法权益的公民、法人或者其他组织。人民法院对治安行政诉讼采取“不告不理”的原则，因此原告的起诉是治安行政诉讼程序发动的前提，而提起治安行政诉讼的人是否具备法定的原告资格条件是起诉能否成立的一个重要因素。

2）有明确的被告。有明确的被告是指原告必须明确具体地指出是哪一个公安机关或公安机关作出的具体行政行为侵犯了其合法权益。即原告所诉对象是谁，谁与自己发生了行政争议或者要求谁来承担责任，必须具体、明确。否则，原告的诉讼将成为无的放矢，会出现无人应诉，法院无法审理纠纷的局面。

3）有具体的诉讼请求和事实根据。具体诉讼请求是指原告对被告提出的希望得到司法保护的实体权利要求，它是原告提起行政诉讼的目的所在，也是人民法院审理的关键所在。具体的诉讼请求，在诉讼过程中可能不变，也可能变更或放弃。依照法律规定，原告提出的治安行政诉讼请求有：撤销之诉、变更之诉、赔偿之诉。起诉，必须有明确的事实根据。事实根据是原告向法院起诉时所依据的事实和根据。它包含案件的案情事实和证据事实。依照法律规定，要求原告提供的事实根据只要能证明案件事实主要是行政争议存在即可，而不要求其达到确凿充分和能证明公安机关的具体行政行为违法的程度。

4）属于人民法院受案范围和受诉人民法院管辖。原告起诉的治安行政案件符合《行政诉讼法》第11条规定的，可以是提起行政诉讼并由人民法院行使行政审判权的具体行政行为，即应属于人民法院受理行政案件的范围。否则，当事人无权起诉，人民法院也无权受理、审判。原告起诉的案件要依法属于接受起诉的人民法院管辖，即应符合《行政诉讼法》中的具体规定。在实践中，当原告因选择管辖错误，即将起诉状交给了无权管辖的人民法院，接受诉状的人民法院应将诉状移送有管辖权的法院或告知当事人向有管辖权的法院起诉。

（2）提起治安行政诉讼的时效。提起治安行政诉讼的时效是指当事人对具体行政行为不服，向法院提起治安行政诉讼的法定期限，即法律对当事人行使起诉权的时间限制。也就是说，在无法律特别规定的情况下，当事人必须在法定期限内起诉。否则，起诉无效，法院不予受理。起诉期限的规定有利于人民法院审判活动的进行和当事人及时有效地解决行政争议。

《治安管理处罚法》第102条规定："被处罚人对治安管理处罚决定不服的，可以依法申请行政复议或者提起行政诉讼。"根据《行政诉讼法》第39条的规定，当事人因不服治安管理处罚决定直接向人民法院提起行政诉讼的，应当在知道作出该处罚决定之日起3个月内提出。但是，如果当事人因不服治安管理处罚决定而申请行政复议，并对行政复议决定不服的，则应当在收到复议决定书之日起15日内向人民法院提起行政诉讼。如果复议机关决定不予受理或逾期不作决定、不作答复的，可以在收到不予受理决定书之日起或复议期满之日起15日内向人民法院起诉。《行政诉讼法》第40条规定："公民、法人或其他组织因不可抗力或其他特殊情况耽误法定期限的，在障碍消除后10日内，可以申请延长期限，由人民法院决定。"这是超过起诉期限申请延长的规定。延长期限的条件是：第一，耽误的原因必须是不可抗力或其他特殊情况。不可抗力是当事人不能预见不能避免并不能克服的客观情况，如水灾、地震等。其他特殊情况指不可抗力以外的其他客观障碍情况，即非当事人的主观过错所致，如重病等。第二，应当在障碍消除后10日内申请顺延期限，顺延即将因客观障碍而耽误的期限予以补足，而不是重新计算。第三，是否准许顺延，由人民法院审查决定。当事人只有顺延期限的申请权，是否顺延的决定权属于人民法院。法院对申请审查后，符合法律规定的，应予顺延，否则不准许顺延。

3. **治安行政赔偿**

治安行政赔偿，是指代表国家的公安机关及其公安民警在行使治安行政职权时侵犯公民、法人和其他组织的合法权益，造成损害，由国家承担赔偿责任的法律制度。

（1）治安行政赔偿的范围

1）对侵犯公民人身权利行为的赔偿。人身权是指那些与权利主体的人身不可分的权利。人身权的内容极为广泛，包括人身自由权、生命健康权、身体权、姓名权、名誉权、名称权以及监护权等。人身权是公民最基本、最重要的权利，是其他一切权利的基础。对人身权的保护，是国家的基本任务。国家要从制度上保障公民在其人身权受到侵犯，造成损害时，能够得到赔偿。治安行政赔偿使国家对人身权的保护落到实处。

2）对侵犯公民财产权利行为的赔偿。和人身权一样，财产权是公民最基本、最重要的权利之一。在任何社会里，财产都是人们得以生存的基本条件，在现代社会里更是如此。财产权的范围极为广泛，包括所有权、其他物权、经营自主权、债权、知识产权等。对财产权的保护，国家赔偿法沿袭了行政诉讼法的提法，便更简洁明了。主要是从实践中行政机关最易发生侵犯财产权的几种行为着手，列为四项。公安机关在办理治安案件中涉及侵犯财产权的赔偿，也是如此。

（2）治安行政赔偿机关。治安行政赔偿责任实质上是国家责任，但国家是一个抽象的政治实体，受害者无法直接请求抽象的国家承担具体的赔偿义务，必须通过组成国家的各个具体的行政机关去赔偿。具体承担赔偿责任的机关，即根据法律规定承担赔偿义务的机关，就是赔偿义务机关。或者说，赔偿义务机关是指对特定赔偿案件具体履行接受赔偿请求，支付赔偿费用，参加赔偿诉讼义务的机关。治安行政赔偿义务机关的确定有下列三种情形：

1）公安机关及其工作人员行使职权侵犯公民、法人及其他组织合法权益，造成损害，该公安机关为治安行政赔偿义务机关。也就是说，在没有特别情况下，哪一级公安机关及其工作人员作出致害行为的，该公安机关就是治安行政赔偿义务机关。两个以上行政机关共同行使行政职权时侵犯公民、法人和其他组织的合法权益造成损害的，共同行使行政职权的行政机关为共同赔偿义务机关。

2）经复议机关复议的，最初造成侵权行为的公安机关为治安行政赔偿义务机关。但复议机关的复议决定加重损害的，复议机关对加重的部分履行赔偿义务。

3）法律、法规授权的组织在行使授予的行政权力时侵犯公民、法人和其他组织的合法权益造成损害的，被授权的组织为赔偿义务机关。

（3）赔偿程序。赔偿请求人要求赔偿，应当先向赔偿义务机关递交申请书提出赔偿，也可以在申请行政复议或者提起行政诉讼时一并提出。赔偿义务机关应当自收到申请之日起2个月内，作出是否赔偿的决定。赔偿义务机关决定赔偿的，应当制作赔偿决定书，并自作出决定之日起10日内送达赔偿请求人，赔偿义务机关决定不予赔偿的，应当自作出决定之日起10日内书面通知赔偿请求人，并说明不予赔偿的理由。

赔偿义务机关在规定期限内未作出是否赔偿的决定，赔偿请求人可以自期限届满之日起3个月内，向人民法院提起诉讼；赔偿请求人对赔偿的方式、项目、数额有异议的，或者赔偿义务机关作出不予赔偿决定的，赔偿请求人可以自赔偿义务机关作出赔偿或者不予赔偿决定之日起3个月内，向人民法院提起诉讼。

（4）治安行政赔偿的方式与计算标准

1）治安行政赔偿的方式。治安行政赔偿的方式，是指公安机关代表国家对自己的侵权行为以什么样的责任形式承担法律后果。国家赔偿以支付赔偿金为主要方式，能够返还财产或者恢复原状的，予以返还财产或者恢复原状。致人精神损害的，应当在侵权行为影响的范围内，为受害人消除影响，恢复名誉，赔礼道歉。造成严重后果的，应当支付相应的精神损害抚慰金。

2）治安行政赔偿的计算标准。国家赔偿受害人的损失，应有一定的标准，这个标准就是赔偿标准，也是治安行政赔偿的计算标准。

对身体损害的赔偿标准如下：

①侵犯公民人身自由的，每日赔偿金按照国家上年度职工日平均工资计算。

②应当支付医疗费、护理费，以及赔偿因误工减少的收入；减少的收入每日的赔偿金按照国家上年度职工日平均工资计算，最高额为国家上年度职工年平均工资的5倍。

③造成部分或者全部丧失劳动能力的，应当支付医疗费、护理费、残疾生活辅助具费、康复费等因残疾而增加的必要支出和继续治疗所必需的费用，以及残疾赔偿金。残疾赔偿金根据丧失劳动能力的程度，按照国家规定的伤残等级确定，最高不超过国家上年度职工年平均工资的20倍。造成全部丧失劳动能力的，对其扶养的无劳动能力的人，还应当支付生活费。

④造成死亡的，应当支付死亡赔偿金、丧葬费，总额为国家上年度职工年平均工资的20倍。对死者生前扶养的无劳动能力的人，还应当支付生活费。生活费的发放标准，参照当地最低生活保障标准执行。被扶养的人是未成年人的，生活费给付至18周岁止；其他无劳动能力的人，生活费给付至死亡时止。

对财产损害的赔偿标准这里不再叙述。

二、具体违反治安管理行为的认定和处罚

1. 阻碍国家机关工作人员依法执行职务行为的认定及处罚

阻碍国家机关工作人员依法执行职务行为的主体是达到责任年龄，具有责任能力的自然人。单位可以构成本行为的主体。本行为侵犯的客体是国家机关依法对社会进行管理的职能活动。行为侵犯的对象是依法执行职务的国家机关工作人员。对于阻碍国家机关工作人员的非职务活动，或者其职务活动不是依法进行的，不构成本行为。行为在客观方面表现为阻碍国家机关工作人员依法执行职务。依法执行职务，是指国家机关工作人员依照法律、法规的规定进行的职务活动，不仅包括国家机关工作人员在工作时间和工作单位所进行的职务活动，还包括国家机关工作人员根据有关规定和命令在其他时间和场所内的职务活动。另外，国家机关工作人员必须是依法执行职务，即所进行的职务活动在他的职责权限范围内，并且符合法律规定的条件。本行为的阻碍，是指采取非暴力的行为拒绝、阻碍国家工作人员的执行职务活动，如采取吵闹、谩骂、无理纠缠等方法。行为人的动机多种多样，有的是为了维护自己的私利；有的是与工作人员有私怨，趁机发泄、报复；有的是为了袒护他人等。行为人的动机不影响本行为的成立，但可以作为处罚的情节。

阻碍国家工作人员依法执行职务的，处警告或者200元以下罚款；情节严重的，处5日以上10日以下拘留，可以并处500元以下罚款。情节严重，是指经教育劝导后仍阻碍执行职务的，或者阻碍国家工作人员依法执行职务造成不良影响和较严重后果的等情况。单位违反治安管理的，对其直接负责的主管人员和其他直接责任人员依照本条的规定处罚。

2. 阻碍特种车辆通行行为的认定及处罚

阻碍特种车辆通行行为侵犯的客体是特种车辆的优先通行权、公共安全以及他人的生命健康权，行为侵犯的对象是特种车辆和执行职务的工作人员。行为在客观方面表现为阻碍执行紧急任务的消防车、救护车、工程抢险车、警车等车辆通行。由于特种车辆在执行紧急任务时，是为了抢险救灾，维护公共安全，或者是抢救他人的生命，保障正常的生产建设活动和国家、人民的生命财产安全。因此，必须赋予特种车辆执行紧急任务的优先通行权。阻碍是指在特种车辆通行的路面上，以挖掘壕沟或者设置路障等方法阻碍特种车辆通行。行为的实施必须发生在特种车辆在执行紧急任务的过程中，阻碍非执行紧急任务的特种车辆不构成本行为。

阻碍执行紧急任务的消防车、救护车、工程抢险车、警车等车辆通行的，处警告或者200元以下罚款；情节严重的，处5日以上10日以下拘留，可以并处500元以下罚款。

3. 招摇撞骗行为的认定及处罚

招摇撞骗行为侵犯的客体是国家机关的威信及其正常活动，对象是非法利益，包括非物质利益和物质利益。行为在客观方面表现为冒充国家机关工作人员或者以其他虚假的身份进行招摇撞骗的行为。冒充国家机关工作人员的身份，不仅指非国家机关工作人员冒充国家机关工作人员，还指行为人以假冒的国家机关工作人员身份，招摇炫耀，利用人民群众对国家机关工作人员的信任，骗取非法利益。冒充国家机关工作人员身份，但没有利用国家机关工作人员身份骗取非法利益的，不构成招摇撞骗行为。如果行为人冒充国家机关工作人员是为了给被侵害人造成一种心理上的威胁，使之不敢反抗，其目的是为了抢劫、强奸的，则构成了抢劫罪和强奸罪。

冒充国家机关工作人员或者以其他虚假身份招摇撞骗的，处5日以上10日以下拘留，可以并处500元以下罚款；情节较轻的，处5日以下拘留或者500元以下罚款。冒充军警人员招摇撞骗的，从重处罚。

4. 卖淫、嫖娼行为的认定与处罚

卖淫、嫖娼，是指不特定的异性之间或同性之间以金钱、财物为媒介发生不正当性关系的行为，包括口淫、手淫、鸡奸等行为。卖淫，是指行为人为了获取一定数量的钱财与不特定的他人发生性关系的行为。嫖娼，是指行为人支付一定数量的钱财以换取与不特定他人发生性关系的行为。卖淫、嫖娼行为可以发生在异性之间，也可以发生在同性之间，发生性行为的方式也包括多种。行为主体之间主观上已经就卖淫、嫖娼达成一致，已经谈好价钱或者已经给付金钱、财物，并且着手实施，但由于本人主观意志以外的原因，尚未发生性关系的；或者已经发生性关系，但尚未给付金钱、财物的，都应当按卖淫、嫖娼行为依法处理。

卖淫、嫖娼的，处10日以上15日以下拘留，可以并处5 000元以下罚款；情节较轻的，处5日以下拘留或者500元以下罚款。

5. 在公共场所拉客招嫖行为的认定与处罚

拉客招嫖行为人既可以是男性，也可以是女性。行为主要表现在公共场所实施拉客招嫖行为，意图卖淫的。公共场所、拉客、招嫖三个条件需同时具备，才构成拉客招嫖的违反治安管理行为。拉客是指通过语言、动作等各种方式，拉拢、引诱他人的行为。“拉”必须有主动的动作，或者是反复纠缠的行为。招嫖，是指意图卖淫行为。意图卖淫，也就是本人通过拉拢、引诱等方法，与他人搭识、谈价，表达卖淫之目的。

在公共场所拉客招嫖的，处5日以下拘留或者500元以下罚款。

6. 引诱、容留、介绍他人卖淫的行为认定与处罚

引诱、容留、介绍他人的卖淫行为，是指以金钱、物质或其他利益诱使他人卖淫，或

为他人提供场所，或为他人卖淫介绍嫖客的行为。行为的主体是达到责任年龄，具有责任能力的自然人。单位可以构成本行为的主体。本行为侵犯的客体是社会管理秩序和良好的社会风尚。行为在客观方面表现为使用金钱、物质或者其他利益，诱使他人卖淫，或者为他人卖淫提供场所，或者为卖淫的人介绍嫖客的行为。引诱他人卖淫，是指使用金钱、物质、腐朽的生活方式或者其他利益，诱使他人卖淫的行为。容留他人卖淫，是指为他人卖淫提供场所的行为。容留他人卖淫的场所多种多样，有的是利用自己的私人住宅容留他人卖淫，有的是利用自己管理的饭店、宾馆容留他人卖淫，还有的利用自己的汽车、船只容留他人卖淫等。容留他人卖淫，可以是长期的，如将房屋长期租给卖淫、嫖娼者使用，也可以是短期的或者是临时的。介绍他人卖淫，是指为卖淫的人牵线搭桥介绍嫖客的行为，俗称"拉皮条"。行为人在卖淫者与嫖客之间进行沟通、撮合，促使卖淫行为得以实现。行为人只要实施了上述行为之一的，就可以给予治安管理处罚。如果行为人兼有三个行为，且行为之间有牵连关系的，如介绍他人卖淫并为其提供场所容留卖淫行为的，也不实行并罚。

根据《治安管理处罚法》第67条的规定："引诱、容留、介绍卖淫的，处10日以上15日以下拘留，可以并处5 000元以下罚款。"根据《治安管理处罚法》第76条规定："有《治安管理处罚法》第67条、第68条、第70条的行为，屡教不改的，可以按照国家规定采取强制性教育措施。"屡教不改，是指行为人引诱、容留、介绍他人卖淫被公安机关处罚后，又违反该行为的，可以按照国家规定采取强制性教育措施，即劳动教养。

7. 为赌博提供条件行为的认定与处罚

为赌博提供条件行为主要包括以下行为：提供赌具、提供赌博场所、提供赌资和为赌博提供其他方便的条件。行为人在主观上只能是故意，即明知他人赌博，仍为他们提供便利的条件。不知道他人是在赌博而提供条件的，是过失行为，不构成违反治安管理行为。行为人为赌博提供条件的动机是为了营利。在实践中对于尚不构成聚众赌博罪、开设赌场罪的也应以为赌博提供条件而予以治安管理处罚。

根据《治安管理处罚法》第70条的规定，以营利为目的，为赌博提供条件的，处5日以下拘留或者500元以下罚款；情节严重的，处10日以上15日以下拘留，并处500元以上3 000元以下罚款。

8. 赌博行为的认定与处罚

赌博行为，是指以营利为目的，以钱财为赌注，通过某种方式或者工具比输赢以达到获取非法钱财的行为。赌博行为在客观方面表现为参与赌博，赌资较大。用做赌注的财物可以既是纸币、有价证券，也可以是其他动产或不动产。赌博的具体表现形式多种多样，一般常见的有玩麻将、打纸牌、推牌九等。近年来，随着科技的发展，赌博的形式也越来越多，如百家乐、地下六合彩、网络赌博等。赌博财物的交付一般为当场交付，有的是事后交付，行为人采取哪种方式赌博或交付财物不影响赌博行为的成立。赌资较大，目前没有明确的标准，有待在今后的执行中予以明确。行为人以营利为目的，希望通过赌博赢得财物。家庭成员、亲属之间娱乐中带有少量财物输赢的活动，不以赌博论处。

根据《治安管理处罚法》第70条的规定，参与赌博赌资较大的，处5日以下拘留或者500元以下罚款；情节严重的，处10日以上15日以下拘留，并处500元以上3 000元以下罚款。不以营利为目的，亲属之间进行带有财物输赢的打麻将、玩扑克等娱乐活动，不予处罚；亲属之外的其他人之间进行带有少量财物输赢的打麻将、玩扑克等娱乐活动，不予处罚。

9. 非法持有毒品行为的认定及处罚

非法持有毒品的行为，是指违反国家法律和国家主管部门的规定，占有、携有、藏有或者以其他方式持有鸦片、海洛因等毒品，尚不构成犯罪的行为。根据我国《刑法》规定，毒品是指鸦片、海洛因、甲基苯丙胺（冰毒）、吗啡、大麻、可卡因以及国家规定管制的其他能够使人形成瘾癖的麻醉药品和精神药品。行为在客观方面表现为非法持有鸦片不满200克、海洛因或者甲基苯丙胺不满10克或者其他少量毒品。行为在主观方面是故意，行为人明知是毒品而故意持有。如果行为人持有毒品是为了进行其他毒品违法行为，则按照其他毒品违法行为或毒品犯罪来处理。

根据《治安管理处罚法》第72条的规定，非法持有鸦片不满200克、海洛因或者甲基苯丙胺不满10克或者其他少量毒品的，处10日以上15日以下拘留，可以并处2 000元以下罚款；情节较轻的，处5日以下拘留或者500元以下罚款。

10. 向他人提供毒品行为的认定与处罚

向他人提供毒品的行为妨害了国家对毒品的管理，侵害了公民的身体健康，必须依法予以查处。向他人提供毒品，一般是指免费向他人赠送毒品，如果行为人通过交易向他人提供毒品，则构成了贩卖毒品罪；另外一种情形是依法从事生产、运输、管理、使用国家管制的麻醉药品、精神药品的人员，违反国家规定，向吸食、注射毒品的人员提供能使人形成瘾癖的麻醉药品、精神药品，提供包括赠予和出售。行为人在主观上是故意，即明知是毒品而向他人提供，但行为人没有引诱他人吸毒的意图，也没有营利的目的，否则构成了其他的违法或者犯罪行为。

根据《治安管理处罚法》第72条的规定，向他人提供毒品的，处10日以上15日以下拘留，可以并处2 000元以下罚款；情节较轻的，处5日以下拘留或者500元以下罚款。

11. 吸食、注射毒品行为的认定与处罚

行为人吸食、注射毒品的行为违反了国家的规定，具有非法性。如果出于医疗上的需要，在治疗某种疾病过程中，行为人按照国家的规定，合理使用吗啡（在医疗上可以作为麻醉药品）等，则不构成违反治安管理行为。

根据《治安管理处罚法》第72条的规定，吸食、注射毒品的，处10日以上15日以下拘留，可以并处2 000元以下罚款；情节较轻的，处5日以下拘留或者500的元以下罚款。

12. 旅馆业、饮食服务业、文化娱乐业、出租汽车业等单位的人员为违法犯罪行为人通风报信的行为认定与处罚

行为的主体是特殊主体，即旅馆业、饮食服务业、文化娱乐业、出租汽车业等单位的人员，包括一般员工和负责人员。本行为侵犯的客体是公安机关的执法活动。行为在客观方面表现为旅馆业、饮食服务业、文化娱乐业、出租汽车业等单位的人员在公安机关查处吸毒、赌博、卖淫、嫖娼活动时，为违法犯罪行为人通风报信。在实践中，很多服务业经营场所对发生在本场所内的吸毒、赌博、卖淫、嫖娼的违法犯罪活动不但知情不报，当人民警察进行执法活动时，还为正在进行吸毒、赌博、卖淫、嫖娼等违法犯罪的人员通风报信，以逃避公安机关的查处。有的场所特别安排保安人员站在场所门口或离场所一定距离的路口放哨，一旦发现人民警察来进行执法检查时，马上给在场所内正在进行吸毒、赌博、卖淫、嫖娼等违法犯罪活动的人员通风报信。这些行为严重干扰了公安机关的正常执法活动，纵容了吸毒、赌博、卖淫、嫖娼等违法犯罪活动，必须加以严厉的惩处。行为人在主观上是故意，其目的一般是为了本单位的非法利益而纵容吸毒、赌博、卖淫、嫖娼等违法犯罪活动。

根据《治安管理处罚法》第74条的规定，旅馆业、饮食服务业、文化娱乐业、出租汽车业等单位的人员，在公安机关查处吸毒、赌博、卖淫、嫖娼活动时，为违法犯罪行为人通风报信的，处10日以上15日以下拘留。

13. 违反国家有关危险物质管理规定行为的认定及处罚

违反国家有关危险物质管理规定，制造、买卖、储存、运输、邮寄、携带、使用、提供、处置危险物质。这里的有关危险物质管理规定既包括相关法律、行政法规的规定，也包括部门规章、通告等规范性文件的规定，如《中华人民共和国传染病防治法》《民用爆炸物品管理条例》《危险化学品安全管理条例》《放射性同位素与射线装置放射防护条例》《核材料管理条例》《农药安全使用规定》《关于加强烟花爆竹企业安全生产管理的紧急通知》等。

根据《治安管理处罚法》第30条的规定，违反国家规定，制造、买卖、储存、运输、邮寄、携带、使用、提供、处置爆炸性、毒害性、放射性、腐蚀性物质或者传染病病原体等危险物质的，处10日以上15日以下拘留；情节较轻的，处5日以上10日以下拘留。

14. 危险物质被盗、被抢或者丢失未按规定报告的行为认定及处罚

单位或者个人所生产、买卖、运输、储存、使用的危险物质被盗窃、被抢或者丢失，没有按照有关法律、法规的规定，在规定的时间内向有关主管部门报告，导致危险物质流落民间，不能由公安机关及时追回，延误了破案最佳时间。有的单位或者个人危险物质被盗窃、被抢或者丢失后，为了逃避追究责任，怕受处罚，故意隐瞒不报，故意隐瞒不报主要表现为统一口径，隐匿证据，破坏现场等。故意隐瞒不报是本条规定的加重处罚情节。

根据《治安管理处罚法》第31条的规定，危险物质被盗、被抢或者丢失未按规定报告的，处5日以下拘留；故意隐瞒不报的，处5日以上10日以下拘留。单位违反治安管理的，对其直接负责的主管人员和其他直接责任人员按照本条的规定处罚。

15. 举办大型群众性活动违反有关规定的行为认定及处罚

行为的主体是文化、体育等大型群众性活动的组织者，既可以是个人，也可以是单位。行为在客观上主要表现为举办文化、体育等大型群众性活动违反有关规定，有发生安全事故的危险。

根据《治安管理处罚法》第38条的规定，举办文化、体育等大型群众性活动，违反有关规定，有发生安全事故危险的，责令停止活动，立即疏散；对组织者处5日以上10日以下拘留，并处200元以上500元以下罚款；情节较轻的，处5日以下拘留或者500元以下罚款。

16. 公众活动场所的经营管理人员违反安全规定的行为认定及处罚

社会公众活动的场所，主要包括旅馆、饭店、影剧院、娱乐场、运动场、展览馆，当然也包括歌舞厅、桑拿按摩、茶馆、酒吧、网吧等其他场所。经营管理人员，一般是指对场所有直接管理责任的管理人员，如饭店的经理、总经理等，一般的管理人员不能作为本行为的责任主体。行为在客观上主要表现为违反安全规定，有发生安全事故危险，经公安机关责令改正，但拒不改正的，这三个条件需要同时具备，缺一不可，且相互之间具有因果关系。

根据《治安管理处罚法》第39条的规定，旅馆、饭店、影剧院、娱乐场、运动场、展览馆或者其他供社会公众活动的场所的经营管理人员，违反安全规定，致使该场所有发生安全事故危险，经公安机关责令改正，拒不改正的，处5日以下拘留。

8

第 8 章

保卫实用英语

一、Introduction of Security Management 保安管理介绍

A：Security manager，the security department of your company was established several years ago. Can you introduce the clients of your service?

甲：保安经理，贵公司保安部已经成立多年了，能给我介绍你们的服务对象吗?

B：Our clients're institutions，schools，banks，hotels，shops，hospitals，enterprises and so on.

乙：我公司的安保服务对象有：机关、学校、银行、宾馆、商场、医院、企业等。

A：What security services does your company provide?

甲：贵公司提供的保安服务有哪些具体项目?

B：The detailed services're entrance guard，patrol，designated place protection，security check，escort，technical prevention and so on.

乙：本公司保安服务的具体项目有：门卫、巡逻、目标部位守护、安全检查、押运、技防等。

A：Can you introduce the technological functions of the video surveillance systems?

甲：您能具体介绍有关视频监控的技术吗?

B：OK. The video surveillance cameras are to collect simultaneous pictures by the means of cameras installed in the protected area and transmit them to the control room to discover criminal activities.

乙：好的。视频监控技术是通过在防区内安装的摄像仪，将实时采集的图像信号传回监控室，以发现正在发生的犯罪嫌疑活动。

A：How do you perform your security check?

甲：你们怎样进行安检?

B：Security personnel inspect the subjects and articles they carry with security devices and through manual check to ensure the safety of the protected area.

乙：保安员使用安检仪或通过人工检查方式，检查被检人员和随身携带的物品，确保进入区域的安全。

A：What gear are your securities equipped with?

甲：保安员配有哪些装备?

B：Securities're equipped with radios，batons，restraining forks，restraining ropes and uniforms.

乙：保安员配有对讲机、保安棍、保安钢叉、警戒带和保安制服等。

A：Do your securities have to attend training class?

甲：保安要参加培训课程吗？

B：Sure. We often get trained in terms of post skills.

乙：当然参加。我们经常要参加岗位技能培训。

A：From which channels do you hire security guards?

甲：你们从哪些渠道招聘保安人员？

B：Many. Some of them are demobilized soldiers，polytechnic and vocational secondary school graduates and so on.

乙：有好几个渠道。他们中有复员军人、中专技校毕业生等。

A：How do you play your role in a bank or a post office?

甲：在银行或邮局你们怎样发挥保安的作用？

B：As security officers in the field of financial affairs，we feel we bear a heavy responsibility. We should remain alert all the time in order to perform our duties.

乙：作为金融系统的保安，我们感到责任重大。我们随时保持高度警惕，履行岗位职责。

A：What facilities do you have for training securities in Shanghai?

甲：你们在上海训练保安员有些什么设施？

B：We've got standard training places which are equipped with simulators to train those securities.

乙：我们有规范的培训场地，并配备了模拟训练设备用来训练保安员。

A：We've got some security companies in our country. We hope to exchange experience in this field with you.

甲：在我们国家有好几家保安公司，我们很希望能和你们在这一领域合作。

B：We'd like to，especially want to increase our technical cooperation.

乙：我们也很希望能和你们在这一领域合作，特别是想和你们加强技术方面的合作。

A：Do your securities join in drug campaign?

甲：你们保安参加禁毒活动吗？

B：Yes. We mainly assist police in anti-drug propaganda.

乙：参加的。我们主要是协助警察进行禁毒宣传。

A：Is drug problem serious in China?

甲：毒品问题在中国严重吗？

B：Yes. Drug trafficking is one of the ten international crimes. Out of curiousity， some young men，even those well-known actors or actresses take drug.

乙：很严重。贩卖毒品是十大跨国犯罪中的一种。一些年轻人，甚至还有一些知名的男女演员出于好奇心而吸食毒品。

A：Do you know the Chinese proverb：A single slip may cause everlasting sorrow?

甲：你知道中国有句谚语叫“一失足成千古恨”吗？

B：Yes，I know. We should make greater efforts to crack down on drug crime and to propagate the drug harmfulness.

乙：知道。我们要严厉打击毒品犯罪，并加大吸毒危害的宣传。

A：What products can your security company provide?

甲：你们保安公司能提供什么安保产品？

B：We can provide such products like pepper spray，infrared alarm and so on.

乙：我们保安公司能提供诸如辣椒喷雾器、红外线报警器等产品。

A：Where do you think it's necessary to install surveillance camera?

甲：你认为哪里有必要安装监控探头？

B：It's necessary to install surveillance cameras in high crime areas.

乙：在犯罪高发区需要安装监控探头。

A：Sorry for my embarrassing questions.

乙：对不起，我问了这么多令你们尴尬的问题。

B：I can understand. All we are doing now is for our respective superiors.

乙：我可以理解。我们现在所做的一切都各为其主。

A：Can your securities drink wine during working hours?

甲：上班时间保安能喝酒吗？

B：No. Any security can't drink any wine during working hours.

乙：不能。在上班时间任何保安都不能喝酒。

A：Can your securities drink wine after working hours?

甲：下班以后保安能喝酒吗？

B：Yes，they can. But they can't drink wine while in uniform.

乙：可以喝酒。但是保安身穿制服不能喝酒。

A：Do you have any requirements for driving an armored vehicle?

甲：你们对开押运车有什么要求吗？

B：Yes. Armored vehicle drivers've got special training to deal with emergencies.

乙：我们有要求的。押运车驾驶员会接受特种训练，以应对紧急情况。

A：Is a security allowed to drive a motor vehicle after drinking wine?

甲：保安员饮酒后能开机动车吗？

B：No. Actually any citizen can't drive a motor vehicle after drinking wine.

乙：不能开车。实际上，任何公民饮酒后都不能开机动车。

A：Where shall I go if I've got a complaint to make?

甲：如果我想投诉该去哪里？

B：We've got a complaint office. They'll investigate your complaint.

乙：我们有投诉接待处，他们会对你的投诉问题开展调查。

A：To whom will the complaint office report the results of the investigation?

甲：投诉接待处向谁报告调查结果？

B：They'll report them to the management and the relevant client.

乙：他们将向管理人员或有关的客户报告调查结果。

A：I want to make a complaint to you about your securities'misconducts.

甲：我想对贵公司保安的不良举止进行投诉。

B：Can you give a detailed account of them so that we can make investigation?

乙：你能不能详细地描述一下？这样便于我们开展调查。

A：Your security has wrongly accused me of stealing the commodity.

甲：贵公司保安错误地指控我偷盗商品。

B：Really? We've got the video tapes to check this.

乙：是吗？我们有监控录像可以查看一下。

A：I want to tell you something about your securities'non-performance.

甲：我想向你们反映贵公司保安不作为的情况。

B：Can you give me a specific example?

乙：你能举个具体的例子吗？

二、Campus Security 校园安全

A：What do emergencies refer to?

甲：什么是突发事件？

B：They refer to unexpected happenings and events that're hard to deal with，for example，hostage-taking，explosion and so on.

乙：突发事件可理解为事件发生出乎意料，事件应对难度比较高，如劫持人质、爆炸等。

A：How do you prevent emergencies on the campus?

甲：怎样防止校园应急事件的发生？

B：We've dispatched securities to every school and made a contingency plan to deal with the emergencies.

乙：我公司专门为学校派出了保安员，并制订了突发事件处置预案。

A：Does your security department work independently?

甲：保安部门是独立工作吗？

B：I'd like to say we've got to cooperate with different departments for better security work.

乙：这么说吧，我们必须与各部门密切合作，做好安全保卫工作。

A：Does your work unit conduct fire inspection regularly?

甲：你们单位的消防检查是否经常化？

B：Yes. It's our routine work to conduct fire inspection to eliminate potential fire hazards.

乙：是的。组织消防检查和排除火灾隐患是我们的日常工作。

A：What do you do in terms of the maintenance of campus security?

甲：在维护校园安全方面，你们做了哪些工作？

B：What we mainly do is to strengthen teachers'and students'safety awareness and organize emergency evacuation drills regularly.

乙：主要是加强师生的安全意识教育，并定期组织紧急疏散演练。

A：In the past few years，there've happened some cases involving bad guys kidnapping teenagers in China.

甲：在最近几年，中国发生了几起歹徒在校园劫持青少年的事件。

B：It is the case. Some criminals took innocent children as hostages.

乙：是的。歹徒把无辜的孩子当做人质。

A：So we should be on high alert and take precutionary measures to prevent such a case from happening again.

甲：所以，我们要高度警惕并采取防范措施，以防类似事件再次发生。

B：As a Chinese saying goes，"Be cautious of people that may hurt you intentionally"，whereas"Do not harbour intentions to hurt others".

乙：正如中国的俗话所说："防人之心不可无；害人之心不可有。"

三、Community Affairs 社区事务

A：Excuse me，sir. Where's the director of property management?

甲：劳驾，先生。物业公司的经理在哪里？

B：Sorry，he's out. What can I do for you?

乙：对不起，他出去了。有事吗？

A：I want to make a complaint about the family who lives on the eleventh floor.

甲：我要投诉住在十一楼的住户。

B：What's happened to you，madam?

乙：这位女士，有什么事吗？

A：The host of this family often throws cigarette ends down.

甲：这家男主人经常在阳台上往下扔烟蒂。

B：Does his behavior do any damage to your property?

乙：这种行为对你造成损失了吗？

A：I must complain to you that a lit cigarette-end once burned a hole in my quilt.

甲：我要投诉，有一次一个烟头将我的被子烧了一个洞。

B：Really? I'll make investigation.

乙：是吗？我会调查的。

A：Security，look here. The wet sports shoes on the upper floor are dripping onto our clothes.

甲：保安，你瞧！楼上湿淋淋的运动鞋把我们的衣服滴湿了。

B：I'll go upstairs immediately to ask them never to repeat it.

乙：我这就上楼去，告诫他们不能再发生类似行为了。

A：Hello，sir. We're security guards. May we take up your time?

甲：先生，你好！我们是保安。能占用你一点时间吗？

B：Sure，no problem. What's the matter?

乙：行，没问题。什么事？

A：In my opinion，the maintenance of the beautiful and harmonious environment depends on each resident's efforts.

甲：我认为，保持小区和谐优美的环境，取决于每位业主的努力。

B：I couldn't agree with you any more.

乙：我很赞成。

A：The residents should follow the rules and regulations of the community，and shouldn't make trouble to the neighborhood.

甲：业主们都应遵守社区公约，不打扰邻居。

B：Yes，we should. I've never brought any trouble to the management of this community.

乙：这是应该的。我从来没有给小区管理造成麻烦。

A：We've learned that you keep two dogs，and they're always barking. Your neighbors complain about it.

甲：我们听说你养了两只狗，它们一直乱叫。你们的邻居们都在抱怨。

B：Sorry. I'll stop them from barking.

乙：很对不起，我会制止它们叫的。

A：Cleaners，as well as the residents，complain you never clean out your dogs'excrements while you walk your dogs.

甲：清洁工和居民抱怨你在遛狗的时候从不清除你家狗的粪便。

B：Next time when I walk the dogs，I'll do that properly.

乙：下一次我遛狗时，我会这样及时清理的。

A：If every resident in this community is considerate to others，new morality and custom of the community will appear eventually.

甲：如果本小区每个居民都为别人考虑，小区新风尚就会形成。

B：I think I've got it，and sincerely accept your criticism.

乙：我想我明白了，诚恳地接受你们的批评。

A：Good morning，sir. Come and join us in playing Taiji.

甲：早上好，先生。过来和我们一起打太极拳吧。

B：Good morning. I can't do that because I'm working on day shift today.

乙：早上好。我现在还不能打太极拳，因为今天我值白班。

A：Who'll stand sentry over the goods in the daytime?

甲：今天白天谁站岗看护这些货物？

B：I've knocked off now. Mr. Wang has taken it over.

乙：我下班了，王先生已经接岗了。

A：Is there much theft in the community?

甲：小区里发生偷盗现象严重吗？

B：There were some theft，and now we more frequently patrol the community to make sure everything is OK.

乙：曾经发生过一些盗窃案件。我们已经加强巡逻，确保小区平安。

A：Hi，officer. I see you patrolling whenever it's day or night，rains or shines. Don't you feel exhausted?

甲：你好，保安先生。不管下雨还是晴天，白天还是黑夜，我看见你们一直在巡逻，你们不觉得劳累吗？

B：Hi，sir. We do feel tired，but if the residents have better security sense，our tiredness doesn't matter.

乙：你好，先生。虽然我们确实很辛苦，但是社区居民安全感增加了，我们辛苦些算不了什么。

A：Have you ever caught the criminal who broke into my house last night?

甲：你们有没有抓住昨天晚上闯到我家来的罪犯？

B：Not yet. He sneaked not only into your houses but several others'.

乙：还没有抓获呢。他不但闯入你家，而且还溜进了好几户人家里呢。

A：What about your loss?

甲：你家损失大不大？

B：Many of our valuables have been stolen. Police've already made a record of stolen articles.

乙：我家很多值钱的东西被偷，警察已经记录在案。

A：Have you insured these articles against theft?

甲：这些物品有没有投保过被盗险？

B：I've only insured some of them.

乙：我仅给部分物品买过保险。

A：I've got good news to tell you the police have caught the burglar.

甲：我有好消息告诉你，那个盗贼被警察抓住了。

B：Really? Have the police recovered our stolen articles?

乙：真的吗？那么警察有没有追回我们的被盗物品啊？

A：Security，there's a burglary in process.

甲：保安，这里正发生入室盗窃案。

B：Please tell me the door number and apartment number.

乙：请告诉我几号几室。

A：Security，you've got to come to intervene because my next door neighbour is playing majiang too noisily. I can't go to sleep.

甲：保安，你必须过来管一管，因为我们隔壁邻居打麻将太嘈杂了，我简直无法入睡。

B：I'll tell them to keep quiet at night and not to disturb others.

乙：我会叫他们保持安静，不要影响他人。

A：Sir，I've got to report to you that there're some suspicious guys going into and out of the massage shop opposite our apartment.

甲：保安先生，我必须向你们反映，经常有些可疑人员进出我们家对面的按摩店。

B：Thank you for your information. We'll report it to the police immediately.

乙：谢谢你提供的信息，我们马上会向警察反映的。

A：Sir，just now an old man fell down to the ground and had breathing difficulty. We've given him the first aid. He is now better.

甲：保安先生，刚才有一位老人自己摔倒地上并呼吸困难。我们已经给他做紧急救护，他现在好多了。

B：Without your help，the old man would have been in danger.

乙：要是没有你们的帮助，那个老人就危险了。

A：If you patrol on foot，it takes ages to inspect a large area.

甲：如果你们步行巡逻，视察一个较大的地区要很长时间。

B：We patrol in different ways. Sometimes we walk，sometimes we ride bikes down the streets. Security guards act as pretty good deterrents and keep guys from committing crime.

乙：我们以不同的方式巡逻。我们有时步行，有时骑着自行车沿着街巡逻。保安员的巡逻起震慑作用。

A：Does your work have any special features? Please describe them in details.

甲：你们工作有什么特色？请详细描述一下。

B：OK. We often propagate the importance of security and strengthen our preventive measures for the community.

乙：好的，我们经常宣传安全防范的重要性，并加强小区防范措施。

A：What safety tips do you often give to community residents?

甲：你们向小区居民经常提供哪些安全忠告？

B：For example，ladies and gentlemen，never leave your house with doors or windows open. Please take appropriate precautionary measures. A storm is coming. Close doors and windows in common areas.

乙：比如说，先生们女士们，离家时一定要关好门窗。请采取适当的防范措施。暴风雨即将来临，请关好公共区域的门窗。

A：Have you ever met with any emergency?

甲：你们遇到过突发事件吗？

B：Generally speaking，Shanghai is a quiet safe city，and there're very few cases of robbery or violence.

乙：一般说来，上海是一个比较安全的城市，因此抢劫或是暴力案件很少发生。

A：How do you prevent such violent crimes as robbery in Shanghai?

甲：你们怎样防止像抢劫这样的暴力犯罪在上海发生？

B：There're a lot of ways. Of them，self-defence，public prevention and severe combat are the most effective.

乙：有很多方法，其中加强自我防范、群防群治和严厉打击，都是行之有效的方法。

A：Manager，it's payday for your company tomorrow. Don't leave any cash in the office.

甲：经理，明天是你们公司的发薪日，不要把现金留在办公室里。

B：No，I won't. Thank you for safety advice.

乙：我不会把现金放在办公室的。谢谢你的安全忠告。

A：Security，I'm sorry to tell you that my office has been broken into last night. A safe containing a lot of cash is missing.

甲：保安先生，我很遗憾地告诉你，昨天晚上有人非法闯入了我的办公室。装有很多现金的保险箱失踪了。

B：Please protect the scene. I'll call the CID immediately.

乙：请保护好现场。我马上打电话给刑侦总队。

A：Security，water is dripping from our ceiling. It seems that the drainage pipe on the above floor has been blocked.

甲：保安先生，我们家的天花板在滴水。好像楼上的下水道堵塞了。

B：It's none of our business，but I'll ask the property management office to go to your place for inspection.

乙：这不归我们管，但我马上通知物业让他们过来查看一下。

四、Subway Security 地铁安保

A：When there is a special event like the Shanghai World Expo in 2010，the subway security forces play a very important role.

甲：当有重大活动时，诸如2010年上海世博会期间，地铁安保队伍就起着重要作用。

B：Yes. Every time when I take a metro，I see the security officers carefully check luggage and patiently answer passengers'questions.

乙：是啊，每当我乘地铁时，就能看见保安仔细地检查行李而且耐心地回答各种问题。

A：How do you prevent a terrorist attack in subway?

甲：你们怎样防止地铁恐怖袭击的发生？

B：We've got to check every piece of luggage of passengers carefully.

乙：我们必须对乘客的每一件行李进行仔细的检查。

A：With what devices do you conduct security?

甲：你们安检时使用什么安检器具？

B：We use baggage scanning machines，scanners and sniffer dogs.

乙：我们使用行李检测仪或手提式检测仪，有时还会使用嗅觉灵敏的警犬。

A：How long is the Shanghai subway track and how many subway stations are there?

甲：上海的地铁轨道有多长？有多少个地铁车站？

B：It's about 420 kilometers long and there's been 280 stations up to now. The numbers will be doubled within these years.

乙：上海的地铁系统有420公里长的轨道，目前有280个车站，但是几年内这些数字还要翻倍。

A：Are passengers cooperative for security check?

甲：乘客都配合安检吗？

B：Most of them are. Only some aren't so cooperative，either intentionally or accidentally evading the security check.

乙：大部分乘客很配合，只有少数人不那么配合，故意或意外地想避开安检。

A：Do you have any difficulty finishing this security work?

甲：你们完成这项安保工作有困难吗？

B：Honestly，yes. Our population is large，but resources are limited.

乙：老实说，很难。我们国家人口众多，但安保资源很有限。

A：How do you assist police in emergency prevention in Shanghai?

甲：你们怎样协助警方，以防应急事件在上海发生？

B：We've made some contingency plans to respond to crisis.

乙：我们制定了应急预案，以应对危机。